MICHAEL SOLOMON

Magadan

Michael Solomon

MAGADAN

Sieben Jahre
in sowjetischen Straflagern

BASTEI
LÜBBE

Mit einem Vorwort von Irving Layton
Übertragung aus dem Englischen von Helga Künzel
Originaltitel: Magadan

Lizenzausgabe: Gustav Lübbe Verlag GmbH, Bergisch Gladbach
Printed in Western Germany 1978
Einbandgestaltung: Ratschinski u. Ratschinski
Titelfoto: Ullstein Bilderdienst
Gesamtherstellung: Augsburger Druck- und Verlagshaus
ISBN 3-404-01005-1

Gewidmet
Lazar Lupu für die Vergangenheit,
Florence für die Zukunft

INHALT

VORWORT

In einem der riesigen, unmenschlichen Straflager Sibiriens, wohin die vitalsten, intelligentesten und originellsten Geister der Sowjetunion von jenen Unmenschen verbannt wurden, die über die terrorisierten Bewohner dieses unglücklichen Landes herrschen, sagte ein Lagerarzt zum Autor: »Sie sind nur eines der Millionen Opfer, die man gezwungen hat, hier zu arbeiten. Versuchen Sie alles zu sehen, und hoffen Sie dann, daß Sie am Leben bleiben und den Menschen draußen, die sich offenbar sehr schwer überzeugen lassen, alles sagen können. Sagen Sie ihnen, was Sie in all diesen Jahren gesehen und durchgemacht haben. Wenn Sie erreichen, daß man Ihnen glaubt, ist dies der größte Dienst, den Sie uns leisten können, den Millionen, die hier nie mehr herauskommen werden.«

Michael Solomon hat in der Tat überlebt und schrieb eindrucksvoll und ergreifend die Geschichte seiner siebzehn Jahre grausamer Haft. Sein Buch ist von einer unanfechtbaren Wahrhaftigkeit und Eindringlichkeit, die nur jemand erreicht, der sich geschworen hat, Zeugnis über sich selbst und über jene abzulegen, die in den verlorenen Jahren seines Lebens sein Schicksal teilten. Solomons Bild menschlicher Grausamkeit und Entwürdigung besitzt die schonungslose Intensität von Solschenizyns *Ein Tag im Leben des Iwan Denissowitsch*; es ist jedoch auf eine viel größere Leinwand gemalt und weist überall Tupfer einer Ironie und eines Humors auf, die in Solschenizyns Meisterwerk weitgehend fehlen.

Nach dem Krieg, den er als Soldat im Nahen Osten verbrachte, entschied sich Michael Solomon für die Rückkehr in seine rumänische Heimat, die er liebte und nur zögernd verlassen hatte, als 1939 Polen überfallen worden war. Welche Ironie des Schicksals: Der Mann, der sich in Palästina der »Bewegung für ein freies Rumänien« anschloß und trotz der Warnung eines englischen Freundes, dem neuen kommunistischen Regime könnten seine liberaldemokratischen Gefühle nicht schmecken, in sein Vaterland zurückkehrte, um dort zu leben und für eine gerechtere soziale Ordnung zu arbeiten – dieser Mann wurde von seinen rumänischen Landsleuten gnadenlos den Russen ausgeliefert, die ihn jahrelang unter äußersten Leiden und Demütigungen in verschiedenen Lagern Sibiriens festhielten.

Selbst nach diesem Verrat glaubte Michael Solomon in sein Heimatland, für welches er gekämpft hatte, zurückkehren zu müssen, und die Nachricht, daß er repatriiert werden sollte, machte ihn selig. Erst auf heimischem Boden erkannte er die monolithische Natur des Kommunismus, und ihm wurde klar, daß man von Kommunisten, seien es Russen, Polen oder Rumänen, keine Menschlichkeit oder Gerechtigkeit erwarten durfte. Denn an der Schwelle des »freien Lebens«, mit dem er naiverweise gerechnet hatte, wurde er erneut festgenommen und inhaftiert – diesmal von seinen marxistisch gewordenen Landsleuten, die ihren russischen Herren zeigen wollten, daß auch sie eine bessere Gesellschaft aufzubauen gedachten, indem sie die Persönlichkeit der Menschen oder, wenn dies nichts half, deren Knochen brachen. Wie der Verfasser dieses bemerkenswerten Dokuments sagt: »Neun Jahre der Gefangenschaft sollten auf die Nacht folgen, in der ich ›nach Hause‹ kam.

Neun Jahre unglaublicher Qualen, Erniedrigungen und Entwürdigungen. Viele Male mußte ich feststellen, daß die rumänischen Gefängnisse und die rumänischen Gefängnisaufseher noch schlimmer waren als die russischen.«

Angesichts der zahllosen Schläge, Stöße, »Bestrafungen« – des ganzen widerwärtigen Arsenals menschlicher Bösartigkeit, das unter der Tyrannei möglich ist – muß man es als eine Art Wunder betrachten, daß Michael Solomon am Leben blieb. Angefangen von seiner Verhaftung aufgrund falscher Beschuldigungen am 7. Februar 1948, liest sich sein Bericht wie ein kafkaesker Alptraum. Dennoch, in dieser beklemmenden Schreckenswelt, dieser Hölle, bringt der Autor es fertig, über die Absurdität menschlichen Verhaltens zu lächeln, so über das kindische Verlangen eines Aufsehers, der Gefangene solle ihm den Text eines populären Schlagers von Deanna Durbin im Austausch für etwas weniger Unbequemlichkeit liefern. Und wir erhalten eine Fülle faszinierender, packender Viten – die Leiden und Demütigungen der stolzen, mutigen Witwe des Komponisten Sergej Prokofieff, das tragische Schicksal des jungen Violinvirtuosen David Zeller als Folge der sexuellen Eifersucht der Frau eines Lagerkommandanten, die pathetische, erschütternde Geschichte der deutschen Schauspielerin Camilla Horn und das Los jener, die es wagten, gegen die tierischen Lebensbedingungen in Norilsk zu rebellieren . . .

Mit einer Lebendigkeit, wie nur die Kunst im Dienste der Wahrheit sie erbringt, schildert der Autor seine Begegnungen mit Intellektuellen, Schriftstellern, Künstlern und Hunderten unschuldiger Menschen, die von den verbrecherischsten Ideologen, welche die Welt je erlebte, in die sibirische Öde geworfen wurden. Doch nicht einmal in den Tiefen der Bergwerke von Kolyma verlor Michael Solomon den Willen, zu überleben und seinem Überleben einen Sinn zu geben.

»In zehn Jahren können Sie über unsere Rücksichtslosigkeit und unsere Verbrechen schreiben, was Sie wollen. Es wird uns nicht stören, weil wir bis dahin fest im Sattel sitzen«, sagte ein rumänischer Sicherheitsoffizier während eines Verhörs zu dem Autor. Menschen, die mutig und von unbestechlicher Integrität sind, »stört« es doch, wie die Inhaftierung und die brutale Mißhandlung von Sinjawskij, Litwinow und zahllosen anderen in den sibirischen Lagern und Folterkammern beweisen. Und sie alle haben in ihrer Todespein einzig die Genugtuung, daß Männer wie Michael Solomon ihnen Stimme verleihen. Wir tun gut daran, uns seine Geschichte zu Herzen zu nehmen und gründlich über ihre Bedeutung für die westlichen Demokratien nachzudenken.

Irving Layton

1. KAPITEL

ROTE JUSTIZ

In zehn Jahren können Sie über unsere Rücksichtslosigkeit und unsere Verbrechen schreiben, was Sie wollen. Es wird uns nicht stören, weil wir bis dahin fest im Sattel sitzen.

Rumänischer Sicherheitsoffizier
während einer Vernehmung Michael Solomons.

Constanza, Rumänien, 29. November 1948:

Wegen des Verbrechens der Spionage gegen die Sowjetunion zugunsten Großbritanniens wird Mihail Solomon vom Gericht gemäß Paragraph 58, Punkt 6 . . . des Ukas des Präsidiums der Union der Sozialistischen Sowjetrepubliken vom 7. Juni 1943 in allen Punkten für schuldig befunden und zum Tod durch Erschießen verurteilt. Da Todesstrafen gemäß Ukas vom 1. Juni 1947 des Präsidiums der UdSSR automatisch gemildert werden, wird die Todesstrafe in 25 Jahre Zwangsarbeit in Straflagern des äußersten Nordens Sibiriens umgewandelt. Ende der Strafe am 5. Juni 1973. Verhängt ohne Recht auf Berufung.

Wie grausam sich die hoffnungslose Endgültigkeit dieser Strafe, zu der ich vom Russischen Militärgericht – der berühmten »Troika« – verurteilt wurde, in mein Bewußtsein einbrannte! Ein paar mitleidlose Wörter, »25 Jahre Zwangsarbeit in Straflagern des äußersten Nordens Sibiriens«, und meine Zukunft sollte für die nächsten siebzehn Jahre besiegelt sein.

Die Nachwirkungen des Zweiten Weltkriegs brachten mich, wie Hunderttausende vor mir, mit der legendären Transsibirischen Eisenbahn in die sibirische Sklaverei. Ich war nie in Rußland gewesen, hatte jedoch viel darüber gelesen. Trotzdem verblüffte mich, wie viele Züge dieses Land brauchte, kilometerlange, kilometerfressende Züge: im Krieg Truppentransporte,

Nachschubzüge, Panzerzüge und jetzt Züge für zahllose Sträflinge aus dem halben Kontinent. Meine Zugfahrt durch die Sowjetunion konnte eine passende Einführung in das Land abgeben. Falls ich am Leben bleiben würde.

Am 1. Dezember 1948 um 18 Uhr hielt ein langer Güterzug auf einem Nebengleis am Stadtrand von Constanza, Rumänien, um seine Fracht von vierundfünfzig Männern und vier Frauen aufzunehmen. Vor mir lag die einmalig wilde, mysteriöse Kälte, die den Geruch nach menschlichem Dung und nach dem Schweiß ungewaschener Leiber in sich trägt. Die Folter kannte ich bereits; das Rußland-Erlebnis stand mir bevor.

Wir wurden in einen offenen Waggon geschoben, gestoßen, geworfen. Es war ein rumänischer Zehn-Tonnen-Güterwagen, aber die Atmosphäre rundherum mutete sehr russisch an. Ich konnte die Szene fast nicht glauben, die sich um mich abspielte.

Man pferchte Menschen hinter Stacheldrahtwänden von einem Meter Dicke zusammen. Der Stacheldraht war am Dach, am Boden und an den Seitenpfosten des Waggons festgenagelt, und durch ein winziges Einstiegsloch, kaum größer als die Öffnung eines Kaninchengeheges, mußten wir hineinkriechen. Nachdem sich alle Sträflinge hineingequetscht hatten, wurden die Enden des Stacheldrahtvorhangs vorm Einstiegsloch am Boden festgenagelt, so daß wir schön im Käfig saßen und »sicher« an unseren Bestimmungsort reisen konnten.

Im Inneren dieses beweglichen Gefängnisses gab es eine weitere Stacheldrahtwand – sie trennte uns von den vier Frauen. Eine der Frauen, eine Brünette, war Griechin, Primadonna an der Simferopol-Oper; die zweite war die schöne Gemahlin eines rumänischen Oberst; die beiden anderen waren russische Ex-Offiziere, sie hatten versucht, in den Westen zu desertieren.

Wir lagen auf dem Boden. Heizmöglichkeit und Waschgelegenheit hatten wir keine. Unsere Toilette bestand aus einem in den Waggonboden gebohrten Loch von fünf Zentimetern Durchmesser. Mit besonderer Erlaubnis und zu bestimmten Zeiten durften wir an das Loch treten, uns niederknien und unser bestes versuchen, es zu treffen. Trafen wir daneben, mußten wir mit den Ärmeln aufwischen. Da das russische Eisenbahnsystem Millionen Kurven aufweist und einen steinigen Gleiskörper hat, gab es bald eine Menge dreckiger Ärmel. Die Frauen hatten genau dieselbe Art Toilette, und um wenigstens einigermaßen den Anstand zu wahren, warfen sie eine Decke auf den Stacheldraht zwischen uns, wenn sie sie zu benützen versuchten.

Als erstes befahl man uns, die Schuhe abzuliefern, damit keiner auf die Idee käme, davonzulaufen. Ein riesiger Berg Schuhe, von Frauenpumps bis zu Soldatenstiefeln, erhob sich bald in der Wagenmitte, ständig beaufsichtigt von den drei Sibiriaken, die uns bewachten. Alle vier Stunden war Wachablösung.

Als nächstes wurde uns befohlen, uns auf den Boden zu setzen, Rücken an die Wand, Beine und Arme gekreuzt, ohne uns zu rühren oder zu sprechen. Alle Eisenriegel und Scharniere im Wagen trugen eine fingerdicke Eisschicht. Die Luft, die wir einatmeten, ließ uns vor Kälte erstarren. Wir bekamen weder Stroh noch Decken, um uns warmzuhalten, und die Tür mußte offen bleiben. Es war streng verboten zu dösen! Schlafenszeit war wie im Gefängnis von 22 Uhr bis 5 Uhr. Die Posten stellten eine Sturmlaterne mit Schirm so auf, daß sie im Dunkeln saßen und auf unsere Gesichter ein schwacher Lichtschein fiel, der unsere ständige Kontrolle ermöglichte.

*

Nur zehn Monate zuvor war ich einer der glücklichsten Menschen in Bukarest gewesen. Der lange, schreckliche Krieg war endlich vorbei, und ich hatte ihn überlebt. Nicht nur das, ich hatte, so meinte ich, in den ganzen fünf Kampfjahren der Sache der Freiheit recht ehrenhaft gedient. Als der Krieg im Herbst 1939 mit dem Überfall auf Polen begonnen hatte, war ich klug genug gewesen, nicht in Rumänien zu bleiben. Ich war nach Palästina gegangen, wo ich mich der »Bewegung für ein freies Rumänien« angeschlossen hatte. Vier Jahre später war ich in die britische Armee eingetreten und hatte in Nordafrika sowie im Nahen

Osten gedient.

Anfang 1946 war ich dann wieder zu Hause, heil und ganz. Um zu wissen, was für ein beglückendes Gefühl das sein kann, muß man das furchterregende Hasardspiel des Kriegs miterlebt haben. Ich hatte eine gute Stellung als Journalist bei einer Zeitung, und meine Verfasserzeile wurde allmählich beachtet. Trotz meiner achtunddreißig Jahre erfreute ich mich unbeeinträchtigter Gesundheit und Energie, und ich fühlte mich jung wie eh und je. Außerdem hatte ich eben erst eine schöne, kluge Frau geheiratet, und es war uns irgendwie gelungen, für die unglaublich niedrige Summe von etwa $ 8.500 eine der schönsten Villen in der Stadt zu kaufen, komplett eingerichtet mit Möbeln, Bildern, teuren Teppichen und mit einem Blumengarten von zweitausend Quadratmetern. Wir hatten sogar Personal, das unsere Villa in Ordnung hielt: ein Mädchen, eine Köchin und einen Gärtner, der auch als Chauffeur fungierte. Nach dem Hunger und den Entbehrungen der Kriegsjahre kam uns das alles wie ein eigens für uns aufgehobenes Stück Paradies vor.

Einander zu haben und unsere Villa, das erfüllte uns mit solcher Seligkeit, daß wir noch nicht auf Hochzeitsreise gegangen waren. Natürlich hatten wir eine geplant. Eine Kreuzfahrt auf dem Mittelmeer, für die wir sogar schon die Pässe besaßen. In den acht Monaten seit unserer Heirat hatte immer irgendeine Kleinigkeit verhindert, daß wir die Reise buchten. An dem schicksalhaften Morgen des 7. Februar dann zerschlugen sich diese Pläne, ja praktisch alle meine Zukunftspläne.

Als ich an jenem Februarmorgen die Behaglichkeit unserer Villa verließ, um zur Arbeit zu gehen, war ich völlig ohne Angst. Ich wußte, daß die politischen Ansichten der Männer in Rumäniens neuer Regierung stark von den meinen abwichen, aber mir kam kein einziges Mal der Gedanke, ich könnte in irgendeiner Gefahr schweben. Sicher, man hatte mich gewarnt. Den Briten, mit denen ich im Krieg gekämpft hatte, war klar, daß sich in meinem Heimatland etwas zusammenbraute. Das Hauptquartier für den Nahen Osten war ziemlich beunruhigt gewesen, als ich meine Absicht verkündet hatte, nach dem Austritt aus der Armee als Journalist heimzugehen. Man hatte alles getan, um mich davon abzubringen. Meine britischen Freunde erklärten mir, ich sei viel zu pro-westlich in meinen Gefühlen, um im neuen Rumänien gefahrlos leben zu können, aber ich glaubte ihnen nicht. Ich war überzeugt, mein Land besser zu kennen als sie. Die Ängste meiner Frau ließen sich nicht so leicht abtun. Sie weinte in der Nacht des 30. Dezember 1947, nach der Abdankung König Michaels, als ich darauf bestand, zum Parlamentsgebäude zu gehen, wo die »Rumänische Volksrepublik« proklamiert wurde.

»Sie werden dich erschießen«, rief sie.

Ich war derart sicher, sie rede Unsinn, daß ich nicht nur selbst hinging, sondern sogar den Pressemann der britischen Gesandtschaft mitnahm. Ich glaube, das verziehen mir die Kommunisten nie.

Als Anhänger der konstitutionellen Monarchie begrüßte ich die Ausrufung der »Volksrepublik« natürlich nicht. Andererseits empfand ich aber auch keine absolute Antipathie gegen sie. Zum Teil trug König Michael daran Schuld. Der König, Sohn eines deutsch erzogenen Vaters und einer griechischen Prinzessin, war keine starke Persönlichkeit. Schlimmer noch, er hatte einen Sprachfehler. Trotzdem liebten ihn die Rumänen sehr, und im August 1944 war er zum Nationalhelden geworden, als er in der von Nazipanzern fast eingeschlossenen Hauptstadt den rumänischen Diktator Ion Antonescu samt der ganzen pro-hitlerischen Regierung verhaftet hatte. Michael, einst von der UdSSR unterstützt, wurde nun von Stalin zur Abdankung gezwungen. Er lebt heute als Aktienmakler in der Schweiz.

*

Das Wetter war schön an jenem Februarmorgen, ein Hauch Frühling lag in der Luft. Auf dem Weg zur Straßenbahn dachte ich über ein paar Veränderungen nach, die wir in unserem Garten vornehmen wollten, sobald die Sonne kräftiger schien. Es war Samstag, klar und windstill, und ich fühlte mich so im Einklang mit der Welt, daß ich mir eine Zigarette anzündete, was für mich immer einen seltenen Luxus darstellte.

Von unserer Villa bis zur Straßenbahn-Haltestelle an der Ecke ging man fünf Minuten. Ich hatte die Haltestelle gerade erreicht, als plötzlich ein schäbig gekleideter junger Mann, die rechte Hand in der Tasche, vor mir auftauchte.

»Guten Morgen«, sagte er. »Erkennen Sie mich nicht?«

Ich erkannte ihn nicht.

»Aber Sie müssen sich an mich erinnern«, beharrte er. »Ich war erst vor ein paar Tagen in Ihrem Büro. Ich habe Ihnen erzählt, daß man mich mit Frau und Kind auf die Straße gesetzt hat.«

Ich erinnerte mich an nichts dergleichen, und meine Straßenbahn kam.

»Ich muß gehen«, sagte ich. »Kommen Sie in mein Büro, wenn Sie meinen, Sie hätten etwas, wovon ich wissen müßte.«

Die Begegnung hatte nur ein paar Sekunden gedauert. Zeit genug, wie sich herausstellte, damit sechs Männer in schwarzen Ledermänteln und schwarzen Lederkappen mich umringen konnten. Ich sah sie erstaunt an. Ihr Anführer trug eine Sonnenbrille und sprach mich flüsternd an:

»Sie sollen uns in die Polizeidirektion folgen, wo Sie eine Aussage in einer vertraulichen Angelegenheit machen müssen.«

»In was für einer vertraulichen Angelegenheit, und wer sind Sie?«Ich versuchte, den Kreis der Schwarzmäntel zu durchbrechen und um mein Leben zu rennen. Doch ich bekam sofort einen schrecklichen Schlag auf den Hinterkopf, der mich zwar nicht bewußtlos machte, aber auf die Knie niederwarf. Sie hoben mich auf und warfen mich in einen nagelneuen Packard, der aus dem Nichts gekommen zu sein schien. Sie stiegen alle nach mir ein und hielten mich mit ihren dreckigen Stiefeln auf dem Boden des Wagens. Der Packard schoß durch den Stadtverkehr davon. Ich konnte nicht glauben, was da mit mir geschah.

Wütend sagte ich mir, ich würde zum Generalstaatsanwalt gehen, zum Justizminister, zum Ministerpräsidenten. Ich würde einen Mordskrach schlagen! Sie würden zu spüren bekommen, wer ich war, wenn sie am nächsten Tag die Zeitungen lasen!

Bevor ich meine Pläne fertig schmieden konnte, hielt der Wagen im Hof eines Regierungsgebäudes. Es war das Innenministerium. Man zerrte mich grob aus dem Wagen und zu einem Lift, der mich in den vierten Stock brachte. Alles sah ganz normal aus. Männer und Frauen, Regierungsangestellte und gewöhnliche Sterbliche, gingen durch die Korridore. Keiner hatte die geringste Ahnung, was man mir antat, oder es ließ sie gleichgültig.

Einer meiner Begleiter öffnete eine Tür und stieß mich in ein eher schäbiges Büro mit zwei Schreibtischen, einer Schreibmaschine und ein paar Stühlen. Zwei Geheimpolizisten spielten Halma. An einem der Schreibtische saß eine junge, dumm aussehende Stenotypistin, die sich eingehend im Spiegel ihrer Puderdose betrachtete. Niemand nahm die geringste Notiz von meinem Erscheinen. Meine Begleiter verließen mich, und ich erinnere mich, wie schwer es mir fiel, mit dem unaufhörlich hämmernden Kopf ruhig zu denken.

Ich sagte zu mir:»Es ist nicht so schlimm. Ich befinde mich in einem Gebäude des Innenministeriums. Bestimmt wird das Gesetz mich schützen. Diese gedungenen Killer in Schwarz sind vermutlich zu weit gegangen, das ist alles. Man wird sich offiziell bei mir entschuldigen, kein Zweifel.«

Ich zündete mir eine Zigarette an, um meine Befürchtungen zu vertreiben. Nach mehr als einer Viertelstunde betrat ein rumänischer Gendarm den Raum und setzte sich mir gegenüber. Er mußte meinetwegen gekommen sein, aber er sprach kein Wort. Noch immer war niemand da, mit dem ich reden konnte. Ich begann, die Fassung zu verlieren. Ich meinte, ohnmächtig zu werden. Ich wollte etwas sagen, die Stimme erheben, einfach wortlos aus dem Zimmer gehen, als sich plötzlich die Tür öffnete und ein mittelgroßer Mann eintrat. Er trug einen schönen Tweedanzug und eine Seidenkrawatte, in der ein riesiges goldenes, mit Rubinen besetztes Hufeisen stak. Seine Augen verhießen nichts Gutes. Er sah eher wie ein Ringer als wie ein Beamter aus, doch alle im Zimmer nahmen Habt-Acht-Stellung ein.

Der Ankömmling war, wie ich bald erfahren sollte, kein anderer als der berühmte Generalinspekteur der Staatssicherheit, Dulbergher-Dulgheru*.

»Herr Inspektor«, hob ich an, »ich wurde auf der Straße überfallen und hierher geschleppt wie ein Sack Kartoffeln. Ich protestiere gegen diese Barbarei . . .«

»So, das ist also der berühmte Herr Solomon höchstpersönlich! Endlich lernen wir uns kennen!« sagte der Mann, und seine grünen Augen durchbohrten mich.

»Was meinen Sie damit?«

»Nichts. Ich wollte nur meiner Überraschung Ausdruck verleihen . . . Wer, sagten Sie, hat Sie überfallen? Das muß ein Irrtum gewesen sein, ein grober Irrtum. Übrigens, stammen Sie aus Tschernovtsy?«

»Nein. Ich bin in Galatz geboren, lebe aber seit 1933 in Bukarest.«

»Hmmm. Da muß ein Schnitzer passiert sein, ein dummer, unüberlegter Fehler. Ich muß mich bei Ihnen entschuldigen, Herr Solomon. Es tut mir schrecklich leid . . .« Dann wandte er sich an den Gendarm und sagte im Amtston: »Sorgen Sie dafür, daß Herrn Solomon auf dem Heimweg nichts passiert.«

Er verneigte sich, machte auf dem Absatz kehrt und verschwand. Ich stieß einen tiefen Seufzer der Erleichterung aus. Vielleicht war ihnen wirklich ein Irrtum unterlaufen. Ich erkannte jedoch die Gefahrensignale und sagte mir, ich müsse unbedingt verschwinden, bevor es wirklich zu spät sei.

Während ich dem Gendarm die Treppe hinunter folgte, beschloß ich, sofort nach Hause zu gehen, schnell ein paar Sachen

* Sein wirklicher Name lautete Dulberger, und er war Buchhalter. Als er sich den Kommunisten anschloß, änderte er seinen Namen in Dulgheru. Später nannten ihne jene, die ihn von früher kannten, Dulbergher-Dulgheru.

zu packen und mich irgendwo zu verstecken, bis ich einen Weg fand, das Land zu verlassen. Aber wo konnte ich mich verbergen? Das wollte ich mit meinem Schwiegervater besprechen. Außerdem wollte ich meinen Freund in der britischen Gesandtschaft anrufen, der mich aufgefordert hatte, das im Notfall zu tun.

Wir waren mittlerweile im Erdgeschoß angelangt und standen vor der großen Drehtür des Haupteingangs. Ein Schritt, und ich würde aus all dem heraus sein. Die Sonne draußen kam mir strahlender vor als je.

Doch statt mich hinauszuführen, öffnete der Gendarm eine Tür neben dem Haupteingang und bedeutete mir, einzutreten. Auf einem Kartonschild an der Tür stand »Diensthabender Offizier«. Was hatte ich beim diensthabenden Offizier zu suchen? Ich betrat ein großes ebenerdiges Zimmer mit breiten, hohen Fenstern zur Straße. Die Sonne draußen funkelte. In dem Zimmer gab es kaum Möbel, lediglich einige Schreibtische und Stühle.

Zwei Männer befanden sich in dem Raum. Einer, vermutlich ein Sicherheitsoffizier, durchsuchte ein Bündel, das offensichtlich dem anderen gehörte, einem alten Mann in abgetragenem Mantel. Der Alte trug keine Krawatte, hatte kurz geschorenes Haar und ein kreideweißes Gesicht.

»Sie behaupten, General in der Armee gewesen zu sein, aber Sie sind ein Bandit, nichts sonst! Wo haben Sie die Nachrichten versteckt, die man Ihnen im Krankenhaus gegeben hat?«

»Ich schwöre, ich schwöre, ich hab' keine bekommen«, stammelte der Alte. »Das ist ein Irrtum, ein Irrtum.« Er brach in Tränen aus.

»Gott der Allmächtige sei Ihnen gnädig, wenn ich sie finde! Ich schlage die Scheiße aus Ihnen heraus!« Der Sicherheitsoffizier fluchte vor sich hin, während er jedes einzelne Stück der jämmerlichen Habseligkeiten des Alten filzte. Der Alte schluchzte.

Keiner nahm von mir Notiz. Ich näherte mich dem größten

Schreibtisch und betrachtete die Papiere darauf. Plötzlich fiel mein Blick auf einen Zettel, auf dem in schwarzer Tinte stand:

»Der genannte Mihail Solomon ist in Zelle Nr. 15 zu isolieren – Befehl des Generalinspekteurs der Staatssicherheit.« Unterschrieben war der Zettel nicht. Einen Moment lang erfaßte mich Panik. Ich schaute zu dem offenen Fenster, zur Tür. Ich mußte einen Fluchtversuch machen! Fast sofort wurde mir klar, wie lächerlich das wäre. Sie warteten nur darauf, daß ich etwas so Idiotisches tat. Aber wenn ich etwas tun wollte, mußte es sofort sein. Besser meine Frau anrufen. Auf dem Tisch standen drei Telefone. Ich hob behutsam den Hörer des einen ab und wählte leise unsere Nummer. Ich hörte das Klingeln zu Hause. Wenn es mir nur gelang, meiner Frau zu sagen, wo ich war – aber schon sprang der Sicherheitsoffizier auf mich zu wie ein Panther und riß mir den Hörer aus der Hand.

»Was denken Sie sich, was wollen Sie denn da?« fauchte er.

»Meine Frau anrufen, ihr sagen, wo ich bin . . .«

»Aus diesem Raum hier«, sagte er, »rufen Sie niemanden an!« Dann setzte er lässig die unterbrochene Durchsuchung des alten Mannes fort.

Von diesem Augenblick an gab ich mich keinen Illusionen über mein Schicksal mehr hin. *Ich war verhaftet.* Mir war, als müßte ich ersticken, Tränen stiegen mir in die Augen. Aber ich hatte keine Zeit für Selbstmitleid. Der diensthabende Offizier trat ein und ging hinter den Schreibtisch. Er zog mehrere Formulare aus der Schublade und befahl mir barsch:

»Leeren Sie Ihre Taschen. Versuchen Sie nicht, etwas zu verbergen.«

Ich gehorchte. Ich legte meine Brieftasche, die Armbanduhr, den Füller, einen Schlüsselring und eine fast leere Zigarettenpackung vor ihn auf den Tisch. Er verzeichnete alles auf einem Formular. Die vier Zigaretten gab er mir wieder.

»Nehmen Sie Ihre Krawatte ab.«

»Bin ich verhaftet?« wagte ich zu fragen. Er zuckte nur die Achseln. Als er sein Verzeichnis meiner persönlichen Dinge in dreifacher Ausfertigung erstellt hatte, schob er es mir her und bedeutete mir, alle drei Exemplare zu unterzeichnen. Mit zitternder Hand unterschrieb ich, ohne zu lesen.

Der diensthabende Offizier öffnete eine Tür, schob mich in einen Gang, öffnete dort eine kleine Tür und schickte mich mit einer Handbewegung weiter. Ich stand auf einer stählernen Wendeltreppe, die sich in den Keller hinunterwand. Das Licht war sehr schlecht, und ich stolperte zweimal, bevor ich unten ankam.

Dort übernahm mich ein Posten, ein Bursche von noch nicht zwanzig Jahren. Auf seine Weisung mußte ich mich nackt ausziehen. Er filzte meine Kleider gründlich und gab sie mir schließlich wortlos zurück. Ich zog mich eilends an und folgte ihm durch einen leeren, schwach beleuchteten, von Stahltüren gesäumten Gang. Der Latrinengeruch war fast mehr, als mein Magen ertrug. Wir hielten vor der Nummer 15. Der Posten schob die schwere Stahltür zur Seite, schloß eine zweite, aus dicken Eisenstäben bestehende Tür auf und wies mich hinein. Ein paar Sekunden später war ich allein und befand mich nun hinter Gittern.

Meine Augen brauchten einige Minuten, um sich an das Halbdunkel zu gewöhnen. An der Decke hing eine Glühbirne, aber sie war so schwach, daß das Licht kaum den Dunst in der Zelle durchdrang. Ich hatte das Gefühl, in einem Dampfbad zu sein, obwohl ich weder Dampf noch Hitze spürte. Bald erkannte ich, daß meine Zelle ungefähr in der Mitte des unterirdischen Ganges lag. Ein ziemlich großes Fenster, gesichert durch ein starkes Drahtgitter, ging auf den Gang hinaus, und in einer Ecke gab es eine halb verborgene Toilette, eine Dusche und ein Waschbecken.

Die Einrichtung bestand aus zwei Betonbetten, einem Betontisch mit einer Plane darauf und einer Betonbank. Zwei verdreckte, mit Altpapier gefüllte, schäbige Matratzen lagen auf den Betten. Die Wände waren, wie ich nach und nach entdeckte, mit Tausenden Inschriften bedeckt – Namen, Sätzen, Abschiedswörtern – jede in sich ein kleines Drama. In eine Wand hatte jemand ein riesiges Kreuz geritzt.

Erst jetzt bemerkte ich, daß mich von einem der Betten ein Menschenwesen ansah. Der kahlgeschorene Schädel, das bleiche, schmutzig-stoppelige Gesicht ließen mich zunächst an ein Gespenst denken. Der Mann war in Lumpen und starrte mich mit dem neugierigen, kraftlosen Blick eines Geistesgestörter an.

Ich versuchte ein Lächeln.»Mein Name ist Solomon«, sagte ich. Er stellte sich ebenfalls vor. Er hatte die Jugendorganisation von Dr. Manius Partei geleitet (Dr. Iulio Maniu war Chef der rumänischen Nationalen Bauernpartei und ein treuer Freund des Westens gewesen).

»Ich glaube nicht, daß wir sehr lange hier sein werden«, sagte ich fröhlich.

»Nein?« fragte er und sah mich müde an. »Ich bin seit dreizehn Monaten hier.«

»Seit dreizehn Monaten!« rief ich entsetzt. »Sind Sie verurteilt?«

Er lachte bitter. »Wer kümmert sich schon darum? Wir befinden uns in der Terrorperiode der kommunistischen Revolution. Man hat keine Zeit für eine Verhandlung. In fünf oder zehn Jahren vielleicht werden sie eine Erklärung für ihre Verrücktheit geben. Aber jetzt . . .« Er winkte mit der Hand ab, als wollte er sagen: Sie sind ein toter Mann und ich auch.

»Das ist unmöglich!« schrie ich ihn an, kam ich doch eben erst aus der Freiheit. »Wir leben schließlich nicht mehr in den Tagen der Bastille und der Guillotine.«

»Schauen Sie«, sagte er, »Sie sind ein Greenhorn; Sie werden sich daran gewöhnen. Richten Sie sich lieber ein und versuchen Sie, das Beste aus der üblen Situation zu machen. Und regen Sie sich nicht auf. Was geschieht, geschieht so oder so.«

Das Ganze war jedoch so plötzlich gekommen, daß ich es einfach noch nicht glauben konnte. »Was mich betrifft«, sagte ich, »in ein paar Stunden werde ich draußen sein. Es liegt irgendein Irrtum vor, das ist alles.«

Aus dem Augenwinkel gewahrte ich eine leichte Bewegung in der Mitte der Zellentür und bemerkte zum erstenmal das mit einem Schieber verschließbare Guckloch.

Ich hob die Stimme: »Sehen Sie, es ist mir gleichgültig, wer Sie sind oder was Sie getan haben, aber ich möchte Sie nicht unsere neue Regierung kritisieren hören! Ist das klar?«

Mein Zellengenosse sah mich verstohlen zum Guckloch schauen und begriff.

»Schon gut«, antwortete er lakonisch und legte sich auf seine zerlumpte Matratze zurück. Ich holte meine Zigaretten hervor und bot ihm eine an. Erst dann fiel mir ein, daß mein Feuerzeug weg war.

»Nur keine Sorge«, sagte er, zog seinen rechten Stiefel aus und riß ein Stück dreckiger Baumwolle aus seiner Matratze. Er rollte die Baumwolle zu einer Zigarre zusammen, legte sie auf den Boden, drückte die Sohle des Stiefels darauf und rieb immer schneller hin und her, bis ihm der Schweiß von der Stirn rann. Er hielt inne, roch an der Baumwollzigarre und rieb erneut. Nach vier oder fünf Versuchen rauchte die Baumwolle leicht. Er brach sie entzwei und blies darauf, so fest er konnte, bis der erste Funke erschien. Er zündete seine Zigarette an und reichte mir die Baumwolle.

»Camels«, stellte er fest. »Ziemlich teuer. Den letzten Glimmstengel hatte ich vor fünf Monaten. Ich hob eine Kippe in der Latrine auf. Der Wärter hatte sie weggeworfen, denke ich«.

Ich konnte ihn nur bestürzt ansehen. »Wenn man es richtig betrachtet«, fuhr er fort, »sind wir hier ziemlich glücklich dran. Wir haben ein Privatbad, ein Klo, fließendes heißes und kaltes Wasser und eine Dusche! Das ist luxuriös! Nur distinguierte Gäste werden in solchen Zellen untergebracht. Natürlich könnte es sein, daß man uns die sanfte Behandlung angedeihen läßt, um auch das letzte bißchen Information aus uns herauszuquetschen, wissen Sie. Wenn Sie erst sähen, wie es im zweiten Kellergeschoß drunten ist. Das ›Unterseeboot‹ nennen sie es. Dort unten kann man nur atmen, solange die Ventilation arbeitet.

Wenn die Ventilatoren stehenbleiben, erstickt man ganz einfach. Dann gibt es noch das dritte Kellergeschoß. Das ist einen weiteren Stock tiefer. Spezielle Zellen für Einzelhaft. Das ›Tote Meer‹ wird es genannt. Ich glaube, das ist wirklich was.«

Mir kam der Verdacht, mein Zellengenosse führe einen Nervenkrieg gegen mich. »Sie erzählen mir Schauermärchen«, sagte ich.

»Ganz und gar nicht. Warten Sie nur ab.«

Vom anderen Ende des Zellenblocks drang Lärm zu uns.

»Ah, sie bringen das Essen«, erklärte mein Zellengenosse. »Das erste am Tag.«

Ein hinkender alter Mann öffnete die Stahltür und reichte mit seinen dreckigen Fingern meinem Gefährten zwei Maisfladen, nicht größer als ein Handteller, durch die Gitterstäbe. Dann goß er einen Viertelliter Suppe in zwei rostige Näpfe. Die Zeremonie lief in feierlichem Schweigen ab. Während der Hinkende die Tür wieder schloß, stellte mein Zellenkollege die Näpfe auf den Tisch und legte die Fladen daneben.

»Es ist angerichtet!«

Ich schnitt ein Gesicht.

»Ich weiß, daß Sie keinen Hunger haben! Sie werden ein paar Tage warten müssen, bis Sie diesen Fraß essen können.« Er verzog seine blutleeren Lippen zu einer Grimasse. »Kalt und stinkend! Dieselbe Schweinerei jeden Tag. Zu den beiden Mahlzeiten geben sie einem nicht mehr als 600 Kalorien. Mindestens 1500 sind nötig, um Leib und Seele zusammenzuhalten!«

Ich schaute in einen der Näpfe. Trübes Wasser, das höchstens zum Rasieren taugte, und auf dem Boden ein halbes Dutzend Erbsen.

»Das ist die sogenannte Häftlingssuppe! Aber warten Sie bis zum Abendessen. Es ist sehr leicht. Nesselblätter . . .«

»Und das Frühstück?« fragte ich.

»Gibt es nicht!«

Er ging zum Klo und schüttete den Inhalt der beiden Näpfe hinein. Dann kaute er langsam die 200 Gramm seines Maisfladens. In weniger als einer Minute war er fertig damit und starrte dann auf meinen, der ihm wie durch ein Wunder unberührt schien.

»Nehmen Sie ihn«, sagte ich. Er machte eine abwehrende Geste, gab aber sehr schnell nach und hatte bald auch meinen Fladen gegessen.

»Manchmal ist er heiß, wärmt Ihnen den Magen, meine ich, und läßt Sie vergessen, daß allerlei Abfall hineingemischt wird. Die meiste Zeit servieren sie ihn jedoch kalt.«

Nach diesen Worten legte er sich auf seine Betonliege. Ich ging zu der meinen und streckte mich auf der Matratze aus. Die tödliche Stille zwang mich, klarer über meine mißliche Lage nachzudenken. Was denn, wenn sie mich für immer behielten? Wenn solche Dinge in Bukarest jetzt tatsächlich passierten? Nein! Sie konnten einen Unschuldigen nicht einfach ins Gefängnis stekken, weil ihnen seine Ansichten nicht paßten. Sie *mußten* mich vor irgendein Gericht stellen, Volksgericht, Parteigericht, Kriegsgericht – irgendeines. Sie *mußten* meine Schuld beweisen! Aber sie hatten nichts. Sie konnten mich nicht auf bloßen Verdacht hin verurteilen!

Mein Zellengenosse unterbrach meine unruhigen Gedankengänge.

»Stehen Sie auf! Es ist zwei Uhr. Wachablösung.«

Zwei Männer kamen mit eiligen Schritten den Gang entlang, zählten uns und verschwanden. Ich legte mich wieder hin. Zwei Uhr. Genau in diesem Moment wartete meine Frau darauf, daß ich heimkam. Mit jeder verstreichenden Minute würde ihre Überraschtheit größerer Sorge weichen. Sie würde alle meine Bekannten anrufen und mich suchen. Zum erstenmal, seit wir verheiratet waren, würde ich zum Abendessen nicht daheim sein. Tränen traten mir in die Augen und liefen mir über die Wangen. Voller Scham bedeckte ich mein Gesicht. Ich muß stundenlang geweint haben. Ich hörte nicht, wie das Abendessen gebracht und die Wache abgelöst wurde. Mein Zellenkollege döste oder hielt einfach die Augen geschlossen.

Im Lauf des Nachmittags war ich mehrmals aufgestanden und zur Wand gegenüber getreten. Ich hatte das Metallplättchen von der Spitze meiner Schuhsohle gelöst und begonnen, damit ein Gedicht an meine Frau in den Stein zu ritzen. Doch bevor ich es vollenden konnte, wurde die Zellentür heftig aufgestoßen und zwei Männer traten ein.

»Warum haben Sie die Wand zerkratzt?«fragten sie.

»Ich habe nichts anderes getan als viele vor mir.«

»Na, Sie werden sehen, was Sie dafür kriegen.«Sadistisch grinsend zogen sie ab. Mein Kollege schüttelte vorwurfsvoll den Kopf.

»Das könnte Sie in Schwierigkeiten bringen. Diese Hunde sind hinter genau solchen Dingen her, wissen Sie . . .« Er konnte den Satz nicht beenden, denn die Tür ging erneut auf, und einer der Aufseher winkte mich hinaus. Ich trat auf den schwach beleuchteten Gang und folgte ihm. Er öffnete die dritte Tür von meiner Zelle und befahl: »Hinein!«

Ich schaute ihn an, dann die Stelle, wo ich hinein sollte. Ich sah nichts als eine Ziegelmauer.

»Hinein!« bellte er zum zweitenmal, »und Hände hoch!«

Ich hob die Arme. Er versetzte mir einen so tückischen Stoß, daß ich mit der Stirn an die Wand schlug. Die Tür hinter mir fiel zu. Ich gewahrte nun, daß meine »Strafzelle« einfach eine Öffnung in der Wand war, einen Ziegel breit, so daß ich keine Bewegung machen konnte. Meine Nase berührte die Wand vor mir, mein Hinterkopf wurde von der Tür gehalten. Keine Möglichkeit, die Arme zu senken. »Das ist kaltblütiger Mord«, murmelte ich. »Wie lange werden sie mich in dieser barbarischen Stellung lassen? Eine halbe Stunde? Eine Stunde?«

Nach langer Zeit meinte ich, die gräßlichen Schmerzen in Armen und Körper nicht mehr ertragen zu können. Niemand kümmerte sich um mich. Einer Ohnmacht fast nahe, rief ich:

»Lassen Sie mich raus! Ich halte es nicht mehr aus, lassen Sie mich raus!«

»Wenn du nicht das Maul hältst, dusche ich dich mit einem Kübel Wasser, du Bastard . . .«

Ich spürte, wie sich das metallene Guckloch hinter mir öffnete und schloß. Der Aufseher ging weg. Ich schwieg und wartete auf ein Wunder. Alle sechs Stunden ließen sie mich eine Minute lang heraus auf die Toilette, dann stellten sie mich wieder an die Ziegelwand.

Es dauerte vierundzwanzig Stunden. Als ich in Zelle 15 zurückkam, waren meine Glieder mit häßlichen roten Flecken bedeckt und fühlten sich an wie Holz.

»Sie hatten Glück, daß man Sie so bald heraus ließ«, sagte mein Zellengenosse. »Die können noch schlimmere Sachen machen, wissen Sie.«

Mehr als zwei Tage rührte ich mich nicht von meiner Liege, außer um zur Toilette zu gehen. Ich trank ständig Wasser.

»Warum essen Sie Ihr Essen nicht?« fragte mich einer der Wärter am nächsten Tag. »Ich frage Sie, warum?«

»Ich bin krank. Ich kann nichts essen.« Er lachte und ging fluchend davon. Am vierten Tag meines Fastens erschien ein junger Arzt in Begleitung zweier Aufseher.

»Was ist los mit Ihnen? Warum essen Sie nicht?« fragte der Arzt.

»Ich habe keinen Appetit, Herr Doktor.«

»Das ist der Schock! Sie werden ihn überwinden. Inzwischen müssen Sie sich zum Essen zwingen. Es ist eine Frage des Überlebens für Sie. Und warum schlafen Sie nicht? Sie sind es nicht gewöhnt, im Gefängnis zu schlafen? Ich werde Ihnen etwas dafür geben.« Er zwinkerte einem der Aufseher zu, und alle drei gingen.

»Noch mehr von der ›Medizin‹, die ich unlängst bekam?« fragte ich meinen Zellengenossen.

»Nein, diesmal könnte es sein, daß Sie wirklich etwas kriegen.«

Am Abend wurde ich vom diensthabenden Aufseher mit meinem Becher an die Zellentür gerufen. Er tropfte etwas Baldriantinktur hinein. Ich ertrug den Geruch dieses Beruhigungsmittels nicht und schüttete es sofort ins Klo.

Am nächsten Morgen bekam ich zu unserer großen Überraschung eine Tasse Tee und eine dünne Scheibe Schwarzbrot. Der Aufseher, der es mir brachte, erklärte:»Sie sind eine Woche lang auf Spezialdiät. Anordnung des Arztes.«

Es war der erste Lichtblick in meiner verzweifelten Lage.

»Sehen Sie«, sagte ich mit erstickter Stimme zu meinem Gefährten, »draußen sind die Dinge ins Rollen gekommen. Meine Leute haben alle mobilisiert, sie werden keinen Stein auf dem anderen lassen, um mich aus diesem Alptraum zu befreien. Ich bin unschuldig, sie werden meine Unschuld beweisen.«

Mein Zellengenosse schwieg. Zu Mittag erhielt ich einen Teller mit Makkaroni und etwas Mamaliga (gekochten rumänischen Mais) mit Käse. Zum Abendessen gab es Milchreis.

Doch die Tage schleppten sich hin, ohne daß meine Entlassung in Sicht kam. Ich hegte noch immer wilde Hoffnungen, aber allmählich mischten sich Zweifel und Verzweiflung darunter. Mein Appetit schwand erneut, und mein Partner verzehrte den Löwenanteil meiner Sonderration.

Ein paar Tage später erlitt ich einen neuen Schock. Am Abend holte man meinen Zellengenossen weg, und ich war zum erstenmal allein. Erst da kam mir meine Einsamkeit voll zu Bewußtsein, meine Müdigkeit, meine Mutlosigkeit. Ich ging vierundzwanzig Stunden lang in der Zelle auf und ab, damit reine Erschöpfung mich schlafen lassen würde.

Ich sehnte mich nach meiner Frau, meinen Angehörigen, meinem verlorenen Paradies draußen. Ich rief mir jedes glückliche Ereignis aus den vergangenen Jahren ins Gedächtnis. Wenn mir ein vergessenes Detail einfiel, untersuchte ich es gründlich, wie ein Chirurg einen rätselhaften Fall untersucht hätte. Ich versuchte in den verschiedenen Sprachen zu sprechen, die ich beherrschte. Ich rekapitulierte mein ganzes Wissen auf den Gebieten der Kunst, Poesie, Philosophie, Geschichte und Politik. Doch das ging nicht lange. Meine Nerven hielten nicht durch.

Ich war wie ein Schwimmer, der gegen hohe Wellen ankämpft und nicht ans Ufer zurückkommt.

Eines Nachts fragte mich ein junger Aufseher – man hatte ihn eben erst aus der Lehrlingsabteilung eines Werkes geholt und zum Wärter umgeschult – lange nach Mitternacht mit flüsternder Stimme: »Warum gehen Sie nicht ins Bett? Haben Sie Kummer?«

Ich mochte mit den Aufsehern nicht reden, weil ich das Gefühl hatte, sie wollten den Häftlingen Informationen entlocken, Meldung machen, auf diese Weise ihre Loyalität beweisen und über die gebeugten Rücken ihrer Gefangenen zu höheren Positionen aufsteigen.

»Schauen Sie«, sagte er leise, »Sie tun mir leid. Ich habe den Eindruck, Sie sind das Opfer des Zorns von irgend jemand. Was kann ich tun, um Ihnen zu helfen?«

Ich schaute in sein kindliches Gesicht und begann zu glauben, daß er es ehrlich meine.

»Sie können nichts tun, danke.« Er nickte mitfühlend und ging. Ein paar Minuten später kam er wieder, öffnete die Türklappe und reichte etwas durch, das er in seiner Faust verbarg.

»Gehen Sie an die Wand hinten beim Klo, schreiben Sie heim, und morgen, wenn ich frei habe, werde ich es selbst überbringen.«

Ich zögerte und sah ihn erstaunt an.

»Gehen Sie«, sagte er. »Ich habe nicht viel Zeit.«

Der Gedanke, nach Hause zu schreiben, war mir immer wieder gekommen, aber ich hatte ihn als absurd aufgegeben. Plötzlich bot sich die Gelegenheit von selbst, wie von Gott gesandt durch diesen Boten! Ich ging hinter die niedrige Wand der Toilette, entrollte mit nervösen Fingern den Zettel und fand darin einen Bleistiftstummel. Er war so kurz, daß ich ihn kaum in der Hand zu halten vermochte, um im Halbdunkel der Zelle auf der rauhen Wand zu schreiben. Die wenigen Zeilen, die ich kritzeln konnte, schrieb ich in Druckbuchstaben. Ich weiß sie noch heute:»Ich lebe und denke jede Minute an Euch. Tut alles, was Ihr könnt, um mich zu retten. Gott segne Euch alle. Küsse, Mike.« Dann fügte ich hinzu: »Gebt dem Boten tausend Leis« (etwa 150 DM).

Ich rollte den Zettel wieder um den winzigen Bleistift und wartete klopfenden Herzens auf die Rückkehr des Aufsehers. Eine Ewigkeit verging, bevor ich seine Schritte hörte. Er streckte die Hand herein, und ich reichte ihm die Nachricht. Er tätschelte mir die Finger und sagte sanft: »Gehen Sie jetzt ins Bett. Es ist zwei Uhr früh. Bald werde ich Ihnen gute Nachricht bringen. Keine Sorge!«

Er schloß leise die Klappe und verschwand. Ich klammerte mich an diese Nachricht wie ein Ertrinkender an einen Strohhalm, sie war meine letzte Hoffnung. Nicht eine Minute fand ich Schlaf, so angespannt war ich. In zwölf Stunden mußte er wieder hier sein! Nur noch zwölf Stunden, und ich würde die erste Nachricht von meiner Frau bekommen! Wenn diese zwölf Stunden doch schneller vergingen . . .

Früh am nächsten Morgen erschien der Gefängnisfriseur, um mich zu rasieren. Die erste Rasur in zwei Wochen! Mir fiel ein, daß mir mein Zellengenosse gesagt hatte, rasiert werde man aus einem von zwei Gründen: vor der Verhandlung oder vor der Entlassung. Ich Optimist begann, mit dem verrückten Gedanken an meine Entlassung zu spielen.

Statt dessen wurde ich nach der Rasur zum Fotografen gebracht, der mir einen Karton mit einer Kreidenummer an die Brust heftete, bei blendendem Licht mehrere Aufnahmen machte. Allein schon der Gedanke, mit einer Nummer fotografiert zu werden wie ein Verbrecher, brachte mich aus der Fassung, und der Traum von der Entlassung verflog.

Völlig verzweifelt betrat ich meine Zelle wieder. Dunkle Wolken zogen sich zusammen. Ich spürte, das Schlimmste würde erst noch kommen. Während ich in der Zelle hin und her ging, flog plötzlich die Tür auf, und herein marschierte Generalinspekteur Dulgheru, gefolgt von mehreren Männern. Er schrie mich voll kalter Wut an:

»Du Bastard! Du Hundesohn! Du Parasit! Wie kannst du es wagen, meine Leute zu bestechen, für dich Nachrichten aus dem Gefängnis zu schaffen?« Sein Faustschlag traf mich so unerwartet auf die Brust, daß ich an die Wand zurückflog. »Wie kannst du es wagen, frage ich dich?« donnerte er. »Weißt du, was du verdienst? Daß man dir die Glieder bricht und deine Haut in Salz packt. Man sollte dich King Kong aushändigen! Du weißt noch nichts von King Kong? Steh gefälligst stramm, wenn ich mit dir rede!«

Ich gehorchte.

Er wandte sich an seine Leute: »Bringt ihn ins ›Tote Meer‹! Das wird ihm eine Lehre sein!« Er schlug die Tür hinter sich zu und überließ mich seinen sadistischen Gefolgsmännern.

Zum erstenmal im Leben wurde ich in Ketten gelegt. Der Knöchelring war so konstruiert, daß mir, als sie die Bolzen hineinhämmerten, das Blut aus den Venen schoß. Ich erhob mich unter gräßlichen Schmerzen und entdeckte, daß die Verbindung zwischen den Ringen aus einem einzigen Kettenglied bestand, das nur Schritte von etwa fünf Zentimetern erlaubte. Meine Ketten waren entsetzlich schwer. Später erfuhr ich, daß sie über acht Kilo wogen.

Man legte mir Handschellen an und führte mich ins »Tote Meer«, von dem mir mein ehemaliger Zellengenosse erzählt hatte. Es war so dunkel dort unten, daß ich kaum etwas sah, aber die Zelle, in die man mich steckte, schien kaum größer als ein aufrechter Sarg zu sein. Wasser tropfte von den Wänden. Es war eiskalt und zog. Aber ich konnte mich bücken. Das erlaubte mir, einen Streifen von meinem Hemd zu reißen, die Knöchelketten an die Handschellen zu binden und so die vom Gewicht der Ketten verursachten Schmerzen etwas zu lindern.

Ich blieb zwei Tage und zwei Nächte im »Toten Meer«. Als ich in meine Zelle zurückkehrte, erschien sie mir geradezu paradiesisch. Ich erkannte nun, wie wenig nötig ist, um einen Menschen glücklich zu machen. Der Arzt kam und strich Salbe auf die Stellen, wo die Ketten arg ins Fleisch geschnitten hatten. Trotzdem war jeder Moment eine Qual. Aber es erfüllte mich mit Genugtuung, die Prüfung bestanden zu haben. Dieses Mal hatte ich nicht geschrien oder um Gnade gebeten. Stolz erinnerte ich mich der Worte Clemenceaus: »Stehend sterben.«

Die Zeit zog sich hin. Ein paar Tage nach meiner Rückkehr aus dem »Toten Meer« brachte man einen Studenten in meine Zelle. Ich roch Lunte und hielt den Mund. Ich hatte recht, denn später erfuhr ich, daß die Sicherheitsleute ihn als Spitzel und Denunzianten einsetzten.

Nach ihm kam ein älterer Eisenbahningenieur, ein sehr ruhiger Bursche. Etwa um die Zeit setzte ich mir ein Datum für meine Entlassung: 15. März. Warum den 15.? Warum März? Ich weiß es nicht. Vermutlich einfach deshalb, weil ich freigelassen werden oder meinem Leiden ein Ende machen wollte. Ich sagte mir, wenn es meiner Familie und meinen Freunden bis zum 15. März nicht gelungen sei, meine Freilassung zu erreichen, müsse ich annehmen, sie hätten alle Hoffnung aufgegeben.

Warum sie und mich quälen, wenn ich ohnehin verloren war? Lieber Schluß machen. Je eher, desto besser.

Rückblickend kann ich mein Verhalten in jenen schrecklichen Tagen nur mit einer vorübergehenden Geistesverwirrung erklären. Der Gedanke, den 15. März als Termin der Entscheidung über mein Leben zu bestimmen, wurde immer quälender. Er beherrschte meine Existenz. Ich bedauerte weder mich noch meine Lieben; ich hatte einfach das Gefühl, weitere Foltern und Demütigungen nicht ertragen zu können. Nachdem ich mich mit der Sinnlosigkeit des Weiterkämpfens abgefunden hatte, erlangte ich so etwas wie seelischen Frieden und betrachtete die Dinge mit fatalistischer Gelassenheit.

Da ich in meiner Zelle mehrere Tage allein war, konnte ich einen langen Streifen von der Matratze abreißen. Ich drehte ihn zu einem Seil und band das obere Ende an die Dusche. Dann machte ich eine Schlinge. Den fertigen Strick tarnte ich, indem ich ihn um die Dusche wickelte. Von Zeit zu Zeit ging ich in meine versteckte Ecke und betrachtete erfreut mein Werk.

Schließlich kam der schicksalhafte 15. März. Ich lauschte mit angehaltenem Atem auf jeden Schritt, auf das Drehen der Schlüssel, auf jede Bewegung draußen im Gang. Nichts. Mitternacht war da. Mein neuer Zellengenosse schlief fest. Ich ging geräuschlos in der Zelle auf und ab und zog die Bilanz meines Lebens: völliges Scheitern!

Ich hatte alle Ratschläge ignoriert, einschließlich eines offiziellen Warnschreibens aus dem Hauptquartier der britischen Armee, bei der ich im Krieg gedient hatte. Ich war in ein Land zurückgekehrt, wo die Menschenrechte weniger bedeuteten als der Schmutz auf der Straße. Nun mußte ich für meinen Leichtsinn bezahlen. Statt langsam an Hunger, Foltern und geistigem Verfall sterben, besser von der Bühne abtreten, solange ich noch ein Mann war.

Es muß nach zwei Uhr gewesen sein, als ich zur Dusche trat. Ich wickelte den Strick los, stieg mit einem Fuß auf den Hahn der Dusche, mit dem anderen auf den Rand des Waschbeckens, legte mir die Schlinge um den Hals und ließ mich fallen.

Ich erwachte wie aus einem schönen Traum! Ich war Arm in Arm mit einer Cousine in einem schönen Garten voller goldener Bäume gewandelt und hatte Vögel zwitschern hören. Es war sonnig und warm gewesen. Plötzlich spürte ich, wie kaltes Wasser über mich gegossen wurde, und ich hörte eine Stimme:

»Er lebt. Er wird am Leben bleiben!«

Ich wollte die Augen öffnen, konnte aber nicht. Als es mir nach großer Anstrengung gelang, sah ich viele Augenpaare auf mich herunterstarren. Wo war ich? Langsam kam ich wieder zu mir. Ich lag auf dem Boden, naß bis auf die Haut von zwei Eimern Wasser und zitternd vor Kälte. Die unbekannten Männer hoben mich auf und legten mich auf die Matratze. Ein Mann in weißem Kittel gab mir eine Injektion. Erst in diesem Moment erkannte ich die Dummheit meiner Tat. Ich ekelte mich vor mir selbst und schämte mich meiner. Aber niemand äußerte ein Wort des Vorwurfs. Frierend lag ich unter der dünnen Decke, sah mich entehrt und als Zielscheibe des Spotts. Warum war ich nicht gestorben? Wie war es ihnen gelungen, mich zu retten?

Das berichtete mir später mein Nachbar. Rein zufällig war er aufgestanden, kurz nachdem ich mich zum Klo begeben hatte. Da er mich nicht auf meinem Bett liegen sah, ging er zur Dusche und fand mich dort. Er rannte zur Tür, schlug Alarm, rannte zurück, um trotz seiner fünfundsechzig Jahre meinen Körper anzuheben, so daß mein Atem schwach gehen konnte, bis Hilfe kam. Die Wärter und der Militärposten schnitten den Strick mit einem Messer durch und legten mich auf den Boden.

Als ich nun über das Erlebnis nachdachte, gelobte ich mir, was auch geschehe, ich würde – da die göttliche Vorsehung mein Leben verschont hatte – die Prüfung bis zum bitteren Ende durchstehen. In den nächsten siebzehn Jahren machte ich Unglaubliches durch, der Tod wäre die reinste Erlösung gewesen, aber ich dachte nicht daran, es ein zweites Mal zu versuchen. Von dem unglückseligen Moment an war ich entschlossen, zu leben. Sollten andere das Töten besorgen, wenn sie wollten. Ich würde nie mehr einen Selbstmordversuch unternehmen.

Am Morgen holte man mich ins Büro des Generalinspekteurs.

»Was denn?« höhnte er, »glauben Sie, wir seien von Ihren theatralischen Fähigkeiten beeindruckt? Und wenn Sie sterben, wen kümmert es? Wir schicken Ihre Leiche ins Krematorium und verstreuen Ihre Asche in alle Winde. Wir möchten Ihnen ein paar Fragen stellen, bevor dies geschieht. Das ist alles.«

Die Arme verschränkt, sah er mich verächtlich an. Nach einer Minute des Überlegens fuhr er fort: »Ich werde dafür sorgen, daß Sie an einen Ort kommen, wo Sie keine Ihrer albernen Tricks mehr ausspielen können. Einen Ort, wo es Ihnen bitter leid tun wird um den Komfort und die Bedingungen, derer Sie sich hier erfreuten.«

Dulgheru trat zum Spiegel, strich sich sorgfältig das Haar glatt, rückte seine Seidenkrawatte zurecht und bewunderte die untadelige Bügelfalte seiner Hose.

»Das ist alles, Solomon! Beachten Sie, daß ich Sie nicht mehr ›Herr‹ nenne. Dessen sind Sie nicht wert. Wir werden uns eines

Tages wiedersehen . . .«

Er läutete, und ein Aufseher brachte mich in meine Zelle. Schon am Nachmittag rief man mich ins Büro des diensthabenden Offiziers, gab mir meine Sachen zurück, einschließlich meiner Armbanduhr, und führte mich zum Ausgang. Vor dem Hauptausgang stand eine schwarze amerikanische Luxuslimousine, ein Buick, der offenbar auf mich wartete. Als ich die Steintreppe des Innenministeriums hinunterschritt, atmete ich zum erstenmal nach eineinhalb Monaten unterirdischen Gestanks die würzig-milde frische Luft auf Gottes Erde.

Ich war im Winter festgenommen worden, und jetzt befanden wir uns mitten im Frühling. Ich saß auf dem weichen Rücksitz der Limousine, zwischen zwei Geheimpolizisten. Ein dritter saß beim Fahrer vorn. Einer der Männer neben mir zeigte mir seine Pistole.

»Keine Faxen mit der Polizei, Mann«, sagte er. »Eine falsche Bewegung, und es ist aus mit Ihnen . . .«

Ich nickte.

Der Wagen bog in die Calea Victoriei ein, diese elegante Straße Bukarests. Ich sah Dutzende sorgloser Menschen ihren Alltagsgeschäften nachgehen. Zufällig gewahrte ich mich im Rückblickspiegel des Wagens und war verblüfft über das leichenhafte Gesicht darin: eingefallene Wangen, rote Augen in dunklen Höhlen, schmutziggrauer Teint. Als wir an dem schicken »Capsa« entlangfuhren, diesem Lieblingstreffpunkt eleganter Menschen zum Nachmittagsplausch, dachte ich an die glücklichen Tage, wo auch ich hatte so teure Lokale betreten können. Hatte ich damals je an unschuldige Menschen gedacht, die in Limousinen von einem Kerker zu einem anderen geschafft wurden? Der Wagen bog nach links in den Dîmbovita Kai ein, fuhr die Calea Rahovei entlang und in den großen Hof eines zweistöckigen Gebäudes, des einstigen Rathauses.

Der Wagen hielt vor einem Hintereingang, und man befahl mir, auszusteigen. Wir betraten einen tiefen Keller mit den inzwischen vertrauten, schwach beleuchteten Gängen. Im Büro des diensthabenden Offiziers mußte ich wieder meine sämtlichen Habseligkeiten abgeben, und wieder wurde eine Liste davon erstellt. Wieder mußte ich mich nackt ausziehen und eine gründliche Durchsuchung über mich ergehen lassen. Alle sprachen mit gedämpfter Stimme, und man befahl mir, es ebenfalls zu tun. Die Regeln waren streng: verboten zu sprechen, verboten, auf und ab zu gehen, verboten, an die Tür zu schlagen, verboten zu schlafen, außer zwischen 22 Uhr und 5 Uhr. Von 5 Uhr morgens bis 22 Uhr mußte man der Tür gegenüber auf einer kleinen Bank sitzen, die Augen weit offen. Alle paar Minuten schaute jemand durchs Guckloch. Erwischte er einen Häftling beim Dösen, warnte er ihn zum ersten und letzten Mal. Das zweite Mal brachte Einzelhaft ein.

Ich wurde in eine der Zellen geführt. Als ich über die Schwelle trat, stieß ich mit dem Kopf an das niedrige Gewölbe. Es ließ mich an Mönchsklöster denken, wie es sie im Mittelalter gegeben haben mochte. Schwaches Licht drang aus einer Nische in der Wand, wo eine kleine Kerze brannte. Der Boden bestand aus blankem Zement. Ein Fenster gab es nicht, und die Einrichtung erschöpfte sich in zwei Betten mit Matratzen und Decken. Obwohl bereits an Gefängniszellen gewöhnt, hatte ich das Gefühl, in ein Grab gekommen zu sein. Die Luft war so schlecht, daß ich mir ein Taschentuch an die Nase halten mußte.

In dem matten Licht bemerkte ich auf einem der Betten das Gesicht eines Mannes. Er war zu schwach zum Sitzen. Mit seinen weit offenen Augen und seinem starren Blick sah er aus wie eine Leiche. Sein Gesicht war blau angelaufen, und er atmete schwer. Meinen Gruß beantwortete er mühsam. Nach und nach berichtete er, daß er deutscher Ingenieur sei und daß man ihn verhaftet habe, weil er sich bei der amerikanischen Gesandtschaft erkundigt hatte, wie er nach Frankfurt zurückkomme, wo seine Frau und seine zwei Kinder lebten. Er konnte nicht mehr essen, und seine Maismehlrationen von mehreren Tagen standen ausgerichtet am Fußende des Bettes wie eine Kolonne Soldaten. Er konnte nicht einmal mehr die Hand heben. Ich versuchte ihm zu helfen und rief beim Wecken: »Der Mann hier stirbt!«

»Maul halten, Sie haben nur zu sprechen, wenn man Sie fragt!« sagte der Wärter, während er die Tür verschloß.

Ein paar Tage später kam ein bekannter Bukarester Arzt in unsere Zelle. Er trug einen teuren Persianermantel und eine Pelzkappe, die er angezogen hatte, um auf dem Weg nach Wien nicht zu frieren. Er und mehrere wohlhabende Begleiter waren von einem jüdischen Kaufmann hereingelegt worden, den die russische Spionageabwehr als Denunzianten benutzte. Der Kaufmann hatte sich erboten, sie für zweitausend Dollar pro Mann sicher nach Wien zu schaffen. Vertrauensvoll hatten sie den Preis bezahlt und waren mitten in der Nacht mit ein paar kostbaren Besitztümern auf einen russischen Lastwagen gestiegen. Am Stadtrand war der Lastwagen angehalten worden; mit angelegtem Gewehr hatte man die Insassen gezwungen, auszusteigen und sich mit dem Gesicht nach unten in den Straßengraben zu legen, bis die Durchsuchung abgeschlossen war. Die Männer hatten geglaubt, auf der Stelle erschossen zu werden. Statt dessen brachte man sie ins Gefängnis und steckte sie in getrennte Zellen.

Für »Schwerverbrecher« wie uns gab es natürlich keine medizinische Fürsorge, und das Essen bestand unveränderlich aus Nesselsuppe um 14 Uhr und wieder um 18 Uhr. Einmal täglich bekamen wir 100 Gramm eines kalten Mehlfladens. Wir wurden in den nächsten zwei Wochen so mager, daß die Knochen durch die Haut traten und wir fast keiner Bewegung mehr fähig waren. Der Deutsche rang mit dem Tod. Drei Tage nacheinander meldeten wir seinen sich verschlimmernden Zustand. Am vierten Tag kamen zwei Wärter und hoben ihn vom Bett. Sie gaben sich weiter keine Mühe und schleppten ihn an den Beinen weg; sein Kopf schlug auf den Zementboden und die Zementstufen der Treppe. Wir konnten ihre Schritte bis hinaus in den Hof verfolgen. Von dem Ingenieur hörten wir nichts mehr. In jenen Tagen verbrannte man angeblich die Leichen jener, die in Erwartung ihres Prozesses starben, damit man sich um keine Begräbnisformalitäten zu kümmern brauchte. Später erfuhren wir, daß die Insassen der Nachbarzelle achtundvierzig Stunden mit einem verwesenden Leichnam verbringen mußten, bevor man diesen wegschaffte.

In dieser Zeit begann der Hunger mich schrecklich zu quälen. Einmal ging ich zum Klo, um ein paar Körner Maismehl aufzuheben, die aus den leergegessenen Näpfen zu Boden gefallen waren. Aber vor Schwäche konnte ich mich kaum bücken. Einen Monat nach der Verhaftung des Arztes jedoch bekamen wir eine Zubuße zu unserer Ration, denn die Wärter brachten einen Teil des Proviants, den der Arzt auf seine unselige Reise mitgenommen hatte. Es war nicht viel: ein viertel Brotlaib, ein kleines Stück Käse und eine fast leere Tube Zahnpaste. Der Arzt gab mir alles. Das Brot war steinhart, mit Staub bedeckt und schimmelig. Er riet mir eindringlich, es nicht zu essen, aber seine Warnung ließ mich gleichgültig. Der Hunger war stärker als die Angst vor einer Infektion. Ich gab etwas Wasser in meinen Blechnapf und legte das Brot hinein. Nach zwei Tagen konnte ich es mit einem Bissen Käse kauen. Es schmeckte wunderbar.

In den folgenden Tagen nahmen meine Hungerschmerzen noch zu. Ich träumte am hellen Tag von üppigen Banketten und köstlichen Getränken, nach denen ich vergeblich zu greifen versuchte, während mir das Wasser im Mund zusammenlief. Ich bin sicher, daß ich damals dem Delirium nahe war. Der Arzt konnte infolge einer allgemeinen Apathie seinen Maisfladen oft nicht essen und hob ihn in der Brusttasche seines Wollpullovers für später auf. Ich erinnere mich, daß ich manchmal, wenn er schlief, zu ihm schlich und mit der Gewandtheit eines Taschendiebs Krumen von dem Fladen pickte, gemischt mit Wollfasern und Schweiß.

Zeitweise saugte ich, um drohende Ohnmachten abzuwehren, an der leeren Zahnpastentube. Der Pfefferminzgeschmack linderte das Bohren im Magen irgendwie. Als die Tube nicht mehr nach Pfefferminz schmeckte, aß ich Wolle aus den Decken und sogar Kalk von den Wänden. Plötzlich beschloß ich aus Gründen, die ich nicht zu erklären vermag, in Hungerstreik zu treten. Ich weigerte mich, den Maisfladen und die Suppe anzunehmen. Die Wärter musterten mich erstaunt, sagten aber nichts. Am vierten Tag brachte man mich ins Büro des diensthabenden Offiziers. Der fesch gekleidete, duftende, frisch rasierte Generalinspekteur Dulgheru erwartete mich.

»Warum weigern Sie sich zu essen?« fragte er.

»Ob ich esse oder nicht, auf der Verlustliste stehe ich ohnehin«, sagte ich. »Deshalb beschleunige ich lieber meinen Tod aus Protest gegen Ihre unmenschliche Behandlung.«

Er strich sich das Haar mit der mir inzwischen vertrauten Geste glatt, und dann vernahm ich die ersten Anklagen gegen mich:

»Sie haben Artikel geschrieben, in denen Sie den Marshall-Plan priesen. Sie sagten, unsere Regierung solle ihn annehmen. Wir haben Ihren Rat nicht befolgt. Wenn wir Marshall-Plan-Hilfe beantragen und Marshall-Lieferungen bekommen, ernähren wir Sie besser.« Er wandte sich an den Wärter und bellte: »Wegbringen!«

»Sie werden nie Hilfe von der zivilisierten Welt erhalten, solange Sie unschuldige Menschen foltern!«platzte ich heraus, während man mich abführte. Dulgheru bekam einen roten Kopf und erteilte seinem Untergebenen einen neuen Befehl: »In den Kälteraum mit ihm!«

Der Kälteraum war eine leere Zelle mit Zementboden. Ein rostiger Eimer für alle Zwecke stand in der Ecke. Den ganzen Tag lang mußte man gehen, um sich warm zu halten und auf der dreckigen, zerlumpten Matratze schlafen zu können, die nachts hereingeworfen wurde. Für zwei aufeinanderfolgende Tage bekam man nur 100 Gramm Brot und kaltes Wasser. Am dritten Tag erhielt man die »volle« Ration. Da die Türen in den Scharnieren schlecht schlossen, sah man ein wenig von den Geschehnissen auf dem Gang. Doch solche Neugier, wenn man sich dabei erwischen ließ, zog brutale Bestrafung nach sich. Der Häftling wurde ausgezogen, bekam einen Eimer kaltes Wasser über den Kopf geschüttet und mußte Tag und Nacht entlang der Zellenwände rundum laufen, bis er das Bewußtsein verlor. Gottlob blieb mir diese Qual erspart.

*

Am 3. Juni 1948, während ich auf den üblichen Befehl zum Lichtlöschen wartete, ging die Zellentür auf, und der Nachtaufseher bedeutete mir, mit allen meinen Sachen mitzukommen. Ich ergriff das halbe Handtuch, das mir ein früherer Mithäftling abgetreten hatte, und verließ die Zelle. Oben händigte mir der diensthabende Offizier meine Schnürsenkel, die Krawatte, die Uhr, das Geld, die Schlüssel und die übrigen Dinge aus. Er sagte:

»Sie sind frei, mein Herr!«Er verbeugte sich und schüttelte mir die Hand. Ich sah ihn voller Mißtrauen an.

»Ich verstehe Ihre Gefühle«, erklärte er freundlich. »Sie haben völlig recht, uns zu mißtrauen, aber ich spreche von Tatsachen. Ab diesem Moment sind Sie ein freier Mann und können gehen, wohin Sie wollen.« Er zog zwei amerikanische Zigaretten heraus, reichte mir eine und gab mir Feuer. »Wissen Sie«, fuhr er fort, »die Härte dieses kalten Kriegs zwingt uns manchmal, Dinge zu tun, die wir zutiefst bedauern. Aber Sie müssen uns verstehen . . .« Er schien den Satz nicht beenden zu wollen. Plötzlich musterte er mich neugierig.

»Wo ist Ihr Hut?« fragte er. »Sie kamen doch mit einem Hut hierher, nicht wahr?«

»Ja, aber ich habe ihn gegen diese Skimütze getauscht.« Ich zeigte ihm die Mütze.

»Aha, Sie leben wohl immer noch in der Vorstellung, wir würden Sie nach Sibirien schicken? Seien Sie nicht so töricht!«

Es stimmte, ich hatte Sibirien gefürchtet.

»Nun denn, viel Glück und einen angenehmen Weg«, sagte er, als wir uns vor dem Haupteingang trennten.

Es war halb elf Uhr nachts. Ich ging ganz allein durch den

Haupthof, niemand beobachtete mich. Endlich allein! Ich genoß den Frieden der Natur und füllte meine Lungen mit dem zarten Duft der Blumen und der sanften Brise des Juniabends.

Frei! Das magische Wort wirkte elektrisierend. Ob meine Familie von meiner Entlassung wußte? Oder würde es eine Überraschung für sie sein? Ich beschloß, ihnen unnötige Erregung zu ersparen und zu Fuß heimzugehen. Das würde mir auch Zeit geben, mich zu sammeln und von dem freudigen Schock zu erholen. Ein paar Meter trennten mich noch von der leeren Straße, die auf mich wartete wie ein alter Freund. Ich brauchte nur das große, offene Haupttor zu durchqueren. Da hupte es hinter mir. Ich wandte mich um und stand vor einer glänzenden schwarzen Limousine, in der zwei Männer saßen. Der eine, der gut gekleidet war, sprach mich höflich an:

»Dürfen wir Sie nach Hause bringen, Herr Solomon?«

»Danke, nein, ich habe keine Eile.«

»Ja, aber wir sind . . .«

»Wer sind Sie?«

»Keine Zeit für Erklärungen. Wir haben Befehl, Sie sofort nach Hause zu bringen!«

Er öffnete lebhaft die Tür und bedeutete mir, einzusteigen. Ich begriff, daß ich zu gehorchen hatte. Als ich in dem Wagen saß, den runden, kahlgeschorenen Hinterkopf des Fahrers vor mir, erfaßte ich voll und ganz, daß meine alten Befürchtungen keine Alpträume gewesen waren. Mein Nebensitzer, offensichtlich zufrieden damit, wie er seine Aufgabe gelöst hatte, bot mir eine Zigarette an und gab mir Feuer.

»Grischa, poschli . . .!« hörte ich ihn sagen, als der Fahrer den ersten Gang einlegte. Meine letzte Hoffnung schwand, denn trotz meiner beschränkten Sprachkenntnisse verstand ich, was er meinte. Wir waren unterwegs nach Nirgendwo. Ich befand mich fest in russischen Händen.

2. KAPITEL

DAS PRINZENPALAIS, EIN RUSSISCHES GEFÄNGNIS

Bog vysokij, zar dalekij.
(Gott ist hoch, und der Zar ist weit.)
Russisches Sprichwort

Der Wagen glitt durch die Hauptstraßen Bukarests, und ich konnte zum Fenster hinausschauen. Die Menschen draußen lebten wie immer, zweifellos blind gegen die gequälten Seelen und gefolterten Leiber ihrer Mitbürger, deren Leben und Schicksal das Regime im Griff hatte. Während man mich an einen mir unbekannten Ort fuhr, sah ich junge Paare Arm in Arm gehen, Tischchen mit weißen Decken vor friedlichen Restaurants, alle bekannten Szenen eines Frühlingsabends – Menschen, die lachten, sich küßten, fröhlich plauderten, einfach Gottes saubere Luft atmeten.

Ich saß im Wagen, fröstelnd trotz meines Mantels, und dachte daran, daß ich vor nicht langer Zeit ebenso frei gewesen war wie die Menschen draußen, daß man mich von der Bühne hatte verschwinden lassen, als habe ein unsichtbarer Zauberer mich mit einem Fingerschnippen weggezaubert. Warum? Warum nur? Die Frage ging mir nicht aus dem Kopf. Der Leser wird sich fragen, was an mir gewesen sei, daß der Staat mich als Feind behandelte.

*

Ich bin in Galatz geboren, dem wichtigsten rumänischen Donauhafen. Meine Eltern waren Kaufleute der Mittelklasse, und ich verbrachte den größten Teil meiner Kindheit, einschließlich der Zeit in der höheren Schule, in der kleinen Moldaustadt Roman, wo meine Familie während des Ersten Weltkriegs Zuflucht gesucht hatte, wo meine Großeltern mütterlicherseits lebten. Roman lag im Herzen der bedeutendsten Kornkammer des Landes. Einige Grundbesitzer konnten ihre Vorfahren bis in byzantinische Zeiten zurückverfolgen. Die Bauern besaßen nur wenige Morgen, die sie während der Bodenreform von 1918–21 von einer liberalen Regierung erhalten hatten. Jahre der Stagnation sowie das Fehlen moderner Maschinen und Geräte stürzten die Bauern dann hoffnungslos in Schulden bei Wucherern und Banken. Zu der Zeit, da ich erwachsen wurde, befand sich die rumänische Landwirtschaft in einem kläglichen Zustand, und die Kaufleute, die von den Landwirten und Bauern abhingen, machten zu Hunderten Bankrott.

Für einen Studenten wie mich wurde es bald sehr schwierig, das Geld fürs Studium aufzutreiben. Viele meiner Kommilitonen lernten ein Gewerbe und arbeiteten als Handwerker, um ihr Studium fortsetzen zu können. Ich selbst gab mit einundzwanzig Jahren eine Wochenzeitung heraus, und vielleicht machte ich mir damit die ersten politischen Feinde. Die Unruhe im Land war ein richtiger Nährboden für den Fachismus, der unter Bauern und Arbeitslosen zunehmend Anhänger gewann.

Zu jenen Herren, die am hartnäckigsten Kapital aus der Unruhe zu schlagen versuchten, zählte Professor A. C. Cuza*, der an der Universität Jasi Volkswirtschaft lehrte und rabiate Judenhetze betrieb. In dem Bestreben, eine eigene politische Partei zu gründen, trat er für die Umsiedlung der gesamten rumänischen Juden nach Madagaskar ein. 1931, bei einem Wahlfeldzug in Roman, versprach er einer leichtgläubigen Zuhörerschaft, die Geschäfte und Häuser der Juden würden an sie verteilt, wenn sie für seine Partei stimmten und ihr an die Macht verhülfen.

In dem Leitartikel, den ich nach Cuzas Wahlversammlung

* Alexandru C. Cuza war verwand mit Fürst Alexandru Ion Cuza aus dem 10. Jahrhundert, der 1859 die beiden Fürstentümer Moldau und Walachei vereinigte.

schrieb, bezeichnete ich seine Rede als »einen zoologischen Appell, gerichtet an wilde Tiere von einer der ältesten politischen Prostituierten Rumäniens«. Zweifellos keine scharfsinnige Beurteilung Cuzas und auch keine reife, aber ich war damals ganze einundzwanzig Jahre alt. Professor Cuza verklagte mich wegen übler Nachrede, und ich mußte vor Gericht. Dank der Geschicklichkeit meiner Anwälte wurde ich mit sieben zu fünf Stimmen freigesprochen. Zwei Stimmen mehr gegen mich hätten mindestens ein Jahr Gefängnis bedeutet. So aber konnte ich mein Studium nach dieser nur wenige Tage währenden, aufregenden Unterbrechung fortsetzen.

Nach der Promotion bekam ich die Zulassung als Anwalt, wie so viele meiner Kollegen. Da es damals in Rumänien für Anwälte sehr schwierig war, sich den Lebensunterhalt zu verdienen, besonders für Anfänger, entschloß ich mich, auch den Journalismus weiter zu betreiben. Mein Einkommen aus Presseveröffentlichungen war mager, aber dank seiner wurde ich wenigstens einigermaßen satt, wowegen viele meiner Studienkollegen fast verhungerten.

Als in Deutschland Hitler an die Macht kam, begann das korrupte, schwache Regime in Rumänien zu zerfallen, und in die entstehenden Lücken traten die Radikalen. Die Faschisten, jetzt Parteigänger meines tückischen Freundes Cuza, gaben ihrer Organisation den Namen »Blauhemden«. Die Anhänger Hitlers wiederum, die seine Ideen und Taktiken in die Praxis umsetzen wollten, wurden als »Eiserne Garde« oder auch »Grünhemden« bezeichnet. Sie kleideten sich in Grün und waren mit halbmilitärischen Dingen wie Dolchen, Pistolen und Achselklappen ausgerüstet. Ganz offensichtlich versorgte Berlin sie mit Geld und auch mit Waffen. Ihr Anführer war Corneliu Zelea-Codreanu, und gleich ihren faschistischen Rivalen gewannen sie ihre Anhänger vorwiegend unter den Bauern, den verärgerten Intellektuellen und zu einem erstaunlichen Maß dem Klerus.

Ihre Leidenschaftlichkeit wurde jedoch unerträglich für das Land, und 1936, nach einer Reihe brutaler Morde an ihren politischen Gegnern, stellte man Codreanu und seine Gefolgsleute vor Gericht und verurteilte sie zu harten Gefängnisstrafen. Ihre Partei war offiziell verboten, büßte jedoch kaum an Einfluß oder Aktivität ein, sondern wurde im Untergrund bedrohlicher denn je. Und wie um sie zu unterstützen, begann die rechte Presse die Ermordung Magda Lupescus, der Geliebten König Carols, und den Sturz des Königs selbst zu verlangen.

Diejenigen unter uns, die für eine demokratische Regierung eintraten, hatten keine leichte Zeit. Viele wurden erdolcht, erschossen oder verschwanden einfach. Wenn ich heute auf diese Tage zurückblicke, wundere ich mich, daß ich unbeschadet davonkam. Die rechtsgerichtete Presse griff mich heftig an, aber diese Attacken stammten ganz offensichtlich von meinen politischen Feinden. Die wirklichen Schurken ließen mich in Ruhe. Manchmal allerdings riefen sie meine Familie zu einer Zeit an, wo sie wußten, daß ich nicht zu Hause war, und verkündeten, die »Gerechtigkeit« habe sich meiner »angenommen«. Obwohl ich nach solchen »Benachrichtigungen« immer wieder auftauchte, begann die Taktik, unsere Nerven zu strapazieren.

Die Unruhe, die in Rumänien gärte, hatte mittlerweile ganz Europa erfaßt. Es zeigte sich immer deutlicher, daß eine gräßliche Explosion bevorstand, die ganz Mitteleuropa in Brand setzen würde. Das Münchner Abkommen von 1938 ließ es mir ratsam erscheinen, wegzugehen. Der wachsende Schatten des Nazigrauens nach dem Fall der Tschechoslowakei verhieß nichts Gutes für Rumänien, das zwischen der Sowjetunion im Nordosten und den Deutschen im Westen eingezwängt lag. Dazu kamen etwa drei Millionen Ungarn und Deutsche in Rumänien selbst, eine Minderheit, deren Aktionen sich künftig nicht mehr absehen ließen.

Der rumänische König Carol II. war ein erbitterter Kritiker Hitlers; er gehörte zu den wenigen Herrschern, die den Mut hatten, an ihren Überzeugungen festzuhalten. Kurz nach meiner Abreise aus Rumänien wurden bekannte Deutsche überall im Land verhaftet, dreizehn hohe Führer der Eisernen Garde, darunter

Codreanu, hingerichtet und viele Angehörige der Eisernen Garde sowie zahlreiche Nazi-Sympathisanten umgebracht.

Mir schien damals, die einzige Hoffnung für mein Land, ja für ganz Europa, seien Rumäniens traditionelle Verbündete Großbritannien und Frankreich. Deshalb ging ich im Herbst 1938 vorübergehend nach London. Dort war ich Korrespondent für zwei demokratische rumänische Zeitungen, *Timpul* und *Argus*. Eines der wichtigsten Ereignisse, über die ich berichtete, war der Englandbesuch König Carol II. und seinem Thronerben Michael I. Sie trafen im November mit der britischen Regierung zusammen, und es gelang ihnen, den Weg für ein unilaterales Abkommen zu ebnen, demzufolge Rumäniens Souveränität von den Briten militärisch garantiert werden sollte, falls Rumänien je bedroht würde. Einen Monat nach dem Einmarsch deutscher Truppen in Prag, am 13. April 1939, wurde das Abkommen unterzeichnet. Wie Großbritannien und die Welt bald erkennen sollten, war es ein Abkommen, das nicht eingehalten werden konnte.

Von meinem relativ ruhigen Beobachtungsposten in England formte ich mir eine klare Vorstellung davon, was mit Europa geschehen würde. Ich war überzeugt, Hitlers Herrschaft über Europa sei zeitlich begrenzt und man könne ihn einzig mit militärischer Gewalt aufhalten. Aus dieser Erkenntnis heraus verließ ich London 1939 und kehrte nach Bukarest zurück. Dort regelte ich meine persönlichen Angelegenheiten und ging dann, mit einem britischen Visum in meinem rumänischen Paß, nach Palästina. In Palästina meldete ich mich zu den britischen Streitkräften des Kommandobereichs Naher Osten und kam bald in Ägypten sowie in Ostafrika zum Einsatz. Gegen Kriegsende versetzte man mich, weil ich Deutsch sprach, vom ostafrikanischen Kriegsschauplatz zurück in den Nahen Osten und übertrug mir die Aufgabe, deutsche Kriegsgefangene in den Lagern 305 und 306 zu besuchen. Mein eigentlicher Auftrag bestand darin, Gefangene zu ermitteln, die Kriegsverbrechen begangen haben konnten und sich vielleicht hinter falschen Namen verbargen.

Die Flugzeit mit einer Armee-Dakota von Ägypten nach Jerusalem, dem damaligen Hauptquartier des Kommandobereichs Palästina, betrug nur eineinhalb Stunden. Mein Dienst in den Gefangenenlagern ließ mir viel Freizeit, in der ich das Heilige Land besuchte. Anfangs war ein solcher Ausflug ein erholsamer Urlaub. Doch die Gewalt erlangte überall die Oberhand, und der Friede der »Alten Stadt« wurde oft gestört durch Zusammenstöße zwischen der Stern-Gruppe und den Briten.

Als der Krieg 1945 endete, standen mir zwei Möglichkeiten offen. Ich konnte bei der britischen Armee in Palästina bleiben oder nach Rumänien zurückkehren. Ich erwähnte bereits, daß meine Freunde in der Armee mich vor der Heimkehr warnten, aber ich war noch jung genug, ein Idealist zu sein. Ich meinte, mein Land könne mich in seinem Kampf um die Wiederherstellung der Demokratie brauchen. Am 14. März 1946 war ich wieder in Bukarest. Ich arbeitete für die beiden Zeitungen, deren Korrespondent in London ich in der ersten Kriegszeit gewesen war. Bei *Timpul* und *Argus* blieb ich bis zu meiner Verhaftung, mit der dieses Buch begann. Ich konnte damals nicht wissen, daß *Timpul* und *Argus* zwei Wochen, nachdem mich die Schwarzmäntel an meiner Straßenbahnhaltestelle überfallen hatten, von den Kommunisten übernommen werden sollten.

*

Jetzt auf dem Rücksitz der Limousine konnte ich nur raten, ob der nächste Schritt Leben oder Tod bedeuten würde. Wie heimtückisch, wie brutal sie arbeiteten, diese Russen! Mitten im Herzen Bukarests, unter einer Million Landsleuten, wurde ich herumgefahren, noch fähig zu sehen, selbst aber nicht mehr sichtbar, noch fähig zu hören, selbst aber nicht mehr vernehmbar.

Wir hielten mehrmals, wenn Verkehrsampeln auf Rot schalteten. Bei einem solchen Halt stieg mir Fliederduft in die Nase. Ich schaute mich um und gewahrte schwere Fliederzweige, die sich über den Gehsteig bogen. Alles stand in voller Frühlingsblüte, für jedermann schien es Freude und neue Hoffnung zu geben, nur nicht für mich.

Der Wagen fuhr in das Viertel Filipescu, das mondänste Bukarests, und hielt kurz darauf vor einer zweistöckigen Villa, der einstigen Residenz von Prinz Nicholas, dem Bruder König Carols II. Als der Wagen durch das gewölbte Tor rollte, erblickte ich zwei russische Soldaten mit Maschinenpistolen, sogenannten »Balalaikas«. Sie schlossen das Eisengitter hinter uns. Was ich am meisten gefürchtet hatte, war nun Wirklichkeit.

Ein russischer Offizier durchsuchte mich, anschließend brachte man mich nach unten (wieder in den Keller) und stieß mich grob hinter eine schwere Tür. Es war stockdunkel. Der Boden war rutschig, wie ich bald bemerkte, von menschlichen Exkrementen. Als meine Augen sich an die Dunkelheit gewöhnt hatten, unterschied ich eine Art Bühne in der Mitte. Dies, so erfuhr ich, war das Nara, das Standardbett in allen russischen Lagern und Gefängnissen. Es maß in der Höhe einen halben bis einen knappen Meter, erstreckte sich von einer Wand zur anderen und bestand lediglich aus rohen Brettern. Ich glaubte, da mir dieses Riesenbett allein gehöre, würde ich wenigstens etwas Ruhe finden; aber Scharen von Wanzen, die aus dem Nichts auftauchten, belehrten mich schnell eines Besseren.

Am nächsten Morgen (ich nehme zumindest an, daß es Morgen war, denn in den finsteren Keller drang kein Tageslicht) brachte man mich zur Toilette, wo ich die Milchkanne ausleeren mußte, diese einzige sanitäre Einrichtung der Zelle. In der Toilette gab es keine Waschgelegenheit. Wieder in der Zelle, bekam ich zum erstenmal seit fünf Monaten einen Laib Schwarzbrot zu sehen, dazu erhielt ich einen Napf Hafer, in Tierfett gekocht, und einen Becher Tee.

Ein paar Stunden später ging die Tür auf, und ein Unteroffizier, die Hand am Abzug der Pistole, winkte mich hinaus. »Ruki nasad«, schrie er. Da er sah, daß ich ihn nicht verstand, bog er mir die Hände auf den Rücken. Ich stieg mehrere Stufen hinauf und betrat einen sagenhaften Raum, der einst dem königlichen Prinzen als Büro gedient haben mußte.

Hinter einem riesigen Schreibtisch saß ein Zivilist und musterte mich mit grimmigem Gesicht. Davor stand ein Hauptmann, in dem ich den gut gekleideten Zivilisten erkannte, der mich am Abend vorher von der rumänischen Staatssicherheit (Siguranta) geholt hatte.

»Wissen Sie, wo Sie sich befinden?« fragte der Hauptmann, der als Dolmetscher fungierte.

»Nein, Herr Hauptmann!«

»Sie befinden sich bei der Kontraraswjedka (Spionageabwehr) und werden sich vor den sowjetischen Behörden für Ihre Taten verantworten.«

»Ich habe Ihnen nichts zu sagen! Ich bin rumänischer Untertan auf rumänischem Territorium zu Friedenszeiten, und Sie haben kein Recht, mich auch nur eine Minute festzuhalten!«

Nach der Übersetzung meiner Worte ins Russische lachte der Mann am Schreibtisch schallend.

»Sie wurden uns von Ihren rumänischen Behörden legal überstellt. Hier, sehen Sie!« Er reichte mir zwei maschinengeschriebene Akten, eine in Russisch, die andere in Rumänisch. Der rumänische Text lautete:

3. Juni 1948

Der unterzeichnete WLADIMIROWITSCH L., handelnd im Namen des sowjetischen Oberkommandos, einerseits, und Siguranta-Kommissar Gh. ISTOC, handelnd im Namen des rumänischen Innenministeriums, andererseits, haben gemäß der Regeln und Bestimmungen über kriminelle Angelegenheiten die Überstellung des genannten MIHAIL SOLOMON, Journalist, wohnhaft in Bukarest, Dr.-Lister-Straße 47, in sowjetische Hände vorgenommen, da der Obengenannte vom sowjetischen Oberkommando als Kriegsverbrecher angesehen wird und als solcher der sowjetischen Militärgerichtsbarkeit untersteht, die Verbrechen gegen die Menschlichkeit behandelt.

Empört über die unverschämte Anschuldigung, warf ich die

Akte auf den Tisch:

»Ich protestiere gegen diese absurde Wahrheitsverdrehung! Ich habe mich nie auf sowjetischem Territorium befunden! Ich habe während des vergangenen Krieges in der britischen Armee gedient, war also ipso facto Ihr Verbündeter! Wie können Sie es wagen, mich einen Kriegsverbrecher zu nennen?«

»Beruhigen Sie sich!« befahl man mir. »Das ist nur eine Formalität wegen der Überstellung. Nicht diese Anschuldigung brachte Sie hierher.«

»Trotzdem, Sie haben kein Recht, mich festzuhalten! Welche Anklagen Sie auch immer gegen mich erheben wollen, ich unterstehe einzig der rumänischen Gerichtsbarkeit.«

»Das ist Ihre Meinung, und die behalten Sie gefälligst für sich!« rief mein Häscher und schickte mich hinaus. Wieder in der Zelle, vermochte ich meinen Ärger über das Lügengebräu, das ich gerade gelesen hatte, nicht zu überwinden. Aus mir einen Kriegsverbrecher zu machen! Das also war die Absicht dieser Sadisten! Wie rücksichtslos sie die letzten Überreste menschlicher Ehre, Würde und Rechtschaffenheit mit Füßen traten!

In der folgenden Nacht holte man mich wieder, wieder dieselbe Zeremonie: Hände auf den Rücken, Pistole in die Rippen und der Finger meines Begleiters am Abzug. Dieses Mal ging es ins Büro des diensthabenden Offiziers. Dort wartete ein junger Offizier auf mich, ein Knirps mit vorstehenden Backenknochen, niedriger Stirn und dichtem dunklem Haar, das ihm über die Augen fiel. Offenbar eine Mischung aus Russe und Asiate. Er grinste und sprach mich in gebrochenem Rumänisch an:

»Was Name? Mihail? Mischa? Ich auch Mischa!« Mit geheuchelter Sympathie schlug er mir auf die Schulter. »Hör zu«, fuhr er todernst fort, »ein Wort, ein einziges Wort von jetzt an, und du kaputt! Jasno? Klar? Kaputt. Und jetzt ausziehen!«

Ich zog mein Hemd und meine Unterwäsche aus, die in einen Sack gestopft wurden. Es ist soweit, dachte ich, meine letzte Stunde hat geschlagen. Sie werden mich erschießen und meine Leiche in einen Graben oder in den Banea-See werfen, wie sie es schon mit zahllosen anderen gemacht haben. Aller Wahrscheinlichkeit nach wollen sie verhindern, daß meine guten Kleider von Kugeln durchlöchert werden.

Ein Helfer zog mir die Hände auf den Rücken und begann sie mit einem Telefonkabel zu fesseln. Waren die Russen knapp an Handschellen? Als der Draht ins Fleisch schnitt, konnte ich ein Stöhnen nicht unterdrücken. Ich bekam einen so heftigen Schlag ins Gesicht, daß mir das Blut aus den Lippen floß und den Mund füllte. Nun folgte eine regelrechte Maskerade. Mit einer dicken Binde umwickelten sie meinen Kopf, bedeckten Augen, Ohren und Lippen, ließen nur die Nasenlöcher frei. Ich muß ausgeschaut haben wie ein Mensch mit schwerem Schädelbruch. Ich sah nichts. Sie warfen mir einen Militärmantel über und stülpten mir eine Militärkappe auf den Kopf. Ihr Werk schien sie zu befriedigen.

»Jetzt sind Sie ein sowjetischer Deserteur«, erklärte der Offizier amüsiert.

Den Mund voller Blut, an dem ich schier erstickte, die Handgelenke wahnsinnig schmerzend von dem schneidenden Kabel, halb erwürgt durch den am Hals eng zugehakten Mantel und dazu blind, erwartete ich den Tod mit einem Gefühl der Erleichterung. Wenn es nur nicht zu lange dauerte. Endlich ergriffen sie meine leeren Mantelärmel und bugsierten mich die Treppe hinauf. Die kühle Luft tat mir wohl. Wir befanden uns im Hof. Ein Lastwagen wartete mir laufendem Motor. Vermutlich meine letzte Fahrt. Unversehens warfen sie mich über die Seitenwand des Lasters. Ich fiel auf die Pritsche wie ein Sack Kartoffeln. Die neuen Schmerzen wurden nur durch die alten gelindert. Vielleicht hatte ich mir ein paar Rippen gebrochen, wer weiß. Aber wen kümmerten schon Rippen, wenn das Ende bevorstand? Einige Soldaten kletterten nach mir herein. Sie traten auf mich, als sie es sich bequem machten. Der Laster fuhr mit hoher Geschwindigkeit los.

Wenige Minuten noch, und alles würde vorüber sein. Vermutlich erwartete mich der See. Aber statt der Totenstille des Stadtrands drang mir, trotz der dicken Bandage, immer deutlicher das Klingeln von Straßenbahnen in die Ohren. Außerdem vermochte ich abwechselnd Licht und Dunkelheit zu unterscheiden.

Wir waren zweifellos in der Stadt, aber wo? Schließlich hielt der Laster. Die starken Arme von Soldaten, die wohl zur gefürchteten russischen Polizei MWD gehörten, hoben mich herunter. Das Rütteln des Lasters hatte meine Bandagen etwas gelockert, und ich sah wie durch einen dichten Schleier.

Wir standen vor dem Hintereingang des Bukarester Hauptbahnhofs. Gestützt von zwei Soldaten, überquerte ich Gleise und erreichte schließlich einen Bahnsteig, an dem ein Zug in der Dunkelheit wartete. Ein Zug – wohin? Mühsam entzifferte ich den Bestimmungsort: *Constanza!* Mein Geist arbeitete fieberhaft. Constanza war der große Hafen Rumäniens. Mutlosigkeit erfaßte mich, denn damit stand fest, daß ich mich auf dem Weg nach Rußland befand. Der Tod wäre tausendmal besser gewesen.

Wir bestiegen einen Wagen dritter Klasse. Mir gegenüber saß der Leutnant mit den vorstehenden Backenknochen. Später erfuhr ich, daß er der Oberaufseher des sowjetischen Militärgefängnisses war. Neben mich hatte sich ein mongolischer Soldat gesetzt. Der Schmerz in meinen Handgelenken wurde unerträglich. Ich hatte das Gefühl, nur eine Amputation der Hände könne meinen übrigen Körper retten. Trotz der mörderischen Schmerzen machte ich einen Versuch, die Fessel zu lockern. Der Offizier bemerkte meine Bewegungen und versetzte mir einen tückischen Tritt aufs Schienbein. Mehrere Male hatte ich das Gefühl zu kollabieren, ohnmächtig zu werden, aber ich fing mich immer wieder. In der Nacht bekam ich von dem geronnenen Blut im Mund schrecklichen Durst. Mein Atem ging kaum mehr, und mein Puls verlangsamte sich zusehends. In einer letzten, verzweifelten Anstrengung öffnete ich den Mund und stieß hervor:

»Woda . . . Woda . . . Wasser.«

Meine flehentliche Bitte ärgerte den Offizier nur, sie störte ihn in seinem Schlummer. Mit einem wütenden Knurren stand er auf, holte aus und hieb mir seine riesige Faust ins Gesicht. Das Blut floß erneut und tränkte die Bandage.

»Kapitalist!« schrie er, »Parasit! Ja tebe dam wodu! Ich werde dir Wasser geben!«

Zufrieden setzte er sich hin und streckte die Beine aus, um weiterzuschlafen. Warum konnte ich nicht sterben? Warum hatte Gott der Allmächtige sich von mir abgewandt. Warum? Tränen benetzten mein Gesicht, und das erleichterte mich etwas.

In den frühen Morgenstunden hielt der Zug auf einem kleinen Dorfbahnhof. Die Sonne stieg prachtvoll über den Horizont herauf und tauchte die Landschaft in zahllose Rotschattierungen. Es war Sonntag. Stille herrschte. Ich schaute zum Fenster hinaus. Auf den Stufen eines ausrangierten Waggons, der einer armen Eisenbahnerfamilie als Notunterkunft diente, stand ein kleines Mädchen. Sie trug ein schwarzes Kleid mit weißem Kragen, dazu einen roten Schal: die Uniform der Grundschule. Ihr Haar war ordentlich gekämmt, und ihre wunderschönen großen Augen blickten ernst. Als sie mich durch meine blutige Bandage schauen sah, erstarrte sie kurz, dann lief sie hinein. Eine Minute später kam sie mit einem Becher heißer Milch zurück und bedeutete mir, ihn zu nehmen.

Da ich weder sprechen noch mich bewegen durfte, nickte ich, um meine Dankbarkeit zu bekunden. Der Offizier, der die Szene beobachtet hatte, trat ans Fenster und sprach die Kleine lächelnd an:

»Dawaj, dewochka – dawaj . . .« Gib her, kleines Mädchen, gib her.

Das Mädchen war überzeugt, er werde den Becher mir weiterreichen, und gab ihn ihm. Er trank ihn bis auf den letzten Tropfen aus und reichte ihn zurück, während er sich mit dem Ärmel den Mund abwischte.

»Charascho . . . Spasiba . . . Charascho . . .« sagte er erfreut. Sehr gut . . . Danke dir . . . Sehr gut . . . Die Kleine fing zu weinen an und lief hinein, um einen neuen Becher für mich zu holen. Als sie wieder kam, fuhr der Zug bereits aus dem Bahnhof.

Nie werde ich das Gesicht des Mädchens vergessen, dieses unbekannte goldene Herz in einem gottverlassenen Dorf. Meine beiden russischen Bewacher lachten sich schief.

Ich hatte geschätzt, daß wir Constanza gegen 6 Uhr erreichen würden. Kurz nach Sonnenaufgang brachte mich der Offizier auf mein wiederholtes Ersuchen endlich zur Toilette und löste notgedrungen das Telefonkabel von meinen blauschwarzen Händen. Er wartete mit dem Fuß in der Tür, bis ich fertig war. Dann sah er mich zweimal prüfend an und steckte das Kabel leise pfeifend in die Tasche. Zwei bewaffnete russische Posten, so dachte er wohl, würden zweifellos genügen, um mich auch mit ungefesselten Händen zu bewachen. Kurz darauf hielt der Zug auf freier Strecke. Alle Passagiere mußten aussteigen. Was war los? Eine halbe Stunde vor dem Eintreffen unseres Zuges waren an dieser Stelle angeblich zwei Güterzüge zusammengestoßen und hatten das Gleis auf etwa dreihundert Meter Länge beschädigt. Auch wir mußten aussteigen. Der Offizier verlangte Geld von mir, um Zigaretten zu kaufen. Als ich ihm sagte, mein restliches Geld müsse sich in den Taschen meines Anzugs befinden, der in seinem Sack sei, behauptete er, ich hätte noch anderes Geld irgendwo versteckt!

Dann ließ er mich in der Obhut des Posten zurück. Dieser befahl mir, mich auf den Sack zu setzen. Ich tat jedoch, als verstünde ich ihn nicht, blieb stehen und hielt nach einer Fluchtmöglichkeit Ausschau. Nicht die geringste Chance. Das Land war flach, und es gab keine Bäume; jeder Versuch, davonzulaufen, hätte mich zu einer leichten Beute für einen Mann mit Gewehr gemacht. Außerdem wurde der Posten ziemlich böse, weil ich mich nicht setzte.

Ich gab meine Fluchthoffnungen auf. In diesem Moment gewahrte ich zu meiner Verblüffung vor mir ein paar Freunde und Bekannte aus Bukarest. Beladen mit Strohkörben, Hutschachteln, Papiertaschen, an der Hand ihre Kinder, fuhren sie ans Meer auf Urlaub. Sie sahen glücklich aus, und die unerwartete Fahrtunterbrechung schien sie nicht zu stören. Keiner von ihnen hätte sich träumen lassen, daß der verwundete russische Soldat ihr verschwundener Freund war. Und als sie an mir vorübergingen, Mitleid wegen meines erbärmlichen Zustands in den Augen, konnte ich nichts tun als schweigen. Ich wußte genau, der Versuch, ihre Aufmerksamkeit zu erregen und mich zu erkennen zu geben, hätte ihnen nur Angst eingejagt und mir selbst weitere grausame Schikanen eingebracht.

Eine Stunde später bestiegen wir einen anderen, nur aus drei Waggons bestehenden Zug, der aus Constanza geschickt worden war, um die Passagiere unseres Zugs zu holen. Diesmal mußten meine Begleiter und ich im Gang stehen.

Vielleicht konnte ich die Gelegenheit nutzen. Ich öffnete die Tür, um abzuspringen und das Hundertstel einer Chance zu ergreifen, aus russischen Händen zu fliehen. Doch das Glück hatte mich verlassen. Unmöglich, abzuspringen, denn die Menschen hingen an den Trittbrettern wie Bienen an einer Honigwabe. Eine halbe Stunde später fuhren wir in Constanza ein. Die Urlauber strömten aus dem Bahnhof. Ich blieb unter Aufsicht des Posten zurück, während der Offizier eine Telefonzelle suchte, um nach einer »Grünen Minna« zu telefonieren. Vermutlich war sie bereits hier gewesen und wieder abgefahren, da der Zug Verspätung hatte. Schließlich kam das schäbige Vehikel, und der Soldat stieß mich hinein, während der Offizier nach vorn zum Fahrer stieg.

Dem Soldaten, der nicht erreicht hatte, daß ich mich hinsetzte, bot sich nun Gelegenheit zur Rache. Er holte aus, um mich mit dem Gewehrkolben zu schlagen. Doch ich entdeckte auf dem Boden eine dicke Glasscherbe, vermutlich von einem zerschlagenen Fenster, die fast die Form eines Dolchs hatte und gut fünfzehn Zentimeter lang war. Ich richtete sie auf sein Gesicht und zwang ihn, zurückzuweichen. Er verwünschte mich und bedachte mich mit allerhand Namen, aber Namen waren nicht annähernd so gefährlich wie sein Gewehrkolben.

Wir durchquerten Constanza. Der vertraute Geruch des Meeres stieg mir in die Nase, als der Wagen im Hof eines einfachen zweistöckigen Ziegelbaus hielt. Nun wickelten sie mir die Binden vom Kopf und beorderten mich nach oben in ein Zimmer am Ende eines langen Gangs. Es war am späten Morgen des 5. Juni 1948, einem Sonntag.

Das Zimmer, dessen große Fenster auf einen Garten gingen, maß etwa sieben mal drei Meter. Die Einrichtung bestand aus zwei zu einem T zusammengestellten Tischen und einigen Stühlen. Auf einem der Tische stand ein Vorkriegstelefon. Ein Stalinbild hing an der Wand. In einer Ecke befand sich ein improvisierter Safe: eine simple Holzkiste, bedeckt mit einem Dutzend flachgeklopfter Rindfleischdosen. Um den Tisch saßen mehrere höhere Offiziere. Den Vorsitz führte ein riesiger Bulldoggentyp in Zivil mit kahlgeschorenem Schädel und einem offenen Hemd, das kaum seine gewaltige, haarige Brust bedeckte. Er war der Chef.

Ein junger Bursche mit vollendeten, schimmernden Zähnen, schwarzen Locken, schönen schwarzen Augen, gekleidet in makellos weiße Tennishosen, Trainingsjacke und Lackschuhe, trat lächelnd zu mir.

»Haben Sie keine Angst, Sie sind unter Juden.« Ich sah ihn verdutzt an. Er wandte sich an die Offiziere und machte mich mit ihnen bekannt: »Polkownik (Oberst) David Bielinki, Chef der Kontraraswjedka!« Der Oberst nickte. »Polkownik Rosenzweig, Militärankläger. Polkownik Resnikow, Präsident des Militärgerichts. Major Lewin, Hauptmann Epstein, Oberleutnant Haham«, und so fort bis zum letzten der Offiziere. Dann stellte er sich selbst vor: »Sascha Roth.«

Ich war sprachlos. Ich zeigte ihnen meine Hände, die infolge der mangelnden Blutzirkulation in den vergangenen zwölf Stunden schwarz waren, und mein blutverkrustetes Gesicht. Sascha tobte auf Jiddisch los:

»Schauen Sie, meine Herren, was die rumänischen Banditen

diesem armen Juden angetan haben!« Vergebens versuchte ich, die Dinge richtigzustellen, aber es ergingen bereits Befehle an eine Ordonnanz, die mich im Nu entkleidete und meine Sachen zur Reparatur und zum Bügeln wegbrachte. Auch mein Hemd. Ein Friseur erschien, schnitt mir das Haar ordentlich und rasierte mich. Ein Becken mit heißem Wasser wurde gebracht, damit ich mir das Gesicht waschen konnte. Innerhalb fünfzehn Minuten waren die dreckigen Lumpen des einstigen »Deserteurs« verschwunden und ich erneut als Zivilist gekleidet.

Ein Soldat tischte eine riesige Platte mit Aufschnitt und der Wurst auf, welche die Russen Sakuski nannten. Ferner gab es starken Tee mit Zitrone und Zucker sowie Keks zu diesem meinem ersten Frühstück in einem russischen Gefängnis. Ich brauchte nicht lange, um es zu vertilgen. Als ich fertig war, bot man mir eine amerikanische Zigarette an. Um meine Dankbarkeit auszudrücken, verbeugte ich mich vor dem kahlköpfigen Oberst Bielinki und sagte auf Jiddisch: »Messias ist gekommen.«

»Messias ist noch nicht gekommen«, antwortete der Oberst auf Jiddisch mit einem gutturalen unjüdischen Akzent, »aber es hängt ganz von Ihnen ab, ob er zu Ihrer Rettung kommt oder nicht . . .«

Einer der Obersten fragte mich, was ich über den arabisch-israelischen Krieg wisse, besonders über das Jerusalemer Gebiet. Aus den Zeitungen sei nicht zu ersehen, wo die Kämpfe wirklich stattfänden. Ich erklärte ihnen, daß ich seit fünf Monaten im Gefängnis sei und daher wenig über den Krieg wisse, doch wenn sie mir eine Karte Jerusalems brächten, könnte ich ihnen einige der Örtlichkeiten zeigen und sie könnten daraus selbst ihre Schlüsse ziehen.

Tatsächlich wollte ich selbst mehr über den Verlauf des Krieges in Erfahrung bringen. Sie stellten eine Tafel auf, hefteten eine Karte Israels und Jerusalems darauf und feuerten mehr als zwei Stunden lang Fragen auf mich ab. Ich war so damit beschäftigt, brauchbare Antworten zu geben, daß ich völlig vergaß, wo ich mich befand.

Es muß etwa zwei Uhr nachmittags gewesen sein, als Roth mit einem breiten Lächeln zu mir trat und mich in gebrochenem Englisch bat, dem Oberst zu sagen, wie gut sein Englisch sei. Sascha war, wie ich später herausfand, in dem seinerzeit tschechoslowakischen Uzhorod geboren. Obwohl nun sowjetischer Bürger, schien er ängstlich bemüht, die Gunst seiner russischen Herren zu gewinnen und sie mit seinem vielseitigen Können zu beeindrucken.

Ich tat ihm den Gefallen, obwohl ich wußte, daß niemand meine Komplimente glauben würde. Er faßte mich unter, entschuldigte sich bei der illustren Versammlung und führte mich die Treppe hinunter. Dabei erklärte er mir – auf englisch natürlich –, wir würden unsere gemeinsame Arbeit am Montag früh beginnen, unterdessen würde er dafür sorgen, daß ich einen angenehmen »Zimmergenossen« bekäme (er fand das englische Wort für Zelle, russisch Kamera, nicht).

Gitter öffneten sich, Gitter schlossen sich, und wir betraten einen schwach beleuchteten Gang. Eine schwere Eisentür mit rostzerfressenen Riegeln und Bolzen wurde lärmend aufgeschoben.

Saschas »Zimmer« war kein Deut besser als die anderen Zellen, die ich kennengelernt hatte. Ich rieb mir die Augen und versuchte mir ein Bild von dem schauerlichen Loch zu machen. Mit einemmal gewahrte ich einen totenblassen Mann in schäbiger Kleidung. Er sah mich prüfend an, ohne ein Wort zu sprechen. Plötzlich erkannte ich ihn: Teddy Negropontes, Sohn eines reichen, unternehmungslustigen Industriellen griechischer Abstammung, dem in Rumänien mehrere Fabriken gehörten. Da Teddys Mutter Hofdame der Königinmutter (der Mutter König Michaels) gewesen war, konnte nicht ausbleiben, daß Teddy ein enger Vertrauter und praktisch der beste Freund des mittlerweile zur Abdankung gezwungenen Königs Michael wurde. Teddy war voriges Jahr am Weihnachtsabend auf geheimnisvolle Weise verschwunden, nachdem er den königlichen Palast in der Calea Victoriei verlassen hatte.

Er fiel mir in die Arme. Tränen liefen ihm übers Gesicht. Auch ich weinte. Sascha verließ diskret das »Zimmer«. Das jahrhundertealte Schloß knarrte, und wir waren allein, glaubten wir. Doch Sascha schaute durchs Guckloch; als er erkannte, daß wir ihn bemerkt hatten, warf er ein paar Zigaretten herein. »Vergessen Sie nicht«, sagte er, »am Montag beginnen wir zu ›arbeiten‹.«

Die »Arbeit« begann weder am Montag, noch am Dienstag, noch an den folgenden Tagen.

»Glaube ihnen nie!« empfahl mir Teddy. »Alles, was sie sagen, dient nur dazu, dich in die Irre zu führen und verrückt zu machen.«

Wir hatten reichlich Zeit, uns alles von der Seele zu reden. Wir befanden uns in dem hundertfünfzig Jahre alten türkischen Gefängnis von Constanza. Die Zellen waren fünf Meter hoch und die Wände etwa eineinhalb Meter dick, doch auf dem Boden gab es kaum so viel Platz, daß sich zwei Männer ausstrecken konnten. Das Lager bestand aus einer Gabel feuchtem Stroh. Durch ein etwa vier Meter hoch gelegenes winziges Fenster mit zwei Reihen Eisenstäben und Drahtgitter davor drang schwaches Tageslicht. Heizmöglichkeit gab es keine.

Ich fragte Teddy, wie er durch den Winter gekommen sei. Er erklärte, im Gang stünde ein mieser kleiner Ofen für die Wärter. Von Zeit zu Zeit, aber nicht mehr als dreimal am Tag, hätten sie im Winter die Eisentür geöffnet, um etwas rauchgeschwängerte Wärme in die Zelle zu lassen. Die übrige Zeit hätten die Häftlinge eben vor Kälte gezittert oder seien in der engen Zelle auf und ab gegangen, um sich warmzuhalten.

Die Verpflegung war jedoch weit besser als in den rumänischen Gefängnissen. Um 6 Uhr morgens bekamen wir 600 Gramm Kommißbrot, eine fette Hafersuppe und zwei Stück Zucker, mittags einen Liter Kohlsuppe und um 14 Uhr starken russischen Tee (ohne Zucker) zur Darmreinigung und damit wir bis 6 Uhr am nächsten Morgen schön hungerten.

Ich fragte Teddy, der seit sechs Monaten hier war, was mit uns geschehen würde.

»Mir sagte man offiziell«, antwortete er, »die Todesstrafe für Spionage sei in fünfundzwanzig Jahre Zwangsarbeit in sibirischen Lagern umgewandelt worden.«

»Aber ich bin nicht der Spionage angeklagt«, wandte ich ein.

»Das wirst du noch. Wie ich und alle anderen.«

Ich schaute ihn ziemlich entsetzt an, deshalb suchte er nach einem Wort des Trostes.

»Es wird nicht ewig dauern.«

»Wie lange?«

»Fünf Jahre vielleicht.«

»Fünf Jahre!« Wie sollte ich je fünf Jahre Sibirien überleben?

Einige Tage später wurde Teddy weggeholt und kam nicht mehr zurück. Ich blieb allein. Ich konnte mir die Lunge aus dem Leib schreien, ich konnte auf die Steinwände kritzeln (mit den Fingernägeln) und sogar von dem gutmütigen Koch eine Extraportion »Suppe« verlangen. (Ich gelangte zu der Erkenntnis, Köche seien gutmütig, weil sie nie Hunger hätten.)

Fünf Tage später holte man mich dann aus der Zelle. Der ewig lächelnde Sascha Roth erwartete mich. Als erstes reichte er mir ein Postanowlenje – eine einstweilige Verfügung –, demzufolge ich gemäß Paragraph 58, Absatz 6 des sowjetischen Strafgesetzes unter der Anklage der Spionage gegen die UdSSR für 14 Tage verhaftet war.

»Unterschreiben Sie hier«, sagte er.

Ich protestierte und weigerte mich.

Er lächelte und erklärte sanft, das sei nur für vierzehn Tage, eine reine Gefängnisformalität.

»Es wird nicht von Ihnen verlangt, daß Sie unterschreiben, Sie gäben zu, wessen man Sie anklagt«, erklärte er.

Ich unterschrieb.

Nun begann unsere »Arbeit«. Er bat mich flehentlich, ihm den englischen Text eines bekannten Schlagers aufzuschreiben. »You are Always in My Heart«, den Deanna Durbin gesungen hatte. Niemand in Constanza kannte den Text, der Film lief nicht mehr, ich war Saschas letzte Hoffnung. Ich sagte ihm, leider würde ich den Text nicht kennen. Er glaubte mir nicht. »Unmöglich«, rief er, »wie können Sie, ein Intellektueller, ihn nicht kennen?«

Ich versuchte, die Gedächtnislücke auf die schlechte Behandlung und auf Vitaminmangel zu schieben. Daraufhin brachte mir Sascha Vitamine, Orangen, Trauben und anderes Obst. Nach ein paar Tagen hatte ich das Gefühl, mich »erinnern« zu müssen. Außerdem konnte ich doch die musikalischen Neigungen eines Menschen nicht verletzen. Also dichtete ich einige schmalzige Verse nach dem Rhythmus der Melodie und gab sie ihm. Er war selig. Ich fragte mich oft, ob mein Text noch hinterm Eisernen Vorhang kursiert.

Während der sechs Monate, in denen ich Saschas Gefangener war, schrieb ich für ihn Texte zu allen Melodien, die er mir vorpfiff, sogar in Spanisch, obwohl ich nur ein paar Brocken konnte. Neben dieser »Arbeit«, die den größten Teil meiner Zeit in Anspruch nahm, war ich mit zwei weiteren »wichtigen Projekten« beschäftigt: aus Hunderten von Fotos halbnackter Badeschönheiten mußte ich jene auswählen, die am besten als Braut zu ihm paßte (dabei hatte ich zu berücksichtigen, daß er nur einen Meter fünfzig maß); und zwischendurch schrieb ich an meiner Autobiographie.

Sascha war ein recht intelligenter Bursche; er hatte sich in einer der Rabbiner-Schulen, die es zwischen Uzhorod und Mukatschewo gab, voll Eifer auf das Rabbinat vorbereitet. Doch als die Russen gekommen waren, hatte er sich den Bart abrasiert und seine Talente in den Dienst des neuen Vaterlandes gestellt.

(Mein Abenteuer mit den jüdischen Verwaltern des Gefängnisses in Constanza hatte einen interessanten Epilog. Die ganze Gruppe wurde später nach Wien verlegt, und dort war die Versuchung zu groß für die Herren. Man verhaftete sie bald wegen Gold- und Juwelenschmuggels sowie Schwarzmarktgeschäften, verurteilte sie und schickte sie nach Kolyma. Ich hörte die Geschichte in Kolyma, wo ich einen Häftling traf, der auch durch das Gefängnis von Constanza gegangen war und der in einer Häftlingsgruppe Oberleutnant Haham erkannt hatte.)

Manchmal schlief Sascha an seinem Schreibtisch ein, dann füllte ich mir die Taschen mit seinen Zigaretten, Bleistiften, Radiergummis und anderen Dingen, die ich für mein improvisiertes Schachspiel brauchte, mit dem ich mir die langen, langweiligen Stunden in der Zelle vertrieb.

Eines Tages kam Oberst Bielinki herein und begann mit Sascha und mir ein Gespräch in Jiddisch. »Wie geht die Arbeit voran?« fragte er Sascha.

»Stimpick, Herr Oberst!« (Unübersetzbar; bedeutet, nicht gerade gut.)

»Warum?«

»Der Angeklagte kollaboriert nicht«, antwortete Sascha.

Der Oberst verzog sein Elefantengesicht zu einer finsteren Grimasse und schrie mich auf Jiddisch an: »Warum bist du nicht in deiner Mutter Schoß gestorben!«

»Warum sind Sie nicht in Ihrer Mutter Schoß gestorben?« fauchte ich zurück.

Bis heute weiß ich nicht, was mich zu dieser idiotischen Antwort veranlaßte. Sofort schmetterte er mir seine mächtige Faust in den Bauch. »Ich werde dir beibringen, wie man mit einem sowjetischen Offizier redet!« sagte er und wandte sich an Sascha: »Zehn Tage Einzelhaft für diesen Bastard! Jasno?«

»Jasno« (klar), antwortete Sascha und stand stramm. Sobald Oberst Bielinki außer Sicht war, fragte er mich, ob ich nicht zufällig wisse, wer mit Greta Garbo in »Königin Christine« gespielt habe.

Ich bat ihn, mich erst zu Atem kommen zu lassen.

»Beachten Sie solche Dinge nicht«, sagte er leichthin. »Das ist reine Routine, wissen Sie.«

»Und die zehn Tage Einzelhaft?«

Sascha murmelte etwas, das wie »Hundesohn« klang.

Ein paar Tage später entdeckte ich, daß Sascha in Urlaub gegangen war. Irgendwie bedauerte ich sein Wegsein.

Nun setzte eine regelrechte Hitzeperiode ein, und wir litten schrecklich. Zwei Monate lang wurde ich nicht rasiert, die Haare wurden mir nicht geschnitten, und ich bekam nicht einmal eine Schere, um meine Fingernägel zu kürzen. Außerdem legte man in unsere Zelle weitere Häftlinge; drei Wochen lang waren wir zu sechst in einem Raum, der sicher nicht mehr als drei Quadratmeter maß. Nachts schliefen wir eng zusammengequetscht auf dem Boden, und wenn einer sich umdrehen wollte, mußten wir uns alle umdrehen. Ganz unerträglich wurde unsere Lage, als wir auch noch Läuse kriegten. Unsere neuen Zellengenossen waren junge russische Soldaten, die man beim Schwarzhandel erwischt hatte, umgängliche, gutmütige Burschen, aber total verlaust. In kürzester Zeit hatten wir alle Läuse. Für mich war dies ein völlig neues Erlebnis, das bald das Maß des Erträglichen erreichte. Tag und Nacht führte ich meinen Feldzug des »Suchens und Vernichtens«, aber das Unterfangen war hoffnungslos. Meine Haut blutete ständig vom Kratzen, ich bekam überall Geschwüre. Ich war mit meinen Nerven am Ende. In der Zelle stank es höllisch nach ungewaschenen Leibern. Ich konnte nicht schlafen, ich konnte nicht essen, ich konnte nicht gehen. Ich mußte hier heraus, oder ich würde krepieren.

Ich setzte meinen Namen auf die Beschwerdeliste. Niemand nahm Notiz davon. Ich trat in Hungerstreik. Am dritten Tag kam der Oberaufseher, und ich weigerte mich, die Angelegenheit ohne Anwesenheit eines Arztes mit ihm zu erörtern. Ein paar Stunden später erschien er mit einem Mann wieder, der einen schmutzigen »weißen« Kittel trug und eher wie ein Fleischer aussah.

Sie hörten sich meine Beschwerden an und stimmten mir darin bei, daß etwas geschehen müsse. Sie zogen uns aus, unser Gewand wurde gebündelt und kam in die Proscharka (russische Vorrichtung, Läuse mittels Dampf zu töten). Sechs Stunden später erhielten wir die Kleider halb verbrannt zurück. Da es kein heißes Wasser gab, mußten wir uns mit einem kalten Bad begnügen.

Das schwüle Augustwetter setzte auch den Aufsehern zu. Sie betranken sich oft, fluchten auf uns und stießen uns herum. In einer besonders heißen Nacht, als ich durch ein feuchtes Tuch zu atmen versuchte wie in einem türkischen Bad, öffnete sich die Tür und der Unteroffizier zeigte auf mich.

»Aufstehen!«

Ich stand auf.

»Ruki nasad!« (Hände auf den Rücken).

Ich gehorchte. Wir durchquerten den inneren Hof, und ich sog tief die frische Luft ein. Wir stiegen die Treppe zu dem Gang hinauf, an welchem die Zimmer der Offiziere lagen.

Ich mußte unablässig an meine Frau und meine Freunde denken, die bestimmt furchtbar litten, weil keine Nachricht von mir eintraf. Doch bevor ich den Gedanken zu Ende denken konnte, stand ich in Oberst Bielinkis Büro. Der Chef der Spionageabwehr war allein und trug ein offenes Hemd und eine Zivilhose wie am Tag meiner Ankunft. Er winkte mich zu sich und schickte die Ordonnanz weg. Eine Schreibtischlampe mit grünem Schirm brannte auf seinem Tisch und ließ den Raum etwas weniger scheußlich wirken als am Tag. Der Oberst sah mich seltsam an, deutete zur Decke und eröffnete mir auf Jiddisch: »Gott und seine Gerechtigkeit haben immer recht!«

Da er stets Jiddisch mit mir sprach, erschien er mir als sehr gottgläubig. Wir waren allein, also fragte ich ihn: »Glauben Sie an Gott?«

Er stand feierlich auf, ging zu der Wand, an der das Stalinbild hing, und sagte:

»Er ist unser Gott.« Dann murmelte er wie für sich, aber laut genug, daß ich es hörte: »Jossif Wissarionowitsch, Vater unser, führe uns, stärke uns, laß uns unsere Schwäche überwinden, unsere Gefühle, lehre uns zu hassen und es unserem Widersacher zu geben . . .« Er sang ein paar Minuten lang seine Litanei, dann kehrte er zu seinem Sessel zurück, kratzte sich kurz die haarige Brust und fragte unversehens: »Hast du zu Abend gegessen?« Da es zumindest zwei Uhr morgens war und ich seit zwölf Stunden nichts gegessen hatte, lächelte ich nur.

»Hast du schon zu Abend gegessen?« wiederholte er – er, der als absoluter Herr über unser Leben doch wissen mußte, wann wir zu essen bekamen.

»Sorgen Sie sich nicht ums Abendessen. Wir kriegen bald Frühstück«, antwortete ich.

»Ich habe Hunger wie ein Wolf und du auch!« rief er und klingelte wie wild. Die Ordonnanz schoß herein und stand stramm.

»Hör zu, Fedka, bring uns zwei doppelte gegrillte Steaks mit Röstkartoffeln, Salat, Käse, Obst, zwei eiskalte Flaschen Wein, Kaffee und Eis. Weißbrot natürlich.« Er wandte sich an mich: »Irgend etwas Besonderes?«

»Nicht für mich, danke«, stammelte ich bescheiden.

»Bring auch ein paar Wassermelonen. Brich sie selber auf und sorg dafür, daß sie süß sind, Fedka. Keine Gurken, wie du neulich gebracht hast, du Sohn einer Hündin! Und schnell.«

Als wir allein waren, sagte er: »Weißt du, ich habe gerade eine Affäre mit einer der schönsten Frauen, die du je gesehen hast. Ein wirklicher Schöngeist.« Er nannte den Namen einer bekannten Dame aus königlichem Geblüt.

Als spüre er meine Zweifel, zeigte er mir eine Einladung zu einer Teegesellschaft zugunsten der Errichtung eines Waisenhauses an der Küste. In eine Ecke war auf Französisch geschrieben: »Je vous attends à 5 heures!« Darunter stand die Unterschrift der Prinzessin.

»Nun denn«, sagte er, »sie möchte das Land mit ihrem Mann und ihren Kindern verlassen und glaubt, ich sei der richtige Mann, sie insgeheim hinauszuschleusen.«

Ich begriff allmählich. »Sie herrschen unumschränkt über den Hafen. Ein Wort von Ihnen bringt sie sicher ans andere Ufer des Schwarzen Meeres. Kein Wunder . . .«

Er unterbrach mich. »Herein!« sagte er in Richtung Tür.

Die Ordonnanz brachte eine riesige Platte, beladen mit allem außer den Wassermelonen, die draußen auf Eis standen. Als der Soldat gegangen war, schenkte Bielinki Wein ein, reichte mir die

Platte, nahm sich selbst und fiel mit dem Tempo und den Manieren eines Bauern über sein Essen her. Trotz meiner Ausgehungertheit nach sechs Monaten knappster Kost konnte ich das Festmahl nicht recht genießen.

»Hör auf zu schauen und iß!«

Als die Ordonnanz die Reste abtrug und glühheißen türkischen Kaffee auf den Tisch stellte, nahm der Oberst zwei amerikanische Zigaretten aus seiner Dose und reichte mir eine.

»Glaubst du, ich kann es wagen, einer rumänischen Prinzessin heimlich außer Landes zu helfen, ohne Kopf und Kragen zu riskieren?« Er wartete meine Antwort nicht ab, sondern schob seinen Sessel neben meinen und fuhr noch vertraulicher fort: »Sag mir offen, Mihail, was kann ein Mensch wie ich in Palästina anfangen?«

Ich zögerte, eine solche Frage von einem solchen Mann zu einer solchen Stunde überhaupt zu beantworten. Er stand auf, ging zu seinem Safe, schloß ihn auf und kam mit einer Börse voller goldener Sovereigns und Napoleons wieder.

»Das habe ich für den Notfall aufgehoben.« Er legte mir seine großen Hände auf die Knie und wiederholte seine Frage.

»Nun«, sagte ich, »wenn Sie meine Meinung hören wollen und mich deshalb kommen ließen, werde ich Ihnen wie ein Gleichgestellter antworten. Hauen Sie ab, solange noch Zeit dazu ist, und nehmen Sie mich mit! In vier Stunden können wir mit einem starken Motorboot in Istanbul sein. Und einen Mann in so hoher Stellung wie Sie erwartet in Israel ganz sicher eine äußerst interessante Laufbahn.«

Er schwieg eine Weile und sagte dann in klagendem Ton: »Ah, aber ich werde immer verdächtig sein! Vierzig Jahre Mitarbeiter des NKWD*, das ist keine Kleinigkeit. Frau und Familie in Kiew!

* Das NKWD wurde 1946 zum MWD. Der Namenswechsel widerspiegelte nur eine administrative Änderung, denn beide Organisationen verfolgten dasselbe Ziel. (Anmerkung des Herausgebers.).

Meine Eltern dort begraben. Und jeder zweite Jude in Palästina ist ein Abwehrmann! Nein.«

Ich lachte ihn aus, aber er wurde nicht böse. Die Dämmerung kam über das Meer herauf, und der rote Sonnenball erschien über dem Horizont. Mein »Beichtkind« stand auf, steckte mir eine Handvoll Zigaretten, Bonbons und Kekse in die Taschen.

»Und wie steht es mit Ihren Fluchtabsichten?« wagte ich zu fragen.

»Ich werde es dich heute bei meiner Inspektionstour durchs Gefängnis wissen lassen.« Er läutete der Ordonnanz, übergab mich ihr und ging. Ich rauchte nachdenklich. Meinte er es ernst? Wenn ja, wäre es für mich wie eine Auferstehung von den Toten. Was aber, wenn er mich nur zum Narren hielt?

Nachmittags um 14 Uhr inspizierte er mit großem Gefolge das Gefängnis. Als er zu meiner Zelle kam, öffnete er das Fensterchen, warf ein paar Zigaretten herein, und während er mir mit der Hand ein negatives Zeichen gab, fragte er mich auf seine komische Art:

»Wie geht's?«

Ich sah ihn zwei Monate nicht mehr. Später sagte mir jemand, er sei auf Urlaub gefahren, mit seiner Frau, seiner Tochter und zwei Eisenbahnwaggons voller »Trophäen«, die er in Rumänien gesammelt hatte. Sowohl Sascha als auch Bielinki waren nun auf Urlaub, und das Leben im Gefängnis wurde sehr hart für mich.

Der kleinste Ungehorsam zog schwere Strafen nach sich. Als ich mich weigerte, mir den Schädel kahlscheren zu lassen (ich glaubte immer noch an meine Entlassung), hielten mich zwei bullige Wärter, und ein dritter fuhr mir mit der Haarschneidemaschine über den Kopf. Dann legten sie mir Handschellen an und verpaßten mir drei Tage Einzelhaft. Die Handschellen nannten sie »Amerikansky«. Bei der geringsten Bewegung zog sich der Ring automatisch zusammen, und die Schmerzen wurden unerträglich. Man hatte mir die Hände mit den Handschellen auf den Rücken gefesselt, so daß ich mir weder die Nase putzen noch die Tränen abwischen konnte. In der Einzelzelle war es stockfinster. Als man mich am zweiten Tag zur Toilette brachte, bat ich den Unteroffizier vom Dienst, mir die Handschellen aufzuschließen, damit ich mich erleichtern könne. Statt es zu tun, befahl er einem der russischen Deserteure, mir die Hose aufzuknöpfen. Das Ergebnis war, daß meine Hose entzwei ging: der Mann hielt die eine Seite mit den Knöpfen und riß die andere los bis zum Knie herunter. Wegen der Handschellen konnte ich mich nicht waschen, und es gab kein Klopapier. Mit einem Wort, man verweigerte mir die elementarsten Hygienerechte.

Ende September kehrten Bielinki, Sascha und andere aus dem Urlaub in Sotschi zurück. In diesem mondänen kaukasischen Ferienort hatte Sascha das Mädchen seiner Träume gefunden, und jetzt benutzte er meine beschränkten Kenntnisse der russischen und ausländischen Literatur dazu, seiner neuen Freundin, einer Rechtsanwältin, eindrucksvolle Briefe zu schreiben.

An einem kühlen Oktobermorgen holten mich Sascha, angetan mit der Uniform eines Hauptmanns der Luftwaffe, und Bielinki, der seinen Sonntagsanzug trug, aus der Zelle. Als wir die Treppe zum Büro des Oberst hinaufstiegen, blieben sie kurz stehen und erklärten mir formell:

»Sie werden General Smirnow sehen. Er ist der allmächtige Gott der sowjetischen Staatssicherheit und eigens aus Moskau hierhergekommen, um mit Ihnen zu sprechen. Er kann Sie auf der Stelle freilassen, er kann Sie mit einem eigens gecharterten Flugzeug ins Ausland schicken, er kann Sie aber auch ohne langen Prozeß erschießen lassen. Seien Sie offen und beantworten Sie alle seine Fragen freimütig. Wenn es Ihnen gelingt, sein Vertrauen zu gewinnen, sind Sie ein freier Mann.«

Wir traten über die Schwelle, und während Bielinki schneidig salutierte und Meldung erstattete, hatte ich Zeit, mir das gefürchtete »hohe Tier« der sowjetischen Staatssicherheit anzusehen. Der General war über mittelgroß, stämmig, hatte dichtes silberweißes Haar, ein rundes Gesicht mit hellblauen Augen hinter einer dicken, goldgefaßten Brille. Er forderte mich auf, in einem Sessel ihm gegenüber Platz zu nehmen, zog dann eine russische Papirossa mit Goldmundstück heraus und bot sie mir an. Um Höflichkeit zu demonstrieren, bezeichnete ich mich als Nichtraucher. Er zündete seine Zigarette an und sprach in fließendem Deutsch:

»Wir haben nicht die Absicht, Ihnen etwas zuleide zu tun. Wir wissen sehr gut, daß Sie kein Spion sind und sich nie mit solchen Dingen befaßten. Aber wir wissen, daß Sie bestimmte Dinge wissen, die von großer Wichtigkeit für uns sind, und wenn Sie uns helfen wollen, können auch wir Ihnen nützlich sein. Denken Sie daran, Sie müssen absolut ehrlich und offen sein, wenn Sie Ihre Freiheit wiedergewinnen wollen!«Er sprach sehr freundlich, ohne eine Spur Brutalität oder Drohung in der Stimme. »Sind Sie bereit, unsere Fragen ehrlich zu beantworten?« fragte er väterlich.

»Jawohl, Herr General«, antwortete ich mit einem Gefühl, in dem Angst und Neugier sich die Waage hielten. Nach ein paar Zügen an seiner Papirossa räusperte er sich, sah mir gerade in die Augen und fragte: »Welche Pläne hat Großbritannien gegen die UdSSR im Falle eines Krieges?«

Von allen nur denkbaren Fragen hatte ich diese am wenigsten erwartet. Deshalb lächelte ich schwach, statt zu antworten.

»Warum lächeln Sie?« fragte er rauh.

»Gospodin General! Ich weiß nicht, ob die britische Regierung Kriegspläne gegen die Sowjetunion hat oder nicht, falls ein Krieg zwischen den beiden Ländern ausbrechen sollte. Ich kann Ihnen lediglich sagen, wenn solche Pläne existieren, dann kennen nicht einmal die Kabinettsminister sie, und Sie erwarten von mir, einem Ausländer, der kein britischer Staatsbürger ist und dreitausend Kilometer von den Britischen Inseln entfernt lebt, daß ich ihren Inhalt kenne?«

Den General ärgerte meine Erwiderung, sein Gesicht lief rot an. »Setzen Sie sich nicht herunter«, entgegnete er, »Sie sind ein Bolschoj tschelowek (wichtiger Mann).«

Unter anderen Umständen wäre ein solches Kompliment von einem mächtigen Abwehrgeneral höchst schmeichelhaft gewesen, in meiner Lage aber war es äußerst gefährlich.

»Es tut mir leid, Herr General, aber ich weiß keine Antwort auf Ihre Frage.«

»Sie wollen also nicht mit uns zusammenarbeiten?«

»Stellen Sie mir bitte Fragen im Rahmen meines Wissens, und ich werde versuchen, Ihre Wünsche zu erfüllen.«

Beantworten Sie meine erste Frage, dann werde ich zu anderen übergehen.«

»Aber, Herr General . . .«

»Nichts da, Herr General! Antworten Sie!«

Ich saß in einer scheußlichen Falle. Ich starrte an die Decke und suchte eine Antwort auf die absurdeste Frage, die ich je gehört hatte. Verzweifelt biß ich mir auf die Oberlippe, dann sagte ich mit der monotonen Stimme eines Schülers, der vom Lehrer dabei erwischt worden war, daß er eine Lektion nicht gelernt hatte:

»Im Falle eines Krieges mit der Sowjetunion wird das britische Commonwealth of Nations unter der Anführung Großbritanniens seine Überlegenheit in der Luft und zur See benützen, um das Auslaufen der sowjetischen Seestreitkräfte aus der Ostsee und dem Schwarzen Meer zu verhindern. Es wird eine Blockade verhängen, wie sie ihm schon im Ersten Weltkrieg dank seiner mächtigen Flotte gelungen ist.«

Der General unterbrach meine eintönige Rede und schlug erbost mit der Rechten, in der er eine Peitsche hielt, auf den Schreibtisch:

»Konkretno! Sprechen Sie konkretno; keine Leitartikel für Zeitungsleser. Wo, wie und wann werden die Streitkräfte des Vereinigten Königreichs genau zuschlagen?«

Ich zuckte die Achseln. So weit reichte meine Phantasie nicht.

»Und die in Rumänien und Südosteuropa stationierten sowjetischen Streitkräfte? Welche Zahlen haben Sie dem (britischen) Nachrichtendienst genannt?«

Ich wagte nicht, ihm zu sagen, daß ich im Nachrichtendienst niemanden kannte und niemand mir je eine solche Frage gestellt hatte. Ich schwieg hilflos.

»Was haben Sie ihnen über unseren Geheimdienst gesagt? Wen haben Sie als unseren Führer bezeichnet? Und über unsere rumänischen Mitarbeiter? Was haben Sie den Briten über unsere geheimen Gerichte und geheimen Aktivitäten gesagt?« Er bombardierte mich pausenlos mit Fragen, die er aller Wahrscheinlichkeit nach automatisch allen Häftlingen stellte. Als seine Wut abgeklungen war und er sich wieder in der Gewalt hatte, sah er mich forschend an:

»Sind Sie bereit, diese Fragen offen zu beantworten? Ja oder nein?«

»Ich kann Ihnen keine Lügen auftischen, Ihre Fragen sind für mich nicht zu beantworten.«

Der General verlor die Beherrschung und befahl Bielinki auf Russisch:

»Otprawite jewo.« (Schicken Sie ihn weg.) Dann eröffnete er mir auf Deutsch:

»Sie werden in derselben Zelle bleiben, fünf Jahre, zehn Jahre und länger! Nimand wird etwas von Ihnen verlangen! Bevor Sie nicht an die Tür klopfen und um die Chance bitten zu sprechen, wird niemand Sie wieder stören. Gehen Sie!«

Das letzte Quentchen Hoffnung löste sich in zwei Tränen auf, die mir in die Augen stiegen. Er deutete sie als Zeichen des Siegers seiner glänzenden Strategie und rief, damit alle es hörten: »Moskwa sljosam ne werit!« (Moskau glaubt nicht an Tränen.)

Ich verließ den Raum zwischen meinen beiden »Führern«, Bielinki und Sascha. Sie waren wütend auf mich, stießen mir die Fäuste in den Rücken und schimpften auf Jiddisch:

»Du wirst hier sterben! Wie ein Hund wirst du krepieren – und wie einen Hund wird man dich verscharren!« Sie verwünschten mich, bis wir die Zelle erreichten und der Wärter mich einsperrte. Die beiden schienen wirklich verzweifelt über meine hartnäckige Weigerung, die Kriegspläne des Vereinigten Königreichs gegen die Sowjetunion zu verraten.

Von diesem Tag an hatte ich nichts als Schwierigkeiten. Zwei

NKWD-Offiziere nahmen mich acht Stunden lang ins Kreuzverhör. Wenn ihr Dienst endete, machten zwei andere weiter.

Wer hatte mich nach Rumänien geschickt? Mit welchem Auftrag? Wo lag die geheime Landestelle für Fallschirmtruppen? Und so weiter, und so weiter. Zwei lange Monate hielt ich ihrem Fragenschwall stand und weigerte mich, ihnen in die Hände zu spielen. Eines Tages dann visitierte ein wirklicher Arzt, dazu noch ein guter, unser Gefängnis. Er untersuchte mich gründlich, und da niemand in Sicht war, fragte er mich gerade heraus: »Warum unterschreiben Sie nicht, was man von Ihnen verlangt, und gehen in ein Lager? Hier sind Sie in drei bis sechs Monaten ein toter Mann. Tb ist im Anzug.«

Er ließ mir eine Packung Vitamintabletten da und ging. Ich überlegte. Die Tage waren bereits kühl und die Nächte elend kalt. Ich hatte keine Winterkleidung, und der Winter stand bevor. Mein Puls schlug von Tag zu Tag schwächer, und abends fühlte ich mich fiebrig. Unter diesen Umständen würde ich, wenn ich den strengen Winter von Constanza im Gefängnis zubringen mußte, bestimmt nicht überleben. Ich gab nach und begann Märchen zu erzählen. Ja, ich war von General Gigantes nach Rumänien geschickt worden, um Nachrichten zu sammeln und in den westlichen Karpaten einen Landeplatz für Flugzeuge vorzubereiten.

Zwei Offiziere, die mit Höchstgeschwindigkeit arbeiteten, konnten nicht alles notieren, was ich ihnen vorlog. Die Sache verlief glatt und zu jedermanns Zufriedenheit. Doch nach einer Woche kam der neue Chef, Hauptmann Karagodnikow, ein großer Mann mit riesiger Nase, brüllend herein, zerriß meine sämtlichen Aussagen und schlug mich für das, was er meine »mythischen« Scherze nannte, mit einem Lineal, wobei er laut pfiff. Die Vernehmung fing somit wieder von vorne an. Andere Offiziere, andere Aussagen. Als die Akten zu einem gewaltigen Berg angewachsen waren, fragte mich ein Militärankläger, ob ich anerkennen würde, was niedergeschrieben worden sei. Ich erklärte ihm, niemand habe mir die Hunderte in russischer Sprache abgefaßten Seiten übersetzt, die ich unterschreiben sollte, folglich wisse ich nicht, ob sie genau das erhielten, was ich ausgesagt hatte, oder nicht. Am Abend rief mich der großnasige Chef, Karagodnikow, und erklärte, wenn ich es wage, vor Gericht zu wiederholen, was ich in meiner Unverschämtheit dem Ankläger gesagt hätte, würde er mich zu neuen Verhören zurückschicken. »Das bedeutet«, fuhr er fort, »daß Sie mir in die Hände geraten.« Er zeigte mir eine gewaltigen Muskeln: »Ich werde Scheiße aus Ihnen machen. Denken Sie dran!«

Ich dachte daran, und ließ den Dingen ihren Lauf. Mir war klar, daß ein Protest oder das Verlangen nach einem rechtmäßigen Verfahren unter diesen Umständen auf dasselbe hinauslief wie ein Todesurteil. Ich dachte an den elfjährigen Jungen, der mit seinem Vater, einem rumänischen Veterinär aus Ismail, in der Zelle neben meiner eingekerkert war. Ich dachte daran, daß Witwen rumänischer Bürger zehnjährige Strafen absaßen, weil sie sich in nichtsowjetische Bürger verliebt hatten. Und ich dachte an viele andere Dinge, deren Veröffentlichung ich für meine Pflicht hielt, sollte ich die eine Chance unter tausend erhalten, am Leben zu bleiben.

Am Abend vor meinem Prozeß lasen mir ein Militärankläger und ein Dolmetscher die wichtigsten Anklagepunkte vor:

»Angeworben vom ausländischen Nachrichtendienst, kehrte er in sein Vaterland zurück, wo er einen Landeplatz für die Verwendung durch Fallschirmtruppen, Diversanten, Spione und Feinde des Volkes sowohl in Friedens- als auch in Kriegszeiten organisierte.«

Wo lag der Landeplatz? Wer »organisierte« ihn? Wie konnte ein Mann allein mit bloßen Händen einen Untergrund-Flugplatz vorbereiten? Wer waren seine Komplicen? Solche Lappalien hielt die Anklage für unwichtig. Sie wollte das Gericht wohl glauben machen, ein Flugplatz sei genauso leicht zu verstecken wie eine Schachtel Streichhölzer.

Ein paar Stunden zuvor hatte Sascha Roth mich aufgesucht.

»Wissen Sie, daß morgen Ihr Yom ha-Din (Tag des Gerichts

auf Hebräisch) ist?« Als ich verneinte, gab er mir einen Laib Brot und sagte: »Keine Bange! Ich werde dort sein. Unter keinen Umständen können sie Ihnen mehr als zehn Jahre geben.«

Ich hatte diesen Heuchler hassen gelernt, der schöne Reden führte, in Wirklichkeit aber ein kaltblütiger Mörder war wie die anderen auch. Dazu ein Sadist. Vor dem jüdischen Neujahr hatte er seiner Ordonnanz befohlen, am nächsten Tag seine Lebensmittelrationen aus der Kantine zu holen und mir auszuhändigen, damit ich feiern könne; doch auf seinen ausdrücklichen Befehl war ich am selben Abend für drei Tage in Einzelhaft gekommen und hatte das neue Jahr in Kälte und Dunkelheit begehen müssen.

Endlich war der 29. November da, der Tag, auf den ich schon so lange wartete. Der Tag des Gerichts! Am frühen Morgen holte man mich aus der Zelle und brachte mich ins Büro. Ich wurde rasiert. Daß ich kein Hemd besaß, störte niemanden.

Nach kurzer Wartezeit auf einem Gang führte man mich in ein Zimmer, eigentlich eine gewöhnliche Zelle, und gab mich einem Posten in Gewahrsam. Ein Stuhl stand für mich bereit. Vor mir, an einem mit rotem Tuch bedeckten Tisch, saßen drei Offiziere. Den Vorsitz führte Oberst Resnikow, der am Tag meiner Einlieferung so aufmerksam meinen Erklärungen über den arabisch-israelischen Krieg gelauscht hatte. Die beiden anderen, zwei Majore, kannte ich nicht. An einem kleinen Nebentisch saß ein Hauptmann, der Protokoll führte. Sascha Roth in Zivil fungierte als Dolmetscher. Es gab weder einen Ankläger noch einen Verteidiger. Das war die berühmte Troika des NKWD, auch Polewoj tribunal (Militärgericht)* genannt. Nach ein paar Routinefragen wurde die Anklageschrift, die acht maschinengeschriebene Seiten umfaßte, laut verlesen, dann bekam ich das »Schlußwort«.

* Russischer umgangssprachlicher Ausdruck für das aus drei Mitgliedern bestehende NKWD-Sondergericht. (Anmerkung des Herausgebers.).

In diesem Schlußwort, gleichzeitig meinem ersten Wort vor dem hohen Gericht, zitierte ich Anatole France und Ernest Hemingway, Kafka und Erich Maria Remarque. Ich sprach ziemlich grandios über die Ungleichheit der Menschen in der bourgeoisen Gesellschaft und endete damit, daß ich mich in allen Punkten der Anklage schuldig bekannte. Die Russen sahen zufrieden aus. Man schickte mich hinaus, damit das Gericht beraten könne, bevor es sein Urteil fälle. Ich stand in dem zugigen Gang. Es war ein beißend kalter, düsterer Morgen, und der böige Wind trieb Schnee vor sich her. Ich besaß weder Socken noch ein Hemd.

Meine Strafe kannte ich im voraus. Und ich glaubte auch meinen Bestimmungsort zu kennen. Ich fragte mich, ob mein geschwächter Körper die Reise nach Sibirien aushalten werde.

Nach fünfminütiger »Beratung« wurde ich hineingerufen. Das Gericht erhob sich, auch der Protokollführer und der Posten standen auf. Alles zu Ehren der Gerechtigkeit, die mir widerfuhr. Stumm lauschte ich dem Urteil, das Sascha Roth sofort ins Rumänische übersetzte:

Wegen des Verbrechens der Spionage gegen die Sowjetunion zugunsten Großbritanniens wird Mihail Solomon vom Gericht gemäß Paragraph 58, Punkt 6 . . . des Ukas des Präsidiums der Union der Sozialistischen Sowjetrepubliken vom 7. Juni 1943 in allen Punkten für schuldig befunden und zum Tod durch Erschießen verurteilt. Da Todesstrafen gemäß Ukas vom 1. Juni 1947 des Präsidiums der UdSSR automatisch gemildert werden, wird die Todesstrafe in 25 Jahre Zwangsarbeit in Straflagern des äußersten Nordens Sibiriens umgewandelt. Ende der Strafe am 5. Juni 1973. Verhängt ohne Recht auf Berufung.

Der Gerichtsvorsitzende fragte mich, ob ich gegen die Strafe etwas einzuwenden hätte oder irgend etwas anderes sagen wolle.

Ich antwortete:

»Gospodin Oberst, ich danke Ihnen für die gerechte Strafe, die Sie mir gegeben haben. Ich habe nur eine einzige Bitte: daß man mir erlaubt, meinen Ehering zu behalten, der Gefühlswert besitzt und meine einzige Verbindung mit der Vergangenheit ist.«

Er setzte die goldgefaßte Brille wieder auf seine Knollennase und las vor:

»Gemäß der Paragraphen . . . des Verfahrensrechts RSFSR bleibt der Ring zusammen mit allen anderen Habseligkeiten konfisziert und geht in Staatsbesitz über.«

Die Zeremonie war vorüber.«

Der Gerechtigkeit war Genüge getan. Halb nackt verbeugte ich mich vor meinen Richtern und verließ den Raum. Ich wurde in einen Keller gebracht, wo ich zweiundfünfzig Offiziere und Soldaten sowie zwei Zivilisten, den Veterinär und seinen elfjährigen Sohn, vorfand. Sie waren gleich mir bereits verurteilt und warteten auf die Verschickung nach Sibirien. Alle bis auf den Veterinär und seinen Sohn trugen die Lumpen ihrer einstigen Uniformen. Der Junge hatte die grüne Mütze einer rumänischen höheren Schule auf. Es gab keine Heizung, und wir mußten auf dem blanken Zementboden schlafen. Durch zerschlagene Fensterscheiben wehte eisiger Wind. Die Toilette bestand aus einer alten Tonne. Da man sie seit Tagen nicht geleert hatte, war sie übergeflossen, und ihr Inhalt gefror nun in Schichten auf dem Boden fest. Auf diesen Schichten gefrorener Exkremente sollte ich in der ersten Nacht schlafen, da die Neuankömmlinge immer den Platz neben der Tür erhielten und erst allmählich weiter nach innen gelangten, wenn Verurteilte abtransportiert wurden. Da ich jedoch nur einen ärmellosen Pullover trug, konnte ich nicht riskieren, mich auf den blanken Boden zu legen. Deshalb ging ich die ganze Nacht auf und ab.

Am Morgen wurde wie üblich Suppe und Brot gebracht. Mit einem Stock und einem Stück Schnur improvisierten die Gefangenen eine Waage, um die Brotrationen abzuwiegen und die Fettbrocken in der Suppe gleichmäßig zu verteilen.

Nach dem Frühstück erschien ein Unteroffizier und rief mich. Er gab mir ein Hemd, ein Geschenk von Sascha Roth. Das war eine noble Geste, und ich konnte nicht umhin, vor den anderen ein Wort des Dankes zu sagen; ich stieg in ihren Augen um einiges. Das Hemd war kurzärmlig, ein Sommerhemd aus roter Baumwolle mit offenem Kragen – aber besser als nichts. Als ich es über den Kopf zu ziehen versuchte, zerriß es in zwei Teile. Es war ein Hemd für ein sechsjähriges Kind! Die Russen genossen die bittere Szene, in der ich die Rolle des Hofnarren spielte. Ich setzte mich in die Kellerecke, die Fetzen meines Hemdes an den Augen, damit man meine Tränen nicht sehe.

Am nächsten Tag fegte eisiger Wind über den Zementboden des Hofs, in den wir zur allgemeinen Durchsuchung und zum Abtransport gebracht worden waren. Wir lernten die Sibiriaken schnell kennen, die unsere Begleiter auf der langen Reise sein sollten. Sie ließen uns, vierundfünfzig Männer und die vier Frauen, die mit mir nach Constanza gekommen waren, zwei Stunden nackt in dem Schneesturm stehen, bis sie ihre gründliche Durchsuchung beendet hatten.

Während dieser Prozedur bemerkte ich Sascha Roth und Mischa Pocitar, die an einem Fenster standen und sich an unserem Anblick weideten.

Als ich meine Kleider wiederbekam, fehlten alle Knöpfe, so daß ich auf der ganzen Fahrt meine Hose mit der Hand halten mußte. Die anderen Häftlinge waren nicht besser daran, nur ein paar schlaue hatten Löcher in ihre Hosen gebohrt und banden sie mit einem Strick fest. Wir wurden in einen finsteren Laster geladen, der normalerweise Platz für höchstens zehn Personen bot. Als die Reihe an mich kam, hoben die Sibiriaken mich hoch und warfen mich hinein. Ich landete auf den Knien der bereits Sitzenden und konnte mich nicht einmal entschuldigen.

Eine Stunde lang wurden wir hin und her geschüttelt, dann hielt der Wagen irgendwo am Stadtrand. Ich hörte deutlich das Pfeifen eines Eisenbahners, der leere Güterwagen rangierte. Die rückwärtige Tür unseres Lasters ging auf, und wir sahen uns der Tür eines geschlossenen Zehn-Tonnen-Güterwagens gegenüber. Sibirien wartete.

3. KAPITEL

DNJEPROPETROWSK, DER GROSSE GEFÄNGNISKOMPLEX

Sibir tosche ruskaja semlja
(Sibirien ist auch ein Teil Rußlands)

Der lange, aus fünfzig oder sechzig Waggons bestehende Güterzug, der neben allgemeiner Fracht auch uns beförderte, zuckelte gemächlich zur russischen Grenze. Die erste Nacht, in der wir auf dem gefrorenen Boden schlafen mußten, war die reinste Qual; ob wir wollten oder nicht, wir mußten unsere schwachen, müden Leiber ausstrecken. Da wir keine Unterlage bekamen, breiteten wir unsere Lumpen und Mäntel als Matratzen aus. Rücken an Rücken gepreßt, gelang es uns irgendwie genügend Körperwärme zu erzeugen, um die grausame Kälte von dem gefrorenen Boden abzuwehren.

Um 5 Uhr morgens war die Nacht offiziell zu Ende. Man befahl uns, die »Morgentoilette« zu erledigen. Wir traten nacheinander an das Fünfzentimeterloch, knieten uns hin und erleichterten uns schnellstens. Nur eine halbe Stunde war für diesen Teil des Tagesprogramms vorgesehen. Da es weder Wasser noch Papier gab, mußten wir Fetzen unserer zerfallenden Kleider nehmen.

Dann ertönte das schrille Pfeifen des Postens, und wir nahmen unsere Sitzstellungen wieder ein: Rücken an die Wand, Arme und Beine gekreuzt. Nichts zu tun, als zu warten, bis der Siebzehnstundentag verging.

Niemand wagte, von Essen zu reden. Erst gegen elf Uhr kam ein Unteroffizier und verlangte eine der schmutzigen Decken. Mit dem Messer schnitt er einen Sack auf und schüttete den Inhalt auf die Decke. Als die dicke Staubwolke sich gelegt hatte, sah ich, daß die Essensration aus Krumen und Brocken vertrockneten Schwarzbrots bestand. Man gestand uns von dem

Zeug 300 Gramm täglich zu. Außerdem erhielten wir 15 Gramm Rohzucker und 12 Gramm ranziges Schweinefett, um unsere Brotkrumen zu »bestreichen«. Ein Problem war, die Krumen und den Zucker auf der alten Decke in gleichgroße Portionen aufzuteilen. Unweigerlich mischten sich Wollflusen von der Decke unter die sogenannte Nahrung. Nachdem ich meinen Anteil erhalten hatte, versuchte ich verbissen, das Brot mit Speichel aufzuweichen, doch ohne großen Erfolg. Dann wollte ich es wie Pillen schlucken, aber ohne Wasser schmerzte das ziemlich. Zwei oder drei Stunden später wurde ein Eimer kalten Wassers gebracht und eine rostige Konservendose ging rundum, ein einziges Mal, damit wir unseren Durst löschen konnten. Als die verdreckte Dose die Runde gemacht hatte, ergriff sie der Posten, und er holte sie erst am nächsten Tag wieder hervor.

Die Kälte war entsetzlich. Ich hatte solchen Hunger und fühlte mich so elend, daß ich versuchte, in Tagträume zu sinken, um der furchtbaren Wirklichkeit dessen zu entfliehen, was mit mir geschah. Ich wollte von irgend etwas träumen, eine Erinnerung beschwören, irgendeine schwache Zukunftshoffnung, um mir die endlosen Stunden der Kälte und des Hungers zu vertreiben.

Es war am dritten Tag unserer langen Fahrt in dem Gefangenenzug. Die Posten waren abgelöst worden, und der Zug zokkelte ruhig durch die schneebedeckte Donauebene. Wir warteten geduldig auf den Mittag und unsere Ration aus Brotkrumen plus 15 Gramm Zucker für die nächsten vierundzwanzig Stunden. Ich weiß nicht, wie es geschah, aber ich schlief ein und wurde dabei erwischt. Mein heruntergesunkener Kopf muß mich verraten haben. Ein harter Knuff von meinem Nachbarn riß mich aus meinem unschuldigen Schlummer. »Wachen Sie auf«, flüsterte er, »man ruft Sie.«

»Aufstehen!« bellte der Posten. Ich rappelte mich unbeholfen auf.

»Verdammter Bastard, warum hast du nicht sofort geantwortet?« schrie er und fügte einen Schwall Obszönitäten an.

»Komm hier herüber! Ich werde dir sagen, wie und wann du

zu schlafen hast, du Bandit!«

Mir blieb nichts anderes übrig, als seinem Befehl zu gehorchen. Ich trat an den Stacheldraht und stand vor dem Rohling stramm. Angst betäubte mich fast, als ich sah, daß er in den Haufen unserer abgelieferten Schuhe griff, einen Stiefel herauszog und ihn sich zum Schutz über den Arm stülpte. Er schob den bewehrten Arm durch den Draht und hieb wild auf meinen Kopf und mein Gesicht ein. Der schwere Nagelstiefel riß mir das Fleisch auf, Blut begann aus zahlreichen Schnitten und Beulen zu fließen. Bald bluteten auch meine Augen. Ich wußte, jeder Versuch, den wütenden Schlägen auszuweichen, hätte nur noch tierischere Vergeltungsmaßnahmen zur Folge gehabt.

Während er auf mich eindrosch, ließ er seinen Haß auf die kapitalistische Welt die Zügel schießen. »Kapitalistischer Parasit!« schrie er. »Abschaum der Erde, Churchill-Freund!« Und so fort, bis er müde wurde.

Doch mit mir war er noch nicht fertig. Er befahl mir, mich barfuß auf die Eisenplatte zu stellen, die das Toilettenloch bedeckte. Ich mußte wie eine Statue von 8 Uhr bis 22 Uhr auf der eiskalten Platte stehen, ohne mich anzulehnen oder meine Position zu ändern. Die Kälteschmerzen waren grausam. Nach ein paar Stunden fühlten sich meine Füße taub und geschwollen an, meine Beine brannten fürchterlich. das Gefühl breitete sich in dem ganzen Körper aus. Ich war überzeugt, Tb zu bekommen und innerhalb weniger Stunden zu sterben. Aber ich starb nicht. Um 22 Uhr durfte ich mich endlich zusammen mit den anderen niederlegen und meinen fiebrigen Körper in die Lumpen wickeln, die ich noch besaß. Ich schlief sofort ein und erwachte erst am Morgen beim Weckpfiff. Mein Schutzengel muß in diesen Stunden über mich gewacht haben, denn ich bekam nicht einmal eine Erkältung.

Nach vier Tagen und Nächten hatten wir erst die rund 320 Kilometer von Constanza nach Sokola zurückgelegt, einem Vorort von Jasi, wo wir den Zug wechseln mußten, weil nun Gleise mit russischer Spurbreite begannen. Der Vorgang war uns mittlerweile vertraut: Wir mußten von einem Eisenbahnwaggon in den nächsten springen, wobei uns Soldaten halfen, die uns gleichzeitig gegen etwaige Zuschauer abschirmten. Die russischen Güterwagen waren große Vierzigtonner, auch »Pullmans« genannt. Sie wiesen dieselben Stacheldrahtgehege auf wie die rumänischen Gefängniswagen, jedoch etwas besser gemacht. Schließlich hatten die Russen mehr Übung darin.

Eine wesentliche Änderung trat jedoch ein. Von der russischen Grenze bis Dnjepropetrowsk, das wir fünf Tage später erreichten, erhielten wir einmal täglich heißes Wasser statt des kalten, das wir zuvor hatten trinken müssen. Es war das berühmte russische Kipjatok, das man gratis an jeder Bahnstation oder direkt vom Maschinisten holen konnte. Heißes Wasser statt kaltes. Welche Wonne! Welch ein Unterschied! Sogar jene, die kaum etwas gesprochen hatten, tauten auf.

Ein ehemaliger Armeeoffizier, der wegen versuchter Desertion und Flucht nach dem Westen verurteilt worden war, fragte einen Soldaten aus unserer Begleitmannschaft: »Graschdanin natschalnik?« Wohin bringen Sie uns?

»Nach Sibirien«, antwortete der Soldat grinsend, »damit Sie Gold und Eisen für die Nation produzieren können.«

Furchteinflößende Worte. Aber wir gaben uns ohnehin keinen Illusionen über unser Schicksal hin.

»Nitschewo!« erwiderte der ehemalige Offizier, »Sibirien ist auch ein Teil Rußlands!«

Am 9. Dezember 1948, nach neun Tagen mühseliger Fahrt, erreichten wir den Stadtrand von Dnjepropetrowsk. Wir hielten auf einem Rangiergleis, wo Güterwagen ausgeladen wurden. Man befahl uns, auszusteigen. Wir waren immer noch vierundfünfzig Männer und vier Frauen. Die Frauen, die ihre armselige Habe an sich preßten, wurden in einer Reihe an die Spitze der Kolonne gestellt; die Männer folgten in Fünferreihen. Eine Begleitmannschaft von fünfundzwanzig bewaffneten Soldaten mit Polizeihunden an Leinen sowie zwei finster blickende Offiziere umringten uns. Vorwärts marsch!

Eine kurze Wärmeperiode hatte eingesetzt, und durch das Tauwetter hatten sich die Schlaglöcher in der Straße mit Schmutz und Wasser gefüllt. Wir rutschten, taumelten, fielen in die eisigen Gräben am Straßenrand. Der lächerliche Anblick von vierundfünfzig Männern, die mit der einen Hand ihre Hose hielten und sich mit der anderen am Nebenmann festklammerten, beeindruckte die wenigen Passanten offenbar nicht. Vermutlich waren sie ein derartiges Schauspiel gewöhnt. Unsere durcheinandergeratene Kolonne kam an einer Verkehrsampel zum Stehen. Trotz der Dunkelheit sah ich eine Straßenbahn mit drei Wagen sehr genau. Sie war mit Menschen vollgepfropft und weitere versuchten verzweifelt, einzusteigen. Am meisten beeindruckte mich, wie die verhärmten Arbeiter Schwarzbrot hinunterschlangen, ohne sich im geringsten darum zu kümmern, daß sie Gefahr liefen, von der rüttelnden Tram zu fallen.

Wir brauchten drei Stunden, um die Stadt zu durchqueren; meist ging es bergan. Unser Ziel war das etwa sechs Kilometer entfernte Zentralgefängnis. Eine seltsame Kolonne, die sich da in einer Art *danse macabre* voranbewegte, fallende, sich aufraffende, auf dem glitschigen Eis wieder fallende Menschen, einander stützend und irgendwie die rutschenden Hosen haltend. Die erregten Hunde bellten und kläfften. Die Peitschen der wütenden Soldaten sausten auf uns nieder. Wir waren voller Schmutz, Schlamm und Blut. Eine andere Version des Kreuzwegs, den ich so oft auf Bildern und Gemälden dargestellt gesehen hatte. Gab es denn keinen großen russischen Maler, keinen neuen Repin oder Schischkin, der diese unvergeßliche Szene aus dem Jahr 1948 für die Nachwelt festhielt? Ein Künstler hätte ein Meisterwerk schaffen können, wäre es ihm gelungen, die Qual und Scham, die stumme Angst und äußerste Erschöpfung auf den Gesichtern dieser Menschen – besonders unserer weiblichen Leidensgenossinnen – einzufangen.

*

Es war später Abend, als wir im Zentralgefängnis von Dnjepropetrowsk anlangten, dieser Stadt im gleichnamigen Bezirk der Ukrainischen Sozialistischen Sowjetrepublik. Wir waren so erschöpft, daß wir auf den schneebedeckten Boden fielen, ohne um Erlaubnis zu fragen. Die schwarzen Schatten des riesigen Gebäudekomplexes um uns betrachteten wir ohne Unbehagen oder Schrecken. Für uns bedeuteten sie ein Paradies, eine Stätte, um unsere Wunden zu heilen und unsere Schmerzen zu vergessen. Auf seltsame Weise wirkte dieses Gefängnis vertraut und freundlich. Bald würden sich die Tore für uns öffnen, und himmlische Wärme, ein Bad, Essen, Rasur und andere Dinge würden uns erwarten. Die Phantasie begann uns durchzugehen. Nur noch ein paar Minuten, dachten wir.

Ein von Panik erfaßter Häftling meinte, das Gefängnis müsse voll sein und man weigere sich, uns aufzunehmen. Das sei schon vorgekommen. Was dann? Benommen vor Kälte und von dem langen Marsch durch die Stadt, sagten wir uns, wenn das stimme, werde man uns vermutlich zum Bahnhof zurückbringen, und wir müßten von einer Stadt zur anderen ziehen, bis man irgendwo eine Unterkunft für uns fände.

Nach Mitternacht, als wir fast keine Hoffnung mehr hatten, gingen die Gefängnistore auf, und wir wurden hineingeführt. Der starke, vertraute Geruch russischer Küchen, der Duft nach Borschtsch und Lorbeerblättern, stieg uns in die Nasen.

Obwohl es sehr dunkel war, konnte ich die vier fünfstöckigen Hauptgebäude des Dnjepropetrowsker Gefängniskomplexes klar ausmachen. Er diente gleichzeitig als Zentralgefängnis für Sträflinge mit langjährigen Haftstrafen, als Durchgangsgefängnis für Leute wie uns, als Frauengefängnis und als Kindergefängnis. Nach dem damals gültigen sowjetischen Gesetz durften Kinder über zwölf Jahren zu Gefängnis verurteilt, aber nicht zusammen mit Erwachsenen eingesperrt werden, sie mußten besondere Kost erhalten.

Jedes der vier riesigen Gebäude konnte spielend zehntausend Insassen aufnehmen. Die Ziegelwände hatten viel miterlebt. Einige stammten noch aus der Zeit Peters des Großen, andere waren unter Katharina der Großen im 18. Jahrhundert entstanden. Der größte Teil stellte jedoch ein Vermächtnis verschiedener Herrscher mit Namen Alexander und Nikolaus aus dem Geschlecht der Romanows dar, das Rußland drei Jahrhunderte lang mit fester Hand regierte.

Wie überall in dem großen Land, wurde in dem Gefängnis vierundzwanzig Stunden ohne Unterbrechung gearbeitet, und zwar in drei Schichten. Die Nachtschicht übernahm uns. Man führte uns durch dunkle Gänge in den vierten Stock hinauf. Starke Gitter sicherten, wie in allen Gefängnissen, sämtliche Öffnungen, so daß sich niemand zu Tode stürzen konnte. Das Gerücht ging, die Gitter seien auf Lenins Befehl angebracht worden, nachdem Boris Sawinkow Selbstmord begangen hatte, indem er im berühmten Gefängnis Lubjanka aus dem vierten Stock hinuntersprang. Sawinkow war ein sozialistischer russischer Revolutionär gewesen, den später die Bolschewiken als Konterrevolutionär verhaftet hatten.

Einmal mehr mußten wir uns mit gekreuzten Beinen auf den Boden setzen – möglicherweise ein orientalischer Ritus, den moderne Wärter übernommen hatten. Man zählte uns wie Schafe, sortierte uns und durchsuchte völlig zwanglos, aber gründlich unsere intimsten Körperteile, während wir nackt dastanden. Mit den Frauen verfuhr man genauso. Als die Suche nach versteckten Gegenständen und Instrumenten abgeschlossen war, führte man uns in Raum 54, einen kahlen, leeren Raum mit der üblichen Parascha (alten Milchkanne). Holzläden verdeckten die eisenvergitterten Fenster. Der Boden bestand aus Zement mit einer dünnen Schicht Asphalt darauf.

Eingedenk der Tatsache, daß vor uns Menschen hier gehaust hatten und daß wir an der Wand eine primitive Zentralheizung entdeckten, fanden wir den Raum ganz bequem und streckten unsere müden Leiber auf dem blanken Boden aus, um zu schlafen. Nicht lange, und ich hatte mir wie meine Mithäftlinge einen Schuh als Kissen unter den Kopf geschoben, mich mit dem Mantel zugedeckt und war gleich eingeschlafen.

Lärm weckte uns, große Fässer mit Essen wurden in die Zelle gebracht. Da das Gefängnis durchgehend in Betrieb war, verteilte man das Essen zu den unregelmäßigsten Zeiten. Das Mittagessen konnte um Mitternacht sein, das Abendessen in den frühen Morgenstunden und das Frühstück irgendwann dazwischen.

Dieses Abendessen war unsere erste warme Mahlzeit seit zehn Tagen. Es bestand aus einer Brühe mit verdorbenen grünen Tomaten und Gurken, sah fast schwarz aus und schmeckte bitter wie Galle. Trotzdem, es war heiß und wärmte uns die Mägen. Zur Suppe erhielten wir eine Ration von 600 Gramm nassen, klitschigen Schwarzbrots. Ich fand später heraus, daß der Wassergehalt dieses Gefängnisbrots 52 Prozent betrug und daß es in Formen gebacken wurde, die heute noch in Gebrauch sind, obwohl man mittlerweile den Wasseranteil etwas reduzierte. Das Gebräu aus verdorbenem Gemüse, meist Tomaten und Essiggurken, bekamen wir während der dreißig Tage unseres Aufenthalts im Gefängnis von Dnjepropetrowsk täglich, es war das einzige Gericht.

Als wir uns die Bäuche zum erstenmal damit gefüllt hatten, legten wir uns wieder schlafen. Doch kaum zehn Minuten später erhielten wir Befehl, uns für ein Bad vorzubereiten. Obwohl todmüde, kam uns ein Bad gelegen, deshalb nahmen wir alle erfreut unsere Bündel auf und versammelten uns an der Tür.

Es muß etwa vier Uhr morgens gewesen sein, als man uns in den Gefängnishof brachte. Dort ließ man uns gute zwanzig Minuten warten, bis eine Gruppe von Häftlingen das Badhaus räumte. Wir stiegen mehrere Stufen hinunter und befanden uns in einem schwach beleuchteten, kalten, unfreundlichen Keller. Wasser tropfte von den Wänden, und eine dicke Schmutzschicht bedeckte den Zementboden. Wir mußten uns auskleiden, unser Gewand an einen Ring hängen und einem Gehilfen aushändigen, der übergroße Handschuhe trug und unsere Bündel in eine Proscharka warf, dieses Standard-Desinfektionssystem in russischen Gefängnissen; es rief mir meinen Kampf gegen die Läuse in Erinnerung.

Nackt und frierend warteten wir auf weitere Befehle. Man brachte uns in einen anderen Raum, wo zu meiner Verblüffung einige weibliche Häftlinge als Barbiere arbeiteten. Sie waren halb nackt, ihre schmutzigweißen Mäntel bedeckten kaum ihre Kehrseiten. Unsere Nacktheit berührte sie keineswegs peinlich, sie sprachen miteinander, als sei alles ganz normal und alltäglich. Verwirrt und verlegen hielt ich nach einem Mann Ausschau, der die Rasur erledigen könnte, aber es gab keinen.

Wider Willen mußte ich mich in die Hand eines weiblichen Barbiers begeben. Die Frauen arbeiteten auf Bänken; die Opfer hatten sich vor ihnen auf den Boden zu setzen. Eine kräftige Blondine mit rundem, schwitzendem Gesicht klemmte meinen Kopf zwischen ihre Beine und begann meinen Schädel zu scheren, als schäle sie Kartoffeln. Von Zeit zu Zeit spritzte sie etwas heißes Wasser auf die Kopfhaut, dann schabte sie, bis Blut aus den Schnitten sickerte. Während sie mechanisch diesen ungeheuerlichen Haarschnitt vornahm, schwatzte sie mit einer Kollegin. Es kam noch besser. Nach den sowjetischen Gefängnisbestimmungen mußten alle Körperhaare abrasiert werden, ausnahmslos bei beiden Geschlechtern. Zu meinem Entsetzen und meiner noch größeren Verwirrung mußte ich die Demütigung ertragen, daß die stämmige Blondine mir die Schamgegend rasierte.

Nach der qualvollen Rasur genehmigte man uns eine einminütige heiße Dusche, auf die eine zweiminütige eiskalte folgte. Dann brachte man uns in einen anderen leeren Raum, wo wir unsere desinfizierten Kleider zurückerhielten. Zitternd, mit klappernden Zähnen, stießen wir einander, um unsere heißen, feuchten Kleider zu schnappen, sobald sie dampfend aus dem riesigen Ofen kamen. Wir trockneten sie selbst und zogen uns eilends an. Die weniger Glücklichen, die ihre Sachen zuletzt kriegten oder beim Anziehen ungeschickt waren, mußten den Raum halb nackt verlassen und sich auf dem Rückweg zu Zelle 54 fertig ankleiden.

Nicht einmal eine Stunde konnten wir uns in der Zelle von dieser regen nächtlichen Aktivität erholen. Es war Zeit fürs Frühstück – dieselbe schreckliche Brühe, die wir zum Abendessen bekommen hatten. Nach dem Frühstück erhielten wir Befehl, uns für den täglichen Spaziergang fertigzumachen.

Es muß vierzig Grad unter Null gehabt haben, als man uns in eine Art riesigen Käfig kommandierte. Zum Glück behielt man uns nur zehn Minuten draußen. In der Mitte des »Übungsgeländes« stand ein zäher, stämmiger Posten, bekleidet mit einem langen weißen Lammfellmantel. Gleich einem Löwenbändiger hielt er eine lange Peitsche in der Rechten. Er schrie uns zu, wir hätten hintereinander zu gehen, unsere Köpfe unten und unsere Hände hinter dem Rücken zu lassen. Wir durften weder sprechen noch nach rechts oder links schauen; die Augen mußten auf die Fersen des Vordermanns geheftet sein.

Hatte der häßliche Leuteschinder das Gefühl, seine Befehle würden nicht schnell genug ausgeführt, schlug er den unglücklichen Sünder mit der Peitsche oder schickte ihn im Laufschritt rundum. Am Ende der zehnminütigen »Erholung« schwitzten wir alle. In der Zelle verbreiteten einige Häftlinge die Neuigkeiten, die ihnen aus den Fenstern zugeflüstert worden waren: Das neue Strafgesetz war erlassen, und die Höchststrafe sollte fünf Jahre betragen!

Als ich die Sowjetunion sieben Jahre später verließ, stellte das neue Strafgesetz immer noch das meistdiskutierte Thema aller Straflager dar.

Ein alter armenischer Schuhmacher, mein Nachbar auf dem Zellenboden und ein herzensguter Mensch, erzählte mir, er habe ein Gespräch über meine Kleider mitgehört. Offensichtlich planten einige der Russen, mit denen ich gekommen war, mir meinen Anzug zu rauben und an die Wärter zu verkaufen, um sich Geld für zusätzliches Brot und für Machorka zu beschaffen (Machorka bestand aus geschnittenen Stengeln und Adern der Tabakblätter, die man nach dem Trocknen rauchen konnte; Machorka wurde dem qualitätsmäßig meist sehr schlechten Tabak vorgezogen). Der alte Armenier warnte mich davor, Alarm zu schlagen oder den Zorn der Leute zu erregen, falls sie entdeckten, daß ich ihre Absichten kannte. Er erklärte, Widerstand sei sinnlos, das sei eine eiserne Gefängnisregel, und die Gefängnisbehörden würden dem Beraubten keinerlei Hilfe gewähren. Mir wurde klar, wenn ich mich wehrte, mußte ich auf der ganzen restlichen Reise die Rache der Diebe fürchten. Was also tun? Es gab nur eine Lösung: Meinen Anzug zu verkaufen, bevor man ihn mir stehlen konnte.

Die Chance bot sich am nächsten Morgen. Ein älterer Häftling kam unter dem Vorwand, die Heizanlage zu reparieren, in unsere Zelle. Er war Wolgadeutscher und fragte auf deutsch, ob jemand etwas zu verkaufen habe. Ich antwortete auf deutsch, ich wolle meinen dreiteiligen Anzug verkaufen, er sei aus englischem Tuch und gut geschnitten. Den Mann interessierte nur das Jackett, aber ich erklärte, ich sei bereit, alles für eine bescheidene Summe herzugeben.

Mein Kunde zögerte und ging weg. Doch er kam bald wieder und fing an zu handeln. Nach fast zweistündigem Gefeilsche verkaufte ich ihm den Anzug schließlich für 150 Rubel plus einem Gimnastjorka (Turnleibchen) und einem Paar Galife (Reithosen). Er brachte mir die schäbigen Baumwollsachen. Ich zog mich um und kassierte die 150 Rubel. In der Nacht schlief ich auf dem Bauch, damit man mir das kostbare Geld nicht klaute

Nun konnte ich es mir leisten, im Larjok (einem fahrbaren Laden, wo es alles gab, von Brot und Bonbons bis zu Hosenträgern und Schnürsenkeln) ab und zu etwas Käse, der nach Seife schmeckte, und Brot mit weniger Wassergehalt als dem unserer täglichen Ration zu kaufen.

Ein Transport wurde zusammengestellt, der nach Neujahr abgehen sollte. Ich wußte, daß meine Strafe mich für den mörderischen hohen Norden bestimmte. Was konnte ich tun, um mein Schicksal zu wenden und in eine Gegend mit milderem Klima gesandt zu werden? Nichts, absolut nichts. Dachte ich. Aber dieses Mal kam mir der Zufall zu Hilfe. Als wir einer Sanitätskommission vorgeführt wurden, verlor ich das Gleichgewicht und schlug zu Boden. Dieser Unfall bewirkte meine gründliche ärztliche Untersuchung. Die Folge war, daß man mich wegen vorübergehender Schwäche von der Liste der Häftlinge strich, die für diese erste Reise in die Arktis vorgesehen waren. Statt dessen setzte man meinen Namen auf eine Liste versehrter und kranker Häftlinge, die in ein zentralrussisches Gebiet 560 Kilometer südöstlich Moskaus kommen sollten. Es war die sogenannte Region Potma, ein an der Eisenbahnlinie zwischen der russischen Hauptstadt und Wladiwostok gelegenes Moorland in der Autonomen Sowjetrepublik der Mordwinen mit der Hauptstadt Saransk.

Bis zum Monatsende, auf das unser Abtransport festgesetzt war, hatten wir nichts zu tun, als die tägliche Routine zu absolvieren. Manchmal unterbrach eine offizielle Verlesung von Nachrichten unser tristes Dasein. Ein älterer Mann in Militärmantel und Offiziersmütze ohne Insignien betrat den lärmerfüllten, rauchigen Raum, zog schüchtern eine zusammengefaltete Zeitung aus der Tasche, räusperte sich und verkündete:

»Wir schreiten nun zur Verlesung der Nachrichten des Tages!«

Mit farbloser, monotoner Stimme las er uns Dinge vor wie den Wettstreit der Kolchosen, besondere Planerfüllungen in diesem oder jenem ukrainischen Betrieb, Auszeichnungen, die Arbeiterinnen in staatlichen Milchwirtschaftsbetrieben oder »Helden der Arbeit« in Gruben und Kohlebergwerken erhielten. Wir bekamen stets dasselbe zu hören, nur die Namen und Orte änderten sich. Eines Morgens unterbrach ein ganz in meiner Nähe stehender sechzehnjähriger Bursche mit der typischen frechen Miene von Kindern, die in Besserungsanstalten groß wurden, den alten Mann:

»Sag uns lieber, Batko (Onkel), wann Truman uns eine Amnestie gewährt.«

Der Einwurf des Jungen löste eine Lachsalve aus und zerstörte die Zurückhaltung, die bis dahin geherrscht hatte. Der alte Herr zuckte die gebeugten Achseln und verließ verwirrt den Raum. Ich sah ihn nie wieder, und er tat mir leid, weil er durch den Spott des jungen Häftlings seinen Posten als Nachrichtenleser verloren hatte.

Am Monatsende kam ich aus dem großen Gefängnis fort, wo ich fast dreißig Tage lang hatte ausruhen und mich praktisch von der hinter mir liegenden, anstrengenden Reise erholen können. Vor dem Verlassen des Gefängnisses wurden wir erneut gründlich gefilzt und verschiedenen Untersuchungen sowie Verhören unterzogen. Als ich durch die Mühle war, schickte man mich zusammen mit anderen kranken und älteren Leuten in einen Raum, wo wir weitere Befehle erwarten sollten. Die Wärter vergaßen uns entweder oder waren zu sehr mit wichtigeren Dingen beschäftigt, jedenfalls ließen sie uns zwölf Stunden in dem Raum, ohne uns etwas zu essen zu geben. Um uns warmzuhalten, mußten wir zum »Sandwich«-System greifen: zwei Häftlinge wärmten den dritten und reihum so fort.

Schließlich erinnerte man sich an uns, wir bekamen eine Ration Salzfisch und Brot, dazu 15 Gramm Zucker. Dann marschierten wir ab zum Bahnhof. Der Weg war uns bekannt, und wir gingen, wie wir gekommen waren: in Fünferreihen, bewacht von Soldaten und Hunden. Am Straßenrand spielten Kinder, Frauen und Männer arbeiteten; keine Seele hielt inne, um uns anzusehen oder ein Wort zu sagen. Man begegnete uns mit einer Gleichgültigkeit, als böten wir den alltäglichsten Anblick.

Man verlud uns in die berühmt-berüchtigten Stolypin-Wagen, diese in Käfige für Häftlinge verwandelten Waggons dritter Klasse. Sie wurden an sämtliche Züge angehängt, sogar an die für Auslandstouristen bestimmten Luxuszüge. Ich kam allein in ein Abteil. Da ich fürchterlichen Durst von dem Salzfisch hatte, bat ich einen jungen Soldaten der Begleitmannschaft um ein Glas Wasser. Als er hörte, daß ich aus Rumänien stammte, fragte er in gutem Rumänisch: »Was haben Sie getan?« Ich starrte ihn nur an, ohne ein Wort zu sagen. Er ging, kehrte bald darauf mit Tee, Brot und Zucker zurück und ersuchte mich, nicht zu verraten, daß er in einer anderen Sprache als Russisch mit mir gesprochen hatte.

Am nächsten Tag erreichten wir Charkow. Wir wurden unter denselben Zeremonien ausgeladen wie beim letztenmal, eine Militäreskorte mit Gewehren und Hunden nahm uns in Gewahrsam und führte uns durch die Hauptstraßen der Stadt wie eine Gruppe Internatsschülerinnen an einem Sonntagnachmittag. Auf unserem Weg zum Gefängnis begegneten wir einer Häftlingskolonne, die zum Bahnhof marschierte; zwei lange Reihen verlorener Menschen blockierten auf etwa achthundert Meter den Verkehr, stellten aber für die Einheimischen nichts als ein gewohntes Bild dar.

Das Gefängnis von Charkow, das ebenfalls aus mehreren riesigen Gebäuden bestand, war sogar noch überfüllter als jenes in Dnjepropetrowsk. Wir kamen in einen Keller, wo das einzige Licht von ein paar flackernden Wachskerzen herrührte, die uns das Gefühl gaben, in den Katakomben Roms zu sein. Wir mußten sehr achtgeben, nicht zu stolpern oder zu fallen, denn der unebene Lehmboden wies zahlreiche wassergefüllte Löcher auf. Bald nach unserer Ankunft erhielten wir das Abendessen. Es war unheimlich, in dem Halbdunkel eine Stimme die Suppenportionen zählen zu hören und dann die blechernen Suppennäpfe zu der Viererkojen wandern zu sehen wie von unsichtbaren Händen getragen. Die Näpfe tanzten auf und ab wie Glühwürmchen. Es war ein faszinierender Anblick.

Der Schmutz, der Luftmangel und der beengte Platz brachten uns jedoch bald wieder in die grausame Wirklichkeit zurück. Nur ein paar Meter vom Suppenverteiler entfernt standen die Kloeimer, an denen sich zehn oder mehr Menschen erleichterten.

Ich vernahm rumänisch sprechende Stimmen und näherte mich der Stelle, woher sie kamen. Sie gehörten jungen Bessarabiern, die erwischt worden waren, als sie aus den Bergwerken zu fliehen versuchten, wohin man sie zum Arbeiten geschickt hatte. Nun stand ihnen ein Prozeß wegen Sabotage bevor. Ein gut aussehender Siebzehnjähriger mit blonden Locken und blauen Augen sagte zu mir: »Man wird uns zehn Jahre geben, aber wir werden wieder fliehen.«

Ich fragte ihn, wie die Lage der rumänischen Bevölkerung in den bessarabischen Dörfern sei. Er antwortete: »Männer und Frauen sind deportiert worden, nur Zigeuner und Hunde blieben dort.«

In der Nacht hörten wir schrecklichen Lärm aus einem der benachbarten Kellerräume. Die schwere Tür zu unserem Keller öffnete sich, Aufseher riefen nach Sanitätern und ein paar Freiwilligen. Ich ging mit. In einer Zelle unweit der unseren befanden sich mehrere Prostituierte. Trotz der unerfreulichen Umgebung konnte man nicht umhin, bei dem überraschenden Bild zu lächeln: Frauen in langen, rückenfreien Spitzengewändern und mit Haaren, die ihnen übers Gesicht fielen wie Veronica Lake. Die meisten waren jung, aber blaß und unterernährt. Zwischen ihnen hatte eine Schlägerei stattgefunden. Alles war blutbesudelt. Wut stand ihnen in die Gesichter geschrieben. Das Blut wurde gestillt, Wunden mit ein paar Stichen genäht. Wie sich herausstellte, hatte der Kampf begonnen, weil eine der Huren Liebesworte zu einem Fenster gerufen hatte, hinter welchem sich angeblich der Liebste einer anderen befand. Eifersucht war somit die Ursache der erbitterten Schlacht gewesen.

Am folgenden Tag ging es von Charkow weiter nach Moskau. In den Außenbezirken der Hauptstadt wurden wir eilends aus unserem Zug in einen anderen umgeladen. Von Moskau bekam ich lediglich einen Einspänner zu sehen und eine Kirche, die in einen Klub umgewandelt worden war. Während der nächsten vierundzwanzig Stunden fuhr unser Zug durch Berge von Schnee, der sich zu Wehen türmte wie im Märchen. Nur die Schlitten fehlten in dieser typischen russischen Winterlandschaft.

Am Abend darauf erreichten wir einen kleinen Bahnhof namens Potma. Es gab auch ein Potma 2. Dorthin gelangte man mittels einer Schmalspur-Nebenbahn, die zu den zweiundzwanzig, unter dem Namen »Dumbrawlag« bekannten Lagern fuhr. Wir wurden in die spielzeugähnlichen Waggons gestopft, und der Lagerzug zockelte mit uns an einer endlosen Reihe Lager entlang. Stacheldraht umgab sie, und auf Beobachtungstürmen standen Posten mit Maschinengewehren. Schließlich trafen wir an der Station ein, die zum Lager Potma 2 gehörte.

Wir stiegen aus und marschierten durch brusthohen Schnee zu dem etwa drei Kilometer entfernten Lager. Erst da kam mir voll zu Bewußtsein, daß die meisten Häftlinge in unserer Kolonne Krüppel und Invaliden waren. Neben mir kämpfte sich ein Mann in mittleren Jahren mit einem Holzbein voran. Ich half ihm mehrmals wieder hoch. Keuchend dankte er mir, dann murmelte er: »Und ich habe im Krieg vier Söhne für das Vaterland geopfert!«

Endlich sahen wir die Lichter des Lagers und die Lichtbündel der Suchscheinwerfer auf den Beobachtungstürmen. Die schweren Holztore wurden beiseite geschoben, und wir marschierten hinein. Wir hatten das unbestimmte Gefühl, in die Freiheit gelangt zu sein, als wir das Meer uns erwartender Gesichter erblickten.

Das Gefühl währte jedoch nicht lange, denn wir wurden sofort von den »Alteingesessenen« getrennt. Wir mußten uns einer dreißigtägigen Quarantäne unterziehen, bevor wir das normale Lagerleben aufnehmen durften. Das bedeutete, dreißig Tage in Baracken zubringen und nur am Morgen sowie am Abend zehn Minuten Turnübungen oder Spaziergang im Hof.

Das Essen war so schlecht, daß wir immer Hunger hatten. Eine junge Lagerinsassin teilte unter den wachsamen Augen eines Aufsehers die Suppe aus. Jemand bat um eine zusätzliche Portion.

»Zusatz?« antwortete das Mädchen. »Den kriegen Sie vom Staatsanwalt.«

Alle lachten schallend, auch der Aufseher, denn alle wußten, wenn ein Häftling um Herabsetzung des Strafmaßes bat, forderte der Staatsanwalt automatisch einen »Zusatz« zur Strafe.

4. KAPITEL

REFLEXION ÜBER DIE GEWALT

Beweint nicht die Toten,
beklagt die Lebenden.
Sophokles

Als ich vor über dreißig Jahren aus einem unwiderstehlichen Drang heraus die Akten der Trotzkistenprozesse las, mehr als tausend Seiten in einem eleganten, ledergebundenen Buch, verwirrte mich die tiefe Resignation der Angeklagten. Sie alle – darunter die Väter der russischen Revolution, Helden wie Sinowjew, Kamenew, Bucharin und Rykow – nutzten ihr »Schlußwort« dazu, sich mit noch häßlicheren Wörtern zu beschmutzen, als die Anklage es tat.

Wie konnte es geschehen, fragte ich mich, daß die »Verräter des sowjetischen Vaterlandes«, statt in dieser letzten Minute ihre Unschuld zu betonen oder wenigstens die Richter um Gnade zu bitten und so vielleicht ihre Köpfe zu retten, sich als unwürdig bezeichneten, die Luft Rußlands zu atmen, und um ihre gnadenlose Vernichtung ersuchten.

Wo war ihr Selbsterhaltungstrieb geblieben, den doch jeder Mensch besaß? Wo die Menschenwürde, die verlangte, daß man mit blutigem, aber ungebeugtem Haupt starb? Warum hatten sie ihren Anklägern nicht ins Gesicht gespuckt, statt sich anspucken zu lassen, als man sie entehrte, schmähte, an den Pranger stellte?

Jetzt weiß ich es. Jetzt, nach meinem furchtbaren Erlebnis, weiß ich, wie es geschehen kann, daß man seine Peiniger anfleht, einen zu töten.

Auch sie, die Peiniger, wissen es. Denn es ist Teil einer langen Schreckenstradition. Man braucht nur Repins Gemälde anzuschauen, das Iwan den Schrecklichen zeigt, wie er einem Soldaten tief in die Augen blickt und das sadistische Vergnügen genießt, einen Menschen stumm wie eine Statue dastehen zu sehen, während sein Herr ihm den Fuß mit einer schweren Lanze durchbohrt. Man braucht nur an den »aufgeklärten« Peter den Großen zu denken, diesen Bewunderer westlicher Zivilisation, der mit haßerfüllten Augen zusah, wie sein einziger Sohn langsam zu Tode gefoltert wurde. Oder an denselben Peter, der lachte, als man ihm Tausende von Sklaven zeigte, politische Häftlinge seines Regimes, die im Schmutz von Petersburg starben.

Die Folter spielte in der russischen Geschichte eine große Rolle und ist, was viele nicht wissen, auch in der russischen Gegenwart schreckliche Wirklichkeit. Der Unterschied besteht lediglich in der Qualität der Menschen und in der Zahl der Betroffenen. Es gibt keinen großen Maler wie Schischkin mehr, der die Tragödie von Prinzessin Tarakanowa darstellte, die von Katharina der Großen in den Turm der Schlüsselburg geworfen und getötet wurde, indem man Wasser in ihre Zelle schüttete, bis sie ertrank. Es gibt keine Herzen, Belinskijs, Tschernyschewskijs mehr, die das Los solcher Opfer beklagten. Der grausamste aller russischen Diktatoren war jedoch, ironischerweise, ein Nichtrusse: Jossif Wissarionowitsch Dschugaschwili, der Welt besser bekannt unter dem Namen Stalin. Er war kein gebildeter Mann – kein großer Redner wie Trotzki, kein militärisches Genie wie Blücher. Stalin verstand lediglich eines besser als alle anderen: den Wert des Schreckens zu nutzen. Er erhob den Schrecken zum Staatsdogma. Der Schrecken wurde zum Daseinszweck des sowjetischen Staates und zur Quelle seines Fortschritts. Stalin beauftragte Parteiphilosophen, die Kinder zu lehren, wie süß es sei, für ihn zu sterben, und wie großzügig es sei, das Leben zu opfern, um das Glück künftiger Generationen sicherzustellen. Man lehrte die Kinder zu hassen – und sie taten es. Man lehrte sie, ihre Eltern zu denunzieren – und sie machten es sich zur täglichen Pflicht. Man lehrte sie, lügen sei eine Tugend, wenn es den Interessen der Partei diente – und sie akzeptierten es blind als Glaubensartikel.

Die neue Religion wurde der jungen Generation eingeimpft, sobald sie sich zu orientieren begann. Eine Zeitlang sah es so aus, als habe diese Taktik Erfolg. Kinder haßten ihre Eltern, Frauen ihre Männer, und brave Leute denunzierten bei der Geheimpolizei die »Verräter«, die an der Wahrheit dessen zu zweifeln wagten, was man ihnen sagte. Die rücksichtslose Unterdrückung von Millionen Menschen in den trostlosen Lagern Nordsibiriens oder des arktischen Rußlands wäre jedoch sinnlos gewesen, hätten die übrigen, einstweilen noch verschonten, sie nicht zur Lehre dienen lassen.

Ich habe gesehen, wie diese lebenden Gespenster, diese angeblich »freien« Menschen darum rangen, ihren politischen Chefs zu beweisen, daß sie der Partei voll und ganz ergeben seien. Bei sogenannten Wahlen, die um 5 Uhr früh begannen, in der Dunkelheit und bestialischen Kälte des russischen Winters, habe ich Hunderte schon weit früher vor den Türen stehen sehen, damit man sie auch bestimmt als »Patrioten, die als erstes ihre Bürgerpflicht erfüllten«, fotografierte. Ich habe Schulkinder beobachtet, die eifersüchtig andere Kinder beim Rezitieren von Parteiparolen belauerten, um den geringsten Fehler oder Irrtum anzuprangern.

Die abstoßendste Folge von Angst und Schrecken ist das Wetteifern in Feigheit. Das Geheimnis, sich »rein« zu halten, keinen Verdächtigungen oder Belästigungen ausgesetzt zu sein, keinen plötzlichen Schicksalsschlägen oder Leiden, besteht in der bedingungslosen Aufgabe der eigenen Persönlichkeit. Je mehr man sich zu einem Rädchen im Getriebe erniedrigt, desto sicherer ist man in der kommunistischen Gesellschaft.

Auf dem Höhepunkt des Terrors zogen sogar die größten Schriftsteller und intelligentesten Kritiker den schützenden Mantel von Sicherheitsagenten an. Viele Intellektuelle, die meine Leidensgenossen waren, erzählten mir, sie seien Opfer der Denunziationen Ilja Ehrenburgs. Zu meinem Erstaunen las ich jetzt in Ehrenburgs Memoiren von seiner großen Abscheu gegen Stalin, Berija und andere Mörder.

Manche, die sich den herrschenden Bedingungen anpaßten wie Ehrenburg, überlebten. Andere, wie Babel, Mandelstam und Kolzow, kamen im Gefängnis um.

Boris Pasternak, der Mitte der vierziger Jahre bis zu Stalins Tod aus stummem Protest gegen die Tyrannei nur von Übersetzungen lebte, war bei Stalin beliebt. Einmal, so erinnert sich Pasternak, fragte Stalin ihn telefonisch, was er von einem gewissen Dichter halte, der den Diktator lächerlich gemacht hatte. Erst auf wiederholtes Fragen erklärte Pasternak, der Dichter sei wirklich groß. Kurz darauf verschwand der Dichter spurlos.

*

Wic in den unergründlichen Tiefen der Meere bei den Tieren die nutzlosen Augen auf der Suche nach Beute durch andere Körperteile ersetzt werden, so wächst auf dem riesigen Territorium Rußlands beim gefährdeten Individiuum ein neues Element zu hypertrophischen Dimensionen heran: die metaphysische Fähigkeit, drohende Gefahren zu wittern. Diese Fähigkeit hat sich während vieler Jahre der Angst, Furcht und Frustration im Unterbewußten von Männern und Frauen entwickelt. Wie mir ein russischer Schriftsteller sagte: »Alles ist falsch, sogar unser Lachen.«

Die Oktoberrevolution von 1917 schaffte Logik und Psychologie als »bourgeoise Waffen« ab. Erst nach Stalins Tod sollten die beiden Wissenschaften an den russischen Universitäten wiederbelebt werden. Unterdessen aber führten die in Angst lebenden Menschen einen täglichen Kampf der Anpassung an wechselnden Terror, und für jene, die bereits verhaftet waren, sich in Gefängnissen oder hinter Stacheldraht befanden, wurde die sensorische Wahrnehmung unsichtbarer Bedrohung zu einer Frage über Leben und Tod. Der Tod war nie sehr weit weg. Er lauerte in den unabgestützten Stollen der Bergwerke, in der unvorstellbaren Kälte hinter dem Abzug der Pistole eines launischen Aufsehers. Der Mensch mußte die ganze Oberfläche seines Körpers in Augen und Ohren verwandeln. Er mußte ahnen und erraten, um am Leben zu bleiben.

Die Regeln von Stalins Terrorspiel waren unheimlich grausam und unheimlich einfach. Man erfuhr sie gleich nach dem Betreten des Straflagers: »Um zu überleben, mußt du arbeiten, und um nicht an der Arbeit zugrunde zu gehen, mußt du es verstehen, andere arbeiten zu lassen.«

»Du stirbst heute, ich sterbe morgen«, so lautet des eherne Gesetz des Straflagers.

Als weitere Peitsche diente dem Regime der Hunger. Gebildete Menschen, die im Abfall nach Nahrung suchten, hätten sehr wohl sagen können: »Eine Million Jahre dauerte es, aus dem Tier einen Menschen zu machen, aber nur wenige Wochen sind nötig, ihn wieder in ein Tier zu verwandeln.«

Nichts blieb dem Zufall überlassen. Jeder zweite Häftling war ein Denunziant oder Provokateur. In jedem Lager gab es mehrere opertivnje upolnomotschennje (Sicherheitsbevollmächtigte), von denen jeder seine eigene bocca di leone hatte, den Geheimschlitz, in welchen seine »Agenten« die anonymen Denunziationen werfen konnten.

5. KAPITEL

POTMA, EINE LAGEROASE IM MOORLAND

Wende Mastirka an, um dein Leben zu retten . . .

Das Land war niedrig und flach. Im Frühjahr und Herbst, wenn es unter Wasser stand, bot es den traurigsten Anblick aller russischen Steppen. Nur ein paar vereinzelte Birken und Ahornbäume verliehen dem bis zum Horizont reichenden Erlen- und Weidengestrüpp räumliche Tiefe.

Unser Lager Potma 2 war eine Oase aus Baracken, umgeben von drei Meter hohem Stacheldrahtzaun und scharf bewacht von Soldaten mit Maschinengewehren. Ein Niemandsland inmitten von Nirgendwo. Die Baracken, morsch und grün von Moos und Alter, rochen moderig und feucht. Der riesige Komplex faßte Zehntausende Männer und Frauen, die in den Betrieben und Werkstätten des Lagers arbeiteten, um ihre politischen Verbrechen zu sühnen.

Neben Angehörigen der über hundert Volksgruppen der Sowjetunion verhaftete man nach dem Zweiten Weltkrieg Tausende Menschen in den europäischen und asiatischen Ländern, die von russischen Truppen »befreit« worden waren. In jedem Arbeitslager, von denen es in der Unendlichkeit Rußlands mehrere tausend gab, herrschte folglich eine wilde Mischung von Hautfarben, Religionen, Nationalitäten. In Potma befanden sich die Alten und Kranken, die Lahmen und Verkrüppelten, sogar die Blinden. Wir lebten und litten völlig von der Außenwelt abgeschnitten, menschlicher Ausschuß, dazu bestimmt, uns bis zum letzten Atemzug zu schinden und dann von den Kameraden in den Sanddünen jenseits des Lagers begraben zu werden.

Einen Friedhof gab es nicht, ja nicht einmal eine mit Stacheldraht eingezäunte Stelle. Das einzige Zeichen, das die Aufmerksamkeit eines Zufallspassanten hätte erregen können, waren geschälte Stöcke mit Blechschildern, auf denen Nummern in schwarzer Farbe standen. Die Nummern entsprachen vermutlich Namen in geheimen Hauptbüchern. Doch Schnee und Regen wuschen sie schnell ab, und bald standen nur die verrottenden Stöcke da, an denen anonyme Blechschilder baumelten. Im Lauf der Zeit wurden sie vom Treibsand verschlungen, diesem Symbol unserer Treibgut-Schicksale. Keinen von uns bekümmerte diese Gleichgültigkeit gegenüber unseren Toten. Solange wir lebten, kämpften wir ums Überleben. Starb jemand, war es nicht gut für die Zurückbleibenden, über sein Los nachzugrübeln. Eine eiserne Regel lautete: Solange du lebst, versuche die Toten zu vergessen; wenn du tot bist, müssen die anderen dich vergessen.

*

Während der dreißigtägigen Quarantäne lernte ich einige interessante Leute kennen. Da war einmal ein russischer orthodoxer Patriarch aus Harbin, dessen Name mir nicht mehr einfällt, vor dem aber sogar Ex-Komsomolzen respektvoll niederknieten, um ihm die rechte Hand zu küssen und seinen Segen zu erbitten. Dann war da Professor Čapek aus Prag, der ehemalige ständige tschechoslowakische Delegierte beim Internationalen Gerichtshof im Haag. Die bei weitem interessanteste Persönlichkeit war jedoch Generalmajor von Lombard, ein großer preußischer Offizier mit stählernem Blick und einem dichten Schnurrbart. Dieser einstige Adjudant Adolf Hitlers sprach ein augezeichnetes Englisch. Als wir bekanngemacht wurden, sagte er lächelnd: »Ich kann verstehen, daß die Russen mich auf der Latte haben; ich war ihr ärgster Feind. Aber warum wollen sie einen Mann wie Sie zerbrechen, einen ihrer Verbündeten?«

Von Lombard behauptete, er sei Militärattaché des Dritten Reiches in Washington gewesen. Eines Tages erzählte er so interessante Einzelheiten über seine letzte Begegnung mit Hitler, daß sie mir bis heute im Gedächtnis haften blieben. Von Lombard sagte, man habe ihn unter größter Geheimhaltung von der Front zu einem Treffen mit Hitler nach Berlin geholt. Das Treffen fand am Sonntag, dem 22. April 1945, statt und sollte die letzte Konferenz des Führers mit seinen vertrauten Parteigenossen sein (nur hundert sorgfältig ausgewählte Menschen nahmen daran teil).

Laut von Lombards Äußerungen mir gegenüber gab Hitler, der «zwanzig Jahre älter wirkte, ein eingefallenes Gesicht und einen verstörten Blick hatte«, schließlich zu, daß der Krieg verloren sei.

»Ich saß in der ersten Reihe«, berichtete von Lombard. »Ich hörte jedes Wort, das er sagte. Er sagte: ›Es sind unter uns noch immer Menschen wie Himmler (der damals durch Vermittlung des schwedischen Grafen Bernadotte einen Waffenstillstand mit dem Westen zu vereinbaren suchte) oder Göring (dessen Verhaftung als Verräter Hitler befohlen hatte), die Frieden mit den Westmächten schließen wollen, in der naiven Hoffnung, daß Deutschland und der Westen sich vereinigen werden, um die Flut des Kommunismus zu bekämpfen, die sich im Osten erhebt. Aber es wird keinen solchen Frieden geben‹, schrie Hitler. ›Deutschland wird ganz und gar geschlagen und von seinen Eroberern mindestens ein Vierteljahrhundert besetzt werden!‹

»An diesem Punkt«, so erzählte von Lombard, »schweifte Hitler lange ab und machte seinem Ärger auf Großbritannien Luft, das Deutschland und die angelsächsische Kultur in einem Jahrhundert zweimal verraten habe.«

Hitler fuhr angeblich fort: »Aber nach fünfundzwanzig Jahren wird die Besetzung enden, und die Westmächte werden dann ihrem ehemaligen russischen Verbündeten Auge in Auge gegenüberstehen, und sie werden den Verlust des deutschen Puffers bedauern – der einzigen Macht, die fähig ist, das kommunistische Pulverfaß niederzuhalten; und sie werden Deutschland helfen, auf die Beine zu kommen, indem sie es wiederbewaffnen und seinen Drang zur Rückeroberung der verlorenen Gebiete im Osten sowie zur endgültigen Niederwerfung des Kommunismus unterstützen! . . . Die nächste Generation wird die Entstehung eines Vierten Reiches erleben!« rief der geschlagene Führer, »und dieses Vierte Reich wird die restliche Welt in einen triumphalen Kreuzzug gegen den Kommunismus führen – dieser Geißel des zwanzigsten Jahrhunderts!«

Nachdem Hitler seine Abschiedsrede beendet hatte, stieg er vom Rednerpult und schritt die Reihe der hundert Menschen ab, die zu einem letzten Händedruck bereitstanden. »Als er zu mir kam«, erzählte von Lombard, »erhielt ich einen regelrechten Schock. Der Mann, den ich all diese Jahre so gut gekannt hatte, existierte nicht mehr. Es war ein alter, schlaffer, geistesabwesender Hitler, der verstört auf irgend etwas über meinem Kopf schaute. Als er mir die Hand reichte, hatte ich das Gefühl, einen toten Fisch zu berühren. Ich versuchte, seinen Blick einzufangen, und murmelte ein paar lobende Worte, aber er reagierte nicht. Er ging weiter und drückte anderen Leuten die Hände, die er nicht mehr erkannte und denen er nichts mehr zu sagen wußte. Hitler lebte bereits in dem Walhalla, an das er immer geglaubt hatte . . .«

Von Lombard schloß seine Geschichte – ich vermute, er erzählte sie in seinen Lagerjahren immer und immer wieder – mit der Bemerkung, er habe eines Abends einen von Hitlers persönlichen Adjutanten gesehen, wie dieser die kaum bedeckte Leiche einer jungen Frau in den Garten der Reichskanzlei trug. Von Lombard sah die blonden Haare und die schwarzen Lackschuhe der Frau genau und hatte keinen Zweifel daran, daß es sich um Eva Braun handelte.

*

Die Quarantänezeit ging zu Ende, und wir nahmen das normale Lagerleben Potmas auf. Da wir uns in einem Invalidenlager befanden, gab man nur zerlumpte Kleider an uns aus, die mit Flikken in verschiedenen Größen, Farben und Materialien repariert waren und uns in lächerliche Harlekins verwandelten. Die Walinki – Filzstiefel – paßten nicht und gehörten manchmal beide für denselben Fuß. Sie ähnelten den kniehohen Siebenmeilenstiefeln aus Grimms Märchen, aber man konnte kaum gehen damit.

In solch schäbiger Ausstaffierung begann ich mein neues Leben als Insasse des Lagers Potma 2. Der Tag lief folgendermaßen ab: Wecken um 5 Uhr 30; Frühstück aus Fischsuppe und schwachem Tee um 6 Uhr 30; von 7 Uhr bis mittags Arbeit in den Werkstätten oder den Hallen für Behinderte; zum Mittagessen, das zwischen 12 und 13 Uhr stattfand, gab es Hafersuppe und Haferbrei (250 Gramm pro Person); anschließend Arbeit bis 18 Uhr. Um 18 Uhr endete der offizielle Arbeitstag, und wir konnten an den kulturellen Aktivitäten teilnehmen, die Lokalzeitung lesen, die hinter einem Drahtgitter an der Wand hing, oder in den Sanitätsbereich gehen und uns behandeln lassen. Um 21 Uhr wurden die Lichter gelöscht und niemand durfte die Baracken bis 5 Uhr 30 am nächsten Morgen mehr verlassen.

Da die meisten unserer Gruppe entweder beinlos, einarmig, blind oder lahm waren, bestand die Arbeit größtenteils im Knüpfen von Netzen für eine in der Nähe gelegene Fischerei-Kooperative. Geknüpft wurde von Hand an Netzen, die über Rahmen gespannt waren. Bei meiner Ankunft in Potma betrug die Norm 6000 Knoten in acht Stunden. Wer mehr fertig bekam, sagen wir 6500 Knoten, erhielt eine Prämie von 50 Gramm Zucker. Da alle Sträflinge danach trachteten, Leib und Seele zusammenzuhalten, bewegten sie die Finger ein bißchen schneller und schafften es irgenwie, die magische Zahl von 6500 ziemlich regelmäßig zu erreichen. Sofort wurde die Norm auf 6500 Knoten heraufgesetzt. Nun mußte man, um die Zucker- oder Fettprämie zu erhalten, 7000 Knoten machen. Als auch diese Zahl erreicht wurde, stieg die Norm erneut. Dieses armselige Spiel war immer noch im Gang, als ich Potma einige Monate später verließ. Es ließ mich an einen Jungen denken, der seinen Hund lehrt, immer höher nach der Speckschwarte zu springen.

Wir bekamen 600 Gramm Brot, aber es war so naß, daß wir es vor dem Verzehr vierundzwanzig Stunden trocknen ließen, wodurch es die Hälfte an Gewicht verlor. Wir waren ständig hungrig und redeten ununterbrochen vom Essen. Ein paar glückliche Russen bekamen ab und zu von daheim Pakete mit Schwarzbrotzwieback, ein paar Knoblauchzehen und manchmal etwas Zucker. Die Menschen, die ihnen damals die Pakete schickten, hungerten vermutlich genauso wie wir. An den Sonntagen gab es Fleischsuppe aus Pferdefleisch. Das konnten wir leicht feststellen, denn wir fanden sehr oft Zähne, Haare und Fellstücke in der Suppe. Zwei Arbeitsgruppen verließen täglich das Lager für Außenarbeiten. Eine zog in den nahegelegenen Wald, um Feuerholz zu sammeln; die andere erhielt unterschiedliche Aufträge, die vom Kartoffelpflanzen bis zu Straßenreparaturen und im Winter Schneeschaufeln reichten. Jeden Morgen spielte eine kleine Kapelle, bestehend aus einem beinlosen Burschen mit einem großen Bajan (einem beliebten russischen Instrument, das einer Ziehharmonika ähnelt), zwei Geigen und einer Klarinette, Märsche und Walzer für die ausrükkenden Arbeitsgruppen. Es war ein seltsames, trauriges Bild, das an Chagalls Getto-Gemälde mit den leichenhaften Musikanten und den düsteren Hochzeiten erinnerte. Der Wind wehte schneidend, die Finger froren an den Instrumenten fest, die Gesichter der Musiker waren verhärmt und ausgezehrt, jene der Arbeiter mutlos und verhungert. Doch es mußte Musik gemacht werden, die Walzer und Mazurkas mußten gespielt werden, um die Arbeiter bei guter Laune zu halten! Eine zynische Komödie, die man unseren leeren Bäuchen und verzweifelten Seelen aufzwang.

Zweimal täglich stand das kleine »Orchester« am Tor, morgens zur Verabschiedung der Arbeiter und abends zu ihrer Begrüßung. Diese Musik war keineswegs eine auf unser Lager beschränkte Marotte; ich sollte ihr in anderen, über ganz Sibirien verstreuten Lagern noch oft begegnen. Einmal sah ich eine vierzig Mann starke Blaskapelle, deren Mitglieder, nachdem sie ihr Stück heruntergespielt hatten, die Instrumente weglegten und in die Gruben oder Minen gingen, um mit bloßen Händen nach dem vom Vaterland verlangten Gold und Eisen zu graben.

Als im Frühling das Tauwetter einsetzte, wurde das Lager überschwemmt. Die unterernährten, überarbeiteten Sträflinge erkrankten an Fieber, wodurch die Arbeit litt und der Ertrag zurückging. Sofort sank die tägliche Ration auf 500 Gramm nasses Brot und zwei Suppen. Offiziellen Tadel bekamen wir keinen, aber die Botschaft konnte nicht klarer sein: Wer nicht arbeiten will, der soll auch nicht essen!

Im April trocknete eine blasse Sonne nach und nach die Sümpfe aus, und wir konnten nach der harten Tagesarbeit in schlecht gelüfteten Werkstätten einen Abendspaziergang machen. Leider kamen mit dem guten Wetter auch die Moschki, riesige Schnaken, die freie Hautpartien in solchen Scharen angriffen, daß man Gesicht und Hände ganz bedecken und durch eine improvisierte Maske atmen mußte. Wir sahen aus wie Soldaten der Fremdenlegion.

Unter solchen Umständen traf ich meinen Freund Adrian Vintilescu wieder, den die Russen verhaftet hatten, weil er Bukarester Korrespondent der *London Daily Mail* war.

Stolz zeigte er mir seine alte, abgetragene Jacke und schäbige Hose, die ihm viel zu groß waren. »Ich habe fünfzig Rationen Brot dafür bezahlt«, sagte er.

»Aber – wie ist es dir gelungen, ohne Brot am Leben zu bleiben?« fragte ich.

»Oh, ich hatte jeden zweiten Tag Brot«, antwortete er leichthin.

Unter den Menschen, mit denen ich in Potma lebte, waren einige interressante Persönlichkeiten aus den Künstlerkreisen der Sowjetunion. Ich lernte den berühmten litauischen Tenor Kucingis kennen, der mir von seinen Erlebnissen an der Mailänder Scala erzählte. Dann machte ich die Bekanntschaft Leons, eines alten jüdischen Clowns aus Leningrad, der in den vergangenen fünfundzwanzig Jahren mehrmals im Gefängnis gewesen war. Leon hatte in Leningrad Berühmtheit erlangt, als er für Porträts Lenins und Stalins, die er in der Hand hielt, einen Platz suchte, die leeren Wände der Bühne betrachtete und sagte: »Diesen hier (wobei er das Leninbild hob) lassen wir an die Wand schauen, und den da (Stalin) – hm, wie sollen wir ihn hängen? Hängen wir ihn doch gleich!« Dafür bekam er seine ersten zehn Jahre.

Armer alter Leon. Sogar im Lager konnte er es nicht lassen, Witze zu reißen. Als Folge davon brummte man ihm allerlei Strafen wegen Kritik am sowjetischen Leben auf. Er wußte, daß er hinter Stacheldraht sterben würde, deshalb sagte er immer: »Machen wir uns doch heute über sie lustig. Morgen werden sie sich über uns lustig machen.«

Als der Frühling endlich wirklich da war, kamen die Lahmen und die Krüppel aus den muffigen Baracken, um sich in der Sonne zu wärmen. An einem solchen Nachmittag gewahrte ich einen alten Mann mit bemerkenswert vornehmen Zügen, einem weißen Bürstenbart und hypnotischen schwarzen Augen. Er kritzelte mit einem Stück Holzkohle etwas auf einen Rindenstreifen. Er hatte völlig steife Finger und ein schmerzverzerrtes Gesicht. Ich schaute ihm über die Schulter, neugierig, was er denn mache. Zu meiner Überraschung schrieb er das hebräische Alphabet, an das er sich vermutlich nur mühsam erinnerte. Ich fragte ihn, ob ich ihm helfen könne. Anfangs war er ein bißchen mißtrauisch, doch als er hörte, daß ich ebenfalls Jude sei, sagte er, nach fünfzig Jahren versuche er sich auf das zu besinnen, was man ihn in der frühen Kindheit gelehrt habe.

Wir wurden Freunde, und im Lauf der Zeit erzählte er mir seine Geschichte. Er war mehr als dreißig Jahre lang Professor für Mechanik und Mathematik an der Moskauer Universität gewesen, hatte sein Leben und seine Kenntnisse in den Dienst der Wissenschaft gestellt. Die Politik hatte ihn nie interessiert, bis der Krieg und damit die Verfolgung der Juden begann. Mit fünfundsechzig Jahren wurde ihm klar bewußt, daß er Jude war. Nach Kriegsende sprach er mit einem amerikanischen Journalisten, der ihn in Moskau besuchte, über das Recht der Juden auf ein eigenes Vaterland. Seine Worte wurden veröffentlicht, und er hatte die schrecklichen Konsequenzen zu tragen.

»Sie schlugen und folterten mich bestialisch«, sagte er. »Ich mußte Demütigungen und Beleidigungen ertragen, die sogar in den finstersten Zeiten des Zarismus niemand kennenlernte. ›Dreckiger Jude‹ war das freundlichste Wort, das ich bei der Vernehmung zu hören bekam. Sie gaben mir fünfundzwanzig Jahre.«

»Und was tun Sie jetzt?« fragte ich.

»Sehen Sie«, antwortete er, »ich fange mein Leben von vorne an, beim Alphabet. Falls ich überlebe . . .« Er machte eine vage Handbewegung. »Falls ich überlebe, werde ich sie entlarven und werde enthüllen, wie sie wirklich sind, wenn ihre Politik nicht mit den persönlichen Ansichten anderer übereinstimmt.« Er hatte mehrere Rippen und das rechte Bein gebrochen, aber sein Geist war ungebrochen, und seine Augen sahen einen mit dem strahlenden Blick des Erleuchteten an.

In diesen Frühlingstagen brachte die Arbeitsbrigade an einem Abend aus dem Wald die Leiche eines ihrer Leute mit. Er war auf der Stelle erschossen worden, weil er beim Fällen von Bäumen versehentlich einen Schritt auf das nicht gekennzeichnete, verbotene Gebiet gemacht hatte. Ich sah die Einschußlöcher, der Posten hatte ohne vorherige Warnung mehrere Schüsse aus ein paar Metern Entfernung auf ihn abgefeuert. Statt daß man den Posten wegen vorsätzlichen Mordes vor Gericht stellte, gab man ihm eine Prämie – einen Bonus über hundert Rubel – und einen Monat Urlaub, damit er »seine Nerven beruhigen« könne.

Ich äußerte meinen Abscheu über eine so offene Ermutigung zum Mord und wurde dafür zur Rechenschaft gezogen. Denunzianten unter den Häftlingen meldeten, was ich gesagt hatte und man holte mich zum Sicherheitsoffizier. Eine halbe Stunde nach dem Lichtlöschen spürte ich eine schwere Hand auf der Schulter. Ich war sofort hellwach. Ein Soldat neigte sich über meinen Kopf und flüsterte mir zu:

»Ziehen Sie sich leise an, stehen Sie auf, und kein Wort!« Ich wußte Bescheid.

Rundherum schnarchten die von der Tagesarbeit todmüden

Häftlinge friedlich. Ich kleidete mich an und folgte dem Soldaten in die Dunkelheit hinaus. Er ging mit mir zur Verwaltungshütte und ließ mich in einem Vorraum warten, wo sich ein Dutzend MWD-Soldaten aufhielten, die mich haßerfüllt anstarrten. Nach ein paar Minuten kam er wieder und brachte mich ins Büro des Sicherheitsoffiziers.

Der Offizier, Hauptmann Sawidow, saß am Schreibtisch. Er hatte einen kahlgeschorenen Schädel und war ein kalter Rohling mit Doppelkinn, den alle fürchteten. Er überschüttete mich mit Flüchen und trat dann, die Faust bedrohlich schwingend, zu mir.

»Du lausiger Spion! Feind des Volkes! Abschaum der Erde! Passen dir unsere Regeln nicht? Willst du sie nach deinem Gusto ändern? Was hast du im Sinn? Eine Rebellion anzetteln? Einen Aufstand? Vielleicht eine Lagerdemonstration? Was? Antworte! What do you want?«

Jedesmal, wenn er »was« sagte, schlug er mit solcher Wucht auf den Tisch, daß die Federhalter und Tintenfässer in die Höhe sprangen.

Ich konnte damals kaum Russisch und hatte aus Angst die paar Wörter vergessen, die ich wußte. Wie gelähmt stand ich da und wartete auf die Schläge. Sie kamen nicht. Er ließ mich schmoren. Und als seine Stimme vom Brüllen heiser war, erklärte er mir, nach Luft ringend: »Du hast Glück, daß du ein Ausländer bist und ich dich zum erstenmal sehe. Sonst hätte ich Kartoffelbrei aus dir gemacht. Wenn ich noch ein einziges Wort über dreckige Geschäfte höre, bist du ein toter Mann! Hast du mich verstanden? Ein toter Mann! Verschwinde jetzt, und halt das Maul!«

Ich verließ das Büro, rannte in meine Baracke und kletterte in meine Koje. In den restlichen Nachtstunden dachte ich darüber nach, was für ein Idiot ich gewesen war, offen über solche Dinge zu sprechen. Ich war doch wirklich schon lange genug Häftling, um die eiserne Regel der Straflager zu kennen: »Sei stiller als Wasser und niedriger als Gras.«

Am nächsten Tag ging das Leben weiter wie gewöhnlich, und ich meinte, die Sache sei vergessen. Ich arbeitete den ganzen Tag und besuchte am Spätnachmittag den Hilfskoch, Dr. Grischa Schrager, einen Zionisten aus Lwow, der 1939 von den sowjetischen Behörden wegen seiner zionistischen Aktivitäten unter dem polnischen Regime zum Tode verurteilt und später begnadigt worden war. Ich brachte es nicht fertig zu schweigen und erzählte ihm mein nächtliches Erlebnis. Aus seiner zehnjährigen Lagererfahrung heraus sagte er mir: «Sie brüten etwas aus für dich. Es wird überraschend kommen.«

Es kam wirklich so. Ein paar Tage später strich ich gerade Salbe auf meine Finger und Handflächen, wo das Fleisch von den harten, für die Netze verwendeten Schnüren aufgeschnitten war, als sich ein Häftling, der für das Lagerbüro den Botenjungen machte, mit einer Liste näherte.

»Sind Sie Mihail Morisowitsch Solomon?«

»Ja. Was ist los?«

»Machen sie sich fertig, Sie werden verschickt.«

Das offizielle Wort dafür lautet Etap, und es war nicht weniger furchterregend als das Wort Tod. Es bedeutete Verlegung aus einem Lager in ein oft Tausende von Meilen entferntes anderes. Dieses Etap sollte, Gerüchten zufolge, nach Kolyma gehen, das gefürchtetste Gebiet ganz Sibiriens. Einmal im Jahr sandte man einen Schub Häftlinge in den abgelegenen Teil Nordsibiriens, als Ersatz für die zahllosen Arbeiter, die in den dortigen Gold- und Uranminen umkamen.

Es war Mitte Juni. In ein paar Minuten sollte ich abmarschbereit sein. Ich rannte zu den wenigen Freunden, denen ich trauen durfte, und bat um Rat und Hilfe. Was sie an Fett und Zucker entbehren konnten, gaben sie mir bereitwillig, aber sie vermochten nichts zu tun, um meine Versendung zu verhindern.

Manche rieten mir, ich solle »les grands moyen« anwenden, in den sowjetischen Lagern Mastirka genannt. Mastirka ist eine Infektion, die man sich selbst beibringt, um hohes Fieber, Erbrechen oder ein anderes heftiges Symptom zu bekommen und transportunfähig zu werden. Die Injektion von Milch ins Fleisch war ein übliches Mittel. Eine Mischung aus Schmutz, Speichel und anderem konnte die Entzündung eines Beines oder einer Hand verursachen. Man schlug mir sogar vor, ein Gebräu aus gekochten Tabakblättern zu trinken, damit ich Blut erbreche. Ein lungenkranker Kamerad empfahl mir seinen Speichel zu schlukken, der voller Tb-Bazillen war. Obwohl ich wußte, was Kolyma bedeutete, lehnte ich eine solche Selbstverstümmelung strikt ab und beschloß, mein Schicksal auf mich zu nehmen.

Unser Etap umfaßte einundzwanzig Leute. Bis auf mich waren alle jung und offenbar in guter Verfassung. Sämtliche Lagerinsassen begleiteten uns zum Haupttor, genau wie Trauernde einen Sarg. Das Tor schloß sich, und uns übernahm eine Begleitmannschaft von Soldaten mit Hunden, die ein Offizier anführte. Ich ging die drei Kilometer zum Bahnhof auf der Straße zurück, die bei meiner Ankunft vor vier Monaten im Schnee nicht zu sehen gewesen war. Nun hatten wir Sommer, und alles war grün. Es wäre angenehm gewesen, an dem kleinen Wald entlangzuschlendern, hätte man nicht jeden Quadratzentimeter Haut vor den Schnaken schützen müssen.

Per Eisenbahn schaffte man uns zu einem nur wenige Kilometer entfernten Sammelpunkt, wo sich bereits zwölfhundert Menschen befanden, die dasselbe Los erwartete. Inzwischen stand fest, daß unser Bestimmungsort Kolyma hieß. Das Sanitätspersonal untersuchte uns alle gründlich, um sicherzustellen, daß keine Invaliden, Zahnlosen oder Menschen über fünfundvierzig in diese schreckliche Gegend verschickt wurden. Ich versuchte den Sanitätern vorzumachen, daß ich krank sei, daß ich die Altersgrenze erreicht hätte.

Aber vergebens.

Am zweiten Tag setzten die großen Vorbereitungen ein. Auf ein Dampfbad mit sehr heißem Wasser folgte die Totalrasur, dann die Ausgabe neuer Baumwollkleider (es kümmerte niemanden, daß wir in den eisigen Norden sollten) und schließlich die Durchsuchung.

Mitten in einem riesigen Hof wurden zwölfhundert nackte Männer gründlich gefilzt, damit auch bestimmt kein Körperteil etwas verberge. Was für ein Bild für einen Pressefotografen, dachte ich. Mehr als tausend Häftlinge, die sich wie ein Mann auf alle viere niederbeugten, während ein Suchkommando hinter ihnen vorüberging und prüfte, ob sie vielleicht etwas im After versteckt hatten. Man erzählte mir, die weiblichen Häftlinge hätten sich derselben gründlichen Durchsuchung zu unterziehen, aber gottlob ersparte man uns das Schauspiel solcher menschlichen Entwürdigung.

Die letzte Phase der Operation war unsere Verladung. Ein Güterzug mit fünfzig Waggons zu je vierzig Tonnen stand für uns bereit. Jeder Häftling ging an den Abfertigungsleuten vorüber, sein Name wurde aufgerufen und ein großer Umschlag mit seinen Personalien und seinem Foto auf der Vorderseite dem höchsten Begleitoffizier ausgehändigt. Wir kletterten in die Waggons, aus denen uns warmer Mief entgegenschlug. Sie waren nicht gelüftet, und man hatte die Luken geschlossen, so daß wenig Licht hereinfiel. In der Wagenmitte und auf beiden Seiten standen dreistöckige Kojen, in die wir uns legen sollten. Wir waren zu achtzig in einem Waggon, und in der Enge kam man kaum an die beiden Löcher im Boden, die als Latrine dienten.

Bei der Abfahrt aus Potma stand fest, daß unser Ziel Nordsibirien hieß. Die meisten konnten jedoch nicht glauben, daß uns Kolyma bevorstand, das »Ende der Welt«; aber allmählich dämmerte es auch ihnen. Unser Weg führte auf der Transsibirischen Eisenbahn nach Osten, durch die Republik Baschkiren, das Ural-Gebirge, Irkutsk, am Baikal-See entlang und schließlich nach Wanino, das rund 600 Kilometer nördlich Wladiwostoks an der Ostküste lag. Dort sollten wir in einen Dampfer verladen werden, der um die Insel Sachalin ins Ochotskische Meer fahren würde, nachdem er die La-Pérouse-Straße zwischen Sachalin und Hokkaido passiert hatte. An den Kurilen entlang würde es nach Norden gehen, und schließlich nach sechs Tagen Seefahrt, würden wir Magadan erreichen, das Tor zur Region Kolyma.

Während der gesamten achtundzwanzig Tage unserer Fahrt herrschte ziemliche Hitze, und wir litten sehr an Luft- und Wassermangel. Zweimal täglich, früh morgens und nach Sonnenuntergang, hielt der Zug auf freier Strecke, und wir bekamem heiße Kohlsuppe sowie unsere Ration Schwarzbrot. In der erstickenden Hitze rann uns der Schweiß herunter wie Wasser. Wir konnten uns nicht hinlegen, weil wir zu sehr klebten. Die gesalzene Kohlsuppe machte uns schier wahnsinnig vor Durst. Wir zogen uns nackt aus, wenn der Zug wieder anfuhr, aber das half auch nichts. Furunkel bedeckten bald unsere Leiber, und unsere Augen waren blutunterlaufen und entzündet.

Die ärztliche Fürsorge spottete jeder Beschreibung. Abends, während der zweiten Suppenverteilung, ging eine Schwesternhelferin, selbst halb nackt, an den Waggons entlang und fragte müde: »Irgendwelche Kranken?« Achtzig Männer rannten mit ausgestreckten Händen zur Tür, gestikulierten und schrien. Es war unmöglich, in diesem Stimmengewirr etwas zu verstehen. Die Helferin zuckte schweigend die Schultern, warf ein paar Tabletten in das Durcheinander (wer weiß, gegen welche Krankheit) und setzte ihren Weg am Zug fort. Im Wagen hob natürlich ein Geraufe an, und die Tabletten wurden von schmutzigen Füßen zertreten.

Am schlimmsten waren die ständigen Kontrollen. Dreimal am Tag und drei- bis viermal in der Nacht flogen die Türen auf und fünf oder sechs MWD-Polizisten mit Stöcken stiegen in den Waggon. »Alles auf eine Seite!« brüllten sie, und wir drängten uns in einer Wagenhälfte zusammen, die Rücken zu den Posten, so daß sie eine gründliche Kontrolle vornehmen konnten. Sie untersuchten immer die Bodenbretter mit verschiedenen Instrumenten, um sicherzustellen, daß kein Fluchtversuch unternommen würde. Hatten sie die eine Hälfte des Wagens geprüft, begann unsere Marter. Ein kurzes Kommando, und wir mußten auf die andere Wagenseite laufen, während sie uns zählten. Ihre schweren Holzprügel sausten auf unsere Schultern oder Rücken nieder. Waren sich die Polizisten nicht sicher, zählten sie noch einmal oder zweimal. Ihnen machte es nichts aus. Ein paar Stunden später fing alles wieder von vorne an.

Kein einziger Häftling, der mit diesen Zügen fuhr, erreichte seinen Bestimmungsort unverletzt. Einige hatten gebrochene Rippen oder Schulterblätter und mußten ins Krankenhaus. Ich rannte immer wie ein Irrer, halb gebückt, die Hände schützend auf dem Hinterkopf. Die Schläge trafen mich meist auf dem Gesäß, manchmal aber auch auf den Nieren, und das war äußerst schmerzhaft. Den Soldatan machte das Zählen offensichtlich Spaß.

Vierzehn Tage Zugfahrt brachten uns nach Irkutsk, der ehemaligen zaristischen Hauptstadt Ostsibiriens und der Hälfte unseres Leidenswegs. Man lud uns aus und führte uns in das öffentliche Badehaus am Hauptbahnhof, wo wir heiß duschten und rasiert wurden. Ich erinnere mich noch genau an meine Bestürzung, als ich sah, wieviel Schmutz von mir herunterging. Danach kamen wir in andere Waggons, wo man feuchtes Gras und altes Heu auf die Liegebretter gestreut hatte. Wieder filzte man uns, und dann rollten wir dem Fahrtziel entgegen, Butha Wanino, früher bekannt unter dem Namen Imperatorskaja Gawan, nördlich von Wladiwostok am Japanischen Meer gelegen.

Wir erreichten das zum Stillen Ozean gehörende Japanische Meer am achtundzwanzigsten Tag nach unserer Abfahrt aus Potma. Die frische Brise vom Meer her, die in unsere Holzkäfige drang, wirkte tröstlich und kühlte unsere glühenden Leiber. Wir erwachten aus unserer Stumpfheit und begannen zu reden, sogar zu lachen, denn unsere Qualen schienen vorüber. Aus diesen infernalischen rollenden Gefängnissen zu kommen und unsere Lungen mit frischer Luft zu füllen, dünkte uns als höchstes Glück.

Am 14. Juli 1949 flogen die Türen der Güterwagen nacheinander auf, man befahl uns, auszusteigen und in den üblichen Fünferreihen anzutreten, Arm in Arm, wie die Gefängnisbestimmungen vorschrieben. Die Befehle klangen etwas weniger grob, und niemand hatte Eile. Der stille Ozean war wirklich »still« und der Himmel klar. Sogar das Bellen der Polizeihunde kam uns freundlich vor. Hätten wir nur hier bleiben können, statt weiter zu müssen nach Kolyma, Janstroj* und in die anderen gefürchteten Vernichtungslager der Arktis! Aber als einziger Ausweg bot sich Mastirka an, doch nicht einmal das nützte immer. Allerdings waren die meisten Ärzte hier selbst Häftlinge und schlossen die Augen, wenn es um die Rettung eines Menschen ging. Ich hatte auf der endlosen Fahrt viele darauf abzielende Pläne gehört. Die beiden Ärzte, die als Sträflinge mit uns fuhren, hatten die besten Plätze und allerlei Gunstbezeigungen erhalten, in der Hoffnung, sie würden die Freundlichkeit erwidern, wenn sie ihren Posten im Lager angetreten hatten.

Während wir uns fragten, was wohl mit uns geschehe, sahen wir eine Kolonne von fünfhundert Frauen an die Spitze unserer Kolonne marschieren. Die sowjetischen Aufseher stellten die weiblichen Häftlinge immer an die Spitze der Marschkolonne – vielleicht aus Galanterie. Als die Frauen an uns vorübergingen, bemerkte ich, daß ihre Lumpen weniger zerrissen waren als unsere (nach einem Monat bestanden unsere Baumwollkleider praktisch nur noch aus Lumpen) und ihre Gesichter weniger schmutzig. Einige trugen Bündel, ein paar sogar schäbige Gepäckstücke. Die meisten waren jung und Russinnen. Einige Ausländerinnen entdeckte ich, Kleidung und Auftreten ließen auf Europäerinnen schließen. Fast alle lächelten uns zu, suchten nach einem freundlichen Gesicht oder vielleicht einem Mann, auf den sie sich verlassen konnten, wenn die Lage im hohen Norden wirklich schlimm wurde.

Freie Menschen in freien Ländern werden nur schwer die Moral einer Frau begreifen, die dazu verurteilt wurde, als Sträfling im hohen Norden Sibiriens zu leben. Der Lebenskampf, der Wil-

* Die Minen und Lager benannte man nach den hervorstechenden geographischen Merkmalen der Umgebung wie Kolyma und Indigirka. »Jastroj« ist eine Zusammensetzung aus Jana (ein Fluß) und Stroj, was Baugelände bedeutet.

le, um jeden Preis zu überleben, zwingt sie, Stolz und Vorurteile, Scham und Prüderie abzulegen.

Unsere Kolonne, die eine Länge von achthundert Metern hatte und sich so langsam bewegte wie eine kirchliche Prozession, zog zum Durchgangslager Wanino. Von der Küste, wo wir aus dem Zug gestiegen waren, ging es bergauf durch ein typisches sibirisches Dorf, dessen Hütten keine Fundamente hatten und oft auf den Felsen saßen. Es gab kein Abwassersystem, und die gesamten Küchen- sowie anderen Abfälle wurden einfach vor die Hütte geworfen. Kein Wunder, daß das Dorf stank. Männer und Frauen gingen ihrer Arbeit nach und gönnten uns kaum einen Blick.

»Sie sind daran gewöhnt«, murmelte mein Nachbar, ein Lette, der Englisch sprach und immer noch seinen knopflosen blauen Kapitänsmantel trug. Er äußerte die Vermutung, daß während der beiden Sommermonate, in denen das Meer offen war, eine halbe Million Häftlinge hier durchkam.

Unser müder Haufen brauchte über vier Stunden, um das hochgelegene Gelände zu erreichen, auf dem die Lager standen. Die Sonne ging unter, tauchte die Küste unten in silbriges Licht, und es wurde kühl. Doch welch prachtvoller Ausblick! Ruhe und Frieden, soweit das Auge reichte. Sogar die Wellen rollten sanft, um die Herrlichkeit dieses Erdenwinkels nicht zu stören, der seit tausend oder mehr Jahren unverändert blieb. Wir erhielten die Erlaubnis, uns in das grüne Moos vor dem riesigen Lager zu legen, das – wie Eingeweihte wußten – etwa 120000 Häftlinge unterbrachte, Rohmaterial für den grausamen Norden.

Wieder einmal fand eine Durchsuchung unter freiem Himmel statt. Unsere armselige Habe wurde sozusagen auseinandergenommen und jeder Flicken, den ein Sträfling zur Ausbesserung oder als Kälteschutz eifersüchtig gehütet hatte, sofort eingezogen. Doch es geschah freundlich, die Soldaten scherzten mit den Häftlingen, während sie ihnen alles bis auf die reine Kleidung abnahmen.

In der Abenddämmerung marschierten wir ins Lager. Zu unserer Überraschung blies eine Kapelle zum fröhlichen Willkommen einen Triumphmarsch! Die Psychologie spielt eben eine wichtige Rolle in den sowjetischen Lagern. Wir befanden uns im Komplex Nummer 1, zu dem das Krankenhaus und verschiedene Verwaltungsgebäude gehörten. Von hier aus gelangte man in die strahlenförmig verstreuten, teilweise mehr als einen Kilometer entfernten Abteilungen, in denen die Häftlinge auf ihre Verschiffung zu den Arbeitslagern warten mußten. Hier im Hauptkomplex waren auch der schwarze Markt und das Kunstzentrum. Zur Unterhaltung von General Derewenko, dem »Zaren von Kolyma«, rekrutierte man hier Künstler für sein Privattheater.

Und hier wartete vor allem General Derewenko selbst auf uns.

6. KAPITEL

GENERAL DEREWENKO

Warum hast du dieses verfluchte Land Sibirien entdeckt, Jermak?
(Nekrassow, »Russische Frauen«)

Einen Vorgeschmack von der Derewenko-Methode bekamen wir, als die Sukas uns an diesem ersten Abend in unsere Baracken trieben. Suka, dieser Name war den Männern, die als Art Hilfsaufseher fungierten, von den Opfern ihrer Grausamkeit gegeben worden; er bedeutet Hündin, Petze, Hure. Besonders verabscheuenswert machte die Sukas, daß sie ebenfalls Häftlinge waren. Wegen der Art ihrer Verbrechen und vor allem wegen ihrer Charaktere hatte der Staat ihnen die Aufgabe übertragen, dafür zu sorgen, daß wir zusammenblieben und ordnungsgemäß marschierten, wenn wir von einem Ort an einen anderen sollten. Sie besaßen die Erlaubnis, zur Durchsetzung ihres Auftrages Peitschen und Knüppel zu verwenden. Als sie uns nun zum Gang in die Baracken sammelten, waren sie wild wie Viehtreiber, die Rinder in den Schlachthof trieben. Von den teuflischen Dingen, mit denen der wie ein Tier behandelte Mensch im Straflager konfrontiert wird, ist kaum etwas schlimmer als die Erkenntnis, daß viele von jenen, die mit ihm leiden, gegen die geringste Bestechung bereit oder sogar begierig sind, ihn zu vernichten.

*

Die Baracken, zu denen man uns brachte, standen voll vierstökkiger Kojen, die maximal 2000 Menschen aufnahmen. Wir waren jedoch mehr als doppelt so viele. Als ich endlich meinen Kleidersack ablegen konnte, gab es für mich nur noch einen Schlafplatz unter einer Viererkoje. Ich wand mich wie eine Schlange, die auf den Rücken gefallen ist, und schaffte es endlich, unter die Koje zu kriechen. Aber ich konnte nicht auf der Seite liegen, und wenn ich auf dem Rücken lag, stieß ich mit der Nase an die Bretter über mir. Abgesehen von der Platzangst, die einen leicht hätte zur Hysterie treiben können, bestanden zwei »Probleme«. Die Kojen stanken zum Himmel – und tropften gelegentlich sogar, wenn jemand oben urinierte – und es gab Ratten, die keine Angst vor Menschen hatten. Das ging über meine Kräfte. Ich schob mich aus meinem Sarg heraus, ging hinaus und verbrachte die Nacht im Freien.

Zu unserem Etap gehörten die verschiedensten Häftlinge; anscheinend hatte man keinen Trennungsversuch unternommen. Neben den üblichen Häftlingen aus der russischen Bauernschaft gewahrte man Mongolen, Japaner, Koreaner und ranghohe deutsche Offiziere. Als sich die Leute einander beim Kampf um einen Schlafplatz beschimpften, herrschte ein wirkliches Babylon.

In der Morgendämmerung ging eine Armee Freiwilliger in die Küche, um die Holzfässer mit heißem Tee und die Kästen mit klitschigem Schwarzbrot zu holen. Gleich mir waren viele Sträflinge während der ganzen Nacht umhergestreift und hatten auf den Morgen gewartet. Als er da war, wurde als erster der »Basar« organisiert. Neu eingetroffene Häftlinge legten aus, was sie trotz der vorausgegangenen Durchsuchungen und Beschlagnahmen gerettet hatten, Dinge wie Decken, Jacken, Hemden, Hosen und Schuhe. Das alles konnte zu sehr unfairen Bedingungen gegen einen Laib Brot, eine Handvoll Machorka oder eine Packung Tee verschachert werden. Als Käufer traten ebenfalls Häftlinge auf, aber sie erfreuten sich eines privilegierten Status: Ärzte, Köche, Kantinenarbeiter oder auch Sukas. Da sie ein paar Wochen vor uns in Wanino eingetroffen waren, hatten sie sich die Posten im Lager sichern können und verfügten über etwas Brot, Zucker, Tee oder Aspirin als Zahlungsmittel. Ich konnte nichts kaufen und nichts verkaufen. Die wenigen warmen Sachen, die meine Freunde in Potma mir in meine beiden

Säcke gesteckt hatten, waren mein einziger Trost bei dieser ersten Berührung mit dem kalten Norden.

Meine beiden leichten Segeltuchsäcke trug ich ständig bei mir, und ich hatte mir die Verschlußschnüre um die Finger geschlungen, damit niemand mir sie wegnehmen könne. Zum Unglück wurden wir am ersten Tag geimpft und mußten den Oberkörper freimachen. Außer den Säcken hatte ich also auch noch meine Kleider zu tragen. Nach der Impfung verließ ich die Sanitätsstation, leicht angeschlagen von der rauhen Behandlung dort. Da fiel eine Bande junger Diebe, ebenfalls Häftlinge, über mich her und versuchte, mir meinen alten Mantel zu entreißen, dieses einzige wertvolle Stück, das ich noch besaß. Obwohl überrascht, leistete ich Widerstand und schrie um Hilfe. Ich hatte vergessen, daß ich damit nur weitere Diebe auf den Plan rief. Die ehrlichen Muschkis (Bauern) hielten sich in respektvoller Entfernung, um keine Schwierigkeiten mit dem dominierenden kriminellen Element zu bekommen. Zwei der Schurken hingen an meinem Arm, und ein dritter verdrehte mir den Daumen so grob, daß ich den Mantel und die zwei Säcke loslassen mußte, an die ich mich verzweifelt geklammert hatte.

Die ganze Sache spielte sich am hellen Tag unter den Augen der Verwaltung ab. Ich war noch immer naiv genug, mich beim diensthabenden Offizier des Lagers zu beschweren. Doch ich lernte sehr schnell: »Was weg ist, ist für immer weg und kehrt nie mehr zurück.«

Eine Zeitlang rannte ich wie besessen von einer Ecke zur anderen, in der Hoffnung, Hilfe zu finden und meine Sachen wiederzukriegen. Dabei hörte ich zwei Häftlinge in den weißen Mänteln der Lazarettgehilfen Rumänisch sprechen. Ich näherte mich ihnen, ziemlich erschüttert davon, meine Muttersprache in einer solchen Umgebung und einer so verzweifelten Lage zu vernehmen.

»Ich bin aus Bukarest«, platzte ich heraus.

Einer der beiden, ein mittelgroßer Bursche, der vermutlich einmal in einem Büro gearbeitet hatte, tat überrascht: »Ich kann es kaum glauben, ihr scheint alle aus Bukarest zu sein.« Er sprach Rumänisch mit jüdischem Akzent und stammte aus der Bukowina, der nördlichsten Provinz des Landes. Ich wiederholte, daß ich aus Bukarest stamme, und schließlich glaubte er mir.

Meine beiden neuentdeckten Landsleute nahmen mich mit zu einem Verwaltungsbau, wo sie mit einem Ingenieur zusammentreffen wollten, der ebenfalls aus Bukarest kam. Ich erfuhr, daß dieser Ingenieur, ein Häftling wie wir, einen für die Lagerbehörden sehr wichtigen Posten ausfüllte. Es stellte die Häftlingstransporte in die verschiedenen Straflager nördlich des Polarkreises zusammen. In den Händen dieses besonders privilegierten Mannes, offiziell als »technischer Berater« bezeichnet, lag das Schicksal Tausender. Und meines. Er konnte mich nach Kolyma oder Indigirka schicken oder aber meinen Abtransport eine Zeitlang hinausschieben, wie ein echter Zauberer. In wenigen Minuten sollte ich ihn sehen. Man stelle sich meine Ergriffenheit vor, als ich einem Mann gegenübertrat, der bei meinem Anblick in Tränen ausbrach und vor Freude zitterte:

»Bist du das wirklich, Michael?«

Er war der Bruder einer meiner besten Freunde. Wir traten in sein Büro und setzten uns auf sein Bett. Er brauchte lange, um sich zu fassen. Als ich ihn das letztemal gesehen hatte, war er Student am Polytechnischen Institut in Bukarest gewesen.

1940 war er von Bukarest zu seinen Eltern nach Kischinew gegangen, der Hauptstadt des von den Sowjets annektierten Bessarabiens. Wenig später übersiedelte er nach Taschkent und studierte dort. Als die Deutschen und ihre rumänischen Verbündeten im Sommer 1940 Kischinew besetzten, wurden die 90000 Seelen zählende jüdische Bevölkerung teilweise deportiert und teilweise an Ort und Stelle liquidiert. 1942 erfuhr er, daß seine Eltern von den Invasoren niedergemetzelt worden waren, und wollte in seiner Verzweiflung zu seinem Bruder ins Ausland gehen. Er versuchte es mit falschen Papieren als polnischer Soldat, wurde geschnappt und bekam zehn Jahre. »Ich habe noch sechs Monate, dann werde ich frei sein«, sagte er. Wehmütig fuhr er fort: »Frei – aber eigentlich doch nicht. Sie werden mir einen Zwangswohnsitz irgendwo anders in Sibirien zuweisen. Hier leben Menschen, weißt du, deren Strafe schon längst zu Ende ist und die ›bis auf besonderen Befehl‹ hierbehalten werden. Verstehst du, was das heißt? Sie machen sich nicht die Mühe, eine neue Strafe zu verhängen, sondern schieben einfach deine Entlassung bis auf weiteren Befehl auf. Damit hat es sich, und wir müssen das Beste draus machen. Aber wie steht es mit dir? Wie bist du ihnen in die Hände geraten?«

Ich erzählte ihm meine Geschichte. Er schüttelte stumm den Kopf.

»Du mußt essen und schlafen. Du bist mager. Du mußt dich ausruhen und Kräfte sammeln für die kommenden Stürme. Ich werde dafür sorgen, daß du ein Bett im Hauptbereich des Lazaretts kriegst. Der Oberarzt ist ein polnischer Häftling und ein Freund von mir. Ich werde dafür sorgen, daß du die bestmögliche Hilfe erhältst.«

War das nicht ein echtes Wunder? Wollte Gott der Allmächtige nicht mein Leben verschonen? In diesem riesigen Ameisenhaufen, Tausende Kilometer von Bukarest entfernt den jüngeren Bruder meines besten Freundes zu finden, der mir moralische sowie materielle Unterstützung gewährte und mich vor dem sicheren Tod bewahrte!

Eine halbe Stunde später lag ich bequem auf groben gelben Baumwollaken, die über eine harte Strohmatratze gebreitet waren. Mein Freund Peter, der seine Arbeit Gehilfen übertragen hatte, saß an meinem Bett und zeigte mir Fotos, die vor zehn Jahren in der Wohnung seines Bruders bei einem Fest aufgenommen worden waren. Ich betrachtete sie und wollte meinen Augen nicht trauen, als ich mich mit einem jungen Mädchen tanzen sah, sie und ich in Gala, fröhlich und vertrauensvoll in die Zukunft blickend.

Als Peter gegangen war, lernte ich einige meiner privilegierten Nachbarn kennen. Links neben mir lag ein dunkeläugiger Spanier, José Tunion, Rechtsanwalt, Maler, im Bürgerkrieg Hauptmann der republikanischen Luftwaffe. Man hatte ihn 1939 zur Übernahme sowjetischer Flugzeuge nach Moskau geschickt, und dort war er nach Francos Sieg als politischer Flüchtling geblieben. Viele Jahre lang hatte er in den Leningrader Lenfilm-Studios gearbeitet und Trickfilme produziert. Im Vorjahr hatte er einen Auswanderungsantrag nach Mexiko zu seiner Familie gestellt und daraufhin wegen »Spionage« fünfundzwanzig Jahre bekommen.

Mein rechter Nachbar war ein untersetzter Moskauer Jude mit lockigem Haar, dunklen Augen, etwa fünfundvierzig Jahre alt. Seinen Juristenberuf hatte er kaum ausüben können, weil er inzwischen seine vierte Strafe wegen seiner zionistischen Überzeugung ableistete. Er erzählte mir, bei seiner ersten Verhaftung im Jahr 1929 sei er in eine Zelle gekommen, wo er zu seiner Überraschung eine ebenfalls wegen Zionismus verurteilte junge Jüdin vorfand. Wie ihre Häscher offenbart vermutet hatten, kamen die beiden bestens zurecht und heirateten nach ihrer Entlassung. Solche Dinge versuchten die Sowjets während der romantischen Phase des Kommunismus! Aber jetzt war er erneut verurtcilt worden.

Neben ihm lag ein großer, blauäugiger, knochiger, doch vornehm wirkender Herr namens Anton Sokolow-Ostrowskij, ein Maler des Bolschoi-Theaters. Er behauptete, seine Mutter sei die Herzogin von Angoulème. Seine Gemälde, Miniaturausgaben der Dekorationen, die er für das Bolschoi geschaffen hatte, waren wirklich gut.

Andere Russen in der Station hatte man einfach deshalb nach Nordsibirien geschickt, weil sie nach jahrelangem Leben in Amerika, Frankreich oder Italien vom Heimweh erfaßt und in ihr Vaterland zurückgekehrt waren. Man hatte diese alten Leute der Sympathien für den Westen verdächtigt und zu einer zehnjährigen »Rehabilitationskur« nach Kolyma oder auf die Halbinsel Tschukotskij geschickt.

Das Gespräch in unserem Lager drehte sich um zwei Themen: um die bevorstehende Ankunft von General Pantelimon Pantelejewitsch Derewenko, dem »Zaren von Kolyma«, und darum, wohin wir kommen würden. Über unser künftiges Schicksal wußten wir wenig. Wir wußten nur, daß in einem Monat das riesige, 120000-Mann-Lager geräumt und sämtliche Insassen auf die verschiedenen arktischen Arbeitslager verteilt sein mußten. Wir wußten, daß der Schiffsverkehr am 15. September eingestellt und erst Mitte Juli des nächsten Jahres wieder aufgenommen wurde. In Wanino blieben dann nur ein paar Leute zurück, meist Kranke, die nicht weitertransportiert werden konnten. Wir fragten uns, wer die Glücklichen sein würden.

Ziemlich unangenehm berührte uns die Nachricht, daß zwei Wochen vor unserer Ankunft ein Schiff mit fünftausend Häftlingen und zweihundert Mann Begleitkommando irgendwo im Eismeer auf einen Eisberg aufgelaufen war, Schiffbruch erlitten hatte und die Leute vom verfügbaren Arbeitskräftepotential abgeschrieben wurden. Hauptgesprächsthema blieb jedoch General Derewenko.

In den folgenden Jahren bekam ich oft zu sehen und zu hören, wie absolut die Macht eines einzelnen in einem kommunistischen Land sein kann, aber nie begegnete mir etwas, das an Rücksichtslosigkeit und Grandiosität die romantische Gestalt Derewenkos übertraf. Die russische Wirtschaft hing zu Stalins Zeiten, was den Ausbau und die Ausbeute der Minen im hohen Norden anbelangte, fast ausschließlich von der Zwangsarbeit ab. Der Verlust an Arbeitskräften war fürchterlich. Jedes Jahr starben etwa zwanzig Prozent der nach Norden gesandten Häftlinge an Skorbut, Tb und anderen Krankheiten. General Derewenko besaß unbeschränkte Vollmachten, um den erforderlichen Ersatz zu organisieren. Er konnte Lagerinsassen vernichten, die er für gefährlich hielt, für unfähig oder für ungeeignet, die Härten der Straflager zu ertragen. Es ist bekannt, daß er bedenkenlos Häftlinge wegen irgendeines unbedeutenden Vergehens erschießen ließ. Jedermann wußte, daß die Lebensader Kolymas, die von Magadan über bergiges Gelände zu der mehr als dreitausend Kilometer entfernten Stadt Jakutsk führte, in zwei

Jahren von männlichen und weiblichen Sträflingen erbaut wurde und daß jeder, der im Arbeitstempo nachließ, seine Erschießung riskierte.

Der gefürchtete Tyrann war gleichzeitig ein »kultivierter« orientalischer Satrap. Wie Ludwig XIV. hatte er sein eigenes Theater, seinen eigenen Hof, Künstler, Ringkämpfer, Clowns und so fort. Wenn die Verkehrswege offen waren, kam er mit seinem eigenen Flugzeug von Wanino nach Magadan, natürlich mit seinen künstlerischen Beratern, und wählte aus dem Heer der Unglücklichen eine Handvoll Häftlinge aus, die sein Oberberater Hauptmann Ziger für gut genug erachtete, in die private Theatergruppe aufgenommen zu werden. Dem Vernehmen nach sollte die Theatergruppe Derewenkos überarbeiteten Geist von den schweren Verantwortungen für den Staat ablenken. Den wenigen Schauspielern und Künstler ging es besser als den übrigen Häftlingen. Sie lebten in der Stadt, genossen einige Annehmlichkeiten, traten auf der Bühne auf und fuhren in zwei großen amerikanischen Diamond-T-Lastern umher, um vor den Lagerinsassen zu spielen. Derewenkos Theater machte Tourneen durch die Arbeitslager auf der ganzen Nordostspitze Sibiriens, besuchte etwa einmal im Monat jedes Lager. Es handelte sich nicht um eine Amateurtruppe. Ihr gehörten zahlreiche Profis an, die nicht nur im Bolschoi-Theater, sondern auch auf den bedeutendsten Bühnen Europas aufgetreten waren. Sie reisten mit relativ guten Kostümen und Dekorationen. Derewenko hatte sich jedoch einen schlauen Trick ausgedacht: er forderte pro Häftling jedesmal fünfzehn Rubel Eintritt. Natürlich besaß keiner der Häftlinge dieses Geld. Aber das Regime gewährte für jeden Häftling einen Zuschuß, der von den Lagerbehörden bis zum Tag seiner Entlassung einbehalten wurde. Am Entlassungstag sollte der Häftling laut der Bestimmungen dreihundert Rubel »Freilassungsgeld« bekommen. Die fünfzehn Rubel Eintritt zog Derewenko von diesem Sonderfonds ab und steckte sie in seine eigene Tasche.

Derewenko und seine Berater beobachteten das Eintreffen unseres Etap mit lebhaftem Interesse. Sie suchten sich einige namhafte Künstler aus: einen ehemaligen Tänzer der Oper von Tbilissi (Tiflis), eine Tänzerin aus Berlin, den berühmten Trompetenspieler Eddy Rosner und seine Viermannkapelle. Sie alle durften baden, bekamen frische Kleider und wurden mit einem Sonderflugzeug nach Magadan geschickt, wo sie zur Unterhaltung Derewenkos und seiner Frau auftreten sollten.

Galina Efimowna, die Gemahlin des Generals, war keine gewöhnliche Frau. Sie hatte einen einfachen Soldaten geheiratet, sah aber zu ihm auf wie zu einem echten Aristokraten. Galina hatte sich das überspannte Benehmen einer Dame von Stand zugelegt und wollte nicht nur als solche, sondern widerspruchslos als »First Lady« der Region anerkannt werden. Sie war eine Riesendame, wog fast zweieinhalb Zentner und ähnelte ihrem Mann in vielerlei Hinsicht. Obwohl grob und arrogant, hatte sie ihre Feminität bewahrt. Sie kleidete sich gern nach der letzten Pariser Mode, was bedeutete, daß sie die Näherinnen und Schneiderinnen des Lagers Tag und Nacht »par amour pour le Roi de Prusse« beschäftigte.

Ein rumänischer Schumacher zeigte mir einmal Ballschuhe aus weißem Brokat, die er für sie anfertigte; er bedeckte das empfindliche Material sorgfältig mit einem weißen Tuch, damit auch nicht das kleinste Stäubchen darauf fiel.

»Sie gab mir strikten Befehl, ihr einen Schuh von nicht mehr als 150 Gramm zu liefern«, sagte er mit besorgter Miene. »Aber wie soll man einen zierlichen Schuh für einen Elefanten machen?«

Frau Derewenko trat jedoch nicht nur mit würdiger Eleganz auf, sondern betätigte sich gelegentlich auch als Ehestifterin und bewunderte die Künste wie ihr Mann. Sie hatte eine Schwäche für Tänzer, Geigenspieler und Sänger, besonders männliche.

Während ich in Kolyma war, pickte sich General Derewenko aus dem Sträflingsheer einen jungen jüdischen Geigenspieler namens David Zeller heraus, den die russischen Befreiungsstreitkräfte in Schanghai gefangengenommen hatten. Der achtundzwanzigjährige junge Mann war bildhübsch, hatte einen dunklen Teint, schöne schwarze Augen und lockiges schwarzes Haar. Von seiner Kindheit an hatte er im Symphonieorchester von Schanghai erste Geige gespielt. General Derewenko brachte ihn nach Magadan und quartierte ihn bei der jungen Direktorin seines Maxim-Gorki-Theaters ein. Frau Derewenko faßte solche Zuneigung zu dem Künstler, daß sie ihm als Geschenk für zwölftausend Rubel eine Geige kaufte, das Werk eines tschechischen Meisters. Doch die Direktorin hatte besseren Zugang zu dem jungen Mann und mochte ihn ebenfalls. Galina Efimowna bekam Wind davon, und eines kühlen Februarmorgens riß sie die Tür zum Zimmer der Direktorin auf. Sie fand die beiden beim Frühstück im Bett vor, riß die junge Frau an ihren langen Haaren aus dem Bett und warf sie im Nachthemd hinaus in den Schnee. Dann ergriff sie wortlos die Geige, die sie Zeller geschenkt hatte, und trampelte mit ihren zweieinhalb Zentnern darauf herum, bis nur noch Splitter übrig waren. Die Strafe, die sie dem armen David auferlegte, konnte sich nur eine rachsüchtige Frau ausdenken. Sie befahl seine Versendung in die Bleiminen von Cholodnaja, das kälteste und gefürchtetste Lager in der Region Kolyma. Gleich nach seinem Eintreffen wurde der unglückliche Künstler in die Sortierabteilung geschickt – der Schrecken aller dort arbeitenden Häftlinge. Seine verzweifelten Bitten an den Lagerkommandanten, dem er erklärte, eine solche Arbeit würde seine sensiblen Hände ruinieren, stießen auf taube Ohren.

»Das sind Ihre Befehle«, bekam er gesagt, »und Sie werden den Befehlen gehorchen.«

Zeller mußte an die beladenen Wagen, die aus den Minen kamen. Gleich seinen Leidensgenossen mußte er mit bloßen Händes das Erz von den Steinen trennen. Die rollenden Brocken und Steine machten jeden Versuch unmöglich, die Hände zu schonen. Innerhalb weniger Tage waren seine Hände buchstäblich wund bis auf die Knochen. Erst dann schickte man ihn ins Lazarett. Die Ärzte eröffneten ihm, er werde mit diesen Fingern nie mehr spielen können.

Unterdessen erholte ich mich in der Sanitätsstation des Lagers. Die Tage flogen dahin. Draußen war es kalt, aber klar und sonnig. Der Stille Ozean lag ruhig und blau da. Eines schönen Morgens jedoch endete das Traumdasein jäh. Mein einflußreicher Freund Peter kam und fragte flüsternd: »Willst du unter Sonderbedingungen nach Kolyma abfahren? Sie brauchen einen weiteren Arzt auf einem Fünftausend-Tonnen-Schiff, der Sowlatwia, die übermorgen nach Magadan ausläuft.«

»Aber ich bin doch kein Arzt«, entgegnete ich bestürzt.

»Das macht nichts«, sagte mein Freund, »du kannst doch auf Lateinisch ein Rezept ausstellen, nicht wahr?«

»Was habe ich mit Rezepten zu tun?«

»Du schreibst vor dem Oberarzt irgend etwas auf Lateinisch. Das macht einen guten Eindruck auf ihn. Bist du einmal an Bord, hast du nichts zu tun, als Tabletten an kranke Häftlinge zu verteilen und vielleicht hin und wieder eine Kampferspritze zu geben.«

Ich habe noch nie im Leben eine Spritze gegeben«, versuchte ich einzuwenden.

»Du wirst es lernen. Ich werde jemand im Lazarett bitten, es dir zu zeigen. Es ist ganz einfach.« Vertraulich fügte er hinzu: »Du mußt *jetzt* fahren. Eine solche Gelegenheit bietet sich nicht so schnell wieder.«

Ich weiß nicht recht, wie es geschah, aber am nächsten Morgen maskierte man mich als Arzt. Ich bekam eine Rotkreuzbinde an den linken Arm, einen Erste-Hilfe-Kasten und zwei Schwestern als Assistenz. Als wir wenig später aus dem Lager marschierten, war ich Betreuer von fünfzig kranken Männern und Frauen. Ich sollte für sie sorgen und ihnen notfalls ärztliche Hilfe gewähren. Ich besprach mich mit den zwei jungen Schwestern, die beide wegen illegaler Abtreibung zu zehn Jahren verurteilt worden waren. Von Ihnen erfuhr ich, daß der Transport fünftausend Leute umfaßte und daß es auf dem Schiff eine kleine Krankenstation für hundert Leute gab, einschließlich des medizinischen Personals. Oberaufsicht über uns führte eine Frau, die ein Jahr Medizinstudium hinter sich hatte und als Krankenschwester nach Kolyma geschickt wurde.

Auf dem riesigen Feld vor dem Lager erlebte ich ein Schauspiel, das es mit den besten Werken von Cecil B. DeMille hätte aufnehmen können. Soweit das Auge reichte, Häftlingskolonnen, die in diese oder jene Richtung marschierten wie Armeen auf einem Schlachtfeld. Eine wahre Armee von Sicherheitsoffizieren, Soldaten und Meldern mit Feldtelefonen und Motorrädern hielt Kontakt mit dem Hauptquartier, um einen reibungslosen Fluß dieser Menschenströme sicherzustellen. Ich fragte, was diese riesige Operation bezwecke. Man erklärte mir, jedesmal, wenn ein Transport abgehe, quartiere die Verwaltung die Insassen der Lagerbaracken um, und dazu müßten alle mit ihren Lumpenbündeln über den Schultern auf das riesige Feld, von wo es dann in die neuen Unterkünfte ginge.

Nur fünftausend sollten fort, aber hunderttausend nahmen an dem »Schauspiel« vor uns teil. Man sah endlose Kolonnen von Frauen, Krüppeln, alten Männern und sogar Jugendlichen, alle in militärischer Formation. In Fünferreihen marschierten sie über das Feld, dirigiert von Signalpfeifen oder Flaggen. Mehr als drei Stunden vergingen, bevor die Operation zu Ende war und unser Trupp zur Einschiffungsstelle abmarschieren durfte.

Die Menschen unter meiner Obhut waren alle krank und baten mich um Erlaubnis, austreten zu dürfen. Als Mitglied des »geschützten« Personals wandte ich mich an den Offizier, der uns bewachte, und ersuchte ihm im Namen der Kranken um Erlaubnis. Ich tat es in der offiziellen russischen Form: »Gestatten Sie, daß einige Kranke austreten?« Der Offizier antwortete: »Wer lebensüberdrüssig ist, braucht nur einen Schritt aus der Kolonne zu machen, und er ist erledigt!«

Um 17 Uhr setzte sich die Schlangenlinie von fünftausend Männern und Frauen, begleitet von Hunderten bewaffneter Soldaten mit Hunden, langsam die Hänge zum Hafen hinunter in Bewegung. Es war ein schöner Nachmittag, blauer Himmel und eine leichte Brise. Wir brauchten zwei Stunden, um das Hafengelände zu erreichen. Wieder beachteten uns die dumpf blikkenden Dorfbewohner kaum. Sie gingen einfach ihren Geschäften nach, warfen Abfälle vor die Hütten und schütteten Schmutzwasser aus.

Als meine Gruppe am Hafen anlangte, war es fast dunkel. Die meisten Häftlinge befanden sich inzwischen schon im Rumpf des sowjetischen Schiffs. Über drei Gangways waren Männer und Frauen in ihre Käfige hinuntergeschickt worden. Nachdem ich meinen Kranken an Bord geholfen hatte, wies man uns unters Vorderdeck, das als Unterbringung für die Patienten und das medizinische Personal diente. Die Krankenstation bestand aus ein paar eilens zusammengefügten rohen Planken und einem Erste-Hilfe-Kasten. Die ganze Station wurde von einer einzigen schwachen Glühbirne beleuchtet, und Wasser tropfte von rostigen Stahlplatten. Wir sollten hundertzwanzig Patienten plus zehn Mediziner und Helfer in einem Käfig unterbringen, der kaum Platz für fünfundzwanzig bot!

Natürlich gab es keine getrennten Bereiche für Männer und Frauen, alle kauerten sich auf den moderigen Planken zusammen. Die improvisierten Klos befanden sich auf Deck: Holzlatrinen, die über die Schiffsflanke hinausragten und bestimmt vom kleinsten Sturm samt jenem, der sie benützte, ins Meer gerissen wurden. Wer zu schwach war, zu den Latrinen zu gehen, mußte sich rostiger Milchkannen bedienen, wie ich sie schon seit Constanza kannte. Ich fragte mich, woher all die alten Milchkannen stammten.

Ich übersah sehr gut, was auf Deck vorging. Ein Schützenbataillon unter dem Befehl eines Majors, der auf einem Tisch vor sich Karten ausgebreitet hatte, schlug Zelte auf. Fünfzig Feldküchen auf Rädern rauchten bereits, in ihnen kochte Suppe für die Häftlinge.

Alte Sträflinge, die schon einmal die Fahrt mitgemacht hatten, erzählten mir, wir würden die ganze Zeit an der Küste entlangfahren, damit ein etwaiger Versuch von Rebellen, die Brücke zu stürmen, bestimmt nicht gelinge. Ein Unterseeboot würde uns für den Fall des Falles folgen, bereit, ein Torpedo abzuschießen, falls auf dem Schiff irgend etwas schieflaufen sollte.

Da ich Arrangements mit den Köchen zu treffen und Freiwillige zu suchen hatte, die am nächsten Morgen das Essen holten, blieb ich länger an Deck. Nachdem die Menschenfracht sicher an Bord verstaut war, begann man Lebensmittel für die desolate Region zu laden, in der nichts wächst. Hunderte Tonnen getrockneter Kartoffeln, Dörrkohl, Dörrzwiebeln und anderer Eßwaren wurden von Kränen im Schiffsrumpf abgesetzt. Während der ganzen Zeit plärrten die starken Hafenlautsprecher Musik zur Unterhaltung der Arbeiter. Neben melancholischen russischen Volksliedern und rhythmischen Tänzen hörte ich einen russischen Sopran Josephine Bakers »J'ai deux amours, mon pays s'cest Paris« auf Russisch singen, dann den Schlager von 1928, »Ich küsse ihre Hand, Madam«, die deutsche Version eines Tangos, der 1949 in Rußland populär wurde.

Nach Mitternacht stach das Schiff mit seiner wertvollen Fracht von fünftausend Sklaven langsam in See und nahm Kurs auf das gefürchtete Kolyma. Die müden, hungrigen Menschen schliefen wie Vieh, wo sie konnten. Die Nacht war ruhig, der Himmel klar, Sterne funkelten gleich blauweißen Diamanten. Im Meer hinter uns reckten immer wieder Haie die Köpfe aus dem Wasser – vielleicht hofften sie auf Beute.

Unser Ziel war Magadan, das Tor zu der phantastischen Welt, in der ich Jahre verbringen sollte.

7. KAPITEL

DIE FAHRT NACH MAGADAN

Unterwegs nach Utopien . . .

Die »Sowlatwia«, die fünftausend Tonnen verdrängte, war 1939 in Glasgow für die litauische Regierung erbaut worden und ursprünglich für Kreuzfahrten auf dem Mittelmeer gedacht gewesen. Als ich sie kennenlernte, transportierte sie Menschenfracht zu den reichen Gold- und Uranminen von Kolyma. Schmutz und Ruß bedeckten sie von oben bis unten, nur ein paar weiße Flecken kündeten von ihrem einstigen Glanz.

In der ersten Nacht schliefen wir auf vierstöckigen Kojen, die man aus rohen Planken zusammengezimmert hatte: Krankenschwestern, Sanitäter, Ärzte, Männer und Frauen wie Sardinen in der Büchse. Früh am nächsten Morgen schickte der für die Häftlinge zuständige kommandierende Offizier nach einem Arzt, der dringend in die Frauenabteilung kommen sollte. Ich weiß nicht, weshalb die Wahl auf mich fiel. Ich ergriff den Erste-Hilfe-Kasten und stieg mit Tamara, einer der beiden Helferinnen, die Treppe zum Deck hinauf. Wir passierten den bewaffneten Posten an der Öffnung unserer Falle und sogen begierig die frische, salzige Seeluft ein. Das Deck glich einem Militärlager. Überall standen Zelte und Feldküchen. Die Soldaten gingen verschiedenen Arbeiten nach und rüsteten sich zur Morgenparade.

Bei den Holzlatrinen, die gefährlich über die Reling ragten, sahen wir die erste Abteilung Häftlinge das Frühstück fassen: Schwarzbrot und Hafermehl. Sobald eine Gruppe von den Latrinen heruntertrat, bekam sie das Frühstück ausgehändigt. Es war ein ununterbrochener »Kreisverkehr«, der den Russen Spaß zu machen schien.

Mitten in dem Getriebe bemerkte ich einen alten Herrn mit

Spitzbart und einem Blatt Papier, auf das er etwas schrieb. Er zählte die Häftlinge, die bereits ihr Frühstück bekommen hatten und auf der Latrine gewesen waren. Der Herr, so erfuhr ich später, war der berühmte russische Maler Eduard Leinardowitsch sen. Nach dreißig Jahren in Paris hatte er plötzlich Heimweh bekommen und war in seine Vaterstadt Leningrad zurückgekehrt. Prompt deportierte man ihn für fünf Jahre nach Sibirien, um ihm seine westlichen Ideen auszutreiben.

Den Eingang zur Frauenabteilung blockierten zwei bewaffnete Soldaten. Doch als sie unsere Rotkreuzbinden sahen, ließen sie uns passieren. Wir kletterten höchst mühsam eine steile, rutschige Holztreppe hinunter und langten endlich unten an. Wir brauchten eine Weile, um uns an das trübe Licht des schmutzigen Unterdecks zu gewöhnen.

Als unsere Augen sich angepaßt hatten, erblickte ich eine Szene, die sich weder Goya noch Gustave Doré je hätten ausdenken können. In der riesigen, höhlenartigen, düsteren Abteilung waren mehr als zweitausend Frauen zusammengepfercht. Vom Boden bis zur Decke saßen sie in Käfigen wie in einer riesigen Geflügelfarm, jeweils fünf auf einer Fläche von weniger als einem Quadratmeter. Auch der Boden war mit Frauen bedeckt. Wegen der Hitze und der Feuchtigkeit hatten die meisten kaum etwas an, einige waren ganz nackt. Da jede Waschgelegenheit fehlte und eine grausame Temperatur herrschte, hatten sich auf ihren Körpern häßliche rote Flecken, Beulen und Blasen gebildet. Die Mehrzahl von ihnen litt an irgendeiner Hautkrankheit, dazu an Magenstörungen und Durchfall.

An der Treppe, die wir heruntergekommen waren, stand ein riesiges Faß. Auf dem Rand, voll im Blickfeld der Posten oben, saßen Frauen wie Vögel – in den unglaublichsten Stellungen. Ohne Scham oder Prüderie klammerten sie sich fest, um zu urinieren oder ihre Därme zu entleeren. Man hatte den Eindruck, sie seien halb menschliche, halb vogelartige Kreaturen, die einer anderen Welt und einer anderen Zeit angehörten. Doch als sie einen Mann kommen sahen, lächelten viele, obwohl er nur ein

Häftling war wie sie, und einige versuchten sogar, sich zu kämmen. Wer waren diese Frauen? Und woher stammten sie? Ich erfuhr bald, daß man sie in ganz Rußland und in den von sowjetischen Truppen überrannten europäischen Ländern verhaftet hatte, meist wegen angeblichen Kollaboration mit dem Feind.

Die Frauen scharten sich um uns, streckten die Hände aus und riefen nach ärztlicher Hilfe. Wir begannen Tabletten gegen den Durchfall und Aspirin zu verteilen. Aber es herrschte solches Geschrei, daß wir ihre Beschwerden kaum verstanden, also gaben wir die Pillen willkürlich aus! Aspirin gegen Magenstörungen und Magentabletten gegen Kopfschmerzen.

Eine große, hellhäutige Blondine in bikiniartigem Höschen und BH flüsterte mir ins Ohr, sie sei Ärztin, sei Major des sowjetischen Sanitätskorps gewesen und in Berlin verhaftet worden, weil sie sich mit einem amerikanischen Offizier verlobt hatte. Sie bat mich, ihr zu helfen. Ein anderes Mädchen sagte, sie sei eine jüdische Apothekerin aus Warschau. Eine dritte war Studentin aus Bukarest und nach Moskau gegangen, um Pianistin zu werden. Und so fort. Alle versuchten mich zu überzeugen, daß sie schwerkrank seien und sofort in die Krankenstation verlegt werden müßten. Wenn sie gewußt hätten, wie die Krankenstation aussah!

Ich versuchte mich zu befreien, um zu dem Fall zu gelangen, dessentwegen man uns gerufen hatte: einem Mädchen, das ohnmächtig geworden war. Doch als ich mich aus dem Frauenkreis drängte, stolperte ich und fiel zum großen Gaudium aller auf die Nase. Ich rappelte mich hoch und stellte fest, daß ein Mädchen mir eine Binde aus dem Arztkasten geklaut und mein Bein an einen Pfosten gebunden hatte. Zu meinem Entsetzen nutzte ein anderes Mädchen das Durcheinander und Gelächter dazu, sich die einzig Flasche Opiumtinktur zu schnappen, die wir besaßen, um Hunderten Magenleidender Linderung zu verschaffen. Auf einen Zug leerte sie die dreihundert Gramm. Ich meinte, sie würde tot umfallen, aber sie lächelte nur und verlangte mehr. Zweifellos eine echte Russin!

Nach einer halben Stunde des Schiebens und Rangelns erreichten wir endlich die Ohnmächtige und gaben ihr eine Kampferspritze. Als sie zu sich kam, brachten wir sie in die Nähe des Ausgangs. Wir wurden immer noch von allen Seiten bestürmt, ich mußte schließlich nachgeben und ein halbes Dutzend Frauen auswählen, die am dringendsten ärztliche Fürsorge zu brauchen schienen. Sie folgten mir die steile Treppe hinauf. Ich fragte mich besorgt, wie die Posten wohl reagieren würden. Zu meiner Überraschung nickten die beiden, die sich mit irgendeiner Holzschnitzerei die Zeit vertrieben, nur zu meinen Erklärungen und ließen uns passieren.

Unter dem Vorwand, das Mädchen, das ohnmächtig gewesen war, brauche frische Luft, blieben wir ein paar Minuten an Deck. Das Schiff glitt friedlich durch die See. Zu unserer Linken lag die schneebedeckte Küste, und im Wasser zeigten sich immer wieder Haie, angelockt von den über Bord geworfenen Abfällen. Eduard Leonardowitsch kritzelte weiter wie ein ägyptischer Schreiber Zahlenkolonnen auf sein Blatt, verfolgte aufmerksam die Bewegung der Menschen von den Latrinen zur Essensausgabe und umgekehrt.

Ich führte meine Invaliden in unser Quartier hinunter. Nachdem Dr. Zavada sie einer Routineuntersuchung unterzogen hatte, machten wir auf den morschen Planken unserer »Krankenstation« Platz für sie. Die rumänische Musikstudentin mit den schwarzen Augen, dem schwarzen Haar und dem dunklen Teint, die recht gut englisch sprach, bot mir Chesterfield-Zigaretten und Cadbury-Schokolade an; beides hatte sie von einem ausländischen Freund in Moskau bekommen. Sie behauptete, ein Opfer des MWD und besonders des Generalstaatsanwalts Safronow zu sein, weil sie mit dem Sohn des rumänischen Ministerpräsidenten geflirtet hatte.

Später fand ich heraus, daß viele der in Moskau lebenden ausländischen Mädchen sowie auch junge Russinnen, die das Fremdspracheninstitut absolviert hatten, vom Geheimdienst angeworben wurden. Gutes Aussehen und gewisse Kenntnisse des Englischen oder Französischen waren die Grundvoraussetzungen. Man informierte sie in allen Einzelheiten über ledige junge Diplomaten, die frisch im Land eingetroffen waren, und trug ihnen auf, in den Hotels Metropol und National zu verkehren, um mit den jungen Männern bekanntzuwerden. War der Kontakt einmal hergestellt, sollten die Mädchen ihren ganzen Charme und ihre sexuellen Verführungskünste darauf verwenden, möglichst viele Informationen über die Vorgänge in den ausländischen Botschaften zu erhalten. Allzu oft jedoch verliebten sich die Mädchen in die Diplomaten, beichteten ihnen ihre Aufträge und flehten die Freunde an, sie zu retten und außer Landes zu schmuggeln.

In solchen Fällen erwiesen sich die gelieferten »Informationen« unweigerlich als falsch, man erwischte die Mädchen, die es zuließen, daß bei ihrer Spionagetätigkeit die Liebe mitspielte, und bestrafte sie mit zehn Jahren Haft. Ihr Verbrechen fiel unter Paragraph 37, Absatz 6 des Sowjetischen Strafgesetzes, sie galten als »gefährliche soziale Elemente«. Einfacher ausgedrückt, man befand sie der »illegalen Prostitution« für schuldig. Hier auf dem Schiff weinten sich die unglücklichen Wesen die Seele aus dem Leib und verfluchten den Tag, an welchem sie den Spionageauftrag angenommen hatte. Manche trugen die tränenbefleckten Fotos ihrer ehemaligen Freunde am Busen, brachten sie immer wieder durch die Kontrollen.

Am zweiten Tag unserer Fahrt überraschte uns schlechtes Wetter. Stürme und Nebel zwangen das Schiff mehrmals, Anker zu werfen. Die Nebelhörner tuteten ständig, um eine Kollision mit anderen Schiffen zu vermeiden, die an der Küste entlangfuhren. Einmal blieben wir die ganze Nacht und den halben nächsten Tag vor Anker. Eines Abends, als ich an Deck kam, herrschten ungewöhnlich mildes Wetter und phantastisch klare Sicht. In der Ferne am Horizont gewahrte ich die Lichter eines Hafens. Ein Soldat sagte mir, es seien die Lichter des Nordens von Hokkaido; wir durchfuhren die La-Pérouse-Straße zwischen der Insel Sachalin und Nordjapan. Ich spielte mit dem

Gedanken über Bord zu springen und nach Japan zu schwimmen. Aber das wäre Selbstmord gewesen, nicht nur wegen der mehr als sechzig Kilometer zur japanischen Küste, sondern auch wegen der Haie.

Bald darauf wurde das gesamte ärztliche Personal seekrank, ich nicht ausgenommen. Die ohnehin klägliche ärztliche Versorgung mußte fast ganz eingestellt werden. Während der letzten drei Tage unserer Achttagefahrt lag ich einfach auf dem Rücken, unfähig, mich zu rühren oder zu essen. Es war mir völlig gleichgültig, was um mich geschah. Als die Arzneimittel ausgingen, ergriff ein junger tschechoslowakischer Medizinstudent aus Prag seine Gitarre und begann in unserer Krankenstation leise zu singen: «Eh, doroga . . . Eh, tyman . . . Podoschdi nemnogo . . . prijedem Magadan . . .« (Eh, die Straße . . . Eh, der Nebel . . . Wart ein Weilchen . . . bald sind wir in Magadan).

Magadan wurde die Fata Morgana der Seekranken. Sie vergaßen, daß es nichts anderes war als das Tor zu dem schrecklichen Ort, wo man, wie Dante sagte, jede Hoffnung fahren lassen mußte. Sie vergaßen, daß Magadan gleichzeitig Kolyma bedeutete und daß Kolyma der verfluchteste Teil ganz Sibiriens war. Sie vergaßen alles bis auf eines: daß es Land bedeutete und ihre Seekrankheit dort aufhören würde.

In meiner Benommenheit hörte ich undeutlich einen der Ärzte sagen, eine Bande Wüstlinge habe die angerosteten Schlösser zur Frauenabteilung zerbrochen und versucht, Frauen zu vergewaltigen. Die Soldaten hätten eingegriffen und einige der rasenden Häftlinge erschossen. Ich war jedoch zu krank, um mich aufzuregen.

Als ich am achten Tag erwachte, spürte ich, daß das Schiff vor Anker lag. Eine Stunde später erhielten wir Befehl zum Ausschiffen. Als erste sollten die Kranken und das Sanitätspersonal an Land gehen. Wir stiegen aus unserem dunklen Verließ an Deck und schauten in einen klaren, blauen Himmel. Doch die Morgensonne war kalt. Vom Oberdeck hatte ich einen guten Blick auf die Umgebung. Riesige schneebedeckte Berge, steile

Hänge, schroffe Kämme und tiefe Schluchten. Dies also war das Land, wo die Schätze der Welt vergraben lagen! Aus dem Inneren dieser Felsenriesen sollten wir mit bloßen Händen das Gold und Uran, das Blei und Zinn, das Wolfram und andere wertvolle Metalle fördern, die Rußlands Schwerindustrie so dringend brauchte.

Als ich auf der Hafenseite hinunterschaute, sah ich dunkelhäutige Menschen mit seltsamen Gesichtern fieberhaft unsere Ausschiffung vorbereiten. Es waren als Kriegverbrecher eingestufte japanische Kriegsgefangene, die ihre Strafen im hohen Norden ableisteten. Sie arbeiteten hart, so hart, daß es fast so aussah, als zögen sie vor uns eine Schau ab.

Auf dem Weg der Gangway bemerkte ich Häftlinge in Ketten: die Anführer der Bande, die den Überfall auf die Frauenabteilung verbrochen hatte; diese hier waren der Erschießung entgangen. Zwei davon, noch keine zwanzig Jahre alt, hatten angeblich eine Frau erhängt, die Widerstand zu leisten versuchte. Beide wirkten völlig ruhig und baten um etwas zu rauchen.

Wir waren noch ziemlich wacklig auf den Beinen, als wir an Land traten. Man stellte uns in Fünferreihen zu einer langen Kolonne auf, unterteilt in Gruppen und bewacht von Soldaten mit Hunden an Leinen. In der Mitte des weiten Platzes saß General Pantelimon Pantelejewitsch Derewenko, Zar von Kolyma und absoluter Herr über unser Leben, auf einem großen Schimmel, um eine Rede an die fünftausend neu eingetroffenen Männer und Frauen zu halten.

8. KAPITEL

MAGADAN, DAS TOR NACH KOLYMA

Kolyma, Kolyma	(Kolyma, Kolyma
Chudnaja planeta	Seltsamer Planet
Dwendtsat mesjatsow sima	Zwölf Monate Winter
Ostalnoje leto	Der Rest ist Sommer.)
	Russischer Spruch

Derewenko wartete, bis alle fünftausend Häftlinge in Fünferreihen vor ihm standen. Dann erhob er seine mächtige Stimme zu voller Lautstärke und hielt folgende kurze, aber unvergeßliche Ansprache:

Sträflinge! Dies ist Kolyma! Das Gesetz ist jenes der Taiga, und der öffentliche Ankläger ist der Bär! Erwartet nie, Suppe und Brot zusammen zu erhalten. Was zuerst kommt, das eßt zuerst! Was ihr aus den Händen laßt, ist für immer verloren. Ihr seid hier, um zu arbeiten, und zwar hart! Ihr müßt mit eurem Schweiß und euren Tränen die Verbrechen bezahlen, die ihr gegen den sowjetischen Staat und das sowjetische Volk begangen habt. Wir sind fair zu denen, die mitarbeiten, erbarmungslos zu denen, die es nicht tun. Wir brauchen Metall, und ihr müßt dieses Metall gemäß dem Plan produzieren. Die Erfüllung des Plans ist unsere heilige Pflicht. Jene, die den Plan nicht erfüllen, sind Saboteure und Verräter, und wir werden ihnen gegenüber keine Gnade kennen!*

Der General fuhr mit der Rechten durch die Luft, um zu betonen, daß er es ernst meine.

Dann warf er sich in die Brust, blickte streng die Häftlingsreihe

* Das Wort Taiga wird in der Umgangssprache zur unterschiedslosen Bezeichnung der gesamten nördlichen Regionen Sibiriens gebraucht, ohne Rücksicht auf geographische Gebiete wie beispielsweise die Tundra.

hinauf und hinunter und brüllte so laut seine Lunge es zuließ: »Jasno?«

»Jasno« (klar), erklang das fünftausendfache Echo, und der Platz erbebte wie unter einem Kanonenschuß. Als wieder Stille herrschte, erteilten die Offiziere rasche Befehle und setzten uns sofort in Bewegung: »Marsch!«

Der General und seine Adjutanten verschwanden. Wir kletterten vom Meer zum Zentrum der Hafenstadt Magadan hinauf. Hier und da standen vereinzelte Isbas. Es gab keinerlei Planung, kein Abwassersystem. Es gab keine Straßen und Wege außer jener, auf der wir marschierten und die hauptsächlich für den Lastwagenverkehr zum und vom Hafen gedacht war. Nach der Revolution von 1917 hatte sich in Moskau niemand um dieses verlassene Land gekümmert, wo nichts wuchs und alles importiert werden mußte. Bis 1932, als ein Trupp Geologen herkam, um einen Forschungsplan für das Gebiet aufzustellen, war praktisch keinerlei sowjetische Herrschaft ausgeübt worden. Die Turkstämme Kolymas lebten nach der Oktoberrevolution fünfzehn Jahre, als existiere kein sowjetisches Regime; sie züchteten Rentiere und fischten wie seit Jahrhunderten.

In jenen frühen Tagen besuchten einzig die Amerikaner gelegentlich die gottverlassene Gegend. Sie kamen als Händler, um Whisky und Tabak gegen sibirische Felle zu tauschen. Sie errichteten primitive Gerbereien, wo die Tiere abgehäutet und die Häute für den Export vorbereitet wurden. Die Tschuktschen und Jakuten konnten ungehindert über die Bering-Straße nach Alaska hinüber, niemand kümmerte sich um sie. Erst 1932 nahmen die Sowjets das Gebiet unter Verwaltung, strenge Grenzkontrollen durch Grenzposten und Militär wurden eingeführt.

*

Wir befanden uns auf dem sechs Kilometer langen Weg zwischen dem Hafen und dem zentralen Durchgangslager, das auf einem Hügel über der Stadt lag. An der Hauptstraße im Stadtzentrum standen mehrere vierstöckige Gebäude, in denen das

Verwaltungspersonal für den reichen Ertrag aus den Minen und für die Häftlinge untergebracht war. Den MWD-Leuten hatte man moderne Wohnhäuser mit Zentralheizung gebaut. Es gab auch ein großes Theater, ein Museum und ein paar Restaurants, zu denen der Zutritt untersagt war, »außer die Gäste tragen dunkle Kleidung«.

Die Nebenstraßen bildeten einen schrecklichen Kontrast zum »Prospekt«. Die ein- oder bestenfalls zweistöckigen Häuser bestanden aus rohen, nicht abgerindeten Baumstämmen. Da sie keine richtigen Fundamente hatten, sackten die meisten in der Mitte durch. Wieder hielt niemand inne, um uns anzusehen. Alle hatten zu große eigene Sorgen, sahen zu oft solche endlosen Häftlingskolonnen. Die verhärmten, schäbig gekleideten, vorzeitig gealterten Menschen waren meist ehemalige Häftlinge, die bis auf weiteren Befehl an diesem »Zwangswohnsitz« leben mußten. In vielen Fällen kam der weitere Befehl niemals.

Wir brauchten fast drei Stunden zum Transitlager. Es war eine genaue Kopie des Lagers in Wanino, konnte aber während der eisfreien Zeit nicht mehr als achtzigtausend Häftlinge aufnehmen. Wir wurden hineingeführt und sortiert.

Der riesige Komplex gliederte sich in diverse Abteilungen. Man trennte die politischen Häftlinge von den kriminellen Elementen und von jenen, die verurteilt waren, Ketten zu tragen, den sogenannten Katorschniki (von *katorga* oder Zwangsarbeit). Es gab eigene Abteilungen für Männer, Frauen und Kinder. Jede war eine autonome Körperschaft, die praktisch nach eigenen Gesetzen funktionierte. Die Aufseher rekrutierte man unter den streberischen Sukas, gewöhnlich ehemalige Diebe, die jetzt für die Gefängnisverwaltungen arbeiteten.

Auch die Quartiere waren gleich: barackenähnliche Hütten, die nach Ratten stanken, vierstöckige Kojen, in die man mehrere hundert Menschen pferchte. Wir erhielten drei Mahlzeiten am Tag, insgesamt 600 Gramm Schwarzbrot, einen Hering und Kohlsuppe mit Gerste. Verteilt wurde das Essen im Freien, in alten Konservendosen, die wir zurückgeben mußten. Da man uns weder Gabeln noch Löffel zur Verfügung stellte, blieb uns nichts übrig, als mit den Fingern zu essen.

Ich machte einem russischen Ingenieur gegenüber eine Bemerkung über diese elenden Zustände, worauf er grinsend erwiderte: »Sie hätten vor ein paar Jahren hier sein sollen. Da gab es nicht einmal Behälter, und die Leute tranken ihre Suppe aus den Stiefeln oder den Pelzkappen.«

Mit unserer Aufnahme ins Lager waren eine weitere barbarische Impfrunde und die Totalrasur verbunden, die wir schon aus früheren Gefängnissen kannten. Als wir alles hinter uns hatten, brachte man uns zum »Klub«. Der russische Klub ähnelte der öffentlichen Agora im alten Griechenland. Hier fanden Versammlungen, Prozesse, künstlerische Darbietungen und öffentliche Verlesungen von Zeitungsmeldungen statt. Für uns bedeutete der Klub noch etwas anderes: den Sklavenmarkt.

Wir mußten nackt an einer Sanitätskommission aus jungen Ärztinnen vorbeimarschieren, die frisch von der Medizinischen Fakultät der Moskauer Universität kamen. Dann wurden wir von breitschultrigen, unfreundlich blickenden Zivilisten in Schafspelzen und hohen Filzstiefeln gründlich untersucht. Es waren die Grubenleiter, die Vertreter des Innenministeriums, des Eigentümers und einzigen Lieferanten von Arbeitskräften. Sie tasteten unsere Muskeln ab, öffneten uns die Münder, befühlten die Zähne. Waren sie zufrieden, dann wandten sie sich an die Sanitätskommission und sagten: »Ich nehme ihn.« Die Medizinerschönheiten erhoben kaum je Einwände im Hinblick auf die Gesundheit eines einmal Erwählten. Sie nickten nur, der Name wurde auf ihrer Liste abgehakt, und das Schicksal des Mannes war besiegelt. Er kam in eine der Minen.

In den hohen Norden gelangte man auf zwei Wegen: auf der Straße, die westwärts nach dem rund dreitausend Kilometer entfernten Jakutsk führte, oder per Schiff von Magadan nach Pestraja Dreswa am Nordende des Ochotskischen Meers. Jene Häftlinge, die für die Lager Indigirka, Janstroj und in der Region Tschuktschen bestimmt waren, brachte man mit eigenen Gefangenenschiffen durch die Bering-Straße an die Nordküste Ostsibiriens. Jene, die auf dem Landweg verschickt wurden, erhielten drei Tagesrationen, gewöhnlich Brot, Salzfisch und 15 Gramm Zucker. Sie fuhren in offenen Lastern, auf denen sie mit gekreuzten Beinen saßen, bewacht von bewaffneten Soldaten. Wenn keine Unfälle passierten, erreichten die Häftlinge ihren Bestimmungsort innerhalb einiger Tage. Meist aber zog sich die Fahrt wegen Reifenpannen oder Motorschäden in die Länge, und die Häftlinge mußten in der bitteren Kälte die ganze Zeit von ihrer mageren Ration leben.

Später sollte ich den Straßentransport erleben, doch meine erste Reise in den Norden machte ich auf dem Seeweg. Das Schiff hieß »Dschurma« und war nichts anderes als ein schwimmendes Gefängnis. Als solches hatte man es gebaut, und es war dazu bestimmt, als solches sein Dasein zu beenden. Schon viele Schiffe waren auf Eisberge gelaufen und mit allen Häftlingen und Posten gesunken. Wenn die Bergbausaison ihren Höhepunkt erreichte oder an einem bestimmten Ort dringend Verstärkungen benötigt wurden, setzte man Transportflugzeuge ein. Die Häftlinge mußten sich auf den Boden hocken, die Bullaugen wurden verdunkelt und jeder Mann an der Hand am Boden festgekettet. Der Staat nahm die Sicherheit wahrlich nicht auf die leichte Schulter.

So grausam die Behandlung in den Arbeitslagern auch war, sie vermochte den Drang der Häftlinge nach Freiheit nicht auszulöschen. Die Selbstmordrate lag hier niedriger als unter freien Menschen; trotz der schauerlichen Bedingungen kämpfte jeder ums Überleben. Zu Dutzenden starben die Sträflinge an der Kälte, an Erschöpfung, Hunger, Tuberkulose und Bluthochdruck oder auch an Skorbut. Aber sie gaben nie auf.

Wenn es auf der Erde ein Land gibt, in dem man den Skorbut noch beobachten kann, dann die Sowjetunion. Die Opfer bieten im letzten Krankheitsstadium ein nicht weniger entsetzliches Bild als Leprakranke: blaues, blutendes zahnloses Zahnfleisch, geschwollene Augen, riesige purpurne und rote Flecken auf den

Leibern. Bis 1954 verabreichte man als Vorbeugung gegen diese verbreitete Krankheit (wir litten alle an Vitamin-C-Mangel) lediglich »Saniz«, einen Fichtennadel-Absud. Die Häftlinge lehnten ihn jedoch strikt ab, weil die dreißig Prozent Vitamin C, die er angeblich enthielt, starke Schmerzen und sogar Herzversagen hervorriefen. Um die Zeit von Stalins Tod, als ein Arbeitskräftemangel in den Bereich des Möglichen rückte, weil man den Nachschub nicht mehr so leicht durch Massenverhaftungen besorgen konnte, schickten die Behörden riesige Mengen Vitamin C, das mit vierzig Prozent Glukose angereichert war, nach Kolyma. Diese Mischung injizierte man den Zwangsarbeitern intravenös.

Jetzt, auf den harten Planken der »Dschurma«, die uns zum nördlichen Ende des Ochotskischen Meeres trug, wollte keiner an die Gefahren denken, die vor uns lagen. Ich sah mir meine Reisegefährten an. Nur Männer, insgesamt zweitausendfünfhundert. Die meisten waren jung und erst vor kurzem aus einem langen Krieg zurückgekehrt. Welche Verbrechen hatten sie begangen? Manche waren in deutsche Kriegsgefangenschaft geraten und hatten später vom Ankläger gesagt bekommen, sie hätten sich mit der letzten Kugel erschießen sollen, wie es in den Armeehandbüchern stand, statt dem Feind in die Hände zu fallen. Andere hatten in der Wlassow-Armee gegen die Kommunisten gekämpft. Wieder andere hatten während der Besetzung mit dem Feind »kollaboriert«. Alle wirkten heiter und entschlossen. Die Härten und Mühsale, die uns bevorstanden, schienen sie nicht zu schrecken. Sie waren noch voller Leben und Schwung. Hörte man ihrem Geplauder zu, hätte man meinen können, sie führen zu einem Picknick. Hauptgesprächsthema waren die Frauen. Würde man welche treffen? Wo? Wie? Optimisten behaupteten, man liefere den Häftlingen am Sonntagnachmittag Frauen, um die Monotonie zu unterbrechen. Aber die Pessimisten erklärten, man werde im Umkreis von Kilometern keinen Rock zu sehen kriegen.

Mein Nachbar fragte: »Kennen Sie die berühmte Antwort Derewenkos auf Beschwerden wegen des Hungers?« Er wiederholte sie für mich:

»Es tut mir leid, daß ich euch nicht mehr Brot geben kann. Wenn ihr genug Brot hättet, würdet ihr Butter verlangen. Wenn ihr Butter bekämt, würdet ihr Schnaps verlangen (96 prozentigen Alkohol). Und wenn ihr diese drei Dinge hättet, würdet ihr fordern, daß wir euch Frauen geben. Und das zu tun, ist mir verboten.«

Alle lachten über diese alte Geschichte, doch ein älterer, grauhaariger, fast kahler Mann brachte die Lacher mit einer Geste zum Verstummen. Er hieß Wassilij Iwanowitsch, war Mediziner und seit der großen Säuberung durch Jagoda im Jahre 1937 ständig in Lagern. Beim Sprechen spielte er mit seiner Mütze:

»Es ist etwas daran, Towarischtschi. Ich sage euch, es gibt da etwas, das ihr im Moment nicht versteht. Aber ich habe es mit eigenen Augen gesehen. Ich habe ziemliche medizinische Erfahrung und kenne alles, was in den Büchern darüber steht, daß harte Arbeit den Menschen die geschlechtliche Liebe vergessen läßt. Doch ich sage euch, das ist nicht wahr. Ich will euch etwas erzählen, das ich selbst gesehen habe. Es war während des schrecklichen Winters von 1942. Wir lebten von 300 Kalorien täglich, und es starben so viele, daß nicht genügend Leute da waren, die Toten zu begraben. Wir kochten Kartoffelschalen, gemischt mit verdorbenen Kohlblättern. Ihr könnt euch vorstellen, wie wir ausschauten. Wie wandelnde Skelette!

Gegenüber von uns, über der Straße, war ein Frauenlager. Die Frauen hatten es kaum besser als wir. Sie fällten Bäume genau wie die Männer. Aber der Teufel weiß wie, Frauen in Lagern oder Gefängnissen standen Prüfungen immer besser durch als Männer. Essen bedeutete nicht soviel für sie. Doch sie hungerten nach Liebe. Sie verlangten Männer, und als der Lagerkommandant strikt ablehnte, traten sie in Streik. Drei Tage lang weigerten sie sich trotz der Drohung, man werde sie wegen Sabotage zu Kriegszeiten erschießen, ihre Baracken zu verlassen. Sie gaben nicht nach. Am vierten Tag öffnete der verzweifelte Lagerkommandant, der wußte, daß ihm selbst die Erschießung drohte, wenn die Arbeit nicht getan wurde, die Tore zu ihrem und unserem Lager. Ich stand zufällig am Fenster, als die Horde Frauen in unser Lager stürmte. Sie waren regelrecht wild. Keine nahm sich die Mühe etwas zu sagen. Jede schnappte sich einen Mann und zog ihn irgendwohin, in eine Scheune, in die Küche, manche scherten sich überhaupt nicht um eine Deckung. Eine Stunde später gingen sie ebenso stumm, wie sie gekommen waren. Am nächsten Morgen nahmen sie die Arbeit wieder auf, als sei nichts geschehen.«

Nach kurzem Schweigen fragte einer der jungen Männer: »Und was für ein Vergnügen hatten diese Weiber mit so halb verhungerten Kerlen wie euch?«

»Kein großes, vermute ich. Aber es reichte, um wenigstens ihren sexuellen Hunger für eine Weile zu stillen. Vielleicht ersetzte ihnen die Phantasie das, was sie von den Männern nicht bekommen konnten. Denkt euch, wenn ein Mann versuchte, Widerstand zu leisten, hatte er keine Chance. Ein Bauer in mittleren Jahren brachte trotzdem den Mumm auf, ihre Angriffe abzuwehren. Wißt ihr, was sie mit ihm machten? Sie überwältigten ihn, banden eine Schnur um den Ansatz seines Penis, um ihn aufzurichten, dann stiegen sie nacheinander auf den Mann. Wir fanden ihn halb tot, die Genitalien geschwollen und blutend.«Die Häftlinge schwiegen, aber in den Augen einiger von ihnen funkelte es gefährlich, und das verhieß nichts Gutes für künftige Begegnungen mit Frauen – falls es welche gab.

*

Ich selbst habe, was Sex in Straflagern anbelangt, nie etwas so Dramatisches erlebt wie Wassilij, aber an Magadan werde ich wegen des improvisierten Strip-tease, den ich dort sah, immer denken. Man hatte uns eines frühen Abends in eine Hütte gesteckt, wo wir warten sollten, bis wir ins Badehaus konnten. Es war kalt, und einige der jüngeren Männer wurden unruhig.

Plötzlich sagte einer mit tiefer Stimme: »Ruhig. Brüder, seid still. Schscht! Gerade hat man in den Raum nebenan Leute gebracht. Wir wollen feststellen, wer sie sind.«

Stille trat ein, alle legten die Ohren an die Wand und lauschten. Ein junger Bursche brach das Schweigen mit dem Ruf:

»Es sind Frauen, Jesus Christus! Frauen!«

»Zum Teufel!« rief der Mann mit der tiefen Stimme. Eine Weile herrschte Totenstille, während er angespannt horchte. Dann sagte er:

»Ja, bei Gott! Es sind Frauen!«

»Reden wir doch mit ihnen«, flehte der junge Bursche.»Ich habe seit ewigen Zeiten keine Frauenstimme mehr gehört.«

Seid still, ihr Bastarde! Ich werde an die Wand klopfen.«

Auf das Klopfen antwortete eine rauhe, aber einwandfrei weibliche Stimme:

»Was wollt ihr?«

Durch die dünne Holzwand war jedes Wort klar zu verstehen.

»Mädchen!« fragte der junge Bursche. »Zu wievielt seid ihr dort drüben?«

»Zu neunt«, antwortete das Mädchen.

»Wir hier sind sechzehn. Woher stammt ihr?«

»Arkagala.«

»Wo liegt das?«

»Zwölfhundert Kilometer von Magadan entfernt. Wir sind nur auf Transit in Magadan.«

»Wir auch.«

Eine Weile sagte niemand etwas. Dann platzte der Bursch heraus: »Hört zu! Wir können einander nicht sehen. Wenn es bei euch drinnen noch hell ist, versucht ein paar Löcher in der Wand zu finden. Es muß welche geben. Wir können einander dann sehen.«

Das war eine aufregende Idee. Männer- und Frauenhände fuhren über die Wand und entdeckten schließlich einige Äste, die sich leicht hinausstoßen ließen. Genug, um durchzuschauen.

»Komm näher, Mädchen, damit ich dich gut anschauen kann!

Nein, nicht so!« rief der Junge. »Geh ein paar Schritte zurück.«

Das Mädchen tat, wie verlangt. Der Junge schien sehr glücklich. »Wie schön du bist! Wie heißt du?«

»Mascha.«

»Mascha, du bist ein Engel. Ich heiße Fedja.«

»Nett, dich kennenzulernen, Fedja«, erwiderte das Mädchen.

»Mascha, bitte komm näher an das Loch. Ja so. Leg die Lippen dran. Ich will versuchen, dich zu küssen!«

Der Junge spitzte die Lippen und versuchte sie durch das Loch zu pressen.

»Es geht nicht«, sagte er schließlich. »Dieses verdammte Wandbrett ist einfach einen halben Zoll zu dick.«

Neben mir sagte einer: »Bitte sie doch, für uns was aufzuführen.«

»Mascha«, rief Fedja, »die Jungs hätten gern, daß du für uns was aufführst. Bitte, Mascha!«

»Was soll ich?« fragte das Mädchen, das nicht begriff. Die anderen Frauen brachen in Lachen aus. Eine sagte: »Sei nicht pingelig, mach ihnen die Freude.«

Ein Chor von Männerstimmen fiel in Fedjas Bitten ein.

Das Mädchen schwankte.

»Sei nett, Mascha. Schämst du dich deiner so sehr, daß du uns um das Vergnügen bringen willst, deinen herrlichen Körper anzuschauen?«

»Nein, Jungs, das nicht. Aber ich will auch nicht nackt hier frieren.«

»Nur ein Weilchen, Mascha, eine Minute, bitte. Wir werden es dir nie vergessen.«

Die Bitten wurden drängender, und die Aufregung stieg.

»Sie sind übergeschnappt«, sagte ich zu dem neben mir stehenden Wolodja Klekner, einem Pianisten und Schützling von Schostakowitsch. »Sie haben die Kälte und den Hunger vergessen. Sie scheinen alles vergessen zu haben. Sie sind in einem regelrechten Wahnzustand.«

»Sie können nicht dagegen an«, antwortete Wolodja, »sie sind

Russen und hungern nach Liebe.«

Unterdessen gingen die Verhandlungen weiter. Mascha wurde von beiden Seiten bestürmt. Sie wirkte ärgerlich über das Ansinnen, das man an sie stellte.

»Wie ist sie?« fragte ich Wolodja, der ein Loch ergattert hatte.

»Verdammt gut!«

»Laß mich sehen.« Ich schloß ein Auge und preßte das andere an das Loch. Da stand sie, in Baumwollhosen, Hemdjacke und schweren Filzstiefeln.

»Wenn sie mich erwischen«, meinte sie, »dann bin ich dran.«

»Nichts da«, erklärte der Junge. »Sie brauchen gute zwei Minuten, um die Tür aufzusperren und die Eisenstangen rauszuziehen.«

»Na gut«, sagte das Mädchen und fuhr dann mit fester Stimme fort: »Aber wenn ich ein einziges dreckiges Wort von euch höre . . .«

Man ließ sie nicht ausreden.

»Nein, nein. Wir werden mucksmäuschenstill sein. Los, Mascha, mach schon, solange es noch ein bißchen hell ist. Bitte, Mascha!«

Das Mädchen bedeutete ihnen, Geduld zu haben, und erneut trat Stille ein. Wolodja stieß mich beiseite, um selbst zu schauen. Schade, ich würde den seltsamsten Strip-tease verpassen, den es je gegeben hat.

Der Junge flüsterte mir ins Ohr: »Dort unten ist noch ein Loch, nicht sehr groß. Wenn Sie sich vielleicht auf den Bauch legen . . .«

Ich legte mich hin und schaute neugierig zu. Mascha zog die Hemdjacke aus, dann die Bluse. Halb nackt stand sie da, dünn und mit winzigen Brüstchen. Sie mußte in letzter Zeit ziemlich gehungert haben. Sie knöpfte ihre Hose auf und ließ sie über die Stiefel falle. Tatsächlich Haut und Knochen. Nichts Sinnliches an diesen knabenhaften Hüften und Schenkeln.

»Das ist alles, Jungs.« Sie wollte sich wieder anziehen, aber die Männer riefen im Chor:

»Noch nicht, Mascha! Bitte tanz!«

»Kommt nicht in Frage.«

»Mascha, bitte! Nur ein paar Bewegungen, Mascha!«

Sie reckte die kindlichen Arme und begann sich in einem orientalischen Tanz eigener Erfindung zu wiegen. Die Männer um mich gerieten in Ekstase. Fedja atmete schwer, bekam ein hochrotes Gesicht.

»Schau dir das an!« flüsterte mir Wolodja zu. »Siehst du, was er macht?«

»Verdammt, natürlich sehe ich es!« antwortete ich. Fedja und einige andere masturbierten, ohne sich um unsere Anwesenheit zu kümmern.

»Abscheulich«, sagte ich zu Wolodja.

»Ach was, laß sie in Ruhe«, entgegnete er. »Sie schämen sich nicht, es im Kino zu tun. Warum sollten sie sich schämen, es hier zu tun?«

Das Mädchen war mittlerweile fast angezogen, doch die Burschen bettelten weiter:

»Mascha . . . Eine Sekunde noch . . . Engel . . . Wart eine Sekunde.«

Aber sie hatte es satt und fror. Sie rieb sich die kalten Finger und trat zu einem der Löcher: »Wer gibt mir jetzt ein Prise Machorka? Ich gab ein Stückchen Zeitungspapier.«

Die Burschen wandten mit zitternden Fingern ihre Taschen um und sammelten einen Fingerhut Machorka, gemischt mit Staub und Brotkrumen.

»Schieb uns das Papier durch. Wir drehen sie dir.«

»Spuckt nicht drauf, ich will es selber tun.«

Unvorstellbar, das konnte doch nicht wahr sein! Aber ich hatte die Szene mit eigenen Augen beobachtet.

»Nun, Wolodja, was hältst du von dem ganzen?«

Wolodja zuckte schweigend die Schultern.

»Können Frauen wirklich so tief fallen, daß sie sich wie Huren benehmen? Oder sind sie welche?« fragte ich.

»Du bist ein Kind, Michael. Du erwartest, daß alle weiblichen

Häftlinge sich benehmen wie Karjuscha Maßlowa*, wenn es sie je gab. Sie sind keine Huren. Keine einzige von ihnen. Sie sind Menschen, und sie leiden genauso wie diese Jungen unter dem Verlangen nach einem Liebeswort, einer zärtlichen Liebkosung. Die Jungen verstehen sie besser als du. Es ist ihre Rasse, ihr eigenes Blut, es sind ihre Frauen.«

Ich schwieg, und Wolodja fuhr fort: »Wenn du lange genug in der verrückten Welt hier lebst, wirst du erkennen, wie sehr diese ungeheuerliche Foltermaschine das Bild der Menschheit verzerren kann, das wir beide, du und ich, uns von ihr gemacht haben. Heute war das eine abstoßende, animalische Schau für dich. Mit der Zeit wirst du darin nur noch eine Äußerung jener Kraft sehen, die uns alle am Leben hält – des Überlebens willen.«

*

Am vierten Tag unserer Seefahrt auf der »Dschurma« erreichten wir Pestraja Dreswa, erblickten jedoch nirgends einen Hafen oder eine Anlegestelle. Wasser, soweit das Auge reichte, und in der Ferne ein schmaler Streifen Land. In flachen Booten bracht man uns näher an die Küste. Die letzten zwanzig Meter mußten wir waten, bis zur Brust im eisigen Wasser.

Ein weites, ödes Land. Keinerlei Vegetation, nur Sand und Steine. Ein paar vereinzelte, provisorische Hütten, wie man sie innerhalb von Stunden aufstellen konnte. Sie beherbergten den Verwaltungsstab, der sich in der zweimonatigen Arktissaison mit dem Löschen der Waren und Häftlinge befaßte. Für uns gab es keine Unterkünfte, uns ließ man unter freiem Himmel.

Scharfer Wind erhob sich vom Meer her, und leichter Nieselregen setzte ein, unter den sich ab und zu Schneeflocken mischten. Es wurde stockdunkel. Niemand kümmerte sich um uns. Wir lagen auf den nassen Steinen und versuchten zu schlafen. Wir froren, waren hungrig, einige hatten Fieber. Ich fragte mich,

* Heldin in Tolstojs Roman »Auferstehung«.

wann wohl jemand von unserer Ankunft Notiz nehmen würde. Endlich nahten im schwachen Licht einiger Sturmlaternen die vertrauten dampfenden Kessel, und wir bekamen heißes Essen: Haferbrei, Brot und Tee. Es war wunderbar. Das Leben wurde wieder erträglich. Der Regen kam uns nicht mehr so kalt vor, und die Steine erschienen uns weniger hart.

Als jedoch die Morgendämmerung heraufzog, sah die Szenerie von neuem entmutigend aus. Man sagte uns, wir müßten 225 Kilometer ins Bergbaugebiet hinauf zu Fuß zurücklegen. Zu meinem Glück war ich noch als medizinischer Robotnik (Arbeiter) eingestuft und schaffte es, mit den Kranken, die ich zu betreuen hatte, am selben Morgen auf einen Lastwagen zu steigen.

Das Gebiet, in dem wir uns befanden, gehört zweifellos zu den trostlosesten Flecken der Erde. Das Kolymskij-Gebirge verläuft parallel zur Küste und trennt Kolyma sowie die Tschukotskij-Halbinsel vollständig vom übrigen Sibirien. Die Berge sind so hoch, daß ewiger Schnee sie bedeckt, und die Straße schlängelt sich durch ein so gewundenes Tal, daß nur die kühnsten Fahrer sie überhaupt zu befahren wagen. Tatsächlich wird der größte Teil des Urans und der Zinnerze im Winter per Flugzeug abtransportiert. Die Sommermonate bieten die einzige Möglichkeit für wirtschaftlichen Transport, und die Lastwagen unternehmen heroische Anstrengungen, um das Erz, das sich angesammelt hat, die 225 Kilometer zur Küste hinunterzuschaffen. Während des Kriegs versuchte man mehrmals, eine Eisenbahnstrecke durch das Gebiet zu bauen: von Magadan, dem Zentrum der gesamten großen Region Kolyma, bis nach dem etwa dreitausend Kilometer westlich gelegenen Jakutsk. Doch wegen der schlechten Bodenverhältnisse scheiterte das Projekt immer wieder. Es gibt heute noch keine Eisenbahn in dieses schreckliche Land, und zu unserer Zeit kam der Versuch, aus Kolyma zu fliehen, einem Selbstmord gleich.

Das einzige Tor zu der riesigen Region Kolyma ist Magadan, und sein Hafen am Ochotskischen Meer steht nur drei Monate im Jahr für die Schiffahrt offen. Die Zeit wäre noch kürzer, würden nicht Sprengkommandos im Juni das Hafeneis sprengen und eine Fahrrinne für die ersten aus Wanino eintreffenden Schiffe freihalten.

Magadan selbst wurde erst 1933 gegründet, kurz nach dem Eintreffen der ersten Geologengruppe im Jahr 1932. Die Stadt hat, wie bereits erwähnt, eine große Straße (Prospekt), an der die wichtigsten Verwaltungsgebäude stehen. Vom Prospekt zweigen ein paar Nebenstraßen ab, die von Holzhäusern gesäumt sind. Da diese Häuser keine Fundamente haben, sinken sie meist in der Mitte ein und sehen aus wie hockende Kamele auf einem Betonplatz. Kein Baum zu sehen. Ein paar vier- und fünfstöckige Gebäude beherbergen die Sicherheitskräfte, die Polizei und die Minenverwaltung. Für die Stadtbewohner gibt es auch ein Gorkij-Theater. Der Prospekt endet auf dem Hügel, wo das große »Transitka« liegt. Das ist Magadan. Die meisten Bewohner sind ehemalige Häftlinge mit »Zwangswohnsitz« und mußten sich in den Fabriken, die Erzeugnisse aus der Provinz verarbeiten, oder in den Reparaturwerkstätten für Werkzeuge und Lastwagen eine Existenz suchen. Sie sind die unglücklichsten aller russischen Deportierten und sehen auch so aus.

Wir fuhren den ganzen Tag in einem klapperigen alten Laster amerikanischen Fabrikats. Es regnete immer noch, und wir wurden naß bis auf die Haut, fühlten uns aber irgendwie glücklich. Wir näherten uns dem Ziel. Und was die Zukunft auch immer bringen würde, nach der strapaziösen Reise bescherte sie uns bestimmt etwas Ruhe. Der Haupttrupp mußte die Strecke zu Fuß bewältigen, im Regen den weiten Weg heraufklettern. Er langte vier Tage nach uns an!

Unter den fünf in der Umgebung von Pestraja Dreswa gelegenen Bergbauzentren galt Omsuktschan als »Hauptstadt«. Von dort aus wurden die neu eintreffenden Häftlinge in die Lager geschafft, für die sie bestimmt waren. Trotz der späten Stunde bereitete man uns, den privilegierten Kranken und dem Sanitätspersonal, in Omsuktschan einen herzlichen Empfang. Man führte uns in das Badehaus beim Lager, aber der zuständige

Häftling schickte uns erst einmal hinaus, an den Hängen eines nahen Berges Wurzeln zu sammeln, damit er das Wasser für uns heizen könne. Zwei Stunden lang kletterten wir diesen verrückten Berg hinauf und hinunter, bis wir endlich genügend Wurzeln für ein Feuer hatten.

Ein russisches Lagerbad ist etwas ganz anderes als die bei den Russen so beliebte Parnaja oder Sauna. Für uns stand nur eine gewöhnliche Holzbaracke mit einem ungeheizten Ankleideraum da. Wieder einmal hängten wir unser gesamtes Gewand an einen Eisenring mit Nummer und händigten es zur Desinfektion aus. Die Temperatur im Ankleideraum lag beträchtlich unter Null, und dort warteten wir nach dem Bad, während das Wasser von unseren Körpern rann (denn einen solchen Luxusgegenstand wie ein Handtuch besaß niemand), klappernd darauf, daß unsere heißen, dampfenden Kleider aus dem Desinfektionsraum kämen.

Das eigentliche Bad bestand aus einem quadratischen Raum mit Holzwänden. Auch hier war nicht geheizt. Aus der Wand ragten zwei Hähne, einer für kaltes, der andere für warmes Wasser. Darunter standen zwei Eimer. In den paar Minuten Badezeit mußten man eine Bank finden, um sich in dem dampferfüllten Raum hinzusetzen, das Wasser über sich zu schütten und dann zu versuchen, sich mit der schwarzen Lagerseife abzuseifen.

Hier lernte ich Lew Abramowitsch Guralnik kennen, der mein Freund und Vertrauter werden sollte. Er war Lagerbarbier und als bedingt Entlassener dann Besitzer eines Friseurgeschäfts, in dem er sich der Männer und Frauen aus der sogenannten »freien« Gemeinde annahm. Da Guralnik aus Bessarabien stammte, empfand ich ihn als eine Art Landsmann. Er sprach fließend rumänisch und war ein fröhlicher Geselle, der nur einen Fehler hatte: er trank zuviel. Mehr als einmal zeigte er mir stolz ein blaues Auge von irgendeiner Schlägerei, an die er sich nicht erinnerte. Er hatte ein goldenes Herz und tat alles, um einem Leidensgenossen zu helfen. Seine zehn Jahre verdankte er einem Scherz. Er hatte es riskiert, einen NKWD-Offizier zu fragen, ob er wisse, daß die autonome jüdische Region Birobidschan ihren Namen in Biro-Beschal geändert habe und warum. Der Offizier wußte es nicht, also sagte Guralnik es ihm:

»Ganz einfach. Weil alle Juden *beschal* (davonliefen).«

Mir ist klar, daß man das Wortspiel nicht richtig mitbekommt, wenn man die Sprache nicht beherrscht, aber ich wollte die Strenge und Willkürlichkeit der sowjetischen Justiz aufzeigen.

Als einer der wenigen Privilegierten, die sich im Lager frei bewegen konnten, forderte Guralnik mich auf, am »Frauentag« auf seine Verantwortung mit ins Badehaus zu kommen.

»Ich werde dir eine Szene zeigen, wie du sie im Leben nie mehr siehst«, sagte der lockend. Ich lehnte zuerst ab, gab aber später meiner morbiden Neugier nach. Angetan mit einem weißen Mantel, in der Hand eine Flasche Jod, folgte ich ihm in den Ankleideraum, der gleichzeitig als Barbierstube diente. Hunderte nackter Frauen standen mit gesenkten Köpfen Schlange. Sie mußten die Demütigung ertragen, daß ihnen ein Mann die Körperhaare abrasierte. Einmal im Monat wurde es gemacht, aus Gründen der Hygiene, wie die Verwaltung erklärte.

Einige der Frauen waren fast noch Kinder, andere hätten ihre Großmütter sein könne. Als ich sie mir so ansah, wie sie das Bein auf die Bank stellten, um dem Barbier die Arbeit zu erleichtern, oder wie sie stumm warteten, bis die Reihe an sie kam, konnte ich mich des Gedankens nicht erwehren, daß Frauen sogar unter solch barbarischen Bedingungen ihre angeborene Scheu nicht verloren. Später unterhielt ich mich mit einer intellektuellen Russin, die fließend englisch und französisch sprach und an der Universität von Schanghai promoviert hatte. Ich verlieh meinem Abscheu über das erniedrigende Verfahren Ausdruck, worauf sie mir ihre Geschichte erzählte:

»Ich war anfangs so schockiert, daß ich mich weigerte. Sie packten mich mit Gewalt. Zwei Soldaten hielten mir die Hände hinter den Rücken, zwei weitere preßten mir die Beine auseinander. Das Rasiermesser schnitt mir ins Fleisch, und sie mußten vorübergehend aufgeben, aber später zwangen sie mich erneut.

Ich bekam einen Nervenzusammenbruch und lag eine Weile im Lazarett. Ich dachte, sie hätten mich vergessen, aber sie fanden heraus, daß ich die monatliche Pflichtbestimmung nicht erfüllte, und schleppten mich wieder ins Badehaus hinaus. Ich war mit meiner physischen Kraft am Ende, also gab ich auf und ließ mich lieber von einem Mann statt von fünfen behandeln.«

»Warum haben Sie nicht das Rasiermesser verlangt, um es selbst zu tun?«

Sie lächelte traurig und antwortete: »Ach, Sie kennen sie nicht; sie meinen, man könnte das Rasiermesser als Waffe benützen, sich umbringen oder jemanden aufschlitzen.«

*

Am Morgen nach unserer Ankunft machte in der Lazarettstation, wo ich die Nacht in einem Bett verbracht hatte, Dr. Mossej Jossipowitsch Goldberg Visite, der Chef der medizinischen Abteilung und ein glänzender Chirug. Der weißhaarige Herr hatte die Sechzig bereits überschritten, trug eine goldgefaßte Brille und war nach europäischer Mode gekleidet. Das trug ihm den Spitznamen »Truman« ein. In Rußland ist alles westlich, was nicht östlich ist, und in jener Zeit vor allem galt alles Westliche als unrussisch.

Goldberg, früher im Ärztestab des Kreml-Krankenhauses, war beschuldigt worden, zusammen mit anderen Ärzten Maxim Gorkij »vergiftet« zu haben. Aus Mangel an Beweisen bekam er nur zehn Jahre. Seine Strafzeit war längst abgelaufen, aber man wies ihm einen Zwangswohnsitz in Kolyma an und verpflichtete ihn, in den Lagerlazaretten zu arbeiten.

Dr. Goldberg war ein echter Menschenfreund. Die Häftlinge verehrten ihn zutiefst, und die Lagerbehörden achteten ihn wegen seines Könnens, seines enormen Arbeitspensums und seines untadeligen Verhaltens. Obwohl ein Mann der Wissenschaft mit einer langen, glänzenden Karriere, hatte er seine religiösen Praktiken beibehalten. Jeden Morgen und jeden Abend sang der Doktor in der kleinen Baracke über dem Lager, wo er mit seiner

Frau wohnte, die alten Gebete auf Hebräisch, ohne sich darum zu kümmern, was die Leute um ihn sagen oder tun mochten.

Während der andere Lagerarzt, Dr. Mamuton, wegen seiner Bereitschaft, erfrorene Glieder zu amputieren, als »der Schlächter« bezeichnet wurde, nannte man Goldberg »den Retter«. Er nahm mehrere Operationen vor, wenn die geringste Chance bestand, einen Arm oder ein Bein zu retten. Über ihn kursierte die Geschichte, er habe bei einem Mann dieselbe Operation zehnmal gemacht, um ihm die Amputation zu ersparen.

Goldberg neigte sich an diesem ersten Morgen über mein Bett und redete mich französisch an: »Sind Sie müde? Wenn Sie sich besser fühlen, dann kommen Sie zu mir.« Aus ihm sprach solches Mitgefühl, daß ich gegen Tränen kämpfen mußte. Er reichte mir die Hand und ging. Er war der erste Mensch, der mich seit meiner Verhaftung so freundlich behandelte.

Als ich am nächsten Morgen in sein bescheidenes Sprechzimmer trat, forderte er mich auf, Platz zu nehmen, bot mir eine Zigarette und eine Tasse Tee an und erkundigte sich diskret nach meinem Mißgeschick. Mein Bericht bewegte ihn sichtlich.

»Ich überlege, was ich für Sie tun kann«, sagte er sanft. »Ich brauche dringend einen Mann für das Labor, der Routine-Analysen vornimmt. Sie könnten die Arbeit lernen. Ich weiß nicht, ob der politische Offizier mir erlaubt, einen wegen Spionage Verurteilten in den Stab aufzunehmen, aber ich werde es versuchen.«

Als er mir zum Abschied warm die Hand drückte, sagte er: »Verlieren Sie vor allem nicht Ihr Selbstvertrauen. Denken Sie an Goethe: ›Mut verloren, alles verloren‹.« Lächelnd nahm er seine Brille ab und fragte: »Warum haben sie Palästina verlassen, nachdem Sie einmal dort waren? Ich hätte mein Leben gegeben, um in dieses Land zu gelangen, und Sie gingen so einfach von dort weg?« Er hielt unvermittelt inne, da Schritte sich der Tür näherten.

Ich kehrte in die Station zurück, wo man mir mitteilte, auf Anweisung des Arztes bekäme ich eine Woche Sonderkost.

Zwei Tage später erfuhr ich, daß Dr. Goldbergs Versuch, mir einen erträglichen Posten zu verschaffen, gescheitert sei. Ich erhielt Befehl, mich in der Fabrik zu melden. Goldberg verließ bald darauf Omsuktschan und ging in die Galimyj-Minen. Wieder war ich allein. Ich mußte auf eigenen Füßen stehen und durch harte Erfahrung lernen, wie man im Jahre 1949 als politischer Häftling in diesem sibirischen Klondike* lebte.

Einen Tag nach dem Weggang meines großen Beschützers befahl man mir, am nächsten Morgen in Golowanows Brigade im Brechwerk die Arbeit aufzunehmen.

* Kanadische Landschaft, 1896 kurz durch Goldfunde berühmt. Im Sommer feuchtwarmes Klima (Mückenplage), im Winter äußerst kalt.

9. KAPITEL

OMSUKTSCHAN, DAS RUSSISCHE KLONDIKE

Höher als alle,
Schneller als alle,
Besser als alle!
Stalins Devise

Der Traum Sowjetrußlands von der Weltherrschaft wird unerfüllt bleiben, solange es dem Land nicht gelingt, eine Industrie zu entwickeln, deren Leistungsfähigkeit jener der hochindustrialisierten Länder des Westens entspricht. Lenin wußte dies von Anfang an. Und Stalin war in dem Punkt sein fanatischer Anhänger. Er sparte weder Menschen noch Material, um dieses ehrgeizige Ziel zu erreichen. Vierzig Millionen* Häftlinge wurden während der ersten Hälfte dieses Jahrhunderts in dieser kolossalen Schlacht geopfert, und wenn es notwendig ist, wird

* Anmerkung des Herausgebers: Zuverlässige Gesamtzahlen über die Häftlinge in Straf- und Konzentrationslagern lassen sich nicht finden. Doch gemäß der fundierten westlichen Werke »How Russia Is Ruled« von Merle Fainsod (Havard 1963) und *Forced Labor in Soviet Russia* VON David J. Dallin u. Boris I. Nicolevsky (Yale 1947) erhielten die Lager während der großen Säuberung (1937–1939) zwischen 7 und 14 Millionen neue Insassen, und die Zahl der Häftlinge in den Lagern wurde in den dreißiger und vierziger Jahren trotz einer sehr hohen Todesrate immer auf einem Wert zwischen 7 und 12 Millionen gehalten. Natürlich stammten nicht alle aus Rußland. Allein 1939 deportierte man 2 bis 3 Millionen Ostpolen nach Sibirien. Westliche Spezialisten schätzten, daß die Lagerbevölkerung in Kolyma der vierziger Jahre zwischen 400 000 und 1,5 Millionen schwankte. Diese Zahlen beziehen sich allein auf die Lager in Kolyma. Deshalb sind vierzig Millionen als Gesamtzahl bis zur Zeit von Solomons Inhaftierung ein durchaus wahrscheinlicher Wert.

man noch weitere opfern. Die Kommunisten wußten immer, daß sie das erforderliche Rohmaterial besaßen: Gold und Eisen, Uran und Blei, Bauxit und Zinn. Sagenhafte Vorkommen lagen in den sibirischen Bergen vergraben.

Es war ein wettlauf mit der Zeit, und die Bolschewisten waren entschlossen, ihn zu gewinnen. Als erstes markierten ihre Vermessungstrupps die Adern auf Karten. Dann schickte man schubweise Häftlinge als Bergleute hinaus. Oft hatten sie kaum mehr als ihre bloßen Hände. Ein Trupp Sträflinge traf irgendwo in der schneebedeckten Taiga ein, man gab ihnen Schaufeln, Äxte, Eisenstangen und befahl ihnen, Bäume zu fällen und sich Baracken zu bauen. Die Baracken mußten sie allerdings nachts errichten, denn der Tag gehörte ihren Herrn. So lebten sie, schliefen im Schnee und aßen auch draußen, bis es ihnen gelang, sich in ihrer »Freizeit« ein primitives Dach überm Kopf zu schaffen. Jene, die starben, wurden durch neue ersetzt. Wer die Norm nicht erfüllte, wurde erschossen. Ob Krieg oder nicht, die Arbeit ging pausenlos weiter.

Von den in allen Lagern geltenden Parolen blieben mir zwei im Gedächtnis: »Wenn der Feind sich nicht ergibt, muß er vernichtet werden.« Und: »Wenn du etwas nicht weißt, lehren wir dich. Wenn du nicht wissen willst, zwingen wir dich.«

Beide Parolen trugen die Unterschrift von Stalins besten Freund Maxim Gorkij. Kein Wunder, daß die Lagerinsassen ihn haßten und daß seine ledergebundenen Bücher ungelesen in den Regalen der Lagerbibliothek standen. Ein großer russischer Intellektueller, der ehemalige Dekan für Architektur an der Moskauer Universität, sagte zu mir: »Sie müssen wissen, daß wir in der maxim gorkaja epocha leben.« Es war ein Wortspiel und bedeutete, wir würden in der bittersten (gorkij) Zeit leben.

Als ich im Herbst 1949 in Omsuktschan eintraf, herrschte in den Gold- und Kohlebergwerken von Galimyj, Bastoj, Ferdinand und Sapadnaja rege Aktivität. Rund 20000 Häftlinge arbeiteten in drei Untertage- und zwei Übertageschichten. Gebäude schossen in die Höhe wie Pilze. Einige der angewandten Baumethoden waren unglaublich. Ein in Rußland geborener Tscheche, Venijamin Dimitrowitsch Piscun, der Professor am Polytechnischen Institut in Preßburg gewesen war, erzählte mir eine aufschlußreiche Geschichte über den Bau einer Fabrik:

»Das alte Werk genügte nicht mehr für die steigende Fördermenge aus den Minen, und die Behörden beschlossen, ein neues zu bauen. Man forderte mich als Ingenieur auf, einen Plan auszuarbeiten, einschließlich der entstehenden Kosten und der erforderlichen Zeit. Ich tat es nach bestem Vermögen und schickte die fertigen Pläne an die Zuständigen in Magadan. Eine Woche später traten mehrere hohe Zivilbeamte und Offiziere, angeführt von einem MWD-General, in mein improvisiertes Büro. Der General hatte die Pläne in der Hand. Er legte sie vor mich auf den Tisch, sah mir gerade in die Augen und fragte:

›Warum kann dieses Werk nicht früher fertig sein?‹

›Weil wir, Genosse General, die klimatischen Bedingungen berücksichtigen müssen, das Fehlen an Facharbeitern, die unsichere Lieferung des Baumaterials und . . .‹ Er schnitt mir das Wort ab:

›Wann, sagen Sie, wird das neue Werk fertig sein?‹

›Wenn alles nach Plan geht, im November nächsten Jahres.‹

Der General ergriff einen Rotstift und schrieb quer über den von mir ausgearbeiteten Plan: ›Das Werk muß unbedingt bis spätestens 1. Mai nächsten Jahres fertig sein.‹

Widersprechen konnte man dem mächtigen General nicht. Die Arbeit begann unter den ungünstigsten Bedingungen, ohne brauchbare Werkzeuge und Ausrüstung, mit ungelernten Arbeitern und in einem so überstürzten Tempo, daß ein furchtbarer Murks herauskam. Statt im Mai des folgenden Jahres wurde das Werk ein Jahr später fertig, als in meinem Plan ursprünglich vorgesehen. Und die Kosten beliefen sich auf insgesamt 25 Millionen Rubel. Hätte man sich an meinen Plan und Arbeitsablauf gehalten, wäre es auf die Hälfte gekommen.«

Ich fragte Piscun, welche Improvisationen nötig gewesen seien. Er gab mir ein Beispiel:

»In den Gruben von Galimyj wurde auf vier Sohlen gearbeitet, und man grub neue Stollen, um die Erzförderung zu verdreifachen. Man stellte fest, daß die riesigen Diamond-T-Laster die größere Menge nicht bewältigten. Außerdem hielt man es für unpatriotisch, Dollar oder sogar Gold für Reifen und Ersatzteile auszugeben. Also beschloß man, am billigsten ließe sich das Lastwagen- und Kraftstoffproblem lösen, wenn man eine Transportseilbahn vom Berg oben zu der Fabrik sechs Kilometer weiter unten baute. Man hatte die Stützen, und man hatte die Transportkabinen. Was fehlte, war das Kabel. Seilbahnkabel werden in Spezialanfertigung hergestellt, ihre Produktion erfordert große Kenntnisse und Erfahrung. Man schrieb nach Leningrad und bekam die Antwort, wegen des hohen Auftragsbestands könne das Kabel erst in fünf Jahren geliefert werden!

Sofort wurde eine Parteisitzung zur Lösung des Problems einberufen. Die Hitzköpfe riefen: ›Es gibt keine Festung, die wir nicht erobern! Wir werden das Kabel mit unseren eigenen Händen herstellen!‹ Natürlich meinten sie unsere Hände. Einige ältere Parteimitglieder versuchten es ihnen auszureden, aber die Hitzköpfe hielten an ihrer Idee fest. Ich sollte die technische Beratung übernehmen und lehnte es kategorisch ab. Aber wer war ich schon, ein Sträfling, ein Verräter am Vaterland. Sie wußten es besser. Also fingen sie an, drehten die Drähte um eine Holzvorrichtung, die irgendein Möbeltischler erfunden hatte. Irgendwann wurde das Kabel fertig, und Tausende von Häftlingen mußten das handgemachte Gebilde auf den Schultern die eisigen Berghänge hinaufschleppen. Der Tag kam, an dem die erste leere Kabine oben losfuhr und im Werk unten anlangte. Dann eine halb beladene Kabine. Dann eine dritte, voll beladene. Alles schien wunderbar. Man beschloß zu feiern. Die Stützen wurden beflaggt, man schaffte eine Blaskapelle heran, und einige Prominente stiegen oben am Berg in die Bahn, um herunterzufahren und zu demonstrieren, wie sicher sie sei. Die Kapelle hob an, lautes Hurra erschallte, als die Bahn losfuhr. Sie hatte kaum hundert Meter zurückgelegt, als sich das Kabel zu dehnen begann und die Kabine auf den Berghang durchsackte. Niemand wurde verletzt, aber es hatte auch niemand mehr den Mut, die eigenhändige Herstellung eines neuen Kabels zu verlangen. Die Stützen blieben als Erinnerung an diese kostspielige Pleite stehen; da sie jedoch nicht tief genug eingebracht gewesen waren, sehen sie inzwischen aus wie schiefe Kreuze auf einem alten Friedhof.«

An meinem ersten Arbeitstag erhielten wir den Auftrag, das Werksgelände zu säubern und den Abfall hinaus auf den Schutthaufen zu tragen. Maschinenteile, unbrauchbare Ersatzteile, Reifen und Baumaterialien lagen überall herum. Tatsächlich bewegten wir diese Dinge nur von einer Stelle zu einer anderen, wo sie blieben, bis der Schnee sie in einen Berg verwandelte. Im nächsten Frühjahr mußte dann die Arbeit von neuem getan werden.

Ich erinnere mich, daß ich vor Schmerz schier ohnmächtig wurde, als wir eine schwere Eisenschiene auf den Schultern transportierten. Man gab mir Aufträge, die über meine physischen Kräfte gingen, ohne Rücksicht auf meine Schwäche, Unterernährtheit, unzulängliche Kleidung. Als ich es dem Brigadeführer zu erklären versuchte, einem professionellen Dieb (politischen Häftlingen traute man damals nicht genug, um sie zu Vorarbeitern zu machen), erntete ich heftige Schläge. Ich fiel zu Boden, und er trat mich mit seinen Stiefeln – vor den anderen Häftlingen, die kein Wort zu sagen wagten. Aus Nase und Mund blutend, wandte ich mich an einen Unteroffizier, der zufällig vorbeiging. Er zuckte bloß die Schultern.

»Warum arbeiten Sie nicht wie die anderen?« fragte er.

Dank ärztlicher Hilfe, die ich mir verschaffen konnte, erholte ich mich schnell. Glücklicherweise schickte man mich an einen anderen Arbeitsplatz. Meine neue Aufgabe bestand darin, dreißig Kilo schwere Eimer mit Golderz zu den in Großbritannien hergestellten Erzwaschrinnen zu tragen. Es waren lange Tische, bedeckt mit verrostetem Eisen, das sich ständig bewegte, so daß das darauf niedergehende Wasser den Sand sowie andere Unreinheiten mitnehmen konnte und auf dem Boden nur das Gold zurückblieb.

Die Arbeit galt als leicht, man beschäftigte die meisten Frauen damit. Dennoch war sie schrecklich anstrengend für mich. Ich wußte, sie würde mich umbringen, wenn nicht ein Wunder geschah. Und es geschah wirklich ein Wunder. Eine Sanitätskommission erschien im Lager, und als ich vor sie zitiert wurde, stellte man fest, daß ich mich vor Schwäche kaum auf den Beinen halten konnte. Mein Körper war mit blutenden Kratzern und Pusteln bedeckt, teils wegen der Läuse, teils wegen des Skorbuts, der mich befallen hatte. Die Kommissionsmitglieder flüsterten untereinander und schickten mich weg. Am nächsten Morgen legte man mich zu meiner Überraschung ins Lagerlazarett. Drei Tage lang erhielt ich Sonderkost, die zwar nur aus einer sehr dünnen Suppe und einer Handvoll in Wasser gekochtem Reis bestand, mir aber dennoch köstlich schmeckte. In der Zeit zwischen den Mahlzeiten schlief ich wie ein Klotz.

Die kurze Atempause war bald vorüber. Am vierten Tag erhielt ich einen neuen Posten: Koch und Hausdiener für die Familien einiger »freier Arbeiter«. Diese Leute waren meist ehemalige Häftlinge, die man wegen Verbrechen verurteilt und denen man nach ihrer Entlassung einen Zwangswohnsitz in Kolyma zugewiesen hatte. Entlassene Männer und Frauen aus den Arbeitslagern heirateten oder lebten einfach zusammen, zeugten Kinder und arbeiteten weiter in den Gruben. Der einzige Unterschied zwischen ihnen und uns war, daß sie frei zur Arbeit gingen und sich manchmal Alkohol kaufen konnten.

Da die Alkoholika über ungeheure Entfernungen herangeschafft und unter großen Mühen in diese entlegenen Winkel Sibiriens gebracht werden mußten, brauten sich die »Freien« ihren eigenen Braska. Sie verrührten Roggenmehl und Zucker mit kochendem Wasser und ließen die Mischung gären, bis sie einen gewissen Prozentsatz Alkohol enthielt. Dann tranken sie davon und vergaßen ihre Sorgen. Das hausgemachte Gebräu roch so übelkeitserregend, daß man sich die Nase zuhalten mußte, um es hinunterzubekommen. Schlimmer noch: es verursachte Magenstörungen aller Art und in manchen Fällen sogar Blindheit.

Die Freien bereiteten auch ungeheuer starken Tee. Aus einem Fünfzig-Gramm-Päckchen Tee und hundert Gramm Wasser kochten sie sogenannten Kefir, der ihnen dank seines hohen Gehalts an Tein über Müdigkeit und Erschöpfung weghalf. Nach einer Kefir-Feier gingen sie voller Schwung zur Arbeit, bis sie eines Tages mit einer Herzattacke zusammenbrachen.

Die Lebenserwartung Neugeborener war praktisch Null. Es gab in jenen Jahren absolut keine Nahrung für Säuglinge außer der Muttermilch. Wegen der schlechten Ernährung und der harten Arbeit hatten die meisten Mütter jedoch nicht genug Milch, und die Säuglinge starben.

Die älteren Kinder befanden sich in keiner viel besseren Situation. Als wir nach Kolyma kamen, erhielten Kinder im Lazarett täglich ein Glas Milch mit Brot und Butter. Kein Gemüse, kein Obst, keine Vitamine. Bei seltenen Gelegenheiten, wie am 1. Mai oder einem anderen sowjetischen Feiertag, gab man ihnen einen halben Apfel, klein und grün.

Im Lauf der Jahre besserte sich die Lage, besonders nach Stalins Tod. Ende 1955, als wir Kolyma verließen, annoncierten die Lokalzeitungen Bananen und Orangen, die bis aus Sizilien kamen. Natürlich gab es so seltene Früchte nie im Überfluß, sondern sie mußten rationiert werden – und waren teuer. Doch man bekam sie wenigstens hin und wieder zu sehen, und schon das allein war eine große Freude für die Kinder.

*

Meine Pflichten als Dienstbote bei den Familien »freier Arbeiter« bestanden darin, schwere Wassereimer auf einer über der Schulter liegenden Holzstange heranzuschleppen, Feuer in Eisenöfen zu machen und Erwachsene sowie Kinder zu verköstigen. Zuerst fürchtete ich, Mist zu machen, denn ich hatte noch nie im Leben gekocht. Doch ich überwand meine Angst und stellte voller Verwunderung fest, daß meine neuen Herren keine Einwände erhoben und mit meinen Kochkünsten ganz zufrieden schienen. Die einzigen Zutaten, die mir zur Verfügung standen, waren Büchsenfleisch, gedörrte Zwiebeln, Kartoffeln und Kohl. Mit ein bißchen synthetischem Fett bereitete ich daraus Suppen. Die Familien aßen auch meine Kascha gern, einen Brei aus Buchweizen; mich freute, daß er ihnen schmeckte.

Ich machte die ärmlichen Hütten sauber, deren Einrichtung aus ein paar Holzbetten und einem Holtzisch bestand. Stühle gab es nicht; beim Essen saß die Familie auf den Betten. Hatte ich die Arbeit getan, konnte ich Radio hören, das Musik und Propaganda sendete. Auf diese Weise vermochte ich mir wenigstens ein vages Bild der Geschehnisse in der Welt draußen zu machen.

Jeden Morgen erhielt ich von meinen Arbeitgebern Geld und wurde in die Kantine am Ort zum Einkaufen geschickt. Eine Baracke mit eingedrücktem, rostigem Blechdach diente als Universalladen für die Bergleute. Der Laden verkaufte gefrorenen Fisch und Machorka, Walfette und die »Magadanskaja Prawda«, ferner die noch immer glänzenden Dosen mit Swinaja tuschjonka (Schweinegulasch mit Nierenfett), die von den Amerikanern während des Zweiten Weltkriegs zu Milliarden abgeworfen worden waren. Es gab wenig zu kaufen. Gemüse, Obst, Eier oder Milch sah man nie. Nicht eine einzige frische Ware. Und was es gab, das war rationiert. Die Menschen mußten mit demselben auskommen wie die Häftlinge: Gerste und Hafer, in Wasser gekocht, dem man je nach Geschmack etwas Fett oder Zukker beigab.

Hatte ich meine Besorgungen erledigt, kehrte ich in die Hütte zurück und kochte das Essen. Am meisten Mühe machte mir das Wasserholen in dem etwa 250 Meter hinter der Hütte liegenden Brunnen. Die Eimer hatten ein ziemliches Gewicht, und der Boden war uneben; der größte Teil des Wassers schwappte über, so daß ich die Hütte gewöhnlich mit halb leeren Eimern erreichte und meine Kleider vom verschütteten Wasser gefroren waren.

*

Doch in dem verlassenen Land hatte nichts Bestand. Eines Tages beschlossen die Behörden, in Omsuktschan nur Leute zu behalten, deren Strafe zehn Jahre nicht überstieg. Wer eine höhere Strafe hatte, sollte weggebracht werden. So kam es, daß mich an einem grauen Herbstvormittag, als ich gerade in der Pfanne Fleisch für das Essen zubereitete, ein Soldat ins Lager zurückholte. Ich erhielt eine Scheibe Schwarzbrot sowie ein paar Gramm Zucker und wurde zusammen mit anderen auf einen Lastwagen verladen. Unser Ziel sollten die Gruben von Galimyj sein.

Das Lager in Galimyj war über eine Hügelflanke verstreut, die Hauptbaracken am Fuß des Hügels umgab ein Stacheldrahtzaun. Zum Glück schickte man uns nicht den Hügel hinauf in die Zinngruben, sondern behielt uns weiter unten im Lager für die Baubrigaden. Doch die Unterkünfte waren sehr schlecht, muffig und feucht. Es gab keinen elektrischen Strom, lediglich Petroleumlampen, die immer qualmten. Das Essen war sogar noch mieser, als wir befürchtet hatten. Gewöhnlich leiteten hier verurteilte Diebe die Küchen, und diese elenden Burschen stahlen oft alles Eßbare, vom Brot bis zu den jämmerlichen 15 Gramm Zucker, die zu unserem Frühstückstee ausgegeben wurden.

Bei meinem Eintreffen in Galimyj war dort allgemein bekannt, daß unter dem großen Kochkessel ein Eimer stand, daß der Offizier vom Dienst die Zuckerration für den Frühstückstee dort hineinschüttete und die Küchenmannschaft ihn dann sofort beschlagnahmte. Genauso verhielt es sich mit Fetten und anderen Sonderrationen. Wie ich einige Zeit später hörte, wurden die gewöhnlichen Muschiks unter den Häftlingen so wütend über diese schamlose Räuberei, daß sie einen Koch bei lebendigem Leib in einem Vierhundert-Liter-Kessel sotten. Von da an überlegten die Köche zweimal, bevor sie die jämmerlichen Rationen der Häftlinge stahlen.

Am Morgen nach meiner Ankunft zog ich mit einer der Baubrigaden hügelan. Es war ein sonniger, kalter Oktobermorgen. Meine Gefährten liefen umher, um sich warm zu halten, andere suchten nach Holzspänen, die von den Zimmerleuten zurückgelassen worden waren, wieder andere nach einem Stück Zeitungspapier, um sich eine Zigarette zu drehen – wenn sie das Glück hatten, Machorka zu besitzen. Trotz der Kälte und unseres Hungers konnten wir nicht anders, als die wilde Schönheit der Berge rundum zu bewundern. Unbeeindruckt von den menschlichen Ameisen, die sie aus ihrem langen Schlaf zu reißen versuchten, blickten die Bergriesen erhaben aus Höhen von 3000 Metern und mehr herunter. Kuropatkas (Wachteln des Nordens) flogen hoch darüber hin. Auf den zerklüfteten Hängen machte ab und zu eine schwarze Bergziege einen eleganten Sprung, wie um den MWD-Scharfschützen auf den Wachttürmen zu zeigen, daß es noch lebende Kreaturen gab, über die sie keine Macht hatten.

Wir arbeiteten in Paaren, immer zwei Mann faßten die kurzen Griffe von Holzkisten. In diese sammelten wir den ganzen Tag Steinbrocken, die von den Sprengungen umherlagen, und schafften sie ein gutes Stück vom Baugelände weg. Man genehmigte uns eine halbe Stunde Mittagspause, gab uns an diesem Tag jedoch nichts zu essen. Die erschöpften Häftlinge versuchten die Hungerschwäche zu überwinden, indem sie auf dem kalten blanken Boden eine Weile schliefen. Die Dämmerung brach früh herein, und die Kälte begann zu beißen; doch wir mußten weitermachen, um dem fanatischen Brigadeführer das Gefühl zu geben, er nütze die unter seinem Kommando stehenden »politischen Schweine« richtig aus.

Nach zwölf Stunden Arbeit an diesem ersten Tag kletterten wir den rutschigen Pfad zu unseren Quartieren im Lager hinunter. Mein Herz klopfte wie wild, meine Glieder waren steif und schmerzten. Ich befand mich in einem derartigen Erschöpfungszustand, daß ich wußte, noch ein paar Tage solcher Schwerarbeit, und ich war erledigt. Wir taumelten wie Betrunkene den Pfad hinab. Vor einem schuppenähnlichen Bau, aus dem schwacher Lichtschein in die stockfinstere Nacht drang, gebot uns der Brigadeführer, stehenzubleiben.

»Halt!« befahl er. »Ich möchte, daß jeder dort hineingeht, zwei Säcke Zement holt und auf den Laster hier lädt.«

In der staubigen, stickigen Luft drinnen luden sich die Häftlinge die Säcke auf die Schultern und schleppten sie hinaus zu dem wartenden Laster. Mit Hilfe eines Kameraden hob ich die zwei Säcke auf meinen Rücken und wandte mich zur Tür, gebeugt unter der Last. Ob meine Erschöpfung nach der anstrengenden Arbeit schuld war oder ob ich über die Schwelle stolperte, weiß ich heute noch nicht. Jedenfalls fiel ich und ließ die beiden Säcke los. Einer platzte, und der Zement ergoß sich auf den Boden. Ich hörte Rufe und Fluchen, vermochte aber nicht aufzustehen.

In diesem Moment erschien der Brigadeführer auf der Szene. Er schlug mit einer dicken Eisenstange auf mich ein und gab mir die verschiedensten Namen. Die Schläge trafen mich überall, und ich war sicher, der nächste würde mir den Garaus machen. Trotzdem kam ich nicht auf die Füße. Schließlich war sein Durst nach Blut gestillt, und er ließ zu, daß einige meiner Kameraden mir aufhalfen. Ich versuchte mich zu bewegen, völlig überzeugt, der Tod strecke schon die Hand nach mir aus. Wie ich ins Lager kam, weiß ich nicht, aber ich kam hin. Ich brauchte sofort ärztliche Hilfe. In den Männerbaracken befand sich kein Arzt, der nächste war im Frauenlager, wohin man jedoch nur mit Genehmigung der Lagerbeamten durfte.

Wenn der Brigadeführer Wind von meinem Arztbesuch bekam, brachte er mich vermutlich aus lauter Wut auf der Stelle um. Schließlich stand das Recht auf seiner Seite. Ich riskierte es trotzdem und ging zu der Ärztin ins Frauenlager.

Dr. Gilda Adamowitsch Wolf war von ihren Eltern, Nachkommen deutscher Kolonisten aus dem Gebiet Odessa, im evangelischen Glauben erzogen worden, wie sie mir selbst sagte. Sie hatte so strenge Moralgrundsätze, daß sie nie mit einem Mann flirtete, geschweige denn sich küssen ließ, bis sie mit sechsundzwanzig heiratete. Sogar im Lager, wo die Häftlinge hinsichtlich des Sexuallebens kaum Vorsicht walten ließen, beachtete sie dieselben strengen Verhaltensregeln. Sie war eine kleine, dickliche, sehr volksbewußte »Wolgadeutsche« mit blauen Augen und blondem Haar. Ihre Zehnjahresstrafe hatte sie bekommen, weil sie hartnäckig an ihrem Glauben festhielt. Man hatte sie und ein paar Glaubensbrüder ertappt, als sie in ihrem Haus Hymnen sangen, und das als Beweis für ihre Glaubenstreue genommen. Jetzt, im fünften Jahr ihrer Strafe, versuchte die beherzte Ärztin nach Möglichkeit, jenen ihrer Leidensgenossen zu helfen, die einen aussichtslosen Kampf gegen die Lagerbehörden führten. Im schwachen Licht einer Petroleumlampe untersuchte sie mich.

Als ich meinen halb mit einem gelblich-weißen Laken bedeckten Körper betrachtete, schauderte ich. Überall war er geschwollen, übersät mit großen blauroten Beulen, hier und da sammelten sich Blutklumpen unter der Haut. Meine Glieder kamen mir wie gelähmt vor. Die arme Frau Dr. Wolf, die ihre Brille mit einer Schnur um die Ohren befestigt hatte, fragte sanft: »Tut es weh?« und murmelte vor sich hin: »Mein Gott, mein lieber Gott!«

Nachdem sie mich verarztet hatte, so gut es ging, half sie mir das Hemd über meinen wunden Rücken ziehen und erklärte mit einem halb professionellen, halb weiblichen Lächeln: »Gott sei Dank, die Knochen sind intakt. Die Fütterung in Ihren Kleidern hat die Schläge gemildert. Natürlich wird es schmerzen, und Sie werden viele Tage lang Blutergüsse haben. Reinste Bestialität! Ich werde es in meinen Bericht an den Lagerkommandanten schreiben. Gegen diese Ungeheuer müssen Maßnahmen ergriffen werden, sie sind zu allem fähig.«

Vergebens versuchte ich ihr zu erklären, daß mein Leben in Gefahr sei, wenn man den mordlustigen Brigadeführer bestrafe; sie hörte nicht auf mich.

»Morgen früh lasse ich Sie als erstes zum Röntgen ins obere Lager hinaufschicken. Dort ist ein ›freier‹ Chirurg, ein gewisser Dr. Goldberg, ein gutherziger Mann und großer Spezialist. Er wird entscheiden, ob Sie weitere ärztliche Hilfe benötigen.«

Ich verließ sie mit dunklen Ahnungen, und als ich ins Männerlager zurückkam, wartete der Brigadeführer tatsächlich schon auf mich. »Hör zu!« sagte er. »Ich hab erfahren, daß du zu der Hure von einer Doktorin gegangen bist und mich gemeldet hast! Wenn sie mich deswegen rufen und mir etwas sagen, das mir nicht paßt . . . Schau her«, er wies auf einen Haken an der Dekke, an dem eine Lampe hing, »dann knüpfe ich dich eigenhändig dort auf.« Ich senkte demütig den Kopf, wandte mich um und ging weg. In jener Nacht mußte ich mir auf die Lippen beißen, um nicht vor Schmerzen zu schreien. Endlich zog der bleiche Morgen herauf, und ich trat mit einer Gruppe Kranker draußen an. Jemand lieh mir eine alte Decke, die ich wie einen Schal um mich schlang. Dann brach ich zusammen mit einigen weiblichen Häftlingen zu dem drei Kilometer entfernten oberen Lager auf, bewacht von einem Soldaten mit Gewehr und Hund. Dr. Goldberg erinnerte sich sofort an mich und fragte sanft, wo es mir fehle. Er warf einen Blick auf den Krankenbericht und sagte in seinem tadellosen Französisch: »Déshabillez-vous!« (machen Sie sich frei).

Langsam und gründlich untersuchte er mich. »Der hätte Sie leicht umbringen können«, sagte er schließlich. »Das Wichtigste für Sie ist, daß Sie nichts gebrochen haben. Sie brauchen nur einige Tage Ruhe. Da ich jedoch im Lazarett hier keinen Zentimeter freien Platz habe, schreibe ich Sie eine Woche arbeitsunfähig und setze Sie auf Lazarettkost. Natürlich gehen Sie nicht in das Lager hinunter, wo Sie eine Begegnung mit dem Ungeheuer riskieren. Sie bleiben im Lager hier oben. Übrigens, ich werde noch einmal versuchen, Ihnen den Laborposten im Lazarett zu verschaffen. Was halten Sie davon?«

Ich dankte dem Arzt für alles und blieb im oberen Lager. Die Nacht verbrachte ich im Friseurladen; einer der Friseure dort war der bessarabische Jude Guralnik, den ich bereits kannte. Ich schlief auf dem Boden, auf zwei zusammengefalteten Decken, und fühlte mich zum erstenmal in meinem Sträflingsleben wieder unter zivilisierten Menschen.

Am Morgen jedoch verflüchtigte sich mein Traum jäh. Wuchtige Schläge an die Tür rissen mich aus dem Schlaf. Mein Friseurfreund öffnete. Den Raum betrat ein Unteroffizier mit einem Zettel, von dem er meinen Namen ablas.

»Warum bist du nicht zur Arbeit angetreten?«

»Zur Arbeit?« fragte ich voll dumpfem Entsetzen.

»Ja, zur Arbeit. Du gehörst zur Brigade Smirnow aus der dritten Abteilung. Vor einer halben Stunde hättest du draußen sein sollen. Du bist ein Drückeberger und wirst dafür büßen. Zieh dich an und komm mit.«

Ich sah meinen Freund an, dann den Soldaten. Beide schwiegen.

»Aber ich stehe auf der Krankenliste, ich soll ins Lazarett«, wandte ich ein.

»Unsinn! Wenn man dich für krank hielte, hätte man dich im Lazarett behalten. Du bist zur Arbeit verpflichtet wie alle anderen auch.«

»Aber Dr. Goldberg sagte . . .«

»Schluß mit dem Gerede, komm jetzt! Reden kannst du bei jenen, die nach dir schicken«, erwiderte der Unteroffizier verärgert und bedeutete mir, mich zu beeilen.

Der Hof des unteren Lagers war leer, die Arbeitsbrigaden befanden sich bereits in den Gruben. Nur ein paar Leute, die Barackendienst hatten, zerklopften das Eis vor den Hütten oder zerschlugen die rötlichgelbe Eisschicht um die improvisierten Pissoirs daneben. Ich wurde ins Hauptbüro gebracht. In dem kleinen Raum schwatzten zwei Zivilisten in Pelzmänteln. Bei meinem Eintritt verstummten sie. Einer der beiden, ein Mann mit schiefem, narbenbedecktem Gesicht, baute sich vor mir auf und musterte mich schweigend von oben bis unten.

»Warum hast du dich geweigert, heute früh zur Arbeit zu gehen?« fragte er.

»Da muß ein Mißverständnis vorliegen. Ich soll nicht arbeiten, ich soll ins Lazarett.«

»Quatsch! Du bist zur Arbeit abkommandiert. Du hättest um 7 Uhr 30 mit Smirnows Brigade hinaus sollen.« Ich versuchte zu erklären, daß ich arbeitsunfähig sei, und zeigte ihm meine arg geschwollenen Hände. Er packte mich am Arm und verdrehte in mir so, daß ich vor Schmerzen schrie.

»Mit dir ist alles in Ordnung. Du bist ein Simulant. Du bist ein Saboteur, und du wirst die Strafe kriegen, die ein solcher Bastard verdient!« schrie er. Dann bellte er den Soldaten an: »In den Isolator mit ihm!«

Mit einem Aufseher verließ ich das Lager durchs Haupttor. Zwanzig Meter weiter, und ich stand vor einer Art Erdloch oder primitiven Höhle. Keine Stufen führten hinunter, nur ein schmaler, rutschiger Weg. Im Schein einer flackernden Kerze sah ich Eisengitter vor mehreren Zellen. Der Aufseher öffnete eine und stieß mich hinein. In der Dunkelheit berührte ich die Wände und die niedrige Decke über mir. Keine Mauer, keine Ziegel, nichts. Nur blanke Erde. Auch der Boden war so: blanke, gefrorene Erde. Ein Grab.

Bevor der Aufseher das Gitter verschloß, nahm er mir gemäß der Gefängnisbestimmungen meine Filzstiefel ab. Da saß ich also um acht Uhr morgens barfuß und halb nackt in einem kalten Grab, dem Tod durch Erfrieren preisgegeben. Kein Laut zu hören; ich war sicher, daß ich in meinem Zustand nicht lange durchhalten würde. Vielleicht einen Tag, vermutlich nicht einmal so lange.

Der alte Selbsterhaltungstrieb arbeitete für mich. Ich zog meinen Mantel über die Füße, so gut es ging, und versuchte sie warmzuhalten, indem ich sie ständig aneinander rieb. Dasselbe tat ich mit den Händen, obwohl die geringste Bewegung schrecklich schmerzte. Ich kämpfte gegen die Zeit, überzeugt, daß ich bald das Bewußtsein verlieren und man mich am nächsten Morgen tot finden würde.

Doch wieder einmal war mir das Schicksal gnädig. Nach ein paar Stunden ging die Gittertür auf, und ein Offizier trat ein. Hinter ihm erblickte ich den weißen Mantel und die goldgefaßte Brille Dr. Goldbergs. Gott segne seine Seele! Wortlos sahen die beiden einander und dann mich an.

Dr. Goldberg brach das Schweigen. »Wie können Sie eine solche Bestialität erklären? Der Mann wird mir zur Behandlung geschickt, und ohne meine Aussage abzuwarten, stecken Sie ihn lebendig in dieses Grab. Ich werde es dem Staatsanwalt melden.«

Der Offizier sagte nichts. Er winkte dem Aufseher, der mir meine Stiefel wiedergab und mich hinausbrachte. Dieses Mal nahm man mich ins Lazarett auf und versorgte mich. Fünfzehn Männer und neun Frauen lagen in den zwei Räumen. Wegen der schlechten Ventilation erlaubte uns der Oberarzt zu bestimmten Zeiten, auf dem Gang draußen hin und her zu gehen. Männer und Frauen trugen dieselben langen Lazaretthemden aus grobem Stoff.

Die Patienten hatten die verschiedensten Beschwerden, meist jedoch Skorbut in fortgeschrittenem Stadium oder Erfrierungen dritten Grades. Einige Frauen lagen wegen Fehlgeburten hier. Eine OP-Station gab es nicht, kleinere Operationen wurden auf einem Bett mitten in einem der Räume vorgenommen.

Eines Abends nach dem Lichtlöschen um neun Uhr, als alle schon schliefen, trommelte jemand an die Hinterier und einige Soldaten in langen Schaffellmänteln, die Gesichter gerötet von der Kälte und vom Alkohol. Sie sprachen so laut, daß alle aufwachten. Der Offizier sagte zu Kasimir, eine gewisse Patientin müsse sofort entlassen werden, er müsse sie noch in der Nacht in das Lager zurückbringen, wohin sie gehöre.

Kasimir erwiderte so höflich wie möglich, er habe ausdrücklichen Befehl vom Chefchirurgen, während der Nacht keine Entlassungen vorzunehmen. Er wies darauf hin, daß die Frau hohes Fieber habe und an einer Infektion als Folge der Fehlgeburt leide. Ein Verlassen des Lazaretts bedeute für sie den sicheren Tod.

Der betrunkene Offizier verwünschte ihn in voller Lautstärke und verlangte das Kleiderbündel der armen Frau. Zu unserem Entsetzen wurde die halbtote Patientin angezogen und in ihrem schrecklichen Zustand von zwei Soldaten, die sie stützen mußten, aus der Station gebracht. Am nächsten Morgen hörten wir, sie sei noch in der Nacht im Frauenlager gestorben.

Dr. Goldberg war so wütend, daß er sich weigerte, seine Arbeit aufzunehmen. Er fuhr mit dem Wagen ins Distrikthauptquartier, wo er um seine Entlassung einreichte. Da es sehr wenige Spezialisten seiner Qualität gab, trug seine kühne Haltung Früchte. Der Staatsanwalt kam mit ihm zurück, eine Untersuchung fand statt, und der Offizier verschwand aus dem Lager. Angeblich stellte man ihn vor Gericht, aber ob er eine Strafe bekam und wenn ja, welche, das wußte niemand. Wie dem auch sei, in Kolyma sahen wir ihn nicht wieder.

Ich war überzeugt, daß man die Soldaten des MWD nach ihren sadistischen Fähigkeiten aussuchte. Sie hatten völlig freie Hand über uns und taten alles, vor allem wenn sie betrunken waren, um die Häftlinge leiden zu lassen. Beispielsweise auf dem Weg zur oder von der Arbeit, den wir in den üblichen Fünferkolonnen zurücklegten, befahlen sie uns, stehenzubleiben, banden die Hunde los und lachten schallend, wenn die Tiere ihre Fänge in unsere Beine schlugen. Es war eine Zeit, in der sie einfach alles durften, sogar uns töten – und noch eine Belohnung dafür bekamen. Ich habe mehrmals erlebt, daß sie einen Mann zu sich riefen, der ihnen Feuer machen oder einen Krug Wasser bringen sollte, und daß sie ihn dann unter dem Vorwand erschossen, er sei über die »Demarkationslinie« getreten.

Der Winter 1949 in Kolyma war besonders streng. Er begann mit Frost und Schneestürmen in den ersten Oktobertagen und währte ohne Unterbrechung bis Ende Juni. Wollten wir zu den von unseren Unterkünften hundert Meter entfernten Latrinen, mußten wir uns an ein Seil klammern, um nicht von dem heulenden Schneesturm fortgerissen zu werden.

Um die mehr als 3000 Kilometer lange Lebensader zwischen Magadan und Jakutsk offenzuhalten, die sich über Bergkämme wand, mußten männliche und weibliche Häftlinge Tag und Nacht Schnee schaufeln. Die meisten trugen schwere Erfrierungen davon, ihre dunklen Gesichter waren schrecklich anzusehen. Beim Bau der Straße während des Kriegs hatten Zehntausende den Tod gefunden. Der geringste Ungehorsam kostete sofort das Leben. Solche Erschießungen sollten alle abschrecken, die auf den Gedanken kamen, einzuhalten oder das Arbeitstempo zu verlangsamen.

Am schwersten fiel es den geschwächten Häftlingen, die eisbedeckten Hänge hinaufzuklettern. Deshalb versuchten sie oft, die Förderwagen zu benutzen, mit denen man das Zinnerz vom Berg herunterschaffte. Sie machten sich primitive Haken und hängten sich damit an die leer bergauffahrenden Wagen. Die mutigsten stiegen sogar hinein, obwohl es streng verboten war. Eines Tages krochen zu viele in einen Wagen, das überlastete Seil riß und der Wagen raste mit großer Geschwindigkeit bergab. Niemand konnte abspringen. Die Leichen waren furchtbar verstümmelt, als man sie unten aus einer Schlucht barg.

Ein dunkles Loch in der Flanke eines kahlen Berges stellte gewöhnlich den Eingang zum Bergwerk dar. Der Abbau erfolgte auf mehreren Sohlen, einige Häftlinge arbeiteten über Tag, andere 2500 bis 3000 Meter unter Tage. Die Stollen waren so schmal, daß kaum zwei Männer nebeneinander gehen konnten, und ein mittelgroßer Mann mußte sich bücken, um mit dem Kopf nicht anzustoßen. Die Gesteinsgänge waren stellenweise so niedrig, daß wir auf allen vieren kriechen mußten. Bis Ende 1950, als man Humphrey-Sicherheitslampen einführte, hatte jeder Häftlings-Bergmann sein eigenes Geleucht mitzubringen; es bestand aus einer rostigen Dose mit einem Stück Docht in irgendeinem Fett. Das ergab natürlich sehr schlechtes Licht, und der Windzug löschte es häufig aus. Wenn das offene Licht mit Gasen in Berührung kam, die aus Spalten und Rissen in den Stollenwänden strömten, verursachte es oft schlimme Explosionen. Die Pfähle, mit denen man die Gesteinsgänge abgestützt hatte, wurden manchmal von den Häftlingen zerhackt und im Finstern als Feuerholz mit in die Baracken genommen. Bis weit in die fünfziger Jahre besaßen die Häftlinge als Werkzeug einzig Hauen und Äxte, und sie konnten die Beine wegen ihrer schweren Ketten kaum bewegen.

Das abgebaute Material verlud man auf Förderwagen, die eine dreiviertel Tonne faßten und von Hand zum Mundlöch der Grube geschoben wurden, wo andere Häftlinge sie übernahmen und das erzhaltige Gestein vom tauben trennten.

Die Häftlinge, die mit den primitiven Aufzügen in die Gruben einfuhren, schwebten in schrecklicher Gefahr, denn die alten, verrosteten Kabel rissen mehr als einmal unter der Menschenlast.

Die Arbeit in den Gruben war der reinste Alptraum. Keinerlei Sicherheitsmaßnahmen schützten die Bergleute vor Unfällen. Erst nach langem Hin und Her bekamen sie Karbidlampen, und einige wenige Privilegierte erhielten batteriegespeiste Lampen. Die Behörden ließen dann auch Frischluft in die Gruben pumpen. Doch weil die Verwaltung möglichst schnell das geplante Produktionsniveau erreichen wollte, wurden einige elementare Sicherheitsmaßnahmen außer acht gelassen, so daß die Luft ständig staubgeschwängert war. Als Folge davon bekamen viele Häftlinge Silikose, d. h. eine Steinstaublunge.

Kein Tag verging, ohne daß ein Unfall geschah. Entweder versagte die Energieversorgung, und die Häftlinge blieben auf halbem Weg stecken, oder ein Kabel riß, und der Förderkorb krachte in die Tiefe. Ständig wurden verstümmelte, schwerverletzte Häftlinge ins Lagerlazarett transportiert. Eine weitere Unfallquelle resultierte aus dem Fehlen geeigneter Kopfbedeckungen. Die Bergleute trugen ihre russischen Pelzmützen statt Helmen, und wenn große Steintrümmer oder Felsbrocken einen Mann trafen, war er erledigt.

Aus Angst, die tägliche Quote nicht zu erreichen, befanden sich die Brigadeführer und ihre Leute dauernd in einem Zustand höchster Erregung. Sie wußten, wie viele Förderwagen sie täglich hinunterschicken mußten und daß jeder Wagen unten genau kontrolliert und registriert wurde. Ich erlebte, wie einmal ein Brigadeführer namens Gregorjew am Schichtende den von der Verwaltung mit der Mengenkontrolle betrauten Häftling nach der Wagenzahl fragte. Der Brigadeführer war dreckig von oben bis unten und hatte entzündete Augen vom Staub.

»Wie viele Wagen haben wir heute heruntergeschickt?« erkundigte er sich mit heiserer Stimme.

»Vierzehn.«

»Fünfzehn«, brüllte Gregorjew, »keinen weniger!«

»Tut mir leid«, erwiderte der Prüfer, »es waren nur vierzehn.«

»Was willst du?« tobte Gregorjew mit voller Lautstärke. »Daß meine Leute hungern wegen ein paar Steinen? Schreib fünfzehn auf deine Zählliste. Wenn du es nicht tust, bring ich dich auf der Stelle um.«

»Ich kann nicht, Bruder«, rief der andere, »ich schwöre dir, ich kann nicht . . .«

Er beendete den Satz nicht. Gregorjew zog blitzschnell ein Messer mit dünner Klinge und stieß es dem Mann mehrmals in die Brust. Der Mann brach tot zusammen. Gregorjew rannte davon, nachdem er auf die Leiche gespuckt und gezischt hatte: »Für einen Hund einen hündischen Tod.«

Man jagte ihm nach. In seinem verzweifelten Bemühen zu entkommen, tötete er drei weitere Leute und verwundete einen Wachsoldaten. Er verschwand über einen Bergkamm. Vier Monate hielt er durch, lebte von dem, was er aus den Lastwagen stehlen konnte, die ihn ab und zu auf der Hauptstraße ein Stück mitnahmen. Schließlich faßte man ihn und warf ihn in eine unterirdische Höhle, wo er an Hunger und Kälte starb.

Unter den Wachsoldaten waren Männer aller in der Sowjetnion lebenden Völker und Volksgruppen. Nicht wenige stammten aus Bessarabien und hatten Rumänisch als Muttersprache. Nach Unterzeichnung des Waffenstillstands zwischen Rumänien und Rußland am 12. September 1944 hatte man sie aus der rumänischen Armee entlassen und heim nach Bessarabien geschickt. Kaum hatten sie die Grenze überschritten, waren sie verhaftet und monatelang verhört worden. Dann hatte man sie vor die Alternative gestellt: drei Jahre im NKWD zu dienen oder als »Verräter am Vaterland« ins Gefängnis zu gehen. Sie hatten gewählt und bewachten nun andere »Verräter«.

Die gefährlichste Zeit im Norden lag zwischen März und Juni, wo der schmelzende Schnee grell glänzte und schrecklich blendete. Wer das Pech hatte, über Tag zu arbeiten, verlor häufig das Augenlicht und mußte ins Lazarett gebracht werden. Mit der Zeit lernten die Häftlinge ihre Augen schützen. Sie fabrizierten primitive Brillen aus Karton oder Blech, bohrten ein kleines Loch hinein, durch das sie sahen, ohne von dem reflektierten Sonnenlicht geblendet zu werden.

Später, im Frühling, kamen die gräßlichen sibirischen Moschki. Wer seine Haut nicht schützen konnte, wurde völlig zerstochen, hatte oft ständig geschwollene Lippen und Augen. Gegen Ende des Frühlings versetzte man mich in den Tagebau, und das war der größte Feiertag für mich. Ich mußte hart arbeiten, zwölf Stunden täglich, aber es erschien mir nichts im Vergleich zu den höllischen Gruben unter Tage.

Meine neue Arbeit bestand darin, die beladenen Förderwagen zusammen mit drei weiteren Männern ein paar hundert Meter bergab zu schieben. Warum mußten vier Leute einen beladenen Wagen über eine so kurze Entfernung schieben, wo er doch von selbst hätte bergab rollen sollen? Weil in den Bergwerken neben anderen improvisierten Einrichtungen das Doppelschienensystem angewandt wurde. Vier Männer spannten sich vor den beladenen abwärtsfahrenden Wagen, so daß ihre Zugkraft zur Schubkraft des Wagens kam und der leere Wagen auf dem anderen Gleis zur Ladestation nach oben befördert wurde. Wir mußten den beladenen Wagen schieben und gleichzeitig bremsen. Im Winter hatten wir auch die vereisenden Schienen freizuhalten, um ein Entgleisen der Wagen zu verhindern. Sprang uns einer der beladenen Dreivierteltonner aus den Schienen, gab es nichts als unsere Muskelkraft, um ihn wieder daraufzuheben. Es war eine Sklavenarbeit. Während ich mich mit meinen Kollegen abmühte, mußte ich immer wieder an Worte denken, die ich seit meiner Kindheit kannte; sie erzählten die Geschichte vom Elend der Juden in Ägypten und begannen so: »Wir waren die Sklaven des Pharao in Ägypten . . .«

Zu meinem Glück, so dachte ich, bekam ich bald eine neue Arbeit. An verschiedenen Ladestationen gab es hölzerne Estacades, wo die Häftlinge das Erz vom tauben Gestein trennten. Sie mußten schnell arbeiten und geschickte Finger haben, um alle brauchbaren Brocken herauszupicken. Dazu mußten sie ständig achtgeben, damit Steine, die beim Entladen von den Wagen fielen, ihnen nicht die Hände zerschmetterten. Meine neue Arbeit bestand darin, in eine Art Bunker hineinzusteigen und mit einer Holzstange große Brocken weiterzustoßen, die am Bunkertrichter steckenblieben. Diese Aufgabe war zwar etwas weniger anstrengend, aber viel gefährlicher.

*

Wenn der Mann oben, der auf dem Förderwagen hockte, einen Hebel betätigte und so einen regelrechten Steinhagel auslöste, mußte ich mit meiner Stange dafür sorgen, daß die Felsbrocken und Steine richtig zum Trichter weiterrollten. Über mir spien noch andere Wagen ihre Ladungen aus, deshalb geschah es häufig, daß eines meiner Beine in einen regelrechten Steinestrom geriet. Zweimal war es so schlimm, daß ich jedes Quentchen meiner Energiereste aufbieten mußte, um nicht vom Gewicht der Steine mitgezogen zu werden. Ganz bestimmt hätte in dem Höllenlärm niemand meine Hilferufe gehört. Der Staub, das Donnern der rollenden Steine und die ständige Gefahr gingen bald über meine Kräfte. Ich versuchte verzweifelt, meinen Brigadeführer, meine Arbeitskollegen und die Einsatzleiter zu überzeugen, daß ich zu alt für eine so schwierige Aufgabe sei. Doch niemand hörte auf meine Beschwerden. Ich war mir immer bewußt gewesen, daß in den Lagern ein gewisser Antisemitismus herrschte, und ich wußte auch, daß die Gefühle, die man mir jetzt hier entgegenbrachte, unmittelbare Folge eines in Galimyj besonders ausgeprägten, bitteren Vorurteils war.

Im hiesigen Lager wimmelte es von Ukrainern. Einige darunter verhielten sich sehr anständig, aber die meisten waren Antisemiten – aus einer antisemitischen Volkstradition heraus, die aus jener Zeit datierte, wo die russischen Zaren die jüdischen Bewohner der Ukraine als Sündenböcke hingestellt hatten, um den glühenden Haß der Nationalisten dieses unglücklichen Landes von sich abzulenken. Viele Ukrainer, die während der deutschen Besetzung den Nazis bei der Vernichtung der Juden geholfen hatten, waren der Überzeugung gewesen, damit zur Errichtung eines unabhängigen ukrainischen Staates beizutragen. Da man in ihnen jahrhundertelang die Illusion genährt hatte, ohne die Juden sei ein solcher Staat möglich, konnte ich von den Ukrainern, der großen Mehrheit meiner Mithäftlinge, natürlich keine Sympathie erwarten.

Außerdem waren da noch die deutschen Gefangenen, die sowjetischen Häftlinge, die im Krieg mit den Deutschen kollaboriert hatten, und die antikommunistischen Russen, die den Juden die Schuld an der Oktoberrevolution zuschrieben (und immer zuschreiben werden). Während jedoch die Ressentiments bestimmter Häftlinge gegen ihre jüdischen Leidensgenossen verständlich waren, konnte niemand die kalte, harte antijüdische Haltung der marxistisch-leninistisch geschulten örtlichen Parteiführer entschuldigen. Die meisten stammten aus einfachsten Familien und waren – wie sie offen zugaben – wütend auf ihre jüdischen Genossen, die wegen ihres größeren Ehrgeizes und Einsatzes höhere Stufen in der kommunistischen Parteihierarchie erklommen hatten als sie.

Diese Atmosphäre gegenseitiger Verdächtigung unter den Offizieren und den Häftlingen konnte leicht in Bösartigkeit, ja sogar in Mord ausarten. Ich wußte, jeder Versuch, meine gefährliche Arbeit durch Diskussionen mit den Behörden oder den Mithäftlingen loszuwerden, war sinnlos und wahrscheinlich riskant. Die dachten sicherlich, es sei die richtige Arbeit zur richtigen Zeit für mich, und wenn ich unterginge, um so besser . . .

Ich sah nur einen Ausweg. Ich kehrte in den Bunker zurück, um dem Brigadeführer und meinen Mithäftlingen zu beweisen, daß ich kein Saboteur sei. Doch ich hatte mir auf der Fahrt in die Sowjetunion geschworen, eines Tages freizukommen. Also galt es jetzt, die Arbeit als »Steinebeweger« zu überleben. Ich mußte ein kalkuliertes Risiko eingehen. Noch vor Tagesende erzeugte ich absichtlich einen Stau und brachte dann die Steinlawine ins Rollen. Hätte mich einer der größten Brocken getroffen, wäre es aus gewesen mit mir. Aber nur ein kleiner, scharfer Stein schlug mir ins Gesicht und riß eine Schramme, die heftig blutete. Ich preßte die Hände darauf und rannte schreiend aus dem Bunker. Ich lief weiter, obwohl einige Mithäftlinge wütend mit ihren Schaufeln nach mir schlugen, weil ihnen eine solche Unterbrechung der Nachmittagsproduktion nicht paßte. Ich vermochte ihre Angriffe abzuwehren und rannte bis zum Kontrollpunkt hinunter, wo ich vor dem diensthabenden Offizier bewußtlos zusammenbrach.

Man schaffte mich ins Lagerlazarett, meine Wunde wurde verbunden, und ich bekam acht Ruhetage verordnet. Nach der Entlassung aus dem Lazarett steckte man mich zur Neueinteilung in den Pool verfügbarer Arbeitskräfte. In den Bunker wurde ich nie mehr geschickt.

*

Zwei Wochen später, als ich gerade auf der Schwelle der Werkstatt stand, wo ich Nachtdienst machte, kam ein Weißrusse namens Pawlowitsch aus Charbin mit einer erstaunlichen Neuigkeit: »In Korea ist der Krieg ausgebrochen«, sagte er. »Das Radio hat eben Präsident Trumans Mobilmachungsbefehl gesendet. Im Dorf horten die Freien, was sie können, und versuchen ihre Frauen und Kinder wegzubekommen. Jetzt werden sich die Kommunisten an uns rächen, wenn der Krieg eine für sie ungünstige Wendung nimmt.«

In den ersten Wochen jedoch waren unsere Herren guter Dinge. Mit Witzen und überall ausgestellten Karikaturen machte man sich lustig über die amerikanische Intervention, man verkündete, die Amerikaner würden sich verzweifelt an ein paar Quadratkilometer in Südostkorea klammern, von wo die koreanischen Patrioten sie bei einem letzten Vorstoß ins Meer treiben würden. Doch mit der Invasion von In-tschon am 15. September 1950 änderte sich die militärische Lage, und danach änderten unsere Herren ihr Verhalten.

»Ihr erwartet, daß eure Freunde, die Amerikaner und Briten, kommen und euch aus unseren Händen retten, was? Aber sie werden diese Küsten nie erreichen! Und wenn es doch geschehen sollte, werden wir die Grubeneingänge sprengen, und ihr werdet zweitausend Meter weiter unten krepieren wie Ratten, ohne eine einzige amerikanische oder britische Uniform zu Gesicht zu bekommen!«

Von oben erging Befehl, bei der geringsten Verlangsamung des Arbeitstempos oder Nichterfüllung von Anweisungen Massenerschießungen vorzunehmen. Jeder Lagerkommandant und sein Politoffizier hatten Generalvollmacht, den neuen Erlaß nach Gutdünken anzuwenden. Einige erschossen Leute, nur um Terror unter uns zu verbreiten und aus den Häftlingen soviel wie möglich herauszuholen. Wenn die frierenden, hungrigen Sträflinge aus den Gruben zurückkamen, befahl man ihnen oft, zu dem einige Kilometer entfernten Munitionslager zu gehen und Dynamit für die Sprengungen des nächsten Tages zu holen. Wer sich unter dem Vorwand der Erschöpfung (die Arbeitszeit betrug jetzt vierzehn Stunden täglich) weigerte, wurde vom Lagerkommandanten erschossen; die Leichen ließ man zur Warnung vierundzwanzig Stunden liegen. Die Häftlinge redeten untereinander nur noch das Allernotwendigste. Ich arbeitete hart und hielt den Mund, vermied alles, was den Zorn der Behörden hätte erregen können. Ich ging auch nicht mehr in die Lagerbibliothek, wo man zwei Monate alte Exemplare der »Prawda« lesen konnte, und ich spielte nicht mehr Schach mit anderen Lagerinsassen. In meiner Freizeit, wenn ich welche hatte, versuchte ich zu schlafen.

Der Schlaf war nicht nur eine Quelle neuer Energie, sondern auch eine Oase des Friedens und der Hoffnung, in die niemand eindringen konnte. Er bildete meine einzige Waffe gegen die Widrigkeiten. Bald wurde das Essen so schlecht und wenig, daß wir auf dem Weg zur Arbeit kaum mehr die Füße vom Boden brachten. Es war klar, daß als Folge dieser Aushungerung die Produktion sank; man konnte uns leicht der Sabotage beschuldigen und angebliche Rädelsführer wegen Nichterfüllung des Plans erschießen. Mehr als einmal erklärte uns einer der Offiziere verächtlich: »Wenn ihr glaubt, wir bräuchten so dringend mehr Metall, daß wir alles in unserer Macht Stehende tun, um euch am Leben zu halten, dann täuscht ihr euch! Wir machen uns einen Dreck aus eurer Leistung und eurem Leben. Wir wollen nur eines, euch für eure Verbrechen bestrafen!«

Die Leute erkrankten zu Hunderten. Das völlige Fehlen von Vitamin C beeinträchtigte mein Sehvermögen und mein Gehör. Meine Knochen wurden dünn und zerbrechlich; ich bewegte mich mit größter Vorsicht, um nicht zu fallen. Ärzte unter den Häftlingen sagten uns, sogar unsere Schädel seien nun zu brüchig, um einen heftigeren Schlag auszuhalten.

In diesem deprimierenden Zustand kehrte ich eines frühen Morgens mit der Nachtschicht ins Lager zurück. Wir trugen bereits unsere Winterkleider und die Filzstiefel. Der Barackenboden war eben mit irgendwelchem fettigem Zeug eingelassen worden. Da die Gummisohlen an meinen Stiefeln schon abgetreten und sehr glatt waren, rutschte ich aus und verdrehte mir beim Fallen den Fuß. Ich hörte es krachen, Schmerzen schossen durch meinen ganzen Körper. Unmöglich, aufzustehen. Mit Hilfe einiger Kameraden schleppte ich mich zu meiner Koje. Ein Häftling ging den burjätisch-mongolischen Sanitäter holen. Doch der Sanitäter ließ mir sagen, ich müsse mich schon selbst zu ihm bemühen. Also stützte ich mich an den Wänden, humpelte mühsam von Baracke zu Baracke und erreichte endlich die Sanitätshütte. Der Mongole schaute sich mein blaues, geschwollenes Bein an. Er beschloß, mich in eines der beiden Betten, die er für Notfälle in seiner Hütte stehen hatte, zu legen, und hierzulassen, bis ein Arzt kommen und mein Bein untersuchen konnte.

Drei Tage verstrichen, ohne daß sich ein Arzt blicken ließ. Inzwischen war mein Bein derart schwarz und dick, daß es bestimmt amputiert werden mußte, wenn nicht bald etwas geschah. Am vierten Tag gestand sich der Mongole ein, daß kein Arzt erscheinen würde, und er bekam Angst, man könnte ihn zur Verantwortung ziehen, weil er mich so lange hatte liegen lassen. Er forderte mich auf, mit ihm ins Lazarett zu gehen. Ich sah ihn sprachlos an. Er als Sanitäter wußte doch über meinen Zustand besser Bescheid als ich selber, und doch wollte er, daß ich die fünfhundert Meter zum Lazarett über unebenen Boden aus eigener Kraft zurücklegte! Ich sagte, das Beste wäre, er hole eine Bahre und bitte zwei meiner Häftlingskameraden, mich zu tragen. Er antwortete, eine Bahre habe er nicht, er könne mir nur anbieten, ihm den Arm um den Hals zu legen und mit seiner Hilfe auf meinem gesunden Bein zum Lazarett zu humpeln. Da mir keine Wahl blieb, hängte ich mich an seinen Hals, und wir zogen los.

Jeder Schritt kostete mich ungeheure Anstrengung. Der Schmerz pochte in meinem Kopf wie ein Preßlufthammer. Mein Herz schlug immer schneller, und ich hatte das Gefühl, beim nächsten Schritt mit Herzversagen zusammenzubrechen. Ich flehte den Mongolen an, mich eine Weile ausruhen zu lassen. Aber er trieb zur Eile. Wir brauchten mehr als eine Stunde für die Strecke.

Endlich erreichten wir das Lager, in welchem das Lazarett lag. Ich sollte drei Stufen zum Haupttor erklimmen, jede einen Fuß hoch. Mir war klar, wenn ich es versuchte, würde ich fallen und nie mehr auf die Beine kommen. Ich flehte den Sanitäter an, eine Bahre zu holen oder zwei Männer um den Gefallen zu bitten, mich über das Hindernis zu tragen. Er weigerte sich. »Versuch es«, sagte er. »Es ist nicht sehr hoch.«

Ich stützte mich fest auf mein gesundes Bein, faßte das Holzgeländer und zog mich hinauf. Oben angelangt, sah ich, daß auf der anderen Seite drei Stufen hinunterführten. Sie kosteten mich die letzte Kraft. Nur mit äußerster Anstrengung und der Hilfe des Mongolen schaffte ich die restlichen zwanzig Meter zur Tür des Lazaretts, vor der ich zusammenbrach. Man trug mich hinein und legte mich auf ein Bett. Mein Herz hämmerte dermaßen, daß ich überzeugt war, eine der Klappen würde versagen und der Tod würde mein Leiden beenden. Schließlich kam der Arzt. Es war der gute alte Mossej Jossipowitsch Goldberg.

»Was in aller Welt ist denn Ihnen passiert?« fragte er, fühlte mir den Puls und schaute in meine blutunterlaufenen Augen. Ich versuchte zu lächeln, schaffte es aber nicht. Er winkte einen Assistenten herbei und gab mir eine Spritze.

»Das wird Sie beruhigen. Sie stehen unter heftiger Spannung. Wie ist es passiert?« Er sah mich an, dann den Mongolen, der zu erklären versuchte.

Man tauchte mein rechtes Bein in eine Wanne mit heißem Wasser. Der Arzt hoffte immer noch, ich hätte lediglich eine schlimme Verstauchung. Doch dann bestätigte er, was ich von Anfang an gefürchtet hatte: doppelte Schienbeinfraktur.

Er sah sich meinen rechten Fuß an, der wie ein geknickter Ast herabhing, und riet mir zu Geduld, denn bei Menschen, die so unter Kalkmangel litten wie ich, dauere die Heilung lange. Vierzehn Tage lag ich auf dem Rücken, das Bein in einem mit Gewichten beschwerten Streckverband, der gräßliche Schmerzen verursachte. Ich bat um eine Morphiumspritze, aber für Häftlinge gab es keine derartigen Mittel. Mir blieb nur, ins Kissen zu beißen. Am fünfzehnten Tag gipste man mir das Bein ein, aber die Schmerzen ließen nicht nach. Nach weiteren zwei Wochen ergab eine Röntgenuntersuchung, daß die Knochen schief zusammenheilten.

Dr. Goldberg tat das einzig Richtige. Mit einem Hammer zerschlug er die Bruchstelle und richtete die Knochen neu ein. Ich hatte noch nie solche Schmerzen gehabt. Fast einen Monat lang konnte ich kaum schlafen. Ich war dankbar, wenn jemand bei mir stehenblieb und etwas sagte, irgend etwas, das mich von meinem tobenden Bein ablenkte.

Neben mir lag ein Mann, dem beide Beine amputiert worden waren. Er hatte sich im Schneesturm verirrt und erst nach drei Tagen ziellosen Umherlaufens zurückgefunden. Im Bett gegenüber befand sich ein junger Bursche, dem ein anderer den Schädel mit einer Axt gespalten hatte und der, obwohl schon klinisch tot, wieder ins Leben zurückgerufen worden war. Es gab Patienten mit Stichverletzungen, Vergiftungen, Verbrennungen, Verstümmelungen und auch solche, die sich absichtlich eine Hand oder einen Fuß abgeschlagen hatten. In den Lagerlazaretten herrschte äußerste Knappheit an Medikamenten, sogar Penicillin stellte eine Rarität dar. Einrichtung und Betten waren primitiv und unbequem, trotzdem galten die Lazarette als begehrteste Orte in ganz Sibirien. Man tat alles, um dort aufgenommen zu werden.

»Ein Tag Ruhe ist gleich ein Jahr Leben«, lautete ein Axiom im Lager, und das Paradies erschien weniger verlockend als eine kurze Zeit im Lazarett.

Dr. Goldberg kämpfte harnäckig um die Häftlinge, die so oft vom politischen Offizier »entlassen« wurden. Das verlangte angesichts der mehr als gleichgültigen Haltung der Behörden ungeheuren Mut.

*

Eines Abends nach dem Anwesenheitsappell traten vier kräftig gebaute Häftlinge in die Station und gingen geradewegs auf einen Patienten zu. Der Mann versuchte durchs Fenster zu fliehen, aber dort warteten zwei weitere Häftlinge auf ihn. Er bat, er bettelte, er fiel auf die Knie und flehte um Erbarmen. Vergebens. Sie packten ihn an Händen und Füßen, hoben ihn hoch und schleuderten ihn auf den Boden wie einen Mehlsack. Jedesmal, wenn er auf den Boden schlug, hörten wir seine Knochen krachen, und er stieß Schmerzensschreie aus wie ein Tier im Schlachthof.

»Vergebt mir, Brüder! Vergebt! Ich tu es nie wieder! Brüder! Mutter, hilf! Mutter!« In seiner Todesangst hatte seine Stimme nichts Menschliches mehr, war nur noch ein tierisches Stöhnen.

Seine Henker schleuderten ihn auf und nieder, auf und nieder, auf und nieder. Vor unseren Augen, vor den als Pflegern arbeitenden Häftlingen geschah ein kaltblütiger Mord, doch niemand wagte auch nur ein Wort. Denn in den Lagern galten die Gesetze des Dschungels. Einmischung bedeutete Tod, und niemand wollte das eigene Leben riskieren, indem er sich in fremder Leute Angelegenheiten mischte.

Ich weiß nicht genau, warum ich in meinem Angstzustand Goyas berühmtes Gemälde von den andalusischen Mädchen zu sehen vermeinte, die mit ihrer Stoffpuppe spielten und sie hoch in die Luft warfen. Die Gesichter hier waren doch böse, und in den Augen stand Mord. Die Killer hörten erst auf, als ihr Opfer den letzten Seufzer ausstieß. Um sicherzugehen, daß der Mann tot sei, trampelten sie minutenlang auf ihm herum, dann spien sie ihm ins leblose Gesicht. Uns sahen sie nicht einmal an.

Als sie weg waren, schlug der Nachtpfleger Alarm. Ein Unteroffizier kam und sah sich die zerschlagene Leiche an. Er stellte ein paar Fragen und verschwand wieder. Am nächsten Morgen nahm Dr. Goldberg eine Autopsie vor, bei der sich zeigte, daß der Tod durch innere Blutung infolge einer Schädelfraktur eingetreten war. Nach der Leichenöffnung wurden dem Toten die Fingerabdrücke abgenommen – wodurch man verhindern wollte, daß ein Häftling versuchte, mit gefälschten Papieren des Toten zu fliehen.

Man nähte den nackten Leichnam in einen Jutesack und schaffte ihn zum Lagerfriedhof. Die Unterlagen über ihn wurden für den wetschnoje chranenije (ewigen Gewahrsam) aufgehoben, und damit hatte sich's. Da niemand willens war, als Zeuge aufzutreten und die Mörder zu identifizieren oder gar gegen sie auszusagen, geriet der Fall bald in Vergessenheit.

Die Lagerbehörden verhielten sich bei solchen Gewalttätigkeiten recht schlau. Sie zitierten Lenin, der behauptet hatte, die kriminelle Welt würde sich durch ständige Morde selbst vernichten. Lenin vergaß nur hinzuzufügen, daß in so schlechten Zeiten Kriminelle sozusagen wie Pilze aus dem Boden schossen. Er sah nicht voraus, daß sein gesegnetes Vaterland eine derartige soziale und politische Entwicklung erfahren würde, daß die Kriminellen an Zahl zu- statt abnahmen und eine immer größere Gefahr für die Gesellschaft darstellten.

Nach Stalins Tod sollten von Chruschtschow fünf Millionen Kriminelle aus den Lagern entlassen werden.

*

Neben Dr. Goldberg gab es noch einen Mann, mit dem ich mich gerne unterhielt, wenn die Schmerzen mich nicht halb betäubten. Er hieß Onufre Iwanowitsch Iwanjuk, war Assistenzarzt im Tagdienst und der ehemalige Rektor des katholischen Konvents seiner Geburtsstadt Lwow. Der etwa Fünfundvierzigjährige mit dem kahlen Schädel, der Adlernase und der goldgefaßten Brille sah einem Apotheker verblüffend ähnlich, den ich als Kind in meiner Vaterstadt gekannt hatte. Iwanjuk sprach recht gut deutsch und französisch, hatte in Wien und Rom studiert. Wegen seiner Talente war er lange Privatsekretär bei Fürst Andrej Septitskij gewesen, dem Primas der westlichen Ukraine. Wie authentisch Septitskijs Fürstentitel war, weiß ich nicht, aber ich glaube, seine Vorfahren gehörten dem polnischen Adel an. Ihn verehrten die drei Millionen Unierten oder Ostkatholiken, die in Galizien sowie in der Nordbukowina lebten, und Iwanjuk behauptete, sein Herr habe vielen prominenten Juden das Leben gerettet, indem er sie jahrelang zwischen den Wänden und den hohen Regalen seiner Bibliothek verbarg. (Warum die geretteten Juden »prominent« sein mußten, fragte ich mich in späteren Jahren oft.)

Zu meiner Verblüffung war Iwanjuk der festen Überzeugung, während des zweiten Weltkriegs Tatjana, einer Tochter von Zar Nikolaus II., begegnet zu sein. Er erzählte mir folgende erstaunliche Geschichte:

»1942 besuchten zwei Nonnen aus dem Orden der Ursulinerinnen den Erzbischof. Eine von ihnen, Schwester Thaissa genannt, war etwa fünfundvierzig, eine Frau mit rundem Gesicht und kastanienbraunem Haar. Sie hatte durchdringende grüne Augen und sprach ausgezeichnet deutsch. Die andere Nonne fungierte als ihre Bedienerin. Mich überraschten ihre Schönheit und ihre kultivierten Manieren. Als ich den Erzbischof später nach ihrer Vergangenheit fragte, sagte er mir, Thaissa sei niemand anderes als die zweite Tochter des Zaren, Tatjana, die Rußland heimlich mit ihrer Großmutter verlassen habe und nach Kopenhagen gegangen sei.«

Iwanjuk berichtete weiter, Tatjana sei während ihres Medizinstudiums in Freiburg unter dem Namen Schwester Thaissa in ein deutsches Kloster eingetreten. Zu der Zeit, da er ihr begegnete, habe sie sich der Ukrainer und Russen in den besetzten Gebieten angenommen. Vor dem Kriegsende habe der Erzbischof die beiden Frauen angefleht, zu fliehen und die Rückkehr der Roten Armee nicht abzuwarten. Wie Iwanjuk sagte, weigerten sie sich strikt. Beim Einmarsch der Sowjets in Lwow wurden sie von der militärischen Abwehr in Gewahrsam genommen, und man hörte nichts mehr von ihnen. Ende 1945 zeigte der Erzbischof Iwanjuk eine Postkarte mit dem Stempel eines Dorfes in der Nähe von Moskau. Er erkannte die Handschrift der angeblichen Großherzogin. Mit ein paar Zeilen dankte Tatjana dem Fürsten für seine Gastfreundschaft und teilte ihm mit, sie sei bei guter Gesundheit, werde gut versorgt und schreibe die Geschichte der Romanows, wie eine Großherzogin aus dem Zarenhaus sie sehe.

Ich weiß nicht, wieviel Glauben man der Geschichte schenken kann. Da sie jedoch von einem Intellektuellen stammt, der angibt, mit der geheimnisvollen Tochter des Zaren gesprochen zu haben, fühlte ich mich verpflichtet, sie hier wiederzugeben. Schon wegen all jener, die noch immer das Rätsel um die schöne, umstrittene Tatjana und ihre Schwester Anastasia zu lösen versuchen.

*

Nach zwei Monaten im Lazarett von Galimyj war ich stark genug, aufzustehen. Ich mußte täglich mit einer Krücke und einem Stock in dem schmuddeligen Raum Gehübungen machen. Eine weitere Woche später konnte ich schon zehn Minuten lang gehen, was die Mediziner zu überraschen schien.

Eines Morgens blieb Wassilij Anastasjewitsch Zubrin, ehemals Direktor der Moskauer Stadtdruckerei, auf dem Weg zur Arbeit an meinem Fenster stehen. Wir waren gute Freunde, seit wir zusammen die Erzwagen geschoben hatten.

»Mihail Morisowitsch«, sagte er, »wir kommen von hier fort – sehr bald.«

»Das kann doch nicht sein!« Der Winter begann bereits, und der Transport mußte eingestellt werden. Die Nachricht gab mir Rätsel auf.

»Wir gehen dennoch«, erwiderte mein Freund.

Ich versuchte mir ein Bild der Gesamtsituation zu machen: Gerüchte über einen Weltkrieg, Rückschläge der kommunistischen Streitkräfte in Korea, die internationale Lage. Allmählich war es nicht mehr sicher für die Russen, eineinhalb Millionen politische Sträflinge in den abgelegenen Gebieten Tschuktschen und Kolyma festzuhalten. Offenbar hatte man beschlossen, uns trotz der Jahreszeit und der damit für uns verbundenen Qualen in sicherere Gegenden Sibiriens zu verlegen.

Bald setzten die Vorbereitungen für den Abtransport ein. Ausnahmen machte man lediglich bei schwerkranken Lazarettpatienten und bei Operierten. Ich hätte es drehen können, als Ausnahmefall eingestuft zu werden, aber mich schreckte der Gedanke, unter den gewöhnlichen Verbrechern zurückzubleiben, die man hierbehielt. Deshalb bat ich Dr. Goldberg, mich ziehen zu lassen. Mein Wohltäter sah mich traurig an.

»Sie gehen ein großes Risiko ein, wenn Sie mit Ihrem Gipsbein abfahren«, sagte er. »Außerdem ist der hiesige Trupp für Berlag* bestimmt, eines der härtesten Lager. Warum wollen Sie Ihr Leben aufs Spiel setzen, wo Sie hier sicher wären und einen ruhigen Posten nach Ihrem Geschmack bekommen könnten?«

* »Berlag« ist ein Akronym aus beregowoj lager, was »Künstlerlager« bedeutet.

»Herzlichen Dank, Herr Doktor«, antwortete ich, »aber ich hasse einfach die Vorstellung, unter den Verbrechern sein zu müssen, die hierbleiben. Ich gehe lieber weg.«

»Ich werde Ihren Wunsch erfüllen«, antwortete er.

Ich wünschte ihm Glück und verabschiedete mich mit dem traditionellen: »Nächstes Jahr in Jerusalem!«

Wir schieden. Ich sollte Dr. Goldberg nicht wiedersehen. Viel später hörte ich, nach zwanzig Jahren in der öden Wildnis Sibiriens habe man ihm erlaubt, mit seiner Frau Pauline, die ihm ins Exil gefolgt war, in sein heimatliches Moskau zurückzukehren. Er war ein edler Mensch von seltener Seelengröße, und jeder Häftling, dem er half, steht tief in seiner Schuld.

*

Am nächsten Morgen starteten wir auf Lastern nach Pestraja Dreswa. Obwohl wir erst Oktober hatten, bedeckten dicke Eisplatten die Straße und vor allem die Haarnadelkurven. Wir benutzten dieselbe Straße wie auf dem Herweg, aber bergab war sie noch viel tückischer. Mich hatten einige Männer auf den offenen Laster gehoben, da meine Krücke und mein Stock mich behinderten. Ich trug nur einen Stiefel, das andere Bein war teilweise eingegipst. Um es gegen die Kälte zu schützen, wickelte ich es in Lumpen, so gut ich konnte. Zu fünfundzwanzig hockten wir mit gekreuzten Beinen eng zusammengedrängt auf dem Laster, und hinter einer niedrigen Holzbarriere standen drei MWD-Soldaten, die Gewehre immer drohend auf uns gerichtet.

Aus 2300 Meter Höhe, wo wir fast ein Jahr verbracht hatten, fuhren wir zur Küste hinunter. Gelegentlich warfen wir einen Blick zurück auf die trostlose Landschaft mit den vielen Gruben und Zwangsarbeitern. Die Fahrt bergab war gefährlich, mehr als einmal rutschte der Laster auf den schauerlich tiefen Abgrund zu. Wir brauchten acht Stunden für die 200 Kilometer und trafen bei Einbruch der Dunkelheit an der Einschiffungsstelle ein. Man hatte es auch jetzt nicht für nötig befunden, Unterkünfte vorzubereiten. Wie bei der Landung mußten wir auf dem steinigen, schneebedeckten Strand lagern. Hier sollten wir warten, bis die Kähne uns zu irgendeinem fernen Schiff holten. Fünf Nächte und vier Tage ließ man uns am Strand im Freien, mit nichts anderem als unseren Rationen aus kaltem Salzfisch und Brot. Wie gewöhnlich zur Winterzeit in Kolyma, gab es kaum Wasser, so daß wir auf die Gutwilligkeit der Soldaten angewiesen waren, die Feuer machen und Schnee schmelzen mußten, damit wir unseren chronischen Durst wenigstens ab und zu löschen konnten.

Am fünften Tag endete diese Prüfung, die Kähne trafen ein. Wir wateten durch das knietiefe, eisige Wasser, kletterten hinein und wurden schweigend zu dem in der Bucht vor Anker liegenden Gefangenenschiff gerudert. Mit meinem Gipsbein war es mir unmöglich, die Schiffsleiter hinaufzuklettern. Da dies offenbar niemanden interessierte, nahm mich schließlich ein rumänischer Freund, Ion Popa, auf die Arme und riskierte es, samt mir ins Meer zu fallen. Wie auf dem Herweg steckte man uns in Verschläge unter der Wasserlinie und postierte einen Wachsoldaten am Eingang. Wir waren lauter politische Häftlinge, mit Ausnahme einiger gefährlicher Verbrecher, die man sicherheitshalber wegbrachte.

Im Hafen von Magadan wartete diesmal kein General Derewenko auf uns. Statt dessen wurden wir von einer stattlichen Schar Soldaten mit Maschinenpistolen und Hunden empfangen. Sie ließen uns Arm in Arm in Fünferreihen antreten wie gewöhnlich, dann ging es ab nach Berlag. Da ich Invalide war, verfrachtete man mich mit ein paar kranken Frauen in eine schwarze Minna. Den Frauen tat ich so leid, daß sie mir ihre mageren Brotrationen und ein paar Zigaretten aufdrängten.

Beim Aussteigen fiel mir sofort auf, daß die politischen Häftlinge hier irgendwie seltsam aussahen. Erst nach geraumer Weile wurde mir bewußt, daß sie allesamt Nummern trugen, und zwar an drei Stellen: auf der Mütze, der Brust und am linken Knie. Wie ich bald herausfand, mußten die Nummern außerdem auf dem Rücken der Jacken und Hemden stehen. Auch ich bekam sofort eine Nummer: M2–515. Ich sollte sie bis eine Woche nach Stalins Tod tragen, dann wurden in einer offiziellen Zeremonie alle Nummern verbrannt, und die Lagerbeamten hielten zur Feier der großen Stunde viele Reden, in denen sie den Beginn einer neuen Ära verkündeten.

Nach der Nummernzuteilung brachte man mich ins Lagerlazarett. Da es keine Betten gab, legte man Patienten mit Infektionskrankheiten und die Fälle für postoperative Behandlung nebeneinander auf Planken, die von einer Seite des Raumes bis zur anderen reichten. Die Zustände übertrafen zwar alles, was ich in den anderen Lagern erlebt hatte, aber die Leute hier waren angenehmer und interessanter. So hart die Existenzbedingungen in Berlag auch sein mochten, ich zog es vor, mich unter politischen Häftlingen zu befinden und nicht unter den verhärteten Verbrechern, die ich in anderen Lagern kennengelernt hatte. Als man mir ein paar Tage später eröffnete, ich würde in ein gewöhnliches Lager verlegt, sank mir der Mut. Die Wertmaßstäbe in den Lagern hätten einen freien Menschen zweifellos in Erstaunen versetzt. Die Erlaubnis, bei meinen Freunden zu bleiben, den politischen Häftlingen, wäre für mich der Aufnahme in einen schützenden Hafen gleichgekommen.

In weniger als einer halben Stunde sollte ich am Haupttor sein. Über das Wohin kursierten die verschiedensten Gerüchte: Sonderlager für Ausländer, Repressalien, Repatriierung. Von allen Mutmaßungen schien der Wahrheit am nächsten zu kommen, daß die sowjetische Regierung einer Verbreitung ausländischer Ideen unter der Masse ihrer politischen Häftlinge vorbeugen wollte und deshalb beschlossen hatte, die Ausländer über ganz Kolyma in gemischte Lager zu verteilen, wo man sie streng bewachen konnte.

Ich erinnere mich lebhaft an die tiefe Enttäuschung eines amerikanischen Arztes russischer Abstammung, der nicht zur Ausländergruppe kam, weil er als russischer Staatsbürger galt. Der Mann hatte das zaristische Rußland als fünfjähriger Knabe verlassen und war mit sechsundvierzig Jahren als Besucher wiedergekommen. Trotzdem hatte man ihn als Russen eingestuft und wegen angeblicher Spionage für die Imperialisten verurteilt. Genauso hart war man mit einem Mann namens Lerner verfahren. Lerner, in dem chinesischen Ort Talien geboren, hatte einen russischen Vater, der aus Rußland weggegangen und noch vor der Revolution gestorben war. 1945, als die sowjetischen Streitkräfte in die Mandschurei einmarschierten, verhaftete man Lerner, erklärte ihn automatisch zum Sowjetbürger und behandelte ihn als solchen.

Trübes, windiges Oktoberwetter herrschte, und Schnee bedeckte langsam das schmutzige Gelände, als wir am Nachmittag von Berlag in das Transitlager marschierten. Die Entfernung betrug nur dreihundert Meter, doch für mich, der ich mit meinem Gipsbein an wackeligen Krücken humpeln mußte, bedeutete das kurze Stück eine wahre Qual. Man hatte mich an die Spitze der Kolonne gestellt, folglich mußten sich alle meinem langsamen Tempo anpassen. In meiner Manteltasche stak ein Stück Zucker, schwarz wie Kohle. Ich lutschte es, um ein bißchen zusätzliche Energie zu gewinnen. Wir brauchten eine Stunde für die dreihundert Meter.

Nach den üblichen Formalitäten schickte man mich in den Sanitätsbereich. Abgesehen vom Namen, ließ dort nichts auf medizinische Fürsorge schließen. Als Betten dienten dieselben langen Planken wie in Berlag, und es gab dieselbe Grünkohlsuppe dreimal am Tag. Ich bat um Untersuchung durch einen Arzt, aber es dauerte zwei Wochen, bis einer nach mir sah.

Während meiner Zeit in dem Transitlager ereignete sich ein außergewöhnlicher Zwischenfall. Da die Schiffahrt bis auf ein paar Ausnahmen seit Ende September eingestellt war und Überlandtransporte zur Zeit des Jahreswechsels nur beschränkt durchgeführt werden konnten, befanden sich im Januar 1951 fast hunderttausend Häftlinge in dem überfüllten Transitlager. Um diese gewaltige Menschenmasse unter Kontrolle zu halten, teilte man sie nach Verbrechen und Strafzeit auf vierzehn umzäunte Gehege auf. Allein in einem befanden sich mehrere tausend gemeine Diebe, die man zwar hinter Schloß und Riegel hielt, aber die von den Behörden als ihr Stoßtrupp gegen die politischen Häftlinge angesehen wurden, diese »Feinde des Volkes«.

Eines Nachmittags nach Einbruch der Dunkelheit brachen die Diebe aus ihrem Gehege aus und drangen in jenes der Katorschniki ein, der zu Zwangsarbeit verurteilten Häftlinge. Von diesen hatten viele in der bereits erwähnten Wlassow-Armee gedient, sie galten als schlimmste Verräter am Vaterland und wurden deshalb jahrelang in Ketten gehalten. Die Diebe wußten, daß die meisten Katorschniki bei der Arbeit waren, und gedachten das auszunützen, um deren Lebensmittel und persönliche Habe zu stehlen.

Die wenigen Katorschniki, die sich im Gehege befanden, leisteten der eindringenden Diebeshorde heroischen Widerstand. Einige kamen in dem erbitterten Nahkampf sogar um. Aufgestachelt durch die anfänglichen Erfolge, brachen die Diebe, etwa viertausend an der Zahl, in den Haupthof aus, griffen diensthabende Unteroffiziere an und versuchten den Politruk (politischen Offizier) umzubringen. Diesem gelang es, zum Fenster hinauszuspringen und in das Niemandsland zu fliehen, das durch das Kreuzfeuer der von den Wachtürmen schießenden Posten entstand. Nun strebte der Pöbelhaufen dem Haupttor zu. Die Männer glaubten, wenn sie dieses Hindernis überwunden hätten, könnten sie frei plündern, vergewaltigen und ganz Magadan in Brand stecken. Doch sie verloren die Herrschaft über die Lage. Zweimal stürmten sie zum Tor, zweimal wurden sie von dem mörderischen MG-Feuer zurückgeschlagen, das sie niedermähte wie Gras. Sie mußten aufgeben.

Es war stockdunkel, als das Rattern der MGs aufhörte und dumpfe Stille sich übers Lager senkte. Eine halbe Stunde später erschien General Derewenko mit seinen Offizieren, auf dem Fuß gefolgt von einem Bataillon mit Gewehren bewaffneter MWD-Soldaten. Als erstes befahl man den Überlebenden, sich bäuchlings in den Schnee zu legen. Man fesselte ihnen die Hände hinterm Nacken. Dann marschierten die Soldaten, Derewenko an der Spitze, mit ihren schweren Stiefeln über den Teppich aus Menschenleibern und suchten mit ihren Taschenlampen nach den Anführern. Das Stöhnen hörte auf, und nur der blutgetränkte Schnee kündete vom Ausmaß der Tragödie.

Etwa hundertfünfzig Leute wurden herausgegriffen, in Ketten gelegt und unter schwerer Bewachung zum Klub gebracht. Die anderen trieb man in die Baracken, wo bewaffnete Soldaten sie bewachten. Die etwa hundertachtzig Toten stapelte man vor dem Sanitätsbereich. Dann holte man die Verwundeten und brachte sie ebenfalls zum Sanitätsbereich; einige trug man auf Bahren heran, andere wurden von Mithäftlingen gestützt. Man schleppte alle Küchentische als Operationstische herbei und rief alle verfügbaren Ärzte aus der Stadt zu Hilfe. Doch weil es so viele Verwundete gab und chirurgische Instrumente fehlten, erklärte man die meisten für tot, ohne überhaupt einen Rettungsversuch zu unternehmen. Bis zum Morgen stieg die Zahl der Toten auf über dreihundert.

Bei Tagesanbruch erfolgte die Verlegung der Diebeshäftlinge, die das Massaker überlebt hatten. Unter schwerer Bewachung transportierte man sie in das rund 800 Kilometer entfernte Cholodnaja (von dem Wort cholodno, »kalt«), das als eines der kältesten Lager in Kolyma galt. In den dortigen Bleiminen hielten sogar die Robustesten nur ein paar Jahre durch. Solche grausame Strafen erhielten rebellische Häftlinge in den Tagen, da General Derewenko unumstrittener Herr über aller Leben war und niemand seine Autorität anzufechten wagte.

Sobald ich ein bißchen besser gehen konnte, nahm der Lagerarzt mir den Gips ab und erklärte mich für voll arbeitsfähig. Doch weil ich stark hinkte, akzeptierten mich die Posten nicht für Arbeiten außerhalb des Lagers. Glücklicherweise. Ich wurde Mädchen für alles in den Baracken der Arbeiter, mußte sie sauberhalten, die Wäsche besorgen, frisches Wasser bringen, wenn sie von der Schicht zurückkamen, morgens den Tee holen und allerlei andere Dinge erledigen. Ich war es ganz zufrieden, eine

Zeitlang in Vergessenheit zu geraten. In meiner Freizeit und besonders nachts während meines Dienstes las ich die russischen Klassiker: Tolstoj, Turgenjew, Gogol und Tschechow. Dostojewskij, der als morbid und schlecht für die Volksmoral galt, war damals in der Sowjetunion verboten. Doch in den Lagern, wo alle von den politischen Häftlingen konfiszierten Bücher aufgehoben wurden, konnte man ihn frei lesen, ebenso Trotzkis Reden und die Biographie von Béla Kun. Einmal im Jahr traf aus Moskau eine lange Verbotsliste mit den Namen der Autoren ein, die weggesäubert und deren Werke verbrannt werden sollten. Die meisten dieser Autoren befanden sich in Haft. Einige ihrer Werke wurden trotz aller Befehle gerettet und Bestandteil des geheimen Lagerschatzes.

Von Zeit zu Zeit fand eine allgemeine Lagerinspektion statt. Hohe Tiere des MWD, beispielsweise General Derewenko, besuchten uns, um sich von den Fortschritten im jüngsten Fünfjahresplan zu überzeugen. Jeder Sektor der sowjetischen Wirtschaft hatte seinen eigenen Plan als Teil des großen Fünfjahresplans. Die Lager in Magadan bildeten hier keine Ausnahme.

Die Lagerinspektionen erinnerten an die weit zurückliegenden Tage in der russischen Geschichte, als Potemkin, der berühmte General Katharinas der Großen, seine Herrin auf ihrer Fahrt in die Krim täuschte, indem er entlang der Straße aus Attrappen Dörfer errichten ließ und Katharina so glauben machte, Friede und Wohlstand herrschten im Lande. Zwei oder drei Tage vor der großen Inspektion sah das sibirische Lager wie das Modell eines Potemkinschen Dorfes aus. Es gab plötzlich Tischdekken, die rostigen Konservendosen wurden durch Geschirr ersetzt, man verteilte Gabeln und Löffel, und zum großen Amüsement aller stand auf Zetteln, die an weißen Stäbchen auf jedem Tisch staken, sogar das Wort »Speisekarte«.

Nach der Inspektion verschwand das alles wie durch Zauberhand. Das Essen wurde schlechter, denn die Küche mußte die Verluste ausgleichen, die sie während der Inspektion durch Ausgabe größerer Rationen erlitten hatte.

Das Transitlager war so groß, daß viele Häftlinge sich in Kellern, Höhlen und sogar selbstgebauten Verstecks verbergen konnten, wenn sie in die berüchtigten Lager entlang der Flüsse Indigirka und Janstroj verschickt werden sollten. Eine solche Verlegung bedeutete, daß man die gefährliche Fahrt durch die Bering-Straße ins Nördliche Eismeer machen mußte – oft eine Fahrt in den Tod. Um ihr zu entgehen, lebten die Häftlinge wie Höhlenmenschen, wenn sie von einem derartigen Transport hörten. Weil die Verwaltung jedoch zahlreiche Denunzianten unter uns hatte, spürte man die Entwischten irgendwann auf und schickte sie mit dem erstbesten Schiff los.

Im Transitka-Lager erlebte ich zum zweitenmal einen Sklavenmarkt. Beamte aus verschiedenen Bergwerken kamen herunter, um die ihnen zugestandenen Arbeitskräfte auszuwählen. Einige hatten einen Dauervertrag mit dem MWD, demzufolge sie sich jedes Jahr 120000 Zwangsarbeiter als Ersatz für ihre Verluste aussuchen konnten. Wie beim letztenmal befühlten sie die Muskeln der Männer, öffneten ihnen die Münder, um die Zähne zu begutachten, und prüften Augen, Kopf und Schultern.

Man hätte das Gefühl haben können, zweihundert Jahre zurückversetzt zu sein und irgenwo in einem Äquatordorf einen Sklavenmarkt zu beobachten, wären nicht das kalte nördliche Klima und die weißen Mäntel der jungen Ärztinnen gewesen. Die Mädchen kamen direkt nach dem Studium hier heraus und bezahlten der Regierung sowie der Partei mit Dreijahresverträgen das für ihre Ausbildung aufgewendete Geld zurück. Obwohl sie frei waren, unterschied ihr Leben sich kaum von jenem der Deportierten. Da sie nur beschränkte medizinische Erfahrung besaßen, mußten sie an dem reichen Rohmaterial lernen, das ihnen die Lagerbehörden zur Verfügung stellten. Sie benötigten Jahre, um zu lernen, wie man ein Skalpell geschickt führte oder eine schlimme Wunde heilte. Doch die Häftlinge waren ihnen dankbar für ihren guten Willen, der in den meisten Fällen ihr mangelndes Wissen aufwog.

Wenn sie eine Massenuntersuchung vornehmen mußten, ermittelten die frischgebackenen jungen Ärztinnen das Dystrophie-Stadium, indem sie die Untersuchten ins Gesäß kniffen. War der Muskel noch elastisch, bedeutete dies noch kein zu weit fortgeschrittenes Stadium. Brauchte der Muskel jedoch eine Weile, um seine normale Position wieder einzunehmen, diagnostizierten sie fortgeschrittene Dystrophie und schickten den Betreffenden ins Lazarett.

Viele Häftlinge erlitten Nervenzusammenbrüche. Solche Fälle kamen ins psychiatrische Lazarett, das in gesonderten, von zweireihigem Stacheldraht umgebenen Baracken untergebracht war. Ein Wachtturm auf jeder Seite ließ die Anlage wie ein Gefängnis im Gefängnis aussehen.

Ich hatte Gelegenheit, diesen düsteren Ort zu besuchen, denn ich lernte die zuständige Ärztin kennen, Frau Dr. Korotkowa. Sie sprach etwas Englisch und wollte mehr über Morgan, Weismann, Mendel und Biologie im allgemeinen erfahren, als in sowjetischen Lehrbüchern stand. Ich besaß natürlich nicht die Qualifikation, längere Vorträge über solche Themen zu halten, aber das Wenige, das ich wußte, interessierte sie so sehr, daß sie mich mehrmals in ihr Büro zum Tee einlud. Sie hatte einen dunklen Teint, große, leuchtende Augen und schwarzes Haar. Eines ihrer beiden Kinder war vor ihren Augen von einem Wagen überfahren worden. Sie flüchtete sich vor ihrem Leid in die psychiatrische Forschung wie ein enttäuschtes Mädchen in ein Kloster. Frau Dr. Korotkowa war nicht nur sehr gebildet und kultiviert, sondern auch sehr mutig.

Zweimal riskierte sie meinetwegen ernste Schwierigkeiten. Einmal schickte sie mir durch Boten ein wissenschaftliches Buch und einen Zehnrubelschein; beim zweitenmal durchquerte sie, als ich aus dem Lager zum Hafen abmarschierte, die Reihe der Soldaten, um mir die Hand zu reichen und viel Glück zu wünschen. Ich sprach nie mit ihr über Politik und hütete mich auch, ihr meine Gefühle über das sowjetische Regime zu zeigen. Aber ich spürte, daß sie einem Mitmenschen zu helfen versuchte, ohne sich darum zu kümmern, woher er kam und wer er war.

In der psychiatrischen Klinik hatte man Räume für einen oder mehrere Insassen abgeteilt. Es gab Zellen mit Türen wie an Banktresoren und Gucklöchern wie in Gefängnissen. Alle Zellen hatten gepolsterte Wände, damit die Patienten sich nicht die Köpfe einrennen konnten. Die meisten Insassen waren Frauen, und der Großteil hatte Schizophrenie. Doch nicht wenige litten an tiefer Neurasthenie, Paranoia oder Hysterie – eine Folge von schlechter Behandlung. Unterernährung, Erschöpfung, am häufigsten aber von Furcht und Angst. Die kranken Mädchen hielt man von den Männern getrennt. Es zerriß einem das Herz, mitanzusehen, wie sie ins Badehaus gebracht wurden, einen von der Klinik fünfzig Meter entfernten Bau. Sie schlugen, bissen und kratzten die Pfleger, warfen sich nackt in den Schnee, schrien und kreischten, weinten und lachten, fluchten und beteten, während sie verzweifelt mit den Männern kämpften, die sie ins Bad zu schaffen versuchten. Einige beschmierten sich die Gesichter mit Dreck, andere trugen verrückte Hüte, die sie aus Lumpen fabriziert hatten, wieder andere bemalten sich die Körper. Ein schauerlicher Anblick.

Die Behandlung erfolgte nach Pawlows Theorie: völlige Entspannung von Gehirn und Körper über einen langen Zeitraum medikamentös hervorgerufenen Schlafs. Die Patienten erhielten eine große Dosis Insulin, worauf sie vierzehn bis fünfzehn Stunden schliefen. Aus diesem Schlaf weckte man sie mit einer Glukose-Injektion, gab ihnen geeignetes Essen und ein Bad, dann versetzte man sie mit einer Insulin-Injektion wieder in Schlaf. So verfuhr man über einen Zeitraum von vier bis sechs Wochen.

Die sowjetischen Psychiater behaupten, mit dieser Behandlung erstaunlich gute Ergebnisse zu erzielen. Angeblich konnten die meisten der aus ihren Kliniken entlassenen Patienten gefahrlos in die Gesellschaft zurückkehren und wieder ein normales Leben aufnehmen.

Im Lauf des Jahres baute man neue Baracken zur Unterbringung der vielen psychiatrischen Fälle. Als ich wegkam, wurde gerade ein großes, zweistöckiges Gebäude errichtet. Kranke, die wegen ernsterer Geistesstörungen längere Behandlung benötigten, schickte man den Kolyma-Fluß hinauf an einen Ort, der »500« hieß, weil er von der Quelle des Flusses 500 Kilometer entfernt war. Dort konnte ein vierstöckiges Gebäude bis zu tausend Patienten aufnehmen. Die Behandlung lag in den Händen von Spezialisten, meist Häftlingen, die einst Professoren und sogar Mitglieder der russischen Akademie gewesen waren. Sie taten alles in ihrer Macht Stehende, um die geistige Gesundheit und das Leben ihrer Mithäftlinge zu retten, doch das Fehlen von Medikamenten und modernen chirurgischen Instrumenten behinderte sie ständig in ihrer Arbeit.

10. KAPITEL

VERBRECHEN UND STRAFE

Die kriminelle Welt wird sich selbst vernichten.
Lenin

In einer kalten, finsteren Januarnacht wurde ich wider Willen Zeuge einer barbarischen Szene, die mich durch den Rest meines Lebens verfolgen wird.

Die abendliche Kontrolle war vorbei. Wir hörten die heiseren Stimmen der Posten, und jene von uns, die auf dem blanken Barackenboden hockten, konnten die schweren Stiefel und die Säume der weißen Fellmäntel der Soldaten sehen. Auf den Viererkojen ruhten sich einige politische Häftlinge von der harten Tagesarbeit aus. Wir trugen noch unsere Arbeitskleidung, hatten nur die Filzstiefel ausgezogen. Unsere Lumpen behielten wir an, um das bißchen Wärme der feuchten, düsteren Baracke in unseren Körpern zu halten. Die Kohleklümpchen, die wir aus den Gruben mitgebracht und verheizt hatten, verbreiteten scharfen Geruch, aber immerhin ging von dem kleinen Eisenofen ein Hauch Wärme aus.

Die Soldaten beschimpften den Mann, der Barackendienst hatte, weil die Stiefel nicht ordentlich in Reih und Glied standen. Dann wehte ein Wirbel aus Schnee und kalter Luft über unsere Köpfe. Die Tür fiel zu und wurde von außen verriegelt, die schweren Schritte der Soldaten entfernten sich. Bis fünf Uhr am nächsten Morgen waren wir uns selbst überlassen. Nicht einmal die Nachtpatrouille – ein Offizier und zwei Unteroffiziere – weckte uns bei ihren regelmäßigen Runden. Die Abende gehörten uns zum Ausruhen, wie es die Lagerbestimmungen festsetzten. Zu dieser Zeit waren wir unsere eigenen Herren. Man hörte nichts als das Heulen der Purga, des schrecklichen sibirischen Windes, das Schnarchen einiger Männer und das Patschen nackter Füße, die zu den Latrinenkübeln in der Ecke tappten.

»Schlafen und Träumen!« sagte ich als Gutenachtgruß zu meinem Nachbarn Victor Mihailowitsch, einem weißbärtigen Patriarchen und einstigen Professor am Polytechnischen Institut von Odessa, der sich seinen alten Mantel um die Füße wickelte. Er zwinkerte mir zu, fuhr sich durch seinen majestätischen Bart und sah mich mit seinen blauen Kinderaugen an. Ich wußte, er wollte mir etwas anvertrauen.

»Wir werden einen Prozeß erleben«, flüsterte Mihailowitsch.

»Was für einen Prozeß?« fragte ich, schon halb schlafend.

»Sie haben uns mit Dieben und Mördern gemischt . . . Und die sind dabei, einem der ihren den Prozeß zu machen.«

»Wann haben sie das getan?«

»Gestern früh.«

Meine Schläfrigkeit war verflogen. Ich hatte Angst. Seit einiger Zeit kursierten Gerüchte, daß die Lagerleitung Schwerverbrecher, »Unbegnadigbare«, in die politischen Lager verlegen wolle. Dort sollten sie durch unser Beispiel zu »guten Elementen« werden; was ich persönlich jedoch nicht für möglich hielt.

»Woher beziehen sie solche Ideen?« fragte ich den Patriarchen, während wir warteten, was geschehen würde.

»Ich weiß es nicht. Vielleicht bei Makarenko.«

»Vielleicht bei Makarenko.« Ich dachte über Makarenkos »Pädagogisches Gedicht« und über die Art und Weise nach, in der er die Kinder der Revolution verherrlichte. Die jungen Diebe und Huren machte er zu guten sowjetischen Patrioten. Und jetzt hatte die oberste Leitung der Lager und Gefängnisse die Unterwelt unter die politischen Häftlinge gebracht, damit die Verbrecher sich änderten. War die Führung wirklich so naiv?

Meine Überlegungen wurden von der rauhen Stimme eines Kerls unterbrochen, der mit deutlichem ukrainischem Akzent sagte: »Saschka! Steh auf, du Laus! Komm her! Vors Gericht!«

Ein paar Männer, die schlafen wollten, versuchten zu protestieren. Was sollte dieser Lärm. Doch die heisere, wilde Stimme brachte sie zum Schweigen:

»Maul halten!«

Ich hatte gerade Victor Mihailowitsch, dem nach neunzehn Lagerjahren sicher alle Tricks und Schliche bekannt waren, etwas fragen wollen.

»Samosud«, flüsterte er auf Russisch, womit ein Scheingericht gemeint war, die Selbstjustiz der kriminellen Welt.

Saschka stand aus seiner Koje auf und trat vor den Richter. Ich reckte den Hals, um ihn zu sehen. Er war ein knochiger junger Bursche mit hohen Wangen und wasserblauen Augen. Wie wir alle, hatte er einen geschorenen Schädel. Seine Hände waren schmal, die Finger lang und zart. Er mochte einst Künstler gewesen sein, Geiger oder Pianist – aber jetzt war er Dieb, ein Taschendieb, genau gesagt. Mit seinen dreiundzwanzig Jahren hatte er schon mehrere Haftstrafen hinter sich, und als Gewohnheitsverbrecher war er nun in die Gruben von Kolyma geschickt worden.

In den Arktislagern weigerte sich Saschka zu arbeiten, wie alle seinesgleichen. Es gelang ihm, von dem zu leben, was er in der Küche oder bei seinen Mithäftlingen stahl. Fett wurde er davon nicht, denn er mußte mit den älteren Dieben teilen. Nun stand er wegen des schwersten Vergehens in der kriminellen Welt vor Gericht: Er hatte seine Diebesbrüder an die Lagerverwaltung »verkauft«. Für einen solchen Verrat gab es nur eine Strafe – Tod.

Mir tat der recht hübsche Bursche leid. Doch in seinen Augen entdeckte ich nicht die geringste Spur Selbstmitleid. Er bewegte sich wie ein Schlafwandler, geistesabwesend, aber aufrecht. Nun sah ich ihn besser, denn Victor Mihailowitsch hatte die Füße zurückgezogen, und ich konnte den Kopf auf die Ellbogen und die Stiefel betten. Auf einer oberen Koje unweit von mir saßen drei schrecklich aussehende Kerls in Regenmänteln (für die ranghöheren Diebe bedeuteten Regenmäntel dasselbe wie Ledermäntel für die Lager-Politruks). Sie ließen die Beine baumeln und rauchten Machorka in Zeitungspapier.

Saschka stand vor ihnen. Er schaute sie nicht an. Er schaute auch nicht herausfordernd weg. Er schaute durch alles hindurch und dachte weiß Gott was. Die Arme hatte er verschränkt wie sie. Erst jetzt kam mir seine Magerkeit zu Bewußtsein. Sein schmutziges Unterhemd schlotterte um ihn, darunter lugte eine zerrissene Unterhose hervor. Seine Füße waren sauberer als unsere, wiesen keine Beulen und Schrammen von den schweren Schlägen der Hauen oder den scharfen Steinen in den Gruben auf.

»Sag, Suka, warum hast du deine Brüder an den Oper verraten?«

Ein Suka war in der Lagersprache ein Dieb, der seine Seele an den Oper verkaufte, wie man den operativnij upolnomotschennij oder MWD-Offizier kurz nannte.

»Warum?« donnerte der Oberrichter. »Antworte!«

Doch Saschka schaute in die Ferne, als gehe ihn die Frage nichts an. Was er wohl dachte? Vielleicht nichts. Vielleicht hatte er die fatalistische slawische Lebenseinstellung. Vielleicht war es nur Resignation gegenüber einem Schicksal, das er nicht ändern konnte. Doch wußte er wirklich, was ihm bevorstand? Keine Spur einer Gefühlsregung, kein Bedauern, keine Träne in seinen Augen. Er stand einfach stumm da. Vielleicht wähnte er sich bereits tot. In der Baracke herrschte Totenstille. Hunderte Augenpaare blickten in blankem Entsetzen auf die Richter, doch kein Wort fiel.

Warum bewegten sich die Menschen nicht, denen die Augen gehörten? Warum taten sie nicht irgend etwas, um den Mord zu verhindern? Waren nur Feiglinge unter uns? Wir befanden uns in der Überzahl. Wir konnten sie zwingen, ihr Opfer freizugeben. Ich machte eine Bewegung, um aufzustehen, doch eine Hand packte mich am Knöchel. Sie gehörte Victor Mihailowitsch. »Um Himmels willen, halt still! Sie werden dich erstechen, ohne daß jemand einen Finger rührt. Man kann nichts tun, als sie ignorieren. Schau!«

Ich wandte die Augen wieder den Richtern zu. Sie hatten aus improvisierten Scheiden ihre Stilette gezogen – lange, blitzende

Klingen – und polierten sie lässig auf den Manschetten ihrer Ärmel. Sie wirkten wie Priester eines heidnischen Rituals, die sich auf ein Opfer vorbereiten.

»Sag uns, Saschka, Verräter der Deinen, wie willst du sterben?« Die Frage hatte der Oberrichter gestellt. Seine kleinen Augen funkelten vor Haß. »Du hast die Wahl. Durch Schneiden oder durch Hängen?«

An jedem Ende des langen Schlafsaals hing eine Glühbirne von der Decke, aber ich hatte den Eindruck, Nebel sei in den Raum gedrungen, und das einzige Licht gehe von den blitzenden Klingen aus. Neben mir versuchte jemand, einen Seufzer zu unterdrücken, der heulende Wind fegte über das strohgedeckte Dach, die Kohle knackte im Ofen. Langes Schweigen. Schließlich hörte ich die leise, unpersönliche Stimme des Opfers: »Durch Schneiden.«

Wir hatten schon mitansehen müssen, daß Häftlinge mit einem Socken oder mit ihrem eigenen Hemdsärmel erwürgt, daß sie erstochen oder ihnen die Schädel mit einer Axt gespalten wurden. Doch diese Verzweiflungstaten waren in Augenblicken der Leidenschaft geschehen, wenn die Verbrecher die Selbstbeherrschung völlig verloren hatten. Hier dagegen fand ein Gericht statt, und die Richter ließen keinerlei Leidenschaft oder Hitzköpfigkeit erkennen. Das Triumvirat handelte kalt nach den ungeschriebenen Gesetzen des Berufsstandes der »ehrlichen Diebe«.

Wußte der Junge, was es hieß zu sterben, geschlachtet zu werden wie ein Tier? Drängte es ihn nicht, sich ans Leben zu klammern, darum zu kämpfen? Mußte man den wilden Gesetzen der Unterwelt so blind gehorchen, daß er nicht wagte, Widerstand zu leisten?

Ich erwartete, daß er schreien würde, beißen, ihnen in die Gesichter speien. Aber er blieb stehen wie eine Statue.

»In Ordnung«, sagte der Oberrichter. »Hol den Zuber da herüber, Saschka!«

Unter dem Hahn des Trinkwasserfasses stand ein Waschzuber, vom Blechschmied des Lagers grob zusammengehämmert. Er war verrostet und halb voll Wasser, das aus dem lecken Hahn tropfte. Saschka holte den Zuber wie befohlen und stellte ihn vor seine Richter. Er tat es mit ruhigen Händen, ohne zu zittern; man hätte meinen können, er bringe die Suppe aus der Küche. »Auf die Knie!« Saschka kniete sich gefügig nieder und schloß die Augen. Sein Gesicht wurde kreideweiß, aber er gab keinen Laut von sich. Ich sah die blauen Adern in seinem weißen Hals, in denen das Leben noch pulste, und ich meinte, auch sein Herz klopfen zu hören. Doch es waren nur die Wassertropfen aus dem Hahn, die auf den Boden fielen. Der Oberdieb sprang von der Koje, das blitzende Messer zwischen den Zähnen. Mit der Rechten zog er Saschka die Hände auf den Rücken, mit der Linken riß er den Kopf des Jungen nach hinten.

Der Rest ging blitzschnell. Ich hörte ein schreckliches Kreischen, ein unmenschliches Stöhnen wie von einem gemetzelten Tier. Blut schoß aus einer breiten Halswunde, der Körper wand sich in gräßlichen Zuckungen. Auf dem Boden bildete sich eine Blutlache. Ein letztes Aufbäumen, und der Körper blieb reglos liegen. Übelkeitserregender Gestank erfüllte den Raum. Mir war so schlecht, daß ich hinaus wollte, das Gesicht im Schnee vergraben, meine Verzweiflung und Abscheu in den Wind schreien. Doch jemand packte mich, legte mir die Hand auf den Mund, drückte mich nieder.

Ich sah, wie der Henker sein Messer und seine Hände mit Trinkwasser aus dem Faß wusch. Stille herrschte im Raum. Die Augen weit vor Angst und Entsetzen, starrten die Insassen diese menschliche Bestie an, in deren Gesicht sich kein Muskel regte. Schließlich stand der Kerl auf, versetzte dem Toten einen Fußtritt, ging zur Tür und schlug mit den Fäusten daran. Von draußen erklang die Stimme der Wache:

»Was ist los?«

»Ruf den Offizier vom Dienst! Ich hab grade einen elenden Bastard abgeschlachtet.«

Er kehrte zu seiner Koje zurück, schüttelte seinen beiden Richterkumpanen die Hand, nahm seine Sachen unter den Arm und ging wieder zur Tür. Diese flog eine Minute später auf, herein kamen der politische Offizier, der Offizier vom Dienst, der stellvertretende Lagerkommandant und einige weitere Offiziere. Sie blieben bei der Tür stehen, gedeckt von Soldaten mit Maschinenpistolen.

Der Politruk fragte: »Hast du ihn umgebracht?«

Der Henker nickte. »Abführen!« sagte der Politruk ruhig zu den Posten. Erhobenen Hauptes ging der Mörder zwischen seinen Begleitern davon, überzeugt, recht gehandelt zu haben. Das war das letzte, was wir von ihm sahen.

Die Gruppe der Offiziere interessierte sich kaum für die Leiche auf dem Boden. »Wer ist es?« fragte einer.

»Saschka Fedorenko«, antwortete ein Häftling.

»Hm«, machte der Politruk und zündete sich eine Zigarette an. »Einer von euch geht ins Lazarett hinüber und sagt den Jungs dort, sie sollen mit einer Bahre kommen und den Toten ins Leichenhaus schaffen.« Ein Häftling schlüpfte in seine Stiefel und ging.

Der Politruk spuckte auf den Boden, wischte sich den Mund am Mantelärmel ab und erklärte seinen Kameraden grinsend: »Ein Parasit weniger. Er hat fünf Unzen Hafer am Tag gegessen und nichts getan.«

Lachend verließen sie den Ort des schauerlichen Geschehens, warfen die Tür hinter sich zu. Die beiden Glühbirnen flackerten, als wiederholten sie die letzten Zuckungen des Sterbenden. Ein hinkender Häftling zündete eine Kerze an und stellte sie neben den Kopf des Toten. Einer der Diebe durchwühlte bereits Saschkas irdische Habe. Der Häftling, der Barackendienst hatte, rollte sich die Ärmel hoch und wischte mit lauwarmem Wasser den Boden. Jemand gähnte. »Es ist bald Wecken. Schlafen wir noch eine Weile, Brüder.«

Zwei Stunden blieben uns bis zum Wecken, und die Nacht war finsterer denn je.

*

Die verdrehten Realitäten in der russischen kriminellen Welt, die unglaubliche Art und Weise, in welcher die Behörden Übeltäter verurteilten und anschließend in Häftlingslager verfrachteten, wo sie ungehindert politische Häftlinge belästigen und verfolgen konnten, waren ein phantastisches Faktum im zeitgenössischen sowjetischen Leben. Es verblüffte Ausländer, die einige Zeit in Lagern verbrachten, und es ärgerte die Kommunistenführer, nach deren Überzeugung die kommunistische Lebensweise solche Übel und Mißstände »kapitalistischen Andenkens« schon längst hätte ausmerzen müssen.

Kurz nach Stalins Tod im März 1953 verfaßte Justizminister Gorschinin einen sensationellen Artikel für die sowjetische juristische Zeitschrift »Prawda«, worin er mutig die alten Behauptungen zurückwies, daß »Verbrechen und Prostitution Überbleibsel der kapitalistischen Welt und Reste bourgeoiser Ideologie« seien. Weiter ging Gorschinin nicht, aber wer zwischen den Zeilen zu lesen verstand, erkannte klar, daß sich die sowjetische Regierung genau der wirklichen Ursache dieses alarmierenden Anwachsens der Kriminalität im Lande bewußt war.

In den Jahren meiner Lagerhaft begegnete ich Zehntausenden russischer Unterweltler beiderlei Geschlechts. Ihre Macht und Kühnheit verblüfften mich. Sie bildeten eine eigene, akzeptierte Klasse mit eigenen Traditionen und Verhaltensregeln. Sie hatten unglaubliche Beziehungen zu den Verwaltungsbehörden der riesigen Arbeitslager.

Es gab die Bande der »Rotmützen«, deren Wurzeln bis in die stürmischen Revolutionstage und zum ukrainischen Banditenführer, dem Kosaken Batko (Onkel) Machno, zurückreichten. Es gab die »ehrlichen Diebe«, die stolz darauf waren, daß sie sich nie zu einem anderen Verbrechen als dem des Stehlens herabließen.

Dann gab es die Sukas – ein russisches Wort für »Hure«, womit man die Tausende Denunzianten in den Lagern und die Spitzel der Verwaltung allgemein bezeichnete. Jede Bande hatte ihre eigenen ungeschriebenen Gesetze, ihre Rituale, ihre

Scheingerichte. Ein Verstoß gegen die Regeln bedeutete Tod für den Sünder, schnell und ohne Diskussion.

Später änderte sich einiges, aber in der Stalinzeit, die ich mitmachte, erfreute sich das kriminelle Element zahlreicher Privilegien. Verurteilte Verbrecher wurden von den Lagerbehörden oft dazu eingesetzt, die politischen Häftlinge anzutreiben und zu vernichten. Man machte sie zu Vorarbeitern, die mit ihren Peitschen und Prügeln aus den armen Häftlingen das Letzte herausholen und sie zwingen durften, unter unmenschlichen, unerträglichen Bedingungen zu arbeiten.

Die Kriminellen brauchten keine Angst zu haben, für die Ermordung eines Muschiks oder politischen Häftlings bestraft zu werden. Unter dem damals herrschenden System machte man ihnen nach der Tat einen Scheinprozeß und gab ihnen eine Strafverlängerung. Doch für jemanden, dessen Strafe bereits fünfzig oder hundert Jahre betrug, bedeuteten zehn oder zwanzig Jahre mehr wirklich nichts. Die Kriminellen bekamen das beste Essen, bessere Kleidung und die besten Plätze in den Lagerhütten. In den Transportzügen hatten sie immer Bänke oder geschützte Schlafplätze. Man händigte ihnen die gesamte Brot und Lebensmittelration zur Verteilung an die Häftlinge des Zuges aus. Natürlich mußten die politischen Häftlinge teuer für ihre mageren Rationen bezahlen.

In den Lagern hielten selbsternannte »Häuptlinge« unter den Kriminellen regelrecht Hof. Sie wurden von ihren jüngeren Anhängern bedient, den sogenannten Schestjorkas, und konnten über Leben und Tod der politischen Häftlinge entscheiden, die unter ihrer Kontrolle standen. Todesstrafen verhängten sie »in absentia«, mit der Urteilsvollstreckung betrauten sie oft Jüngere, um ihnen eine Chance zu geben, »ihren Mut und Gehorsam zu beweisen«. Als politischer Häftling genoß man nur Privilegien, wenn man Geschichten erzählen oder den Inhalt von Abenteuerromanen wiedergeben konnte. Die Verbrecherhäuptlinge wurden es nie müde, solche Geschichten zu hören. Ich verdiente von Moskau bis Wladiwostok mein tägliches Brot, indem ich immer von neuem erzählte, was ich aus Dumas' »Drei Musketieren« und »Der Graf von Monte Christo« noch wußte. Seltsamerweise kannte der Oberdieb die Handlungsverwicklungen viel genauer als ich, aber er wollte sie lieber von jemandem hören, der »von außen« kam.

Das Unterweltproblem ist tief verwurzelt in der russischen Geschichte, in der es immer Vagabunden gab, wo man das Verbrecherleben romantisierte und wo nach der Revolution Millionen Waisen zurückblieben. Nach dem Zweiten Weltkrieg verleiteten die endlosen Mühen des täglichen Lebens und die elende Bezahlung Müde und Faule zum Stehlen und Mädchen zur Prostitution.

Die Diebe waren leidenschaftliche Kartenspieler. Beschlagnahmte man ihre Karten, machten sie einfach neue aus allem, was ihnen in die Finger kam. Ich besaß eine prächtige Ausgabe von Romain Rollands Buch »Musiciens d'autrefois, musiciens d'aujourd'hui«, die mir ein Arzt nach einem Lazarettaufenthalt geliehen hatte. Ich hing so sehr daran, daß ich es immer unter meinem Strohkopfkissen verbarg. Eines Tages stahl man es mir, während ich schlief, und die schönen Seiten wurden zu Spielkarten. Die Diebe klebten mehrere Seiten mit selbstgemachtem Leim aus nassem Brot zusammen und malten die Figuren und Zahlen mit farbiger Medizin oder angesengtem Gummi darauf.

Auf dieselbe primitive Weise liebten sie es, Arme, Beine und gelegentlich den ganzen Körper zu tätowieren. Mehr als einmal sah ich Menschen sich der schmerzlichen Behandlung durch einen Amateurtätowierer unterziehen. Der Tätowierer zeichnete zuerst ein geheimnisvolles Symbol – ein großes Kreuz, einen Adler oder Drachen – und schrieb dann einen Text dazu. Auch Mädchen ließen sich tätowieren und manchmal unglaublich obszöne Bilder unter die Haut ritzen. Gearbeitet wurde mit mehreren an einem Faden zusammengebundenen Nadeln, die man in Farbe nach Wahl des Kunden tauchte. Einmal sah ich einen Wiener Dieb, dessen Körper vom Hals bis zu den Zehen tätowiert war. Überraschenderweise entdeckte man auch bei einigen hohen MWD-Leuten Tätowierungen. Ein Oberst antwortete mir auf die Frage, wie er dazu gekommen sei, man habe sie ihm als kleinen Waisen in der Zeit nach der Revolution eingeritzt.

Solche Zerstreuungen hatten jedoch keinen Einfluß auf die allgemeine Verhaltensweise der Kriminellen gegenüber den politischen Häftlingen. Da sie wußten, daß sie lediglich eine Strafverlängerung erhielten, frönten sie ihrer Schreckensherrschaft. Unschuldige Häftlinge wurden am hellichten Tag bestialisch mit Äxten geköpft oder mit Hauen und Schaufeln erschlagen. Und nie wagte ein anderer Häftling einzugreifen, um das Opfer zu retten. Eine der Ungeheuerlichkeiten in den Lagern bestand darin, dem Opfer die Knochen zu brechen, indem man es an Händen und Füßen packte und heftig auf den Boden schlug. Das Opfer stöhnte und flehte um Erbarmen, aber niemand hörte darauf. Schwieg es nach zwanzig oder dreißig solchen Schlägen endlich, ließen die Verbrecher es einfach liegen und meldeten ihre Tat den Behörden. Und der teuflische Kreislauf ging weiter: Scheinprozeß, ein paar zusätzliche Jahre Strafe, neue Gewalttaten, Brutalitäten und Morde.

Erst nach Stalins Tod im Jahre 1953 erfolgte eine Änderung. Der Kreml erließ eine Verfügung an die Adresse aller Häftlinge, der kriminellen wie der politischen, derzufolge künftig »Tod durch Tod gesühnt« werden sollte. Von da an überlegten es sich die Kriminellen, und die Verbrechenswelle in den Lagern ebbte ab.

11. KAPITEL

FRAUEN IN SIBIRIEN

Erfolglose Agentinnen als Prostituierte angeklagt . . .

Im Herbst 1951, als ich mich schon fast ein Jahr in dem Durchgangslager aufhielt, befahl man mir unversehens, zu packen und mich für den Rückmarsch nach Berlag fertigzumachen. Ich konnte mir nicht denken, warum die Behörden mich in das Lager mit erhöhten Sicherheitsvorkehrungen zurückschicken wollten, während sie andere Ausländer hier ließen. Ich wußte, daß sie mich haßten. Ein paar Jahre später las mir ein politischer Offizier, der mich wegen offener Kritik vor Gericht zu stellen drohte, aus meinen Akten folgendes vor: »Abwehragent. Tödlicher Feind der Sowjetunion. Er weigert sich nicht nur zu arbeiten, sondern hindert auch andere daran.« Ich protestierte heftig gegen diese Beschuldigungen, die mir die Todesstrafe eintragen konnten. Insgeheim aber schmeichelte es mir, daß mein Haß auf ihr Regime sie so ärgerte.

Jetzt durchschritt ich in Begleitung eines Hauptmanns wieder das Tor von Berlag, dem Lager, in dem ich lange, lange bleiben sollte. Die Abteilung 19 in Berlag befand sich auf einer Anhöhe am Nordrand Magadans. Sie diente hauptsächlich als Zwischenstation für politische Häftlinge, die aus dem Landesinneren kamen oder dorthin zurückkehrten. Auch hier waren umfangreiche Bauarbeiten im Gange, und die Frauen hatten genau die gleiche harte Arbeit zu leisten wie die Männer. Mir taten diese Mädchen leid – einige stammten aus alten, angesehenen russischen Familien –, die schwere Steine aus den Steinbrüchen herbeischleppen mußten oder bei Temperaturen unter Null ausgeschickt wurden, Büsche für Brennholz zu entwurzeln.

In dem Lager befanden sich etwa 1200 »politische« Frauen,

und es gab keine, die nicht eine ergreifende Geschichte zu erzählen hatte. Sie gehörten den verschiedensten Nationalitäten an, stammten aus allen asiatischen und europäischen Ländern, in denen die siegreiche Rote Armee einmarschiert war. Man hatte sie der mannigfaltigsten Dinge angeklagt, angefangen von Hochverrat und Spionage bis zu Sabotage und Prostitution. Allein in diesem einen Lager begegnete man berühmten russischen Schauspielerinnen, Ballerinen, Opernsängerinnen, Filmstars, den Frauen bekannter Komponisten und Schriftsteller, ferner Europäerinnen wie der Privatsekretärin des österreichischen Bundeskanzlers und einer deutschen Filmschauspielerin aus den UFA-Studios in Berlin.

Die täglichen Propagandasendungen waren ein wichtiger, seltsamer Bestandteil des Lagerlebens. Von fünf Uhr morgens bis Mitternacht hämmerte man uns aus kleinen Kästen in den Schlafbaracken oder aus trompetenförmigen Lautsprechern, die über die Lagerhöfe plärrten, Propaganda in die Gehirne. Ein freier Mann war für die Sendungen zuständig, er mußte die offizielle Version der Nachrichten auf alle Lagerlautsprecher schalten. Natürlich ließ sich nicht vermeiden, daß er gelegentlich für ein paar Minuten wegging, und dann passierten oft amüsante Dinge. Amerikanische Sendungen überlagerten die örtlichen. Als Folge davon hörten die Häftlinge am Heiligen Abend Weihnachtslieder statt der Sowjetpropaganda und bei anderen Gelegenheiten Volksmusik sowie amerikanische Shows, die für die US-Streitkräfte in Japan ausgestrahlt wurden. Wenn es zu einem solchen Durcheinander kam, brach im Lager stets große Verwirrung aus. Alle Beamten rannten zur Funkhütte, um die schreckliche amerikanische Propaganda abzustellen. Aber nach zwei oder drei Tagen schlichen sich infolge der Schlamperei des fürs Lagernetz zuständigen Mannes wieder ausländische Sendungen ein. Die Verwaltung mußte einmal das gesamte System abschalten, bis man einen vertrauenswürdigeren Mann für den Posten gefunden hatte.

Durch die Rundfunksendungen lernte ich ein Mädchen namens Paulina Kusnezowa kennen. Diese Blondine mit den Sommersprossen und dem eckigen Kinn, die in Moskau das Fremdspracheninstitut absolviert hatte, war mit einem scharfen Verstand und ungeheuer viel Humor begabt. Auf englisch erzählte sie mir, was sie »Die ergreifende Geschichte von der Überquerung des Ochotskischen Meeres« nannte.

Für acht Tage und ebensoviele Nächte hatte man mehrere tausend Mädchen in die Verschläge eines großen Gefangenenschiffs mit Bestimmungsort Kolyma gepfercht. Wie auf solchen Transporten üblich, mußten sie mit der schlechten Luft, dem Gestank und dem Fehlen jedweder Hygieneeinrichtungen fertig werden. Versuchten sie, an Deck zu steigen, um frische Luft zu schnappen, wurden sie sofort von Soldaten und Matrosen angefallen, die sie vergewaltigen wollten. Einige der Mädchen hatten mehr Glück, sie wurden vom Kapitän, Obermaat, Bataillonskommandeur oder von anderen Offizieren beherbergt, und die Herren ergötzten sich an den Reizen dieser unglücklichen, in die Öde Kolymas verbannten Wesen.

Manche Mädchen holte man in die Kajüten, wo sie ein anständiges Essen und gute alkoholische Getränke bekamen, wo man ihnen den Luxus einer Dusche, eines sauberen Handtuchs und sauberer Bettlaken gewährte. Sie wußten natürlich, daß dies vermutlich die letzte Chance für solche Annehmlichkeiten war.

Paulina wiederholte mir auch die Geschichte, die ihre beste Freundin, eine Ärztin, ihr nach einer Nacht mit dem Kapitän erzählt hatte: »Ich wußte und er wußte, daß wir uns nie wiedersehen würden. Aber wir spielten Liebende und versuchten, das Beste aus der Sache zu machen. Er war kein schlechter Kerl, er wollte mich überzeugen, daß Kolyma nicht Auschwitz sei und daß die Menschen von dort wiederkämen, nickte und trank auf unsere Gesundheit. Das taten wir bis zum Morgengrauen. Dann mußte ich zurück in den Dreck unten. Der Traum war vorbei.«

Paulina schilderte mir auch, wie sie nach fünf Tagen Fahrt seekrank wurde und spät in der Nacht an Deck stieg. Der Soldat, der Wache schob, versuchte sie mit Gewalt zu nehmen. Sie kämpfte erbittert, um sich zu befreien. Als sie endlich loskam, bemerkte sie zu ihrer Verwunderung, daß er ihr Rock und Bluse heruntergerissen hatte. Um ihm nicht nochmals in die Hände zu fallen, rannte sie halb nackt hinunter, zwei Stufen auf einmal nehmend. Am nächsten Morgen, als sie wieder nach oben kam, sah sie ihren Rock und ihre Bluse in voller Pracht am Anker flattern.

In den Lagern galten die Frauen lediglich als Quelle animalischen Vergnügens. Niemand scherte sich um ihre Gefühle, ihre Würde, ihre Moralgrundsätze. Sie mußten sich einfach in dieses Leben fügen, wenn sie überleben wollten. Vermutlich konnte man sich unter solchen bestialischen Existenzbedingungen nicht um die Moral kümmern.

Einmal erlebte ich beispielsweise, daß ein junger Bursche im Bergwerk seine Freundin um eine Scheibe Brot und eine Prise Machorka bat, damit er sich mit Zeitungspapier eine Zigarette drehen könne. Das Mädchen sagte, sie habe keines von beidem, aber sie werde es besorgen. Sie ging in eine dunkle Ecke, wo der Vorarbeiter, ein ehemaliger Sträfling, irgendwelche Arbeiten beaufsichtigte, verführte ihn auf einem Steinhaufen und kam triumphierend mit etwas Brot und Machorka zu ihrem Freund zurück.

*

Ich lernte die Witwe* des russischen Komponisten Sergej Prokofieff während der acht Jahre, die sie in Sibirien verbrachte, zwar nicht persönlich kennen, aber ich vermochte ihre Geschichte nach den Erzählungen mehrerer Leute, die sie gut kannten, zu rekonstruieren. Der Krieg war seit zwei Jahren zu Ende, und die

* Prokofieff hate zwei Frauen: Lina Iwanowa Lleubera, in Kuba geboren, die er 1921 heiratete und von der er sich 1940 scheiden ließ, sowie Mira Alexandrowna Mendelson. Seine erste Frau erkannte die Scheidung nie an und betrachtet sich deshalb in dieser Geschichte noch als Prokofieffs Gemahlin (Anmerkung des Herausgebers).

Menschen, ernüchtert nach der ersten trunkenen Freude über die Niederwerfung Deutschlands, blickten besorgt in die unsichere Zukunft. Die Hoffnung auf einen dauerhaften Frieden verflüchtigte sich mit dem Scheitern der Außenministerkonferenz vom Juni–Juli 1947 in Paris, wo man zu einer Einigung mit dem Kreml hatte kommen wollen. Durch die russische Hauptstadt kursierten Gerüchte von einem bevorstehenden Krieg mit den einstigen Verbündeten wie ein Lauffeuer. Stalins Position war gefestigter denn je. Er hatte die von seinen Truppen eroberten Länder fest im Griff und gedachte, sie so schnell wie möglich kommunistisch zu machen. Für die Bewohner Moskaus sah die Lage tatsächlich finster aus.

In dieser unruhigen Atmosphäre wurde Sergej Prokofieff neben vielen anderen das Ziel von Andrej Schdanows Angriffen auf den »Kosmopolitismus«. Der Schöpfer des unsterblichen Balletts »Romeo und Julia« und der Oper »Die Liebe zu den drei Orangen« galt bald als »serviler Lakai der westlichen Dekadenz«, und einige seiner Werke wurden verboten.

Madame Prokofieff veranstaltete weiterhin jeden Dienstagnachmittag in ihrem Salon mit den antiken roten Plüschsofas, den Sesseln aus geschnitztem Rotholz sowie den Monets und Renoirs an den Wänden einen Fünfuhrtee für einen ausgewählten Freundeskreis. Der Tee wurde auf alte russische Art serviert, aus einem großen Silbersamowar in hohe Gläser in Silberhaltern gegossen, und dazu gab es eine Vielzahl hausgemachter Kekse und Süßigkeiten. Zu Gast weilten gewöhnlich mehrere alte Professoren vom Moskauer Konservatorium, ein oder zwei sowjetische Musikverleger, ein ehemals bekannter, aber mittlerweile völlig in Vergessenheit geratener Schriftsteller, der schon seit seiner Kindheit mit dem Komponisten befreundet war, und einige andere. Sie besuchten Madame Prokofieff weiter, um ihr in den dunklen, angsterfüllten Tagen Mut zu machen, in denen niemand wußte, was die Zukunft den russischen Intellektuellen bringen würde. Schdanow haßte die russischen Intellektuellen im allgemeinen und diese Gruppe im besonderen; er meinte, wegen ihrer westlichen Ansichten und ihrer westlichen Bildung fehle es ihnen an bolschewistischem Glauben und russischer nationaler Würde.

Zu den Gästen eines solchen Dienstagstees bei Madame Prokofieff zählten im September 1947 ein berühmter Architekt, ein Professor an der Moskauer Universität, der während des Kriegs verwundet worden war, der Moskauer Korrespondent einer Torontoer Zeitung, ein nach fünfundzwanzig Jahren freiwilligen Exils eben aus Frankreich zurückgekehrter Schriftsteller und einige Mitglieder des alten Freundeskreises. Gesprächsthema war an jenem Tag die Zukunft der russischen Kultur. Ohne daß Andrej Schdanows Name fiel, kam immer wieder die Rede auf seinen Kreuzzug gegen den Kosmopolitismus und das, was der sowjetische Beamtenstand als »Katzbuckelei vor der westlichen Dekadenz« bezeichnete.

Natürlich wird man nie genau wissen, was bei dem gemütlichen Beisammensein gesprochen wurde, aber einer der Anwesenden bezeichnete Stalin offen als »verdammten Idioten«. Und Desmond Clouton, der kanadische Journalist, äußerte die Meinung, wenn die Sowjetunion sich in einen dritten Weltkrieg verwickelt sähe, würden Dutzende russischer Generäle schnellstens zum Feind überlaufen, um Stalins Joch abzuwerfen. Er wäre wohl in seiner Kritik fortgefahren, hätte Madame Prokofieff nicht die Hand gehoben.

»Ich glaube, Sie sind ein bißchen zu weit gegangen«, sagte sie. »Ich achte Ihre Meinung, aber ich liebe mein Land. Ob es recht tut oder nicht, es ist mein Land, und ich bin sicher, daß es jedem Eindringling genauso ergehen wird wie den livländischen Rittern unterm Schwert von Alexander Newskij.«

Man ließ das Thema fallen, und einer der alten Herren spielte mit großer Meisterschaft eine unveröffentlichte Sonate Prokofieffs. Danach verabschiedeten sich die Gäste und gingen wie üblich paarweise weg – ohne zu wissen, daß sie einander zum letztenmal gesehen hatten.

Noch in derselben Nacht wurden alle verhaftet, einschließlich des kanadischen Journalisten. Doch wie die Behörden von dem unpatriotischen Gespräch Wind bekommen hatten, bleibt ein Rätsel. Madame Prokofieff, die man als Anstifterin des »Komplotts« betrachtete, hielt man in Einzelhaft im Keller des Klosters Solokow, das zu einem der gefürchtetsten Gefängnisse des kommunistischen Regimes geworden war. Dort verwahrte man die größten Verräter und Feinde des Volkes. Madame Prokofieff wurde vierundzwanzig Stunden lang verhört und mußte die ganze Zeit stehen, während fanatische MWD-Leute ununterbrochen Fragen auf sie abfeuerten, um ihr das Geständnis zu entlocken, sie sei das Haupt des Agentennetzes einer ausländischen Großmacht. Obwohl zart und körperlich schwach, stand sie die Prüfung durch, ohne zu wanken.

Wegen ihrer hartnäckigen Zurückweisung der absurden Anklagen schickte man sie in den Inkubator, eine Art aufrechter Sarg mit einer Vierhundert-Watt-Birne in Hohlspiegeln oben und Kühlröhren unten, auf denen man sich die Füße erfror. Ein einziges Mal schluchzte sie, worauf ihre Peiniger grinsend zu ihr sagten: »Wäre Sergej hier, er würde Sie auch eine Verräterin nennen.«

Trotz des Mangels an echten Beweisen – man behauptete, die »anderen« hätten alle Beweise in ihren Aussagen gegen sie geliefert – machte man ihr einen Scheinprozeß hinter verschlossenen Türen und schickte sie zur Zwangsarbeit nach Sibirien.

In den zentralsibirischen Wäldern bei Taischet hätte bestimmt niemand vermutet, daß die weißhaarige, kleine Frau in der gestreiften Sträflingsuniform, die geduldig Reisigbündel für das Küchenfeuer trug, Böden fegte und Wassereimer auffüllte, einst eine große Dame gewesen war und den einzigen »Salon« Moskaus gehabt hatte. Madame Prokofieff beklagte sich nie, ließ nie zu, daß jemand anderer ihre Arbeit machte, und half Jüngeren bereitwillig. Im Lager sprach sich herum, wer sie wirklich war, aber niemand wagte, sie zu stören oder mit indiskreten Fragen zu behelligen. Die Lagerbehörden ignorierten sie vollständig – in jenen Tagen befanden sich so viele Berühmtheiten hinter Stacheldraht – und sie war froh, in Ruhe gelassen zu werden.

Eines Abends im Jahre 1955, acht Jahre nach ihrer Verhaftung, brachte der Kinowagen, der einmal im Monat zur Unterhaltung ins Lager kam, einen neu freigegebenen Film. In der Lagerkantine, auf einer improvisierten, aus vier Bettlaken zusammengenähten Leinwand, spielte man den großartigen Film »Romeo und Julia«, getanzt von der Ulanowa nach der Musik Sergej Prokofieffs, der zwei Jahre zuvor gestorben war. Madame Prokofieff war dort – saß bescheiden und unbeachtet in einer Ecke. Am Ende der Vorführung standen die Häftlinge auf und applaudierten begeistert. In dieser Minute bedeuteten ihnen die Lagerbestimmungen nichts. Doch bevor sie Zeit fanden, Madame Prokofieff auf die Arme zu heben und ihr Ovationen zu bereiten, verschwand sie in die dunkle Nacht des Lagers hinaus. Ungefähr ein Jahr später wurde sie entlassen und kehrte in ihr Moskauer Heim zurück.

*

Camilla Horn habe ich nie persönlich gesehen, nur auf der Leinwand. Ich erinnere mich kaum an ihr Gesicht, aber ich weiß, daß sie Ende der dreißiger Jahre ein großer Star in deutschen Filmen war. Mir ist unbekannt, ob sie mit den Nazis sympathisierte oder nicht. Was ich über sie weiß, hörte ich von Häftlingen, die ihr unmittelbar nach dem Krieg in sibirischen Lagern begegneten. Folgendes erzählten sie mir:

Als die Russen Deutschland besetzten, suchten sie alle jene, denen sie aus irgendeinem Grund zürnten – gleichgültig, wer die Betreffenden waren oder wie diese ihnen geschadet hatten. Die Russen haßten zwar alle Deutschen, einige aber verabscheuten sie aus tiefster Seele. Und zu diesen gehörte Camilla Horn.

Warum? Weil sie die weibliche Hauptrolle in einem Film mit dem Titel »Die roten Bestien« gespielt hatte. Der Film enthielt neben einigen historischen Wahrheiten natürlich eine Menge Nazi-Propaganda. Er ging auf einen Zwischenfall vom Januar 1942 zurück. Besonders ausgebildete russische Winterkommandos waren überraschend in Kertsch gelandet, einer Stadt, die sich seit über einem Jahr in deutscher Hand befand. Sie sollten einen Brückenkopf für nachfolgende russische Truppen bilden. Obwohl die Landung für die Deutschen unerwartet kam (die militärischen Operationen waren wegen des schlechten Wetters eingeschlafen), reagierten sie schnell und trieben die sowjetischen Angreifer nach drei Tagen erbitterten Nahkampfs ins Meer.

Die deutsche Propaganda schlachtete das Ereignis aus und hängte die »Greueltaten« der roten Streitkräfte an die große Glocke. Auf Bildern zeigte man, daß niemand verschont wurde, daß sogar Krankenhauspatienten ermordet wurden, daß Krankenschwestern vergewaltigt und dann mit Bajonetten erstochen wurden. Das war die deutsche Version. Wieviel daran stimmte, kann niemand sagen. In dem Film, den die Deutschen über die Schlacht bei Kertsch drehten, spielte Camilla Horn mit. Als die Russen Berlin eroberten, suchten sie verbissen nach dem Star aus »Die roten Bestien«. Sie fanden die Schauspielerin und verurteilten sie zu Zwangsarbeit in Sibirien. Auf dem Weg dorthin machte sie dasselbe durch wie Tausende ihresgleichen. Der Hunger, die Erniedrigungen und Brutalitäten, die unvorstellbaren Hygienezustände blieben ihr nicht erspart. Sie war genauso zerlumpt und verlaust wie die anderen. Sie ertrug alles klaglos. Vielleicht mußte eine Schauspielerin zum erstenmal eine Rolle wirklich leben, die sie sonst nur gespielt hätte. Trotz der gestreiften braunen Kleider aus grobem Stoff und der Nummer an den obligaten Stellen machte sie noch immer verblüffenden Eindruck auf alle, die ihr begegneten. So sehr sie sich auch um Unauffälligkeit bemühte, ihre Manieren und ihre klassischen Gesichtszüge verrieten ihr Künstlertum und Herkommen.

Aus Moskau erging Befehl, sie auf *T.T.T.* zu halten (tolko tjaschjolij trud, was in der russischen Lagerterminologie »ausschließlich Zwangsarbeit« bedeutete). Der Befehl wurde peinlich genau ausgeführt, man schickte Camilla Horn in eines der härtesten Arbeitslager für Frauen, eine Ziegelei irgendwo im Gebiet von Krasnojarsk. Mit anderen deutschen Mädchen und Frauen mußte sie verschiedene anstrengende Arbeiten erledigen, angefangen vom Heizen des Ziegelofens bis zum Transport der heißen Ziegel von einem Ständer zum anderen. Es war, als befände man sich in einem riesigen Ofen. Viele Frauen wurden ohnmächtig und mußten aus der Ziegelei getragen werden. Den anderen aber blieb nichts übrig, als weiterzumachen und die Quote zu erfüllen, wollten sie nicht riskieren, daß man ihre Rationen auf 300 Gramm Brot und Wasser reduzierte. Das Leben dieser Frauen ließ sich wohl mit jenem der ägyptischen Sklaven vergleichen, die Pyramiden für die Pharaonen bauten. Zu all den Übeln kam noch das kriminelle Element.

In den Männerlagern gebärdeten sich die Banditen als wahre Tyrannen, sie stahlen den Häftlingen das Brot vom Mund weg und verkauften es ihnen wieder gegen die Hemden auf ihren Leibern. Doch in den Frauenlagern forderten sie Liebe. Ihre Begierde war unersättlich, und wehe den Frauen, die Widerstand zu leisten wagten. Immer wieder wurden Frauen erdolcht, wenn sie einen Angreifer abzuwehren versuchten.

Timofej, ein wegen Mordes und Straßenräuberei verurteilter Weißrusse, hatte ein Auge auf die deutsche Schauspielerin geworfen. Da er bei der Verwaltung Persona grata war, konnte er sich frei bewegen, und kein Posten hielt ihn auf. Er nutzte seine Lagerprivilegien dazu, um Camillas Gunst zu werben. Er schrieb ihr Briefe, schickte ihr Dosenfleisch und Fette als Geschenk, bat um ein Stelldichein und sandte sogar eigene Boten, die für ihn bitten sollten. Aber seine Bemühungen waren vergebens.

Eines Abends sah Timofej die Schauspielerin in einer Schlange vor der Tür zur Lagerapotheke stehen. Er wartete, bis sie eingetreten war und Salbe für ihre verbrannten Finger bekommen hatte, dann trat er mit einem unverschämten Blick auf sie zu. »Warum beantwortet Ihre Hoheit meine Briefe nicht?«

Sie wandte ihm den Rücken zu und wollte gehen. Doch er war vor ihr an der Tür. Er verdrehte ihr den Arm und schrie, fast wahnsinnig vor Wut: »He, Prinzessin, wer meinst du, daß du bist?«

»Lassen Sie mich los!« sagte sie.

»Gemach, gemach! Wir beiden haben ein Wörtchen miteinander zu reden!«

Er versuchte zärtlich zu werden, ließ den Türknauf los und nahm sie in die Arme. Animalische Begierde in den Augen, preßte er Camillas Gesicht an seine Lippen. Camilla bekam eine Hand frei und schlug ihn heftig ins Gesicht.

Timofej zuckte zurück. Eine Sekunde schwankte er, dann zog er blitzschnell ein dreckiges Stilett aus dem Stiefel und holte aus, um ihr das Gesicht zu zerschneiden. Das war die übliche Reaktion von Dieben gegenüber Frauen, die sich ihnen verweigerten: sie für den Rest ihres Lebens zu verunstalten.

Genauso schnell aber reagierte der Chemiker Valentin Matweitsch, ebenfalls ein Häftling. Er packte Timofejs Arm und hielt ihn in der Luft, so daß dem wehrlosen Opfer nichts geschah. Ein paar Sekunden war die Lage kritisch, doch dann mußte Timofej nachgeben und das Stilett fallenlassen. Valentin Matweitsch schleuderte es mit dem Fuß unter die Theke und bedeutete Camilla zu verschwinden. Als sie mit den entsetzten Mädchen, die sich während des Zwischenfalls in der Apotheke aufgehalten hatten, gegangen war, sah Timofej den Chemiker gehässig an und sagte: »Dafür wirst du bezahlen, Wolodja! Ich schwöre beim Grab meiner Mutter, daß du dafür bezahlen wirst! Weißt du, was du mir angetan hast, Wolodja? Du hast mich entehrt! Du hast mich wegen eines Weiberrocks das Gesicht verlieren lassen, du Bastard! Ich werde mich wegen dieser Schande vor dem Samosud-Gericht verantworten müssen.«

Fluchend und knurrend vor Wut, verließ er die Apotheke und verschwand in die Dunkelheit. Sowohl Camilla als auch Valentin wußten, daß ihnen Schwierigkeiten bevorstanden. Die gemeinsame Gefahr brachte sie einander näher.

Valentin war kräftig, fast einsneunzig groß und stark wie ein Bulle. Er sah aus wie ein Ringer oder Boxer, doch er hatte ein sanftes Gemüt und war es zufrieden, in der Lagerapotheke Pillen und Medizinen auszugeben. Die Kriminellen achteten ihn und fürchteten ihn sogar. Er konnte mit einem einzigen Fausthieb töten.

Doch wenn die Schurken ihm auch aus dem Weg gingen, so bedeutete das keineswegs, daß sie nicht darauf brannten, ihn auf die übliche Weise zu beseitigen, wie alle, die ihnen in die Quere kamen. Einen Mann zu erdolchen, ihm den Schädel mit einer Axt zu spalten und seine Leiche vors Büro des Aufsehers zu werfen, stellte für sie ein Bravourstück dar.

Valentin hatte ein wachsames Auge auf Timofej und seine Komplicen. Er wußte, eine Beschwerde bei den Lagerbehörden nützte ihm nichts. Er mußte seine eigene Leibwache sein. Und er organisierte einen geheimen Schutz für die Schauspielerin, sorgte dafür, daß immer einer seiner Kumpel in ihrer Nähe war, ohne daß sie es wußte.

Eines späten Nachmittags gegen Schichtende, als die Frauen fieberhaft arbeiteten, um die Quote zu erreichen, stand Camilla vor dem Ziegelofen. Mit einem groben Schutzschild über den Augen und dicken Handschuhen wartete sie darauf, daß die Ofentüren aufgingen und einen neuen Schub heißer Ziegel freigaben. Sie mußte dann sofort in der ausströmenden Hitze mehrere hundert Ziegel entladen. Die Tür öffnete sich, Camilla trat so nahe wie möglich heran. Da versetzte ihr eine unsichtbare Hand einen Stoß und schleuderte sie auf den Schlund des heißen Ofens zu. Wie durch ein Wunder packte eine andere Hand sie bei ihrem langen Haar und riß sie zurück.

Der Mordversuch war gescheitert. Camilla fiel in Ohnmacht und wurde von ihren Arbeitskameradinnen ins Lazarett getragen. Einer von Valentins Jungen hatte sie in letzter Sekunde vor dem sicheren Tod gerettet.

Eine Rückkehr in die Ziegelei kam nicht in Frage. Als man sie nach einer Woche aus dem Lazarett entließ, hatte Valentin einen neuen Posten für sie besorgt. Sie sollte seine Gehilfin werden. Er hatte alle Hebel in Bewegung gesetzt, um ihr den Posten in der Apotheke zu verschaffen – solche Arbeitsstellen hießen im Lagerjargon »warme Plätzchen« –, damit er sie im Auge behalten konnte. Um die Lagerbehörden günstig zu stimmen, überredete er sie, der »Künstlerbrigade« beizutreten und an den Lagerunterhaltungen mitzuwirken.

Camilla zögerte lange, das zu tun, aber Valentin erklärte ihr, wenn sie ihren Leidensgenossen ein wenig Trost spende, vollbringe sie eine gute Tat, und wenn sie einwillige, ihnen etwas vorzuspielen, werde man sie zutiefst verehren. Um ihr den Entschluß zu erleichtern, übernahm Valentin selbst eine Rolle in Gogols »Mainacht«, deren Proben eben begonnen hatten. Trotz ihrer kläglichen Russischkenntnisse mußte Camilla den russischen Text auswendig lernen. Valentin half ihr, seine Geduld und sein Takt wirkten Wunder.

Die Nachricht, daß die deutsche Schauspielerin in dem russischen Stück auftreten werde, verbreitete sich rasch im Lager, und bei der Generalprobe hielt der gesamte Lagerstab, angeführt vom Kommandanten, pompös Einzug. Als die Herren auf den eigens für sie herbeigeholten Stühlen Platz nahmen, verließ Camilla die Bühne. Alle Bemühungen, sie zur Rückkehr zu bewegen, waren vergebens. Sie weigerte sich hartnäckig zu spielen, solange die Tschekisten da seien. Eine solche Kühnheit von einer Gefangenen, besonders einer Deutschen, die den Behörden auf Gedeih und Verderb ausgeliefert war, erregte bei der kleinen Zuhörerschaft Bewunderung und Begeisterung.

Da warf eine stolze Frau den hohen Herren des Regimes den Fehdehandschuh vor die Füße und demütigte sie vor ihresgleichen. Solcher Wagemut konnte natürlich nicht ungesühnt bleiben. Aber die Männer vom MWD waren gute Spieler, ihre Pokergesichter verrieten nichts über ihre Absichten. Sie nahmen die Beleidigung schweigend hin und verließen die Baracke. Camilla faßte sich und kehrte auf die Bühne zurück. Voll Heiterkeit und Gelöstheit spielte sie weiter, als sei nichts geschehen.

Sie führte den Dialog mit Valentin voll Eleganz, was um so mehr beeindruckte, als das Publikum wußte, wie schlecht ihr Russisch eigentlich war. Jedermann stand unter ihrem Bann.

Völlig fasziniert war Valentin, ihr Lehrer und Partner. Alle begriffen: Camillas Darbietung war der Dank einer großen Schauspielerin an den Mann, der sie vor dem sicheren Tod bewahrt hatte.

Am nächsten Abend fand die Premiere statt. Die Kantine wurde ausgeräumt, die Häftlinge brachten lange Bänke mit und stellten sie entlang eines Mittelgangs in Reihen auf. Eine Sondergenehmigung erlaubte den weiblichen Häftlingen, die Vorstellung zusammen mit den Männern zu besuchen, Frauen rechts, Männer links. Zum erstenmal in der Geschichte des Lagers war kein Offizier oder Unteroffizier in Sicht. Die Ordnung wurde von den Sträflingen selbst aufrechterhalten. Selbstdisziplin ist jedoch schwer zu wahren, wenn Männer und Frauen unter solchen Umständen zusammentreffen – es drängte sie unwiderstehlich, einander die Hände zu drücken und miteinander zu sprechen. Aber niemand wollte den MWD-Posten Grund zum Eingreifen geben.

Die Lichter in der Kantine verdunkelten sich, und das Spiel begann. Camilla spielte einfach göttlich, die mitgehenden Zuschauer ließen ihren aufgewühlten Gefühlen freien Lauf und weinten, ohne sich ihrer Tränen zu schämen. Niemand blieb unbeeindruckt von Camillas Leistung. Valentin war so hingerissen, daß er sich selbst übertraf. Seine Stimme zitterte, als er zu seiner Erwiderung ansetzte:

»Ich liebe den Sturm, wenn der Mai beginnt . . .« Plötzlich erlosch das Licht. In der Dunkelheit war ein schreckliches Stöhnen zu hören, und etwas fiel schwer auf die Bühne. Unbeschreibliche Verwirrung herrschte. Die Menschen schrien und fluchten in das Dunkel, Bänke wurden umgestoßen. Da gingen die Lichter genauso plötzlich wieder an, wie sie erloschen waren. Auf der Bühne lag Valentin sterbend in einer Blutlache. Neben ihm kniete Camilla, haltlos schluchzend. Sie streichelte seine Hand und küßte seine Stirn, während ihr die Tränen herunterliefen.

Auf einer Bahre trug man Valentin ins Lazarett, wo er kurz darauf starb. Ein Stilett war ihm von hinten ins Herz gestoßen worden. Vor dem Lazarett versammelte sich eine große Schar Häftlinge. Schweigend standen sie da, Schnee fiel auf ihre unbedeckten Köpfe, und sie achteten nicht auf die Hunde, mit denen die Soldaten sie zu zerstreuen versuchten.

Das Lagertor ging auf, ein Gefängniswagen fuhr mit voller Geschwindigkeit zur Tür des Lazaretts. Mit laufendem Motor wartete er, und die starken Scheinwerfer blendeten die Menge, die beharrlich stehenblieb, um einen letzten Blick auf den geliebten Wolodja zu werfen. Doch statt seiner schob man eine Frau mit gesenktem Kopf und einem armseligen Bündel unterm Arm in das Polizeifahrzeug. Zwei Soldaten mit »Balalaika«-Maschinenpistolen stiegen hinter ihr ein. Das war das Letzte, was man von ihr sah. Timofej hatte Wort gehalten.

Am nächsten Morgen kehrten die Menschen in ihre Bergwerke und Ziegeleien zurück, um das Leben »in der besten aller nur denkbaren Welten« wieder aufzunehmen.

12. KAPITEL

LIEBE UND SEX

Chassez le naturel, il revient au galop.

Je mehr die Behörden versuchten, Männer und Frauen voneinander fernzuhalten, desto unwiderstehlicher zog es sie zueinander. Es ist erstaunlich, daß im hohen Norden trotz der ungeheuer kräftezehrenden Zwangsarbeit, der Erschöpfung, des Fehlens von Vitaminen und wichtigen Nährstoffen ein solches Verlangen nach Sex herrschte. Ich habe bereits einige Beispiele für die große Bedeutung angeführt, die man in den Lagern dem Sex beimaß. Es gab weitere. Einmal sah ich, wie ein junger Mann und ein Mädchen sich in einer Männer-Schlafbaracke liebten, während die achtzig übrigen Insassen so diskret wie möglich zu sein versuchten. Die Behörden kämpften hart dagegen an, konnten aber die Promiskuität nicht unterbinden. Viele Frauen gebaren in den Lagern Kinder. Auch die Homosexualität griff um sich.

Männer und Frauen trafen zusammen, wo und wann sie konnten. Ich sah Paare, die sich bei 40 Grad Frost im Schnee, in Höhlen, Kellern, Erdlöchern oder auf Dachböden liebten. Einmal stolperte ich zwischen den Türen eines Bunkers über ein Liebespaar.

Das höchste Ziel war, sich eine Erlaubnis zum Besuch des Frauenlagers zu verschaffen. Jede Woche sandte man eine Gruppe kranker Männer zum Röntgen ins Frauenlazarett. Gegen entsprechende Bestechung schickten die Ärzte, die selbst Häftlinge waren, statt der Kranken Brigadeführer hinüber, die dort Freundinnen hatten. Waren sie erst mal im Lager, konnten die Männer unter den mehreren tausend Frauen leicht untertauchen und nach Belieben lieben. Schließlich jedoch bekamen die Behörden Wind davon, bestraften die Ärzte und machten den unzulässigen Besuchen ein Ende.

Allerdings waren nicht alle so an der Einhaltung von Moralbestimmungen interessiert. Ich stand dabei, als der Lagerkommandant, Oberst Ponomarenko, einen Brigadeführer aufforderte, sein Büro und das seines Stellvertreters zu streichen. Der Brigadeführer sagte, er wolle es gern tun, vorausgesetzt man erlaube ihm, zu den Frauen hinüberzugehen. Der Kommandant lächelte und erwiderte: »Streich erst mal, dann werden wir sehen.«

»Aber ich habe keine Farbe«, wandte der Brigadeführer ein.

»Das ist deine Sache.«

»Muß ich das Zeug von dem Unternehmen stehlen, für das ich arbeite?«

»Hab ich dir gesagt, du sollst stehlen? Aber wenn du zu deinem Mädchen willst, dann streich erst mein Büro. Ich frag dich nicht, woher du die Farbe kriegst.«

Soviel dazu. Ich kam selbst ins Frauenlager. Da bei mir seit einiger Zeit Tb-Verdacht bestand, schickte man mich mit zehn alten, hinfälligen Männern zum Röntgen hinüber. Alle Frauen, die nicht bei der Arbeit waren, etwa achthundert an der Zahl, erwarteten uns im Hof. Es gab nicht viel zu sehen an uns. Trotzdem umringten sie uns, luden uns in ihre Unterkünfte zum Tee ein und bemühten sich zum Erbarmen, verführerisch zu wirken. Während ich vor dem Röntgenraum wartete, hörte ich folgendes Gespräch zwischen einem alten, unrasierten, tatterigen Sechzigjährigen und einem ziemlich hübschen jungen Mädchen mit an:

»Woher stammst du?«

»Tomskaja Oblast«, antwortete der Mann.

»Dann sind wir Semljaki (vom selben Ort)«, sagte das Mädchen. »Ich stamme aus Swerdlowsk.« (Das in Wirklichkeit etwa fünfzehnhundert Kilometer entfernt lag.)

»Willst du nicht mitkommen und bei mir Tee trinken?« Einladend fügte sie hinzu: »Was kann ich für dich tun, Semljatschot?«

»Eine Scheibe Brot genügt mir«, sagte der alte Mann ruhig.

Das Mädchen ärgerte sich furchtbar über ihn.

Wenn ich bedenke, wie viele Verbrechen die Menschen begingen, um ein paar Minuten Wonne zu ergattern, dann glaube ich wirklich, daß der »Lebens- und Todesinstinkt«, wie Freud ihn nannte, stärker ist als alle Leiden des Menschen zusammengenommen. Diese Frauen arbeiteten genauso hart wie die Männer, aber sie brachten es immer fertig, von ihren mageren Rationen eine Scheibe Brot oder ein paar Stück Zucker abzusparen. Ihre Baracken wirkten immer ordentlich und sauber, ihre Betten waren mit weiblichem Geschick gemacht. Sie litten und sie starben wie wir, wurden genauso oft verstümmelt und brutal gequält, aber ihre Moral war immer höher und ihr Äußeres immer gepflegter als das der Männer.

*

Im Frauenlager gab es eine gewisse Hierarchie, basierend auf der Arbeit, die man leistete. Auf der untersten Stufe standen die Straßenkehrerinnen, Holzfällerinnen und Maurerinnen. Auf der obersten die Näherinnen, Schneiderinnen und Modistinnen. Die Frauen der letzten Gruppe lebten fast bequem, blieben den ganzen Tag in den Baracken, geschützt vor Kälte und Schneesturm, und erhielten manchmal eine Flasche Öl oder Süßigkeiten von den Gemahlinnen der Natschalniks, wenn die Damen mit ihrer Arbeit zufrieden waren.

In der Schneiderei unseres Lagers arbeiteten vierzig Frauen. Sie traten um acht Uhr morgens zur Arbeit an und gingen gewöhnlich um sechs Uhr abends. Obwohl die Strecke zwischen ihrem und unserem Lager nur dreihundert Meter betrug, waren sie wie die Männer in dicke gefütterte Hosen, Pullover, Mäntel und Pelzmützen gekleidet, um in der schrecklichen Kälte nicht zu frieren. Im Gebäude schälten sie sich dann aus den Hüllen und bekamen ein weiblicheres Aussehen.

Einer der Männer hatte eine Freundin unter den Schneiderinnen und wollte sie über Nacht im Männerlager behalten. Damit jedoch am Kontrollpunkt das Fehlen des Mädchens nicht auffiel, überredete er einen kleinen, dicklichen Häftling, die Stelle des Mädchens einzunehmen und statt seiner ins Frauenlager zu gehen, wo der Betreffende eine Freundin aus Schanghai hatte.

Am ersten Abend klappte die Sache wunderbar. Die Mädchen gingen in acht Fünferreihen durch die Kontrolle, und niemand entdeckte den als Mädchen verkleideten Mann.

»L'appetit vient en mangeant« (mit dem Essen kommt der Appetit). Also wiederholten sie den Tausch mehrere Nächte hindurch, ohne daß sie in Schwierigkeiten gerieten. Jeden Morgen kam der Mann mit dem Mädchen ins Lager zurück, und das Mädchen, das die Nacht im Männerlager verbracht hatte, ging in die Schneiderei zur Arbeit. Am fünften Abend jedoch bekam eine Näherin, der ein Blechschmied den Hof machte, von ihm eine kleine Wanne geschenkt, die sie ins Frauenlager mitnehmen wollte. Solche Dinge waren verboten, darum bat sie den jungen Mann, die Wanne durchzuschmuggeln. Er willigte ein und versteckte sie in seiner dicken Hose.

Als die Mädchen durchs Tor marschierten, fiel dem Offizier vom Dienst der dicke Bauch auf. Er versetzte dem vermeintlichen Mädchen einen freundlichen Klaps und sagte: »Da sitzt du schön in der Tinte, was?«

Als Antwort erklang ein hohler, blecherner Ton, denn seine Hand hatte die Wanne getroffen. Sofort mußten sich alle im Scheinwerferlicht ausziehen, und das Geschlecht des Mannes ließ sich nicht länger leugnen.

Der Offizier befand sich in einem argen Dilemma. Wenn er 39 Mädchen und einen Mann vor sich hatte, wo war dann das vierzigste Mädchen? Eine wilde Suche begann, und nach einer halben Stunde entdeckte man das fehlende Mädchen zwischen zwei Holzplanken, mit denen die Schlafbaracke unterteilt war. Die beiden Sünder erhielten Einzelhaft, sie fünf Tage und er drei. Warum das Vergehen des Mädchens schwerer wog als das des Burschen, fühlte der Richter sich nicht bemüßigt zu erklären.

*

In der Folgezeit kam es zu einer bitteren Rivalität zwischen den Blau-Epauletten des MGB (Ministerium für Staatssicherheit), die uns politische Häftlinge zu bewachen hatten, und den Rot-Epauletten des MWD (Ministerium für innere Angelegenheiten), die für die gemeinen Verbrecher zuständig waren. Die MGB-Soldaten schauten verächtlich auf die MWD-Leute herunter. Mit uns waren sie streng, aber regelrecht wild wurden sie, wenn ihnen Kriminelle in die Hände fielen.

In einer Winternacht überquerten etwa zwei Dutzend Kriminelle im Schutz eines fürchterlichen Schneesturms das Niemandsland und brachen in das Frauenlager ein, um die schlafenden Frauen zu überfallen. In ihrer Begierde versuchten sie die Frauen mit Gewalt zu nehmen, bevor diese Alarm schlagen konnten. Eine zartgliedrige Rumänin erzählte mir am nächsten Tag, daß sie aufgewacht sei und einen Mann zu ihrer oberen Koje habe heraufklettern sehen, wahnsinnige Begierde in den Augen und bereit, jeden zu töten, der ihn aufzuhalten versuchte. Sie tastete entsetzt nach einer Waffe, fand jedoch nichts außer einer Glasflasche mit flüssigem Fett. Als der Angreifer fast heran war, aber noch an dem Pfosten hing, schlug sie ihm die Flasche hart auf den Kopf. Er fiel zu Boden. Unverletzt stand er auf und stieg erneut los, diesmal Mord im Blick.

Zum Glück für das Mädchen und ihre Freundinnen hatte jemand Alarm geschlagen, die Lageraufseher liefen herbei und überwältigten die Eindringlinge. Als die MGB-Leute bemerkten, daß sie es mit Kriminellen und keinen Politischen zu tun hatten, verprügelten sie die Männer derart, daß die meisten reglos liegen blieben. Dann warfen sie sie über den Zaun. Dort wurden sie irgendwann aufgelesen und ins Lazarett gebracht. Nur wenige überlebten.

Dies war einer der zahlreichen Zwischenfälle in dem stummen Krieg zwischen zwei Abteilungen des staatlichen Unterdrükkungsapparates.

*

Die meisten Mädchen arbeiteten in Magadan am Bau. Sie machten alles, vom Zementmischen bis zum Mauern, und die von ihnen geforderte Quote war genauso hoch wie jene der Männer. Magadan galt bei den Häftlingen als idealer Aufenthaltsort, weil es dort keine Bergwerke gab und man in der Stadt unter Menschen arbeitete, die zwar zu 95 Prozent ehemalige Häftlinge waren, aber doch anders aussahen als die Troglodyten in den Gruben.

Ich arbeitete sechs Monate lang an verschiedenen zehnstöckigen Gebäuden, die für MWD-Offiziere und Zivilbeamte errichtet wurden. In dieser Zeit gewöhnte ich mich daran, in versteckten Ecken der halbfertigen Bauten leere Flaschen und Essensreste zu finden. Sie bewiesen, daß es einigen Zivilisten gelang, durch Bestechung der Posten die Nacht mit ihren Freundinnen aus dem Lager in dieser unbequemen Umgebung zu verbringen.

Blühte an diesen kalten, unwirtlichen Stätten wirklich die Liebe? Ich stellte mir die Frage oft. Oder wirkte nur der mächtige biologische Instinkt? Eines der klügeren Mädchen versuchte mir die Frage zu beantworten.

»Sie (die MWD-Leute) wollen, daß wir sterben. Was ist schlecht daran, wenn ein Mädchen ein bißchen Freude und gleichzeitig ein bißchen Nahrung von einem Mann annimmt? Nur ein Ignorant oder Hypokrit wird es wagen, mit dem Finger auf uns zu zeigen.«

Wir hungerten immer in dieser grausamen Verbannung, besonders jedoch in Berlag. Die Menschen hatten solchen Hunger, daß sie sich nach einem langen, harten Arbeitstag freiwillig zum Bodenschrubben und zu allerlei anderen Arbeiten meldeten, um eine Extraportion Suppe oder eine Scheibe Schwarzbrot zu bekommen. Doch wie lange wir auch schufteten, am nächsten Morgen um fünf mußten wir aufstehen und zu einem neuen Arbeitstag antreten. In der Stalinzeit erhielten die Arbeiter in Berlag nie eine Sonderration, außer zu ungewöhnlichen Festen wie »Übererfüllung der Norm«, was selten genug geschah.

Kam es jedoch einmal vor, überreichte man den Erfolgreichen

eine kleine Flasche billiges Kölnisch Wasser – zum Trinken! Der sechsundneunzigprozentige Alkohol war allein den Offizieren und Soldaten vorbehalten. Wein und andere schwächere Alkoholika transportierte man wegen des Frosts und der fast das ganze Jahr herrschenden niedrigen Temperaturen nicht hier heraus.

Es war ein großer Feiertag, wenn »Trink«-Kölnisch verteilt wurde. Die Lagerbeamten duldeten sogar ein gewisses Ausmaß an Trunkenheit bei den Helden, die es sich verdient hatten. Doch solche Feste gab es sehr selten, und in der »trockenen« Zeit dazwischen gossen die trinkfreudigen Russen fast alles hinunter, von Terpentin bis zu Frostschutzmitteln. Gewöhnlich filterten sie solche todbringenden Flüssigkeiten durch ein Stück Brot oder Baumwolle, aber trotz dieser Vorsichtsmaßnahmen starben oder erblindeten viele. Manche bestürmten den Lagerarzt um eine gorkij oder bittere Arznei aus seiner Apotheke – in der Hoffnung, sie enthalte etwas Alkohol. So unglaublich es klingt, es gab in den sibirischen Lagern Alkoholiker – zu Tausenden.

Die Scheinheiligkeit der Lagerbeamten zeigte sich auf vielerlei Weise. Ich erinnere mich an einen komischen Zwischenfall, von dem das Frauenlager betroffen war. Die Behörden beschlossen eines Tages, allen Mädchen eine Prämie zu geben, die ihre Jungfräulichkeit bewahrten. Einmal im Monat unterzog man sie einer entsprechenden ärztlichen Untersuchung. Später kam irgendwie auf, daß die ganze Sache ein Schwindel und absoluter Skandal war, denn man erkannte die Preise gutaussehenden Mädchen zu, ohne Rücksicht auf ihre Keuschheit. Kein Wunder, daß diese großartige Idee nicht länger in die Praxis umgesetzt werden durfte.

Unbestrittener Herr über das Lagerleben in Berlag war Oberst Wassilijew, genannt »die Ratte«, weil er klein und stämmig gebaut war und die Hände ständig in die weiten Ärmel seines Mantels steckte. Die kalten grünen Augen der »Ratte« schienen dauernd auf der Suche nach einer neuen unangenehmen Schmutzgeschichte des Lagerlebens. Der Oberst war auch sehr geizig.

Wo er konnte, beutete er alle aus, die in seine Reichweite kamen. Jeden Tag mußten nicht weniger als fünfundzwanzig Mädchen in seinem Haus arbeiten: Kühe melken, Hühner füttern, Möbel polieren. Natürlich ohne Bezahlung. Er lebte wie Gott in Frankreich. Ich frage mich, ob reiche Europäer oder Amerikaner ein solches Leben führen konnten wie er. Sämtliche Dienstleistungen und Lieferungen erhielt er kostenlos.

Wassilijew hatte zwei Söhne im Schulalter, beide etwas über zehn. Ob sie aus einer ersten oder zweiten Ehe stammten, wußte niemand. Tatsache jedoch war, daß der Vater die Jungen verzog, ihnen alles und jedes schenkte. Eines Tages befahl er der Tischlerwerkstatt des Lagers, ein Klassenzimmer zu machen, mit Tafeln, Bänken, Pult und allem. Natürlich wünschte er nur bestes Material und beste Verarbeitung. Die Tischler vollbrachten eine Meisterleistung, sie waren stolz auf ihr Werk, das erstklassige Schnitzereien aufwies. Ein Problem stellte nun der Preis dar. Sie wußten, wie knickerig Wassilijew war, doch sie mußten das teure Material abrechnen. Nach langem Überlegen beschlossen sie, ihm einen Preis zu berechnen, der kaum die Kosten des verwendeten Rohmaterials deckte. Sie schickten die Rechnung ins Hauptbüro des Lagers, wo sie schließlich auf dem Schreibtisch des Obersten landete.

Am nächsten Morgen stürmte »die Ratte« in die Werkstatt, überschüttete den Meister und seine Tischler mit Flüchen, nannte sie Diebe und Räuber.

»Glaubt ihr nicht an Gott?« tobte er. »Wie könnt ihr versuchen, mich zu bestehlen? Ich bin ein armer Mann, der hart für sein tägliches Brot arbeitet. Wie könnt ihr mir achthundert Rubel berechnen?«

Der verängstigte Meister wollte den wütenden Oberst unbedingt beruhigen und sagte: »Genosse Oberst, da ist ein Fehler passiert. Diese Rechnung war nicht für Sie bestimmt, sondern für jemand anderen. Wir schicken Ihnen Ihre Rechnung morgen zu.«

Am folgenden Tag fand Oberst Wassilijew eine neue Rechnung auf seinem Schreibtisch vor, die sich nur auf dreihundert Rubel belief. Sie deckte kein Drittel der Rohmaterialkosten, aber er war zufrieden, denn nun konnte niemand ihn beschuldigen, gegen die Interessen des Staates verstoßen zu haben.

*

Im Frauenlager gab es Sonderbaracken für die unehelich geborenen Kinder. Ich versuchte herauszufinden, was diese unglücklichen Mädchen dazu trieb, Kinder in die Welt zu setzen. In Gesprächen mit den werdenden Müttern erkannte ich, daß zwei Motive dahinterstanden. Erstens verbesserte es ihre Lebensbedingungen, wenn auch nur wenig. Zweitens kamen sie in den Genuß der sowjetischen Bestimmung, die Mutter und Kind schützte. Eine arbeitende Mutter hatte Anspruch auf Befreiung von der Arbeit und besseres Essen zwei Monate vor und einen Monat nach der Geburt. Die Mutter erhielt also vom Staat ganze drei Monate, aber sie bedeuteten viel.

Die meisten Mädchen und Frauen nahmen ihre Babys nur zögernd an, aber schließlich siegte immer der Mutterinstinkt, und sie begannen die Kleinen zu lieben. Morgens vor dem Aufbruch zur Arbeit durften sie ihre Kinder stillen, genauso abends nach der Rückkehr, wo man sie sogar mit ihnen spielen ließ, bis es Zeit zum Schlafengehen war.

Doch wenn die Kinder zwei Jahre zählten und eine sehr enge Bindung zwischen Mutter und Kind bestand, mußten die Kleinen dem Staat übergeben werden. Es war grauenhaft. Die verhaßten MWD-Leute holten die Kinder ab, die sich entsetzt an ihre Mütter klammerten. Eine mitleiderregende Szene folgte auf die andere, es war so herzzerreißend, daß man es nie mehr vergaß. Die verzweifelten, gepeinigten Mütter schrien, warfen sich auf den Boden, die winzigen Ärmchen der Kinder noch um den Hals. Es half ihnen nichts. Man konnte nur weinen bei solchen Szenen. Völlig gleichgültig blieben lediglich die pokergesichtigen Beamten, die ihre Befehle voll rücksichtsloser Entschlossenheit ausführten.

Die ihren Müttern entrissenen Kinder kamen in ein Detsky dom (Kinderheim). Man versicherte den Müttern, nach ihrer Entlassung würden ihnen die Kinder zurückgegeben. Aber ich hörte nie, daß eine der unglücklichen Mütter ihr Kind je wiedergesehen hätte.

13. KAPITEL

TROTZKIS NICHTE

Die permanente Revolution ist unser Ziel.
Lew Trotzki

»Nehmt eure Werkzeuge«, sagte der Brigadeführer, »wir gehen heim.«

Nach zwölf Stunden im Freien bei Temperaturen weit unter Null waren wir durchfroren bis auf die Knochen, ausgepumpt von der schweren Arbeit, hungrig wie Wölfe und warteten schon seit Einbruch der Dunkelheit sehnlich auf diesen Befehl. Wir begannen unsere Schaufeln, Pickel, Brecheisen, schweren Hämmer und das andere Werkzeug einzusammeln, das wir brauchten, um im Dauerfrost Kolymas Gräben auszuheben. In dem Durcheinander griff ich nach einem Brecheisen, dessen anderes Ende bereits jemand in der Hand hielt. Ich vergaß ganz, wo ich war, ließ los und sagte: »Verzeihen Sie bitte.«

In der Dunkelheit antwortete eine angenehme Frauenstimme: »Sie sind Ausländer, nicht wahr? Solche Höflichkeit ist mir seit meiner Kindheit nicht mehr begegnet.«

Sie hätte vielleicht noch mehr gesagt, aber die Soldaten trieben uns mit den Gewehrkolben zu Fünferreihen zusammen. Doch bevor die Unbekannte zu ihrem Platz in der Kolonne lief, sagte sie leise: »Au revoir.«

Ich erkundigte mich unter den jüngeren Männern, wer sie sei. Ein Freund, einstiger Architekturstudent, der Kontakt mit den weiblichen Politischen hatte, sagte mir, es könne sich eigentlich nur um Irene gehandelt haben.

»Was für eine Irene?«

»Irene Bronstein, eine Nichte Trotzkis.«

»Weshalb ist sie hier?«

»Ich weiß es nicht. Frag sie doch selbst.«

»Wie denn?« erwiderte ich. »Wie soll ich es schaffen, mit einer ›Politischen‹ Kontakt aufzunehmen?«

»Es gibt immer Mittel und Wege. Das solltest du inzwischen wissen.« Er überlegte eine Weile, dann fuhr er fort: »Gut denn, gib mir deine Nachricht, ich werde sie ihr weitergeben.«

»Aber ich habe keine Nachricht«, antwortete ich.

»Wenn du keine Nachricht hast, was, zum Teufel, willst du dann von mir? Erkundige dich nie nach einer ›Politischen‹, wenn du keine Nachricht für sie hast! Verstehst du?«

Ich nickte.

Eine halbe Stunde später hatte ich mit einem geliehenen Bleistift eine Nachricht gekritzelt und händigte sie meinem Freund aus. Er sagte nichts. Mit ein paar Zeilen stellte ich mich vor und fragte an, wann und wo wir ein paar Minuten miteinander sprechen könnten. Es interessiere mich sehr, eine Verwandte Trotzkis kennenzulernen, besonders eine, die vielleicht vor seinem Exil mit ihm beisammen gewesen war.

Zwei Tage später erhielt ich auf demselben Zettel ihre Antwort: »Beantragen Sie eine Röntgenuntersuchung.«

Natürlich, klar. Die mobile Röntgenstation befand sich im Frauenlager, und die Ärzte schickten alle, bei denen eine Aufnahme gemacht werden mußte, dort hinüber. Ich erwähnte bereits, daß manche sich unter dem Vorwand einer Röntgenuntersuchung Zugang zum Frauenlager verschafften.

Ich erreichte tatsächlich, daß der Sträflingsarzt mich zum Röntgen schickte.

Obwohl das Frauenlager nur dreihundert Meter entfernt war, hatte unsere kleine Gruppe doppelte Begleitung: bewaffnete Soldaten mit Hunden aus unserem Lager und Frauen mit Pistolen aus dem Frauenlager. Kaum hatte sich dort das Haupttor hinter uns geschlossen, umringten uns Hunderte von Mädchen; unsere Bewacherinnen gingen davon, wir blieben uns selbst überlassen.

Im Wartezimmer vor dem Röntgenraum stand ich allein unter all den Männern und Frauen. Ich fragte mich, ob ich die erhaltene Nachricht richtig verstanden hätte und ob das Mädchen kommen würde. Doch bevor ich mir ernstliche Sorgen machte, sah ich sie. Nicht daß ich sie erkannt hätte – sie war wie ein Mann gekleidet gewesen dort draußen. Aber mein Instinkt sagte mir, daß dieses mittelgroße Mädchen mit dem hellen Teint, dem schwarzen, lockigen Haar und dem offenen intelligenten Blick Irene sein müsse. Als sie die Hand ausstreckte und ich ihre erfreute Stimme hörte, schwanden meine letzten Zweifel.

»Wie nett von Ihnen zu kommen«, sagte ich.

»Ich bin überzeugt, es wird nicht umsonst sein.«

Sie errötete weder noch lachte sie, sondern sah mir aufmerksam in die Augen. Dann faßte sie mich bei der Hand und zog mich aus dem Raum.

»Gehen wir in meine Baracke«, sagte sie einfach. »Ich habe Tee aufgestellt.«

»Aber meine Röntgenaufnahme?«

»Sie werden Ihre Aufnahme bekommen, keine Sorge.«

Die Baracke war vom selben Typ wie alle anderen, für zweihundert Leute vorgesehen. Es gab dieselben vierstöckigen Kojen wie bei uns. Im Augenblick befanden sich nur wenige Frauen hier, denn jene, die nicht in Tagschicht arbeiteten, waren draußen bei den Männern. Wir setzten uns auf die Kante ihres »Betts«. Nach ein paar Sekunden stand sie auf und entschuldigte sich:

»Ich bin gleich wieder da.«

Während ihrer Abwesenheit sah ich mich um. Welcher Unterschied zwischen dieser Baracke und unserer! Hier war alles sauber und ordentlich, auf den groben Gefängnisdecken sah ich hübsche gestickte Kissenhüllen und sogar Bettlaken. Wie schafften die Frauen das?

Irene kam mit zwei Bechern dampfend heißem Tee zurück und stellte sie auf die Decke. »Trinken Sie ihn, solange er heiß ist«, sagte sie. »Echter georgischer Tee!«

Ich nahm einen kleinen Schluck und sah sie fragend an.

»Wie wir ihn bekommen?« Sie hatte meine unausgesprochene

Frage verstanden. »Die Mädchen erhalten Pakete von zu Hause, wissen Sie.« Dann fügte sie lachend hinzu: »Und von Leuten wie Ihrem Brigadeführer oder von anderen ›Freunden‹.«

Ich nickte.

Irene sah mich mit ihren melancholischen Augen offen an und sagte: »Verstehen Sie mich nicht falsch, ich habe keinen ›Freund‹. Ich hasse sie alle. Ich muß mich ihrer ständig erwehren.« Sie hob den Kopf, und als das Licht voll in ihre Augen fiel, bemerkte ich, daß sie eigentlich schön war.

»Ich weiß, was Sie denken«, fuhr sie fort. »Wie kann ein Mädchen meines Alters, das nicht schlecht aussieht, die Verehrer von sich fernhalten? Würden Sie meine Geschichte kennen, dann würden Sie sich keine solchen Fragen stellen.«

Während sie ihren Tee austrank, betrachtete ich ihre schmale Hand mit den langen, schlanken Fingern, die dasselbe schwere Werkzeug handhaben mußten wie meine Hände. Sie hatte mich neugierig gemacht, wie mochte ihre Geschichte lauten? Ich sollte sie zu hören bekommen.

*

Irene war in Charbin, Nordchina, geboren. Die zaristische Regierung hatte ihren Vater vor dem Ersten Weltkrieg dorthin geschickt, er sollte als Ingenieur am Bau der ostchinesischen Eisenbahn mitarbeiten. Irene erinnerte sich nur dunkel an diese Zeit, sie wußte lediglich, daß es die einzige glückliche Zeit ihres Lebens gewesen war. Bei der Revolution im Jahr 1917 zählte sie zwei Jahre. Ihr Vater weigerte sich, nach Rußland zurückzukehren, obwohl sein Bruder, Lew Davidowitsch Bronstein (Trotzki) nun der russische Napoleon und eines der Idole der Revolution war. Irene hatte ihren Onkel nie gesehen. Was sie über ihn wußte, hatte ihr die Mutter erzählt, die ihr oft aus Trotzkis Briefen an ihren Vater vorlas und ihr sein Bild zeigte. Als Trotzki verbannt wurde, stieß Irenes Vater einen Seufzer der Erleichterung aus. »Es ist besser so, für uns alle«, meinte er und setzte seine Arbeit fort.

Irene besuchte die letzte Klasse der französischen Oberschule in Charbin, als ihr Vater eines Abends heim kam, sich in seinen Lieblingssessel setzte und erklärte: »Jetzt ist alles aus. Die Eisenbahn hat keine Arbeit mehr für mich. Zwischen der chinesischen und der sowjetischen Regierung ist es zu einer Einigung gekommen. Die Sowjets rufen ihr gesamtes technisches Personal zurück. Wir müssen uns entscheiden: Zurückgehen oder für immer im Ausland bleiben?«

Irenes Mutter konnte man nicht überzeugen, daß es sicher sei, nach Rußland zurückzukehren. Doch als der sowjetische Konsul die Familie besuchte und ihrem Vater versicherte, er werde in Moskau einen hohen Posten erhalten, gab der Vater nach.

»1932 reisten wir nach Moskau ab«, berichtete Irene. »Die ersten paar Jahre verliefen ereignislos. Ich beendete die Schule und besuchte anschließend das Fremdspracheninstitut, während mein Bruder in die Fußstapfen des Vaters trat und ebenfalls Ingenieur wurde. Das Leben war langweilig, wir hatten wenig Freunde. Ich weiß nicht, warum, aber ich hatte den Eindruck, daß die Menschen mich mieden, doch es passierte nichts Unangenehmes. Trotzdem wurde ich das Gefühl nicht los, daß uns Gefahr drohe. Vielleicht lebte ich deshalb nur mit meinen Büchern und schloß kaum Freundschaften.

Am letzten Septembertag im Jahr 1937 kam Vater nicht von der Arbeit nach Hause, und am selben Abend wurde Mutter abgeholt. Es war während der ›Herrschaft‹ Jeschows, des Mannes, auf dessen Konto die meisten Opfer des Sowjetregimes gehen. Wir blieben allein. Ich lief überall hin, um herauszufinden, was geschehen war. In meiner Naivität ging ich zum NKWD. Tagein, tagaus wartete ich frierend auf den Gängen, bis mich jemand empfangen würde. An einem Wintertag hatte ein dicker Oberst Erbarmen mit mir und forderte mich auf, in sein Büro zu treten. Dort war es warm und behaglich. Er bot mir Tee und Kuchen an.

Ich begann zu weinen. ›Wo sind meine Eltern?‹ fragte ich ihn flehend.

Der Oberst wischte mir die Tränen mit seinem Taschentuch ab

und sagte: ›Sie sind Trotzkis Nichte, nicht wahr? Wissen Sie, daß Trotzki, Ihr Onkel, der Feind Nummer eins unseres sowjetischen Vaterlandes ist?‹

Ich fragte ihn, was das mit meinen Eltern zu tun habe. ›Mein Vater hat seinen Bruder zwanzig Jahre nicht gesehen‹, sagte ich, ›und er mischte sich nie in die Politik ein.‹

Der Oberst lachte nur. ›Sie tun mir leid, mein Kind. Wir leben in schrecklichen Zeiten. Die Sicherheit der Revolution erfordert energische und strenge Maßnahmen. Kommen Sie, weinen Sie nicht. Ich fahre Sie nach Hause. Geben Sie die Hoffnung nicht auf. Wenn sie wirklich unschuldig sind, könnten sie eines Tages wieder auftauchen.‹

Er führte mich zu seinem Wagen, doch statt mich heimzufahren, brachte er mich in seine Junggesellenwohnung. Er hatte eine sehr schöne Dreizimmerwohnung, um die ihn damals in Moskau jedermann beneidet hätte. Es gab sogar ein Klavier dort, aber er spielte lieber Gitarre. Er versuchte, zärtlich zu werden. Ich stand auf und sagte, ich müsse gehen. Da wollte er mich mit Gewalt nehmen. Ich zerkratzte ihm das Gesicht, spuckte ihn an, riß mich los und lief davon, ohne Kopfbedeckung und mit nur einem Schuh. Als ich zu Hause anlangte, erfuhr ich von Nachbarn, daß man meinen Bruder abgeholt hatte.

Ich war so verzweifelt, daß ich nicht wußte, was ich tat. Ich weinte, ich schrie, ich zerschmetterte den Spiegel. Noch in derselben Nacht lieferten sie mich in eine Nervenheilanstalt ein, wo man mir intravenöse Injektionen gab und mich monatelang in einem Zustand der Dumpfheit hielt. Als sie mich entließen, war ich ein Wrack. Ich konnte nicht denken. Ich konnte nicht arbeiten. Ich hatte kein Heim. Man brachte mich in einem Dachboden unter, wo ich das Bett mit einer alten Trunkenboldin teilen mußte. Ich spürte, ich würde wirklich wahnsinnig werden. Und ich wußte, daß mein ranghoher Verehrer hinter allem steckte. Eines Abends lauerte ich ihm auf. Als er mit einigen anderen aus seinem Büro kam, rief ich: ›Sie sind ein Mörder und nichts anderes! Sie teuflischer Bastard!‹

Man verhaftete mich und steckte mich ins Gefängnis. Irgendwann machte man mir den ›Prozeß‹ wegen ›konterrevolutionärer Aktivitäten‹ und gab mir meine ersten zehn Jahre.

Ich war noch jung und sah gut aus. Das Kommando hatten damals die Diebe, die das Vertrauen der Verwaltung genossen. Ein einäugiger Verbrecher mit dummem Gesicht drückte mir eine große Bürste in die Hand und befahl mir, den Boden zu schrubben. Ich schrubbte, bis meine Finger bluteten. Er war nicht zufrieden. Er wollte, daß ich es noch einmal machte, mit Seife. Ich schrubbte den Boden erneut, mit Seife.

Als ich vom Bürsten völlig atemlos war und der Schweiß mir herunterlief, überwältigte mich der Rohling und schleppte mich in eine dunkle Ecke der Baracke. Ich war so erschöpft, daß ich kaum schreien konnte. Mit der ganzen Kraft, die noch in mir war, kreischte ich, doch er zog einen finnischen Dolch und richtete ihn auf meinen Hals. Ich wurde ohnmächtig.

Das war mein erstes ›Liebeserlebnis‹! Ich litt Hunger. Ich mußte die schlimmsten Demütigungen ertragen. Ganz bestimmt hätte ich meinem Leiden ein Ende gesetzt, wäre mir durch die Gnade Gottes oder des Schicksals nicht ein Leidensgenosse begegnet, ein Arzt und Mann von echtem Charakter, der mich aus den Händen dieser Bestien rettete und unter seine Fittiche nahm. Ich wurde Laborantin in der Lagerapotheke. Später heirateten wir heimlich wie so viele Sträflinge.

Wir machten Zukunftspläne. Seine Strafzeit näherte sich dem Ende, und ein paar Monate später sollte auch meine ablaufen. Ich erwartete ein Kind. Eines schönen Morgens befahl man ihm zu packen. Wir waren sehr traurig, daß wir uns trennen mußten, aber glücklich, daß wenigstens er freikam. Es würde nicht lange dauern, dann konnte ich zu ihm. Das Leben, das bescheidene Leben, nach dem wir uns so sehnten, würde für uns beginnen, endlich! Wir schieden unter Tränen, aber lächelnd.

Mein Mann wurde in ein Zwangsdomizil irgendwo in Kasakstan geschickt. ›Sorg dich nicht‹, schrieb er mir, ›wir werden Kasakstan einstweilen zu unserer Heimat machen. Wir werden glücklich sein. Kopf hoch und verliere den Mut nicht.‹

Ich betete, damit die Tage schnell vergingen. Den letzten Tag vor dem, an welchem meine Entlassung fällig war, ertrug ich kaum. Ich hatte keinen Hunger und brauchte keinen Schlaf. Ich mußte auch das Geheimnis des kleinen Lebens in mir wahren. Endlich war der lang ersehnte Tag da. Ich zählte die Minuten, während ich darauf wartete, gerufen zu werden und das Wort zu vernehmen: ›Geh!‹ Mein Bündel war fertig gepackt. Doch der Tag verging, und niemand kam. Auch am folgenden Tag geschah nichts. Am dritten Tag rief man mich ins Lagerbüro und reichte mir einen gelben Zettel, den ich unterschreiben sollte. ›Was ist das?‹ fragte ich. Der Offizier vom Dienst las ihn mir vor: ›In Gewahrsam zu halten bis auf weiteren Befehl!‹

Er brüllte: ›Bis auf weiteren Befehl! Unterschreib!‹ Er reichte mir die Feder. Bis auf weiteren Befehl. Bis . . .

Ich fiel in Ohnmacht und wurde ins Lazarett getragen. Sie hielten mich durch intravenöse Ernährung am Leben. Ich wollte nichts als sterben. Doch statt dessen brachte ich ein Kind zur Welt, ein Mädchen. Ich hatte nicht länger den Wunsch, mich umzubringen. Ich war Mutter. Was hätte ich auch tun sollen. Ich legte das kleine Wesen, das sein Lebensrecht forderte, an meine Brust. Ich nahm mich zusammen und lebte für das Kind. Seine schönen blauen Augen und das engelhafte Lächeln, das mich so sehr an ihn erinnerte, ließen meine Wunden langsam vernarben. Doch wieder endete es mit einer Tragödie.

Als sie zwei war, kam eine Komission ins Lager und bemächtigte sich aller Kinder, die dieses Alter erreicht hatten. Ich kreischte, ich schrie, ich biß sie in die Hände. Alles vergebens. Sie mußte in ein Waisenhaus. Gesetz ist Gesetz in Rußland.

›Wenn du entlassen wirst‹, erklärten sie mir, ›kannst du dein Kind abholen.‹« So endete ihre Geschichte.

»Sagen Sie«, fragte sie mich zum Schluß, »glauben Sie, daß man mir mein Kind irgendwann zurückgibt?«

Ich hatte Angst, ihr zu antworten. Oder vielleicht saßen mir nur zu viele Tränen in der Kehle.

14. KAPITEL

VON O.P. NACH D-2

Eine doppelte Kascha-Ration als Lebensretter

Gegen Mitte Januar 1952, nach vier Jahren Haft, war ich körperlich so geschwächt, daß ich kaum noch stehen konnte. Ich litt an Vitaminmangel und Dystrophie in fortgeschrittenem Stadium. Endlich untersuchte mich eine Sanitätskommission, die zu der Erkenntnis kam, mein Zustand erfordere meine Verlegung nach O.P. (vom russischen osoboje pitanije, was »Sonderkost« heißt). In Wirklichkeit unterschied sich die »Sonderkost« kaum vom Essen in den Arbeitslagern, aber sie war besser zubereitet, und man bekam etwas mehr. Meist gab es Buchweizen-Kascha oder, zur Abwechslung, Mais-Kascha mit einem Löffel synthetischen Fetts. Vor allem aber bedeutete das Lager O.P. Ruhe, und ich sah meiner Verlegung dorthin mit freudiger Erwartung entgegen. Zwei oder drei Wochen an einem solchen Ort konnten den ganzen Unterschied zwischen Leben und Tod ausmachen. Außerdem hoffte ich, daß man mir nach der Rückkehr aus O.P. leichtere Arbeit geben würde.

17. März 1952 – dieses Datum grub sich unauslöschlich in mein Gedächtnis ein. Es war ein wolkiger, trüber Tag, heftiger Schneesturm wehte. Um fünf Uhr morgens mußten sich alle jene, die ins O.P.-Lager sollten, am Haupttor sammeln. Wir erhielten die kalte Ration für einen Tag – 500 Gramm Schwarzbrot und 15 Gramm Zucker – und zwei Stunden später, um sieben Uhr, wurden unsere Namen aufgerufen. Erst um acht Uhr, als die Arbeitsbrigaden in die Gruben ausrückten, öffnete man das Tor für uns.

Wir sahen uns einem Offizier, einem Dutzend Soldaten mit Gewehren und den üblichen Hunden gegenüber. Ich hielt nach einem Lastwagen Ausschau, der uns zu dem 25 Kilometer entfernten, hinter einer Bergkette liegenden Lager bringen würde. Wir befanden uns in einem so elenden Zustand, daß es unmöglich schien, man könnte uns zu Fuß losschicken. Doch wie sich zeigte, gab es keinen Lastwagen. Unsere Namen wurden noch einmal aufgerufen, dann erhielten wir Befehl zum Abmarsch in den knietiefen Schnee der kahlen, öden Tundra hinauf. Glücklicherweise lieh ein Mithäftling mir eine grobe Baumwolldecke, mit der ich Kopf und Schultern wenigstens einigermaßen schützen konnte. Doch das Gehen fiel mir sehr schwer. Erst seit einigen Monaten war mein gebrochenes Bein ganz geheilt, und ich mußte es noch schonen.

Der lange Marsch war grausamer als alles, was ich bisher mitgemacht hatte; er stellte ungeheure Anforderungen an unser Durchhaltevermögen. Stunde um Stunde trotteten wir dahin, fielen dauernd, kämpften uns wieder hoch, und der schneidende Schneesturm peitschte uns die Gesichter. An unseren Wimpern hingen Eisperlen, das Atmen war eine Qual. Gleich den Soldaten unserer Begleitmannschaft gingen wir rückwärts, um uns gegen den Sturm zu wehren.

Wir stolperten übereinander, bei einigen begann, aus Ohren und Mund Blut zu tropfen. So etwas hatte ich noch nie erlebt. Selbst mein verbissener Lebenswille kam kaum gegen die ungeheure physische Erschöpfung an. Wir brauchten elf Stunden bis zu unserem Bestimmungsort. Das letzte Stück des Wegs werde ich nie vergessen. Es war bereits dunkel, als wir auf einem Berg anlangten, von dem wir etwa drei Kilometer weiter unten undeutlich eine kleine Barackengruppe ausmachten. Normalerweise hätten wir die Strecke in einer halben Stunde bewältigt, aber keiner von uns konnte sich mehr auf den Beinen halten. Wir ließen uns einfach in den Schnee fallen und rollten hinunter wie Baumstämme, die in einem reißenden Bach dahinschießen – eine Lawine aus Menschen und Schnee. Erst vor den Hütten, in denen wir uns zwei Wochen ausruhen sollten, standen wir wieder auf.

Niemand konnte an diesem Abend etwas essen. In den nächsten zehn Tagen mußte ich ständig meine Füße massieren, denn die Krämpfe und Schmerzen, an denen ich seit dieser strapaziösen Auseinandersetzung mit den Elementen litt, ließen mich nicht schlafen.

Unser »Erholungsheim« war nichts anderes als ein ehemaliger Stall. Man hatte ihn innen geweißt und ein paar Bretter als Schlafstellen angebracht. Doch in und auf diesen Brettern hausten die Wanzen in solchen Scharen, daß wir uns lieber auf den Boden legten. Auch hier ließen die Wanzen uns nicht in Ruhe, aber wir waren so ausgepumpt, daß wir trotzdem schliefen.

Ich brachte an den ersten beiden Tagen vor Erschöpfung kaum einen Bissen hinunter. Danach aß ich allmählich mehr Mais-Kascha und Brot. Die Auswahl an Speisen war nicht groß, auch wenn die Lagerverwaltung die Güte hatte, unsere Fleischrationen zu verdoppeln und uns je 36 Gramm zuzugestehen. Tagsüber gab es nicht viel zu tun, und es gab auch nichts zu lesen, also verschliefen wir den größten Teil der sich hinschleppenden Zeit.

Zwei Stunden täglich beschäftigten wir uns damit, die Baracken sauberzumachen und Holz für die Küchenöfen zu hacken. Die Küche leitete ein Häftling, ein Hilfssanitäter. Sein wichtigstes Instrument war eine Waage, die für uns lebenswichtig wurde. Gelang es uns, zuzunehmen, mußten wir zurück ins Lager und zur Schwerarbeit in die Gruben. Doch schlug die Waage in die andere Richtung aus oder nahmen wir keine zehn Prozent unseres Gewichts zu, gewährte man uns, so wir Glück hatten, eine weitere Woche im »Erholungsheim« O.P. Die Gesamtzeit betrug jedoch maximal 21 Tage. Danach mußten wir ins Lager zurück, ob wir zugenommen hatten oder nicht.

Wegen meiner Schwäche mußte ich nur in der Küche beim Holzhacken helfen, und der Sanitäter behielt mich eine zusätzliche Woche da. Ich kam wieder etwas zu Kräften, fühlte mich viel besser. Das nutzte ich dazu, mich ein bißchen umzusehen. Voll Interesse beobachtete ich in dem endlosen, völlig verlassenen Land, wie einige einheimische Jäger Fallen stellten und darin die schönsten Zobel und Hermeline der Welt fingen. Alle Felle mußten dem Regierungsvertreter ausgehändigt werden, der sie zum Export nach Westeuropa und in die Vereinigten Staaten wegschickte. Die Trapper durften keine Gewehre verwenden, weil die Kugeln die Felle beschädigt hätten. Sie konnten nur Fallen stellen. Die Männer beklagten sich bitter darüber, daß sie fast nichts für ihre Felle bekämen. Sie trauerten den guten alten Zeiten nach, als es in der Gegend noch keine sowjetischen Beamten gegeben hatte und sie ihre Felle für gutes Geld den amerikanischen Händlern hatten verkaufen können, die seinerzeit nach Kolyma gekommen waren.

*

Bei meiner Rückkehr ins Lager, die diesmal per Lastwagen und nicht wieder in einem qualvollen Marsch über Land erfolgte, stufte man mich als voll arbeitsfähig ein und schickte mich erneut in die Bergwerke. Ich kam zu einem Steiger, dem ich leid tat. Er sagte, er würde nicht zuviel von mir verlangen und ich könnte mich ab und zu verdrücken, vorausgesetzt ich lasse mich nicht von den Streifen erwischen. Ich verließ also meist im Schutz der Dunkelheit, die früh hereinbrach, meinen Arbeitsplatz und ging irgendwo hin, wo ich mich aufwärmen konnte, ständig auf der Lauer nach den blauen Epauletten unserer Bewacher.

Eines Abends lud ein Mithäftling namens Pawel Terentijewitsch Kosel, der einen Luftkompressor zu betreuen hatte, mich ein, bei ihm ein heißes Bad zu nehmen. Der Kompressor stand in einer kleinen Hütte neben einem großen Holzfaß mit lauwarmem Wasser. Dieses bot Pawel Terentijewitsch mir zum Baden an. Ich zog mich aus, stieg in das Faß und badete. Pawel Terentijewitsch servierte mir Tee und eine Scheibe Weißbrot mit Butter – eine himmliche Gabe in jenen Tagen. Danach schmiegte ich mich an den warmen Kompressor, wie Charlie Chaplin sich in die Arme irgendeiner Marmorstatue geschmiegt hätte, und schlief ein.

Irgend etwas riß mich aus meinem tiefen Schlummer. Ich hob den Kopf und erblickte zwei Soldaten in ihren langen weißen Fellmänteln, die Gesichter glühend rot vom Frost und vom Alkohol, den sie getrunken hatten. Sie starrten mich aus blutunterlaufenen Augen an, fragten, warum ich schliefe und wo ich arbeite. In meiner Verwirrung stammelte ich, mein Arbeitsplatz sei in einem Büro oben am Berg, in einer anderen Abteilung der Grube.

Sie wollten meinen Ausweis sehen. Mir war klar, daß sie mich in der nächsten Sekunde festnehmen würden. Ich warf einen Blick zur Tür, die sie offengelassen hatten. Wie ein in die Enge getriebener Hase sprang ich hinaus und kletterte auf allen vieren den eisigen Berghang hinauf, wobei ich mir das Gesicht zerkratzte und die Hände aufschürfte. Die beiden brüllten und drohten zu schießen, wenn ich nicht zurückkäme. Ich hoffte, sie würden in der Dunkelheit nicht schießen, und klammerte mich verzweifelt an die eisbedeckten Felsen. Manchmal rutschte ich zurück, aber schließlich erreichte ich das Plateau der oberen Bergwerksabteilung. Ich befand mich nun mindestens zweihundert Meter über den Soldaten und meinte, sie hätten die Jagd aufgegeben. Ich verschnaufte kurz und beschloß, am Schichtende wieder hinunterzusteigen. Da sah ich einen vollen Förderwagen langsam herunterkommen und stieg hinauf, in der Hoffnung, damit sicher zum Sammelpunkt zu gelangen. Als ich mich der Estacade näherte, bemerkte ich plötzlich, daß zwei Männer in den Wagen vor meinem gestiegen waren. Ich sah ihre Gesichter nicht, da ich den Kopf unten halten mußte, um mich nicht an dem Balkenüberbau zu stoßen, unter dem ich gerade durchfuhr. Da vernahm ich zu meinem Entsetzen eine Stimme: »Schön, schön, Kamerad, du kannst jetzt aufstehen!«

Links und rechts neben mir kauerten die beiden Soldaten, vor denen ich geflohen war. Sie erkannten mich sofort und machten mir mit Drohungen die Hölle heiß. Wir fuhren noch, deshalb mußten sie sich an dem rüttelnden Wagen festhalten. Aber ihr Grinsen verhieß nichts Gutes. Ich wußte, daß sie mich unten an den Strafpfahl stellen und bis zum Schichtende dort lassen, daß sie mich verprügeln und in Einzelhaft werfen würden.

Wieder stand ich vor der Entscheidung, ob ich mich ihnen ergeben oder einen Fluchtversuch machen sollte. Ich entschied mich für letzteres. Als der Wagen sich dem Haltepunkt bis auf zwanzig Meter genähert hatte und das Tempo verlangsamte, sprang ich in einem günstigen Moment über die Rückwand, soweit ich konnte, hinunter in die verschneite Schlucht. Ich rollte etwa sechzig Meter hangabwärts. Der weiche Schnee wirkte wie ein Polster und verhinderte, daß ich mir die Knochen brach. Trotz meiner Angst, mir eine Gehirnerschütterung zuzuziehen, war ich ganz in Ordnung, als ich endlich liegenblieb. Ich stak tief im Schnee und schwitzte doch tatsächlich. Auf allen vieren kroch ich wieder hinauf und lauerte auf Arbeiter, die zum Sammelpunkt gingen. Vorsichtig näherte ich mich der Stelle, wo es jetzt von Menschen wimmelte.

Mir blieb keine Zeit, lange zu planen. Die Soldatan, denen ich zweimal entwischt war, rächten sich bestimmt grausam an mir, wenn ich ihnen nochmals in die Finger geriet. Ich beschloß, mir das Aussehen eines gemeinen Verbrechers zu geben. Dazu machte ich als erstes eine Ziehharmonika aus meinen Stiefeln – alle Diebe hatten die seltsame Angewohnheit, Falten in die Stiefelschäfte zu drücken –, dann zog ich das Hemd über die Hose und schlang eine Schnur, die ich in der Tasche hatte, um meinen wattierten Mantel. Zum Schluß drehte ich meine Pelzmütze um hundertachtzig Grad, so daß der Pelzrand mein Gesicht weitgehend bedeckte. In dieser Aufmachung wagte ich mich der Kolonne zu nähern, die zum Rückmarsch ins Lager antrat. Ich hakte mich gemäß den Regeln bei einem Mithäftling ein, und mit drei weiteren ordnete ich mich in eine Fünferreihe. Als mir jemand mit einer Sturmlaterne ins Gesicht leuchtete, fing ich an zu kichern und zu singen, wie es die Diebe immer machten. Die beiden Soldaten entdeckten mich nicht. Der Trick dürfte mir das Leben gerettet haben.

*

Die Arbeit in der Stadt Magadan bestand größtenteils im Ausheben der tiefen Fundamente für die vielstöckigen MWD-Gebäude. Da Kolyma fast ganz nördlich des 60. Breitengrades liegt – man nennt ihn wechnaja merslota (Dauerfrost) –, mußten wir tief graben, manchmal über sieben Meter tief. Das Graben strengte ungeheuer an, nicht allein wegen der Kälte und der Ausgesetztheit, sondern weil der Boden auch so hart wie Granit war.

Statt Schaufeln mußten wir Werkzeuge wie in den Steinbrüchen verwenden. Einer von uns hielt mit einer Zange einen meißelähnlichen Stab, und der zweite schlug mit einem Vorschlaghammer darauf, daß die Funken flogen. Wir kamen nur sehr langsam voran, brauchten für einen Graben von einem halben Meter eine gute Stunde.

Viel leichter hätte man sich mit elektrischen Werkzeugen getan, aber die Verwaltung hielt es für billiger, die ihnen in unbegrenzter Zahl zur Verfügung stehenden Sklaven einzusetzen. Trotz des Frostes stellte man viele Gebäude im Winter fertig. Während meines Einsatzes als Maurer fragte ich mich oft, wie lange der heiße Mörtel, den ich zwei anderen Arbeitern hinaufreichte, halten würde, wann er Risse bekommen und der neue Bau unbrauchbar sein würde. Tatsächlich jedoch hielt er gut, denn wenn der Mörtel gefror, bevor er ganz fest wurde, vollzog sich der restliche Trockenvorgang beim Eintritt des wärmeren Wetters. Heute profitieren die Bauunternehmer der ganzen Welt von dem, was man in Stalins Sibirien über das Trocknen von Zement lernte.

Sämtliche Rohrleitungen wurden außen an den Gebäuden verlegt und mit entsprechendem Isoliermaterial umhüllt. Man vertrat die Meinung, wenn bei den extremen Temperaturen ein Rohrbruch passiere, könnte man ihn leichter aufspüren und reparieren.

Während der gesamten Bauarbeiten entstanden ungeheure Verluste an Rohmaterial. Die Lastwagen kippten die Ziegel so unvorsichtig auf die Erde, daß drei Viertel zu Bruch gingen. Genauso verhielt es sich mit anderem Baumaterial. In jener Zeit war die sowjetische Produktion auf Menge und nicht auf Qualität abgestellt, auf Brauchbarkeit und nicht auf Haltbarkeit. Kosten- und Gewinnrechnungen hielt man für kapitalistischen Aberglauben. Erst einige Zeit später wiesen die russischen Wirtschaftsfachleute darauf hin, daß diese Einstellung falsch sei. Trotz der geradezu lächerlich niedrigen Kosten der Sklavenarbeit konnte der Staat es sich nicht länger leisten, die Bergwerke mit Verlust zu betreiben; es gab Werke, in denen die Produktionskosten ein Mehrfaches des Ertrags betrugen. Allein in Kolyma wurden 1955 mehrere Bergwerke mit der offiziellen Begründung geschlossen, wegen der geringen Ausbeute belaufe sich das jährliche Defizit auf mehr als drei Millionen Rubel!

Anfang 1952 hieß es, die sowjetische Regierung, die ihre atomare Rüstung beschleunigen wolle, plane in Kolyma den Bau eines ihrer größten Kernkraftwerke. Dabei wollte man auf die reichen Uranvorkommen zurückgreifen, die man vor kurzem in diesem Teil Sibiriens entdeckt hatte. Man rechnete sich aus, daß es einfacher sei, statt das Roherz bis nach Südsibirien zu transportieren, irgendwo an Ort und Stelle einen riesigen Beschleuniger zu bauen und die ersten Stufen des Verarbeitungsprozesses so nahe wie möglich am Abbauort vorzunehmen.

Ein solches Riesenunternehmen erforderte den Bau gewaltiger Dämme und künstlicher Reservoire zur Aufnahme der Millionen Liter Wasser, die für den Betrieb der Turbinen des großen Wasserkraftwerks benötigt wurden. Wir hörten einige dieser Dinge von sowjetischen Ingenieuren, die aus den »Lagern des Schweigens« zurückkamen und jetzt ganztägig an dem Atomprojekt arbeiteten. Was alles zu der riesigen Anlage gehörte, sollte ich aus eigener Anschauung erfahren, denn im Mai 1952 verlegte man alle verfügbaren Leute an einen Ort, der »754« hieß. Er lag 754 Kilometer von Magadan entfernt und acht Kilometer von dem riesigen Kohlenkomplex Arkagala, wo Sklaven der Neuzeit Pyramiden der Neuzeit errichteten. Dem weiten Areal gab man die Bezeichnung D-2 und projektierte es für die

Erzeugung eines Viertels der Million Kilowatt Energie, die das riesige neue Unternehmen benötigen würde.

Einmal stattete uns General Goglidse einen Besuch ab, der frühere Chef des georgischen MWD und Direktor der Zwangsarbeitslager im sowjetischen Fernen Osten. Selbst ranghohe Offiziere standen stramm, wenn er vorbeiging. Ich sah sogar aus der Ferne genau, daß dieser kleine, olivenhäutige Mann mit dem weißen Haar und den funkelnden schwarzen Augen kalten Terror verbreitete und in seiner Gegenwart jedermann eisige Schauer über den Rücken liefen. Auf mich wirkte er wie die Verkörperung des Todes in der Uniform eines sowjetischen Generals. Goglidse scherte sich keinen Deut um die vielen tausend Menschenleben, die das Projekt in der Anfangszeit verschlang, als er die Zügel in der Hand hielt. Kurz nach Stalins Tod holte man ihn dann per Flugzeug nach Moskau, wo er zusammen mit Berija, Abakumow, Dekanosow und anderen »Feinden des Vaterlandes« erschossen wurde. In Sibirien weinte ihm bestimmt keiner eine Träne nach.

*

Am 6. März 1953 um drei Uhr nachmittags spielte Radio Moskau die Nationalhymne, und dann folgte die offizielle Bekanntgabe von Stalins Tod, verlesen von der Samtstimme des Obersprechers Lewitan. Drei Tage später, genau zu der Zeit, da man den Leichnam des toten Diktators ins Mausoleum trug, mußten alle im Lager, sogar die Patienten in den Lazaretten, strammstehen mit Blick Richtung Moskau, bis die Lagerbeamten meinten, die Beisetzungszeremonie könnte zu Ende sein.

Die Offiziere hielten uns lange Elogen über die großen Taten Stalins, und man erlegte den Lagern eine offizielle Trauerzeit auf. Sämtliche »kulturellen Aktivitäten« mußten eingestellt werden. Die Staatstrauer hinderte jedoch einige Stadtbewohner nicht, sich vor Freude zu betrinken und ihrer Befriedigung über den Tod des großen Führers Ausdruck zu verleihen – was zu vielen Verhaftungen führte. Doch weniger als einen Monat nach

Stalins Tod erließ man eine Generalamnestie für gewöhnliche Verbrecher. Unter den politischen Häftlingen kamen nur jene, deren Strafe fünf Jahre nicht überschritt, in den Genuß der Amnestie. Von den 1250 Insassen unseres Lagers waren das zwei!

Lagerkommandant Oberst Panomarenko, ein dicker, heiterer Ukrainer, versuchte die Moral der Häftlinge zu heben, indem er uns hoffnungsvolle kleine Reden hielt: »Keine Sorge, Jungs, keine Sorge! Euer Väterchen Lawrentij Pawlowitsch Berija wird sich eurer zur rechten Zeit annehmen! Bald wird man für euch eine große Amnestie erlassen!«

Doch das Schicksal spielte anders. Ich erinnere mich genau jenes Nachmittags im Juli 1953. Ich fegte mit einem improvisierten Besen den Haupthof, als die Nachricht aus Moskau durchkam. Auf meinen Besen gestützt, lauschte ich der unglaublichen Meldung. In diesem Moment näherte sich Oberst Panomarenko, bekleidet mit einem weißen Uniformrock wie ein Admiral. Der große Bewunderer Berijas blieb ebenfalls stehen und hörte zu.

Wieder vernahmen wir die Samtstimme Lewitans, der nur sprach, wenn außergewöhnliche Dinge geschahen. Er verlas ein Kommuniqué, das nach der zweitägigen Sitzung des Zentralkomitees herausgegeben worden war; darin gab man die Verhaftung Berijas und eine lange Liste der ihm zur Last gelegten Verbrechen bekannt.

Ich beobachtete den Lagerkommandanten, dessen Gebäude innerer Sicherheit in diesem Moment einstürzte. Er sah entsetzt und krank aus. Kurz danach verschwanden viele Offiziere aus dem Lager, viele andere meldeten sich mit einem Schock krank und mußten Bromide oder Beruhigungsmittel bekommen. Einige Tage später verschwand ein Großteil von ihnen ganz. Das Gerücht ging, man hätte sie verhaftet und nach Moskau geschickt, wo ihnen der Prozeß gemacht würde.

Eine der ersten internen Maßnahmen nach Berijas Beseitigung war die Abschaffung der Bestimmungen, die jeden Häftling zum Tragen einer Nummer zwangen. Von diesem Augenblick an rief man uns beim Namen. Oberst Wassilijew, »die Ratte«, der noch vor einem Monat unbedenklich einen Mann zu Tode gefoltert hätte, wäre dieser ihm ohne Häftlingsnummer begegnet, rief uns zum Klub. In einer seltsamen Tirade, die mit dem Aufstand des Spartakus begann und mehr als eine Stunde dauerte, forderte er uns auf, die Flicken mit unseren Nummern abzugeben, damit sie vernichtet werden könnten. Er fügte warnend hinzu, wer künftig mit einer Nummer angetroffen werde, erhalte eine schwere Strafe! Dieselbe Strafe, die wir zuvor im umgekehrten Fall bekommen hatten.

In einer großartigen Zeremonie warf man die schmutzigen, speckigen Flicken, die wir jahrelang auf Mütze, Brust, Rücken und Knie getragen hatten, in eine große, frisch ausgehobene Grube und verbrannte sie. Die Flammen sollten die verpestete Luft des Lagers reinigen.

»Die Ratte« gab uns klar zu verstehen, daß wir diese außergewöhnliche Gunst ausschließlich der Größe und Großzügigkeit der sowjetischen Führer verdankten.

»Wehe jenen«, rief er pathetisch, »die unsere Taten mißverstehen und unsere humanitären Gefühle als Schwäche auslegen! Sie werden summarisch ausgelöscht werden!«

*

Als wir Anfang Mai 1953 nach drei Tagen und drei Nächten Fahrt durch Kolyma in das riesige Lager D-2 (auch »754« genannt) kamen, bot sich uns ein Anblick, wie ich ihn nie zuvor gesehen hatte. Soweit das Auge reichte, standen Baracken, und Tausende von Menschen liefen umher wie Ameisen in einem Ameisenhaufen. Was sollten sie hier? Ich brauchte nicht lange, um es herauszufinden.

Zehntausend Menschen, die in drei Schichten um die Uhr arbeiteten, waren in einem einzigen riesigen Kral des Komplexes D-2 mit Bauarbeiten beschäftigt. Fundamente wurden verlegt, eine Wand allein bestand aus zwei Millionen Ziegeln. Innerhalb des riesigen Areals gab es Werke, die Ziegel, Zement, Glas und Bauholz produzierten; sechs Kilometer entfernt lag ein Stausee mit 4 Millionen Tonnen Wasser. Lastwagen transportierten zu Hunderten Baumaterial von einem Projekt zum anderen. Der monströse Bau sollte aus Stahl und Beton errichtet und mit Bunkern umringt werden.

Besondere Bautrupps montierten in 85 Metern Höhe die Stahlträger des Hauptblocks; nicht wenige verloren das Leben, weil man die rätselhaft dringende Arbeit mit fieberhafter Eile vorantrieb. Andere starben an Erschöpfung und Tb, die meisten Opfer jedoch kostete das schändliche Fehlen von Sicherheitsvorkehrungen.

Obwohl wir das modernste Werk der Sowjetunion bauen sollten, mußten wir mit den alten Pickeln, Brecheisen, Äxten und Schaufeln arbeiten. Beim Ausheben der Fundamente konnte man auf Schritt und Tritt zusammengebastelte Leitern sehen, auf denen Häftlinge standen und eine Schaufel voll Erde heraufreichten, die sie vom Mann unter ihnen bekommen hatten. Das ging sehr langsam, und viele Leitern brachen zusammen, wobei Arbeiter getötet oder verstümmelt wurden. Den Beamten waren solche Verluste an »Menschenmaterial« gleichgültig – Millionen anderer standen als Ersatz zur Verfügung.

Zur gleichen Zeit entstand eine völlig neue Stadt für die freien Arbeiter, die nach Fertigstellung der Anlage unsere Plätze einnehmen sollten. Tausende Häftlinge legten letzte Hand an die zweistöckigen Wohnhäuser mit den kleinen Gärten und breiten Straßen, entlang derer man eigens herangeführte Bäume pflanzte. Es gab Theater und Kinos zur Zerstreuung der zehntausend künftigen Stadtbewohner. Zum erstenmal in der Geschichte der Sowjetunion mußte eine Stadt auf ihre Bewohner warten.

Die mehreren tausend Häftlinge der Frühschicht sollten möglichst schnell zu ihren Arbeitsplätzen gebracht werden. Mittels drei getrennter Tore wollte man den Abmarsch beschleunigen, aber immer lagen Hunderte noch in den Betten, während ihre Kameraden bereits durch die Tore zogen. Die Truppführer mußten die Zahl der Leute in ihrer Truppe sowie die Fehlenden und Kranken melden, während die Männer paarweise vorrückten.

Der Zählvorgang dauerte fast eine Stunde. Abends jedoch hatten die Posten es lange nicht so eilig; oft vergingen zwei oder drei Stunden, bis jeder Häftling durchsucht und bis sichergestellt war, daß niemand verbotene Dinge einschmuggelte. Der Arbeitstag erstreckte sich folglich über fast zwölf Stunden, und wenn wir endlich im Lager ankamen, wollten die meisten nur noch in die Betten kriechen und bis zum nächsten Morgen schlafen. Die Nacht war unser einziger Freund.

Nachdem ich drei Tage hart an den Bunkern gearbeitet hatte, holte mich ein Unteroffizier ab. Ein paar Minuten später fand ich mich in eine Zelle gesperrt, in der ich fünf Tage blieb. Am sechsten Tag erfuhr ich, warum. Für den politischen Offizier des Lagers, der meine Akten durchgelesen hatte, war ich ein »ausländischer Spion«, und man durfte nicht zulassen, daß ich eine Minute länger in einem Geheimgebiet wie D-2 blieb.

Am sechsten Tag brachte man mich aus der Zelle ins Lager zurück. Ich sollte alle meine Sachen aushändigen und mich dann am Lagertor melden. Man drückte mir einen Zettel in die Hand, mit dem ich zu zehn verschiedenen Stellen gehen mußte, angefangen vom Sanitätsraum bis zur Bücherei. Ohne Stempel von einzelnen dieser Stellen konnte ich das Lager nicht verlassen.

Im Speisesaal faßte ich meine kalte Ration für die Fahrt ins Unbekannte. Der Speisesaal in D-2 war ziemlich ungewöhnlich. Da zehntausend Häftlinge abgespeist werden mußten, hatte man ihn als riesige Baracke mit hundert Fenstern errichtet. In zwei Schichten aßen wir dort. In der Eile waren beim Bau die Fundamente nicht tief genug gelegt worden, als Folge davon hatte sich der Boden, als Tauwetter einsetzte, stark geworfen. Auf dem Weg von den Fenstern zu dem hundert Meter langen Tisch mußte man sehr vorsichtig sein, ein Auge auf der Suppe, das andere auf dem welligen Boden haben. Weil die Verwaltung nicht wünschte, daß jemand Zeit an unproduktive Arbeiten verwendete, wurden die Näpfe, in denen man uns das Essen servierte, nicht gespült. Wen so unwichtige Dinge wie ein schmutziger Essensnapf störten, der mußte ihn eben draußen auswaschen oder mit etwas kaltem Wasser ausschwenken, um zu glauben.

Morgens mußten wir uns um Brot und Tee anstellen. Da wir alle so spät wie möglich kamen, gab man den Tee im Freien aus, in Suppennäpfen. Ich sah nie jemanden trinken, ohne daß er zuvor die dünne Eiskruste zerschlagen hatte, die sich sofort darauf bildete. Und das, obwohl wir Ende Juni hatten!

Regelrecht übel konnte einem beim Anblick der langen Schlange vor den Latrinen werden. Oder im Sanitätsraum, wo zwanzig Sanitäter zwanzig Patienten gleichzeitig behandelten, alle gleichzeitig redeten und wegen des Lärms niemand ein Wort verstand. Oder in der Zahnarztpraxis, wo es einen Zahnarzt für zehntausend Häftlinge gab.

Ich war froh, aus diesem Alptraum erlöst zu werden. Am Haupttor fand ich zwei Kollegen vor, die ebenfalls »deportiert« werden sollten: George Woltchkov, einen in Cambridge ausgebildeten Ingenieur, und Dr. Trajan Batranac, einen zum Tod verurteilten und dann begnadigten Bessarabier, den man beschuldigt hatte, ein Komplott zu planen, um das Sowjetregime in Bessarabien zu stürzen und die Provinz wieder an Rumänien zurückzugeben.

Wir galten alle drei als Spione ersten Ranges und sollten deshalb aus D-2 anderswohin verlegt werden. Wohin, das wußten wir nicht. Wir fuhren den ganzen Tag und trafen am Abend in Cholodnaja ein, dem kältesten Lager Kolymas. Dort warf man uns in Zellen, statt uns in den Lagerbaracken schlafen zu lassen.

Zum erstenmal in meinem Leben befand ich mich in einer Zelle, deren Boden aus einem Rost bestand; unter mir schoß das Wasser eines reißenden Bachs dahin, der die Abfälle und Abwässer aus dem Lager mitführte. Mir war so kalt in jener Nacht, daß ich ständig Übungen machen mußte, um nicht zu erstarren. Ich aß die ganze Ration auf, die ich für die Fahrt bekommen hatte. Zum Glück holte man uns morgens um fünf heraus und lud uns wieder in die grüne Minna, die uns nun einladend wie ein Pullmanwagen vorkam.

An diesem Tag fuhren wir weitere 650 Kilometer. Die folgende Nacht verbrachten wir erneut in Einzelzellen, und so ging es drei Tage, bis wir schließlich in Magadan eintrafen. Eine solche Behandlung war nichts Neues, die Behörden wandten sie gern an: einen Menschen zerbrechen, indem man ihn Tausende Kilometer in grünen Minnas verfrachtete, ohne ihm Erholung von den Strapazen der Fahrt zu gewähren.

Wilde Gerüchte kursierten in Magadan über eine bevorstehende Repatriierung der Ausländer. Einige sagten, die Meldung sei in fremdsprachigen Rundfunksendungen gebracht worden. Andere behaupteten, jeder Häftling, der repatriiert werde, bekäme Zivilkleidung und einen bestimmten Geldbetrag als Geschenk von der sowjetischen Regierung. Und so fort.

Am 9. Juli dann wurden morgens mehrere hundert Ausländer aufgerufen. Man schickte sie ins Bad, gab ihnen frische Unterwäsche sowie neue Lagerkleidung und befahl ihnen, sich reisefertig zu machen. Wie sich herausstellte, bestand die »Zivilkleidung« aus einfachen wattierten Baumwollhosen und Baumwollmänteln. Und das »Geschenk« der Regierung aus einem Blechteller, einem Blechbecher und einem Blechlöffel!

Wir Zurückbleibenden hofften, daß eines Tages die Reihe an uns käme. Einstweilen konnten wir nur neidisch auf die Glücklichen schauen, die heimfuhren. Wir wußten, daß die Sowjets zögerten, uns nach Hause zu schicken, zumal sie im Augenblick alle Hände voll zu tun hatten, um die vor kurzem freigelassenen Diebe wieder einzufangen, die im ganzen Land stahlen, raubten, vergewaltigten, mordeten. Unsere Hoffnungen und Träume sollten sich bald in nichts auflösen, keiner redete mehr von einer bevorstehenden Repatriierung.

*

Als bei Herbstbeginn die Schiffahrt eingestellt werden mußte, bestanden für uns keine Aussichten mehr auf baldige Repatriierung. Unsere Arbeitstrupps, die sich nur aus Ausländern zusammensetzten, wurden aufgelöst, und man teilte uns russischen Gruppen zur Zwangsarbeit zu. Meine Verlegung verschob sich etwas, und in der kurzen Zeit im Transitlager erlebte ich einen kleinen, aber bemerkenswerten Aufstand. Im politischen Lager Berlag befanden sich mehrere Dutzend Nonnen und ihre Äbtissin, die man wegen nichts anderem als ihres religiösen Glaubens verurteilt hatte. Die Schwierigkeiten begannen, als die Klosterfrauen sich plötzlich weigerten, zu essen und zu arbeiten.

Die Lagerbehörden fürchteten, der Streik könne auf die anderen Frauen übergreifen, und beschlossen die Verlegung der Nonnen in ein normales Arbeitslager. Die Bestimmungen verlangten, daß die Nonnen vorher zum Lagerfotografen gingen und sich fotografieren ließen.

Ich weiß nicht, wie man es schaffte, sie in die Lastwagen zu laden, die sie zu uns herüber brachten. Als ich im Lager eintraf, lagen sämtliche Nonnen vor der Hütte des Fotografen auf der Erde, umringt von einem Dutzend bewaffneter Sicherheitskräfte. Bei jedem Versuch der Soldaten, sie auf die Beine zu stellen, leisteten sie erbitterten Widerstand. Sie lehnten es strikt ab, sich fotografieren zu lassen. Starr wie Leichen blieben sie liegen. Die Soldaten mußten sie tragen wie Baumstämme; manche wurden an den Haaren in die Hütte geschleift, andere an den Beinen. In der Hütte weigerten sie sich, auf dem Stuhl vor der Kamera Platz zu nehmen. Sie wehrten sich weiter, gestikulierten, spuckten den Soldaten in die Gesichter. Nach einer Stunde wildesten Tumults mußten die Soldaten den Kampf aufgeben. Unter Flüchen und Anrufung des Himmels schafften sie die Nonnen ins Frauenlager – ohne daß man sie fotografiert hatte.

Es war eine demütigende Niederlage für die MWD-Soldaten; mit Flüchen und Verwünschungen beantworteten sie die Drohungen der Nonnen, die Pech und Schwefel auf sie herabriefen. Ich habe keine Ahnung, was aus den Nonnen wurde, aber jedermann war beeindruckt von der Widerstandskraft, die diese alten, geschwächten Frauen aus ihrer inneren Festigkeit und ihrem religiösen Glauben schöpften.

15. KAPITEL

EINES PILGERS WEITER WEG

But now in the Valley of Humilitation poor Christian was hard put to it; for he had gone but a little way, before he espied a foul fiend coming over the field to meet him . . . Therefore re resolved to venture and stand his ground; for, thought he, had I no more in mine eye than the saving of my life, it would be the best way to stand.

Aus »The Pilgrim's Progress« von John Bunyan.

Am 1. November 1953, mitten im Winter mit seinen wütenden Schneestürmen, schickte man die restlichen Häftlinge in die verschiedenen Bergwerke. Ich hatte das Pech, mit einer Gruppe von fünfzig Männern nach Matrosowa* zu kommen, ein Lager mit verschärften Haftbedingungen. Zwei Tage nach der Abfahrt aus Magadan, an einem eisigen Morgen, erreichten wir das Lager und warteten vor dem Stacheldraht, bis die Tore sich öffnen und man uns einlassen würde. Dichter Nebel lag über dem Boden, man sah so gut wie nichts. Ich wurde langsam steif vor Kälte; meine Nasenlöcher waren bereits zugefroren, und meine Augen drohten bei jedem Blinzeln zuzufrieren.

Ich war mittlerweile an unmenschliche Temperaturen gewöhnt und erkannte deshalb sehr schnell, daß hier die Quecksilbersäule einen neuen Tiefstand erreichte. Man ließ uns eine Stunde warten, dann führte man uns in eine riesige Scheune mit gestampftem Lehmboden. Es stank nach Öl und Benzin, denn in

* So benannt zu Ehren eines Matrosen, den die Japaner angeblich während der Besetzung Sibiriens (1918–1922) wegen seiner Treue zum Kommunismus bei lebendigem Leibe verbrannt hatten.

dem Gebäude waren die Fahrzeuge und Maschinen des Lagers untergebracht. Ich zog sofort meine Filzstiefel aus und rieb meine tauben Füße. Die übliche Aufnahmeprozedur folgte: Bad, Rasur, Ausgabe sauberer, aber getragener Unterwäsche. Anschließend schickte man uns in die Schlafbaracken.

Matrosowa befand sich in sehr bergigem Gelände mit jäh abfallenden Hängen und hohen Gipfeln, von denen MWD-Scharfschützen ihre Gewehre auf die Leute unten richteten. In den Gruben wurde um die Uhr in drei Schichten gearbeitet; die Arbeiter waren schweigsam, ausgemergelt und ohne Leben. Es gab keine Zerstreuungen wie in anderen Lagern, und die geforderte Arbeitsleistung lag über dem Durchschnitt. Ich wußte, wenn man mich zwang, wieder unter Tage zu arbeiten, hatte ich kaum eine Überlebenschance. Ich erinnerte mich noch genau an mein blankes Entsetzen, als ich in Galimyj zum erstenmal unter Tage gewesen und mein flackerndes Licht erloschen war: auf allen vieren war ich in der undurchdringlichen Finsternis über rauhe Steine gekrochen, hatte mir den Kopf an scharfen Kanten gestoßen, die Kleider zerrissen und aus vollen Lungen um Hilfe geschrien.

Verfolgt von diesen Erinnerungen, wollte ich es irgendwie verhindern, zu einer Schicht in den finsteren unterirdischen Gruben eingeteilt zu werden. Deshalb suchte ich noch am ersten Abend den Lagerarzt auf, der gewöhnlich selbst Häftling war. In der Arzthütte sah ich mich einem älteren Herrn mit rundem Gesicht und einem freundlichen Lächeln gegenüber. Er hörte sich meine Geschichte aufmerksam an, und als ich endete, standen Tee, Brot und Marmelade auf dem Tisch.

»Ich verstehe Sie gut, mein Freund«, sagte er. »Sie sind nur eines der Millionen Opfer, die man gezwungen hat, hier zu arbeiten. Versuchen Sie alles zu sehen, und hoffen Sie dann, daß Sie am Leben bleiben und den Menschen draußen, die sich offenbar sehr schwer überzeugen lassen, alles sagen können. Sagen Sie ihnen, was Sie in all diesen Jahren gesehen und durchgemacht haben. Wenn Sie erreichen, daß man Ihnen glaubt, ist dies der größte Dienst, den Sie uns leisten können, den Millionen, die hier nie mehr herauskommen werden.«

Nach langem Schweigen fügte er hinzu: »Wegen des Postens über Tage muß ich mit dem ›freien‹ Sanitätsoffizier reden, der frisch von der Universität kommt. Er ist ein guter Komsomol, aber er hat eine gewisse Achtung vor meinen dreißig Jahren medizinischer Erfahrung. Ich werde es versuchen. Bis dahin kommen Sie zu mir, wenn Sie in Schwierigkeiten sind. Ich werde mich bemühen, Ihnen zu helfen.« Er reichte mir die Hand und geleitete mich zur Tür.

Als ich meinen Buschlat (wattierten Mantel) anzog, spürte ich etwas Schweres in den Taschen. In einer stak eine Flasche Vitamin-C-Orangensirup, ein überaus kostbares Lebenselexir, in der anderen ein kleines Päckchen Butter, umwickelt mit einem Fünfundzwanzigrubelschein. Ich kehrte zur Tür des Sprechzimmers zurück. Als er öffnete, sagte ich: »Da muß ein Irrtum passiert sein, Herr Doktor. Sie haben versehentlich etwas in die Taschen meines Mantels gesteckt.« Ich wollte ihm die Sachen zurückgeben, aber er tätschelte mir nur leicht den Rücken:

»Schon gut, Mihail Morisowitsch. Wenn wir Intellektuellen einander nicht helfen, wer sollte es dann tun?«

Er war ein wunderbarer Mensch, dieser Boris Iwanowitsch Sergejew, der im Krieg als Arzt für sein Land gekämpft, sich aber dann erbittert gegen die politische Lage in eben diesem Land gewandt hatte. Es gelang ihm, meine Einteilung in einen Übertage-Trupp durchzusetzen. Wir arbeiteten an der Station einer Seilbahn, die vom Bergwerk zu dem etwa sechs Kilometer entfernten Verarbeitungswerk führte. Eines der verrücktesten Dinge in diesem Lager war, daß wir den Weg zur Arbeit in einem Korridor, den links und rechts hoher Stacheldraht säumte, zurücklegen mußten. Das erinnerte mich an eine der Szenen in John Bunyans Buch »The Pilgrim's Progress«.

Ich hatte Nachtschicht. Als wir unseren Arbeitsplatz am Ende des Stacheldrahtkorridors erreichten, schien der Vollmond, und die Sterne funkelten durch die klare, kalte Nacht. Unirdische

Stille umschloß uns, eine Stille, wie der erste Mensch auf dem Mond sie angetroffen haben muß. In der Nähe gewahrte ich eine zweistöckige Holzbaracke mit Dach, aber ohne Seitenwände, wo man die leeren, am Seil vom Verarbeitungswerk zurückkommenden Wagen belud. Beim zweiten Blick bemerkte ich, daß die Seilbahn zweispurig arbeitete. Die leeren Wagen fuhren an einem Seil herauf, und die beladenen am anderen hinunter, angestoßen von einem nicht zu sehenden Häftling.

Meine erste Arbeit bestand darin, die ankommenden Wagen zur Ladestation zu schieben. Wenn alles richtig lief, trafen sie in Abständen von vier Minuten ein, doch meistens kamen zwei oder drei zusammen oder in unregelmäßigen Intervallen an. Deshalb mußte ich einen Hebel betätigen, um die Wagen zurückzuhalten und dann einzeln freizugeben, wie die Ladestation sie brauchte. Es war eine harte, anstrengende Arbeit. Ich mußte hinter jedem Wagen herlaufen, mich strecken, ihn von hinten anstoßen, um eine Kurve in einer tückischen Ecke schieben und jeden Muskel anspannen, damit ich keine falsche Bewegung machte und die beiden Rollen oben nicht aus dem Seil sprangen. Passierte das, konnte mich der Wagen erschlagen.

In den ersten vier Stunden jeder Schicht rannte ich herum wie ein Zirkusgaul, ohne Pause oder Unterbrechung. Ich hatte nicht einmal Zeit, mir die Nase zu putzen oder den Schweiß abzuwischen. Stunde um Stunde lief ich und lief und lief.

Unsere wilde Jagd des Anschiebens und Abbremsens der Wagen endete um sieben Uhr morgens, wenn alle Maschinen stoppten, damit die Frühschicht übernehmen konnte. Gegen acht Uhr waren wir zurück im Lager. Nach dem Frühstück schlief ich bis zum Spätnachmittag, wo wir das Mittag- und Abendessen zusammen bekamen. Eine halbe Stunde später ging es erneut durch den verfluchten Stacheldrahtgang. Ich sprach mit einigen Arbeitskollegen über die bestialischen Arbeitsbedingungen hier, aber sie meinten, das sei gar nichts im Vergleich zu dem, was die anderen unten in den Gruben leisten mußten, von denen viele einfach zusammenbrachen.

In Matrosowa lernte ich einen jungen österreichischen Journalisten kennen, der vor dem zweiten Weltkrieg schon Sozialdemokrat gewesen war. Bei Hitlers Machtübernahme war er nach Frankreich und später nach Spanien gegangen, wo er mit den Republikanern gegen Franco gekämpft hatte. Nach der Niederlage der Republikaner hatte er sich in einem französischen Internierungslager für Spanier wiedergefunden. Später war er der französischen Widerstandsbewegung beigetreten und hatte im Kampf gegen Hitler und Mussolini sein bestes gegeben. Am Kriegsende war er nach Österreich zurückgekehrt – wo ihn prompt die Russen kassiert und nach Sibirien verfrachtet hatten.

Er war ein gebildeter Mann mit einer dicken Brille und sah wie ein typischer Wiener Intellektueller aus. Die Anspannung der furchtbaren Arbeit im Bergwerk ging über seine Kräfte. Eines Tages sprang er von der Sohle, auf der er arbeitete, kopfüber achtzig Meter in die Tiefe. Sie meinten, er sei tot, als sie ihn auflasen. Aber er überlebte, trug nur eine schwere Gehirnerschütterung davon. Diese brachte ihn für mehr als sechs Monate ins Lazarett. Er sagte zu mir, er zöge einen gewaltsamen Tod dem langsamen Sterben durch die menschenmordende Arbeit in den finsteren Gruben unten vor.

Einige Zeit später entdeckten wir, als wir morgens zum Grubeneingang kamen, mehrere mit einer Axt geköpfte Männer. Ein toll gewordener Häftling hatte sie erschlagen, als Leute ihn zwingen wollten, seine ihm zugewiesene Arbeit zu tun.

An den Abenden, nach der Rückkehr ins Lager, mobilisierte ich meine letzten Energien und ging in den eiskalten Leseraum, wo ich zwei Monate alte Exemplare der »Prawda« durchblättern und so wenigstens etwas über die Vorgänge draußen in der Welt erfahren konnte. Mit gekreuzten Armen und Beinen saß ich da, um möglichst viel Wärme im Körper zu halten, und versuchte zwischen den Zeilen zu lesen, was die Zukunft uns bringen würde.

Nach eineinhalb Monaten an dem Wagenkarussell teilte man mich zu einer neuen Arbeit ein. Die Schatten von Galimyj verfolgten mich! Mit einer langen, schweren Eisenstange mußte ich die großen, aus den Seilbahnwagen entladenen Brocken durch die Rutsche stoßen. Jene, die nicht durchgingen, mußte ich mit einem Hammer zerschlagen, der so schwer war, daß ich ihn kaum heben konnte. Ich schwitzte dermaßen, daß ich dampfte. Wenn ich vor Schwitzen nicht mehr arbeiten konnte, zog ich mich trotz des Frostes aus und drehte meine Kleider um. Kein Wunder, daß in diesem Lager so viele Lungenentzündungen und Tb bekamen.

In weniger als vierzehn Tagen war ich ein Wrack. Da ich mich nicht mehr auf den Beinen halten konnte, suchte ich Dr. Sergejew auf, meinen Wohltäter vom ersten Abend. Er tat das einzige, was in seiner Macht stand: er setzte meinen Namen auf die Liste für den »freien« Arzt, der unser Lager regelmäßig besuchte, einen gewissen Major Wostokow.

Die Leute nannten ihn Schestokow – in Anspielung auf das Wort »schestokij« oder »wild«. Er war Russe. Als ich vor ihn trat, erklärte er mir sogleich, ohne mit der Wimper zu zucken: »Bevor ich Arzt bin, bin ich Tschekist, und als solcher muß ich Ihnen sagen, daß Sie nicht hierher gebracht wurden, um zu leben, sondern um zu leiden und zu sterben. Wir benötigen Ihre Arbeit nicht so sehr. Ihre Lebenserwartungen werden mit zehn Jahren angesetzt. Wenn Sie länger leben, so heißt dies, daß Sie sich eines von zwei Dingen schuldig gemacht haben: entweder Sie haben weniger gearbeitet als man Ihnen auftrug, oder Sie haben mehr gegessen als Ihnen zustand.«

Ich kannte solche Reden bereits. Trotzdem versuchte ich, mein Schicksal zu wenden und eine leichtere Arbeit zu bekommen. Ich bat den arroganten Major, mich wegen meiner geschwollenen Füße für einen Posten im Lager zu empfehlen. Er ließ sich erweichen, und ich erhielt Arbeit, bei der ich näher am Lager bleiben konnte. Zusammen mit einem anderen Häftling schleppte ich große und schwere Balken drei Kilometer weit über die gefrorenen Hänge. Aber dabei blieb es nur einen Monat. Man fand die Arbeit zu leicht für mich und schickte mich erneut ins

Bergwerk. Diesmal bestand meine Aufgabe darin, Förderwagen über ein kurviges, gewundenes Nebengleis zu schieben, sie am Ende des Gleises auszuleeren und zum erneuten Beladen fertigzumachen. Die Klappe an der Vorderseite, durch welche sich der Inhalt entleeren sollte, funktionierte nie richtig, deshalb mußte ich die Wagen immer kippen und den Rest so ausleeren. Nach drei Tagen bekam ich heftige Schmerzen im Unterleib, die der Lagerarzt als doppelten Bruch diagnostizierte. Ich ersuchte um einen anderen Posten – vergebens. Ich hörte auf zu arbeiten und wurde sofort zum Oper zitiert, der mir prompt sieben Tage Einzelhaft verpaßte.

Einzelhaft dort draußen in Matrosowa bedeutete eine finstere Zelle mit eisbedeckten Wänden. Einmal am Tag bekam ich 175 Gramm Brot und Wasser. Die gesamte warme Oberbekleidung wurde mir abgenommen. Doch die »Einzelhaft« saß man nicht einzeln ab. In meiner Zelle befanden sich noch andere, und wir vermochten uns warmzuhalten, indem wir einander die Rücken rieben und die alte Gefängnispraxis anwandten, uns Rücken an Rücken zusammenzukauern.

Am dritten Tag, nachdem die Arbeitstrupps ins Bergwerk abmarschiert waren, holte man uns unter Bewachung in den Eßraum. Ich bekam einen Blechnapf mit Kohlsuppe, das erste warme Essen seit 72 Stunden. Ich konnte den Napf mit meinen vom Frost gefühllosen, steifen Fingern nicht halten, also nahm ich ihn zwischen die Handflächen und verbrannte sie mir an dem heißen Blech. Nach dem Frühstück hatte ich rote Handflächen und blaue Finger. Man führte uns zum Haupttor, verteilte Pickel, Brecheisen, Schaufeln und Äxte an uns. Sechs bewaffnete Posten, jeder mit einem Hund an der Leine, begleiteten unser Zehnergrüppchen zur Arbeit. Einige unter uns waren bereits älter; zu diesen zählte Jossif Abramowitsch Lifschitz, ein ehemaliger Professor und angesehener sowjetischer Wirtschaftler. Wir bildeten einen Teil der »Strafbrigade«, die mit »Sonderaufträgen« hinausgeschickt wurde. Man brachte uns zu einem steilen Berghang und befahl uns, achthundert Stufen, jede einen halben Meter breit, in den Hang zu schlagen, damit die Posten zu ihrem Wachtturm über dem Bergwerk hinaufsteigen könnten.

Der Schweiß rann mir vom Gesicht, als ich mich auf den Knien hinaufarbeitete, den Kopf fast an den Schuhen des Vordermanns, und Schnee und Erde wegschaufelte, die er mit seinem Pickel losgeschlagen hatte. Einmal waren meine Finger so gefühllos, daß ich die Handschuhe auszog und meine starren Hände ins Hosenbein schob, um sie ein bißchen aufzuwärmen. Sofort wurde ein Gewehr auf mich gerichtet. Ich zog die Hände heraus, ergriff meine Schaufel und schaufelte weiter.

Kurz darauf sagte ein Mann neben mir: »Reib dir Schnee ins Gesicht. Es ist steif gefroren.« Ich hatte es nicht bemerkt. Wie wild rieb ich mir die Wangen mit Schnee, aber es war zu spät. Als wir nach Einbruch der Dunkelheit »heim« kamen, fast in Stücke gerissen vom Schneesturm und schneeblind, ging ich zum Arzt. Er eröffnete mir, ich hätte schwere Erfrierungen an beiden Füßen und auf der linken Wange. Erst jetzt überfielen mich die Schmerzen; die betroffenen Stellen schwollen an, wurden am ersten Tag rosarot, dann dunkelrot, schließlich schwarz; sie begannen heftig zu eitern. Ich bekam Salbe aufgestrichen und Verbände angelegt, trotzdem steckte man mich jeden Abend in die eisige Zelle der »Einzelhaft« und schleppte mich jeden Morgen zur Arbeit.

Diesmal ist es das Ende, dachte ich. Am vierten Morgen, als wir von den Zellen zum Haupttor gingen, um unsere Werkzeuge zu holen, rief ein Unteroffizier meinen Namen auf und befahl mir, hierzubleiben. Ich fürchtete Schlimmes. Aber eine Stunde später teilte man mir offiziell mit, ich würde nach Magadan zurückgeschickt. Was die Lagerbeamten zu einer solchen Entscheidung bewogen haben mochte, werde ich nie erfahren. Mir kam es wie ein Wunder vor, ein weiteres Wunder, durch das Gott mich aus den Fängen des Todes errettete. Trotz der Schmerzen in meinem auftauenden Gesicht war ich in diesem Augenblick der glücklichste Mensch Sibiriens.

Zusätzlich zu meiner hochgradigen Schwäche litt ich an

schweren Blutungen von unbehandelten Hämorrhoiden, einem verbreiteten Lagerleiden, dessen Ursache physische Erschöpfung und schlechtes Essen waren. Ich konnte kaum in die grüne Minna klettern, die mich holte. Ganz allein saß ich in dem Fahrzeug mit den eisbedeckten Innenwänden. In der Mitte stand ein kleiner Ofen, doch ich bekam kein Feuer in Gang, so sehr ich es auch versuchte.

Nach ungefähr sechs Kilometern hielt der Wagen und nahm einen weiteren Passagier auf, einen etwa siebzehnjährigen bleichen Jungen, mager wie eine Klapperschlange. Er war ein Schüler aus Moskau und erst vor kurzem wegen »Gewalttätigkeit« verhaftet worden, nachdem ihn seine Mitschüler während einer vom Staat lancierten antisemitischen Kampagne zusammengeschlagen hatten. Mit vereinten Kräften bliesen wir in den Ofen und bekamen schließlich ein Feuer zustande.

Unsere Fahrt dauerte zwei Tage und zwei Nächte, dann erreichten wir Butugytschag, ebenfalls ein Lager mit verschärften Haftbedingungen, unweit von Matrosowa gelegen. Es war das Lager für die Katorschniki, von denen ich schon gesprochen habe. Doch statt uns in die Lagerbaracken zu bringen, steckte man uns wieder in eine Zelle. Nicht einmal den Schatten eines Ofens gab es hier. Wir schrien, wir protestierten – vergebens. Ich war sicher, wenn wir auf dem eisigen Zementboden schliefen, waren wir bis zum Morgen tot.

Vierundzwanzig Stunden später erschien Oberst Sorkin, der Lagerkommandant, in Begleitung eines »freien« Arztes und hörte sich unsere Beschwerden an. Er sagte uns, wir kämen heraus, »sobald der Wagen repariert ist«. Wir hatten an dem Wagen keine Störungen bemerkt, und vermutlich gab es auch keine. Wie dem auch sei, es dauerte acht Tage, bis die angeblichen Reparaturen vorgenommen waren. Man brachte uns ein paar Holzbänke als Betten und einen kleinen Ofen, für den wir alle vierundzwanzig Stunden drei Kilo Holz erhielten. Ich frage mich jetzt noch, wie ich diese schrecklichen acht Tage überlebte.

Als wir endlich in Magadan anlangten, hatte ich hohes Fieber und mußte ins Lazarett gebracht werden. Dort behandelte mich der Oberarzt, Fjodor Michailowitsch Loskutow, sehr gut. Dieser Sek (Sträflings-Arzt), ein Mensch von hohem Format, befand sich schon achtzehn Jahre in Lagern. Früher war er mit dem berühmten russischen Ophthalmologen Filatow eng befreundet gewesen.

Ich erholte mich nur langsam. Der gute Doktor tat alles, um mich wieder auf die Beine zu stellen, aber nach einem Monat ging es mir kaum besser. Dr. Loskutow verbrachte jeden Tag eine halbe Stunde an meinem Bett und behandelte mich mit ultravioletten Strahlen und Physiotherapie. Da ich nicht aufstehen konnte, besuchte mich ein rumänischer Schuhmacher namens Misu Porcariu nach der Arbeitszeit, er brachte mir ein paar Stück Zucker und unterhielt mich mit seinen Späßen. Manchmal spielten wir Schach oder Halma.

Nach 45 Tagen Lazarettaufenthalt entließ man mich auf Befehl von oben. Ich mußte mich bei dem für die Einteilung der Arbeitskräfte zuständigen Häftling melden. Er ließ mich schwören, daß ich für mich behalten würde, was er mir sage, dann vertraute er mir an, er habe strikten Befehl, mich für die gefürchtete *T. T. T.* (ausschließlich Zwangsarbeit) einzuteilen. Ich schien diesem Schicksal nicht entgehen zu können. Mit beträchtlichen Anstrengungen brachte ich es dennoch fertig, wegen meiner Schwäche nicht zu der mörderischen Arbeit hinausgeschickt zu werden. Ich bekam die verschiedensten Aufgaben, fegte den Lagerhof, schleppte schwere Wassereimer, schaffte den Abfall weg. Es hätte viel schlimmer sein können.

Die Tatsache, daß ich in meiner Jugend Geige gespielt hatte, sollte mir helfen, die schrecklichen Schicksalsschläge des Lagerlebens zu überstehen. Da die Lagerbehörden ständig auf der Suche nach Leuten mit musikalischen oder künstlerischen Fähigkeiten für ihre Kulturbrigaden waren, erhielt ich eine Chance. Man gab mir eine billige, in Massenproduktion hergestellte Geige für Anfänger. Zwei Stunden übte ich jeden Abend, und nach einem Monat waren meine seit fünfundzwanzig Jahren ungeübten Finger wieder gelenkig genug, damit ich im improvisierten Lagerorchester zweite Geige spielen konnte. Es bedeutete einigen Schutz, denn nun kam ich in die Obhut des für die »Umerziehung« der Häftlinge zuständigen Offiziers. Im übrigen hatte ich keine Wahl, als die Arbeit zu machen, die man mir auftrug. Die Verwaltung war der Meinung, von mir sei alles, nur nichts Gutes zu erwarten. Der politische Offizier nannte mich immer einen deutschen Spion, obwohl er aus den Akten wußte, daß ich in der britischen Armee gedient hatte. Was aus Europa kam, wurde automatisch als deutsch eingestuft.

Ich erinnere mich, daß die meisten in den Lagern gezeigten Filme »Kriegsbeute« der sowjetischen Truppen aus Deutschland waren. Der Zuschauer erfuhr nichts über die Herkunft und die Besetzung des Films. In einer kurzen Vorankündigung eröffnete man uns lediglich, der Film, den wir gleich sähen, sei im Krieg erbeutet worden. Eines Abends saß ich wieder einmal im »Kino« und fragte mich, was man uns wohl vorführen werde. Zu meinem Entzücken bekam ich Leslie Howard und Norma Shearer in ihrem unvergeßlichen »Romeo und Julia« zu sehen. Als die Balkonszene begann, war ich von dem wunderbaren Englisch der beiden Schauspieler so bezaubert, daß ich den Dialog mitsprach, den ich auswendig kannte.

Der Lagerkommandant, der neben mir saß, hörte mich in einer Fremdsprache reden und fragte, ob das deutsch sei. Ich antwortete, es sei ein englischer Film und ich hätte englisch gesprochen.

Er glaubte mir nicht. Wie sollte das ein englischer Film sein, wo er doch als Kriegsbeute aus Deutschland mitgebracht war?

16. KAPITEL

DIE ÜBERLEBENDEN DES AUFSTANDES IN NORILSK

Die Unbeugsamen von Norilsk

Eines Tages verbreitete sich wie ein Lauffeuer das Gerücht, die Überlebenden des Aufstandes, der im Mai 1953 in Norilsk auf der Taimyr-Halbinsel stattgefunden hatte, würden nach Magadan verlegt. Norilsk, die nördlichste Stadt der Sowjetunion, hatte damals über dreihunderttausend Einwohner und war völlig von Zwangsarbeitern erbaut worden. Die Häftlinge von Norilsk, so erfuhren wir, hatten einen Massenaufstand gegen die Verwaltung organisiert und sollten so streng bestraft werden, daß es sich künftig alle Strafgefangenen der UdSSR zweimal überlegen würden, Befehle zu mißachten.

In dem Monat vor ihrer Ankunft herrschte bei uns sozusagen Ausnahmezustand. Die Atmosphäre war gespannt. Man traf im Männer- und im Frauenlager zusätzliche Sicherheitsvorkehrungen. Nichts blieb dem Zufall überlassen. Die 1200 Frauen wurden aus ihrem Lager ausquartiert, um den erwarteten Rebellen Platz zu machen. Man filzte das ganze Lager, stellte alles auf den Kopf; was irgendwie als Waffe dienen konnte, verschwand. Kein Nagel, der dieser Suche entging, kein Stein im Hof, der nicht umgedreht wurde. Bald war alles leer wie unsere Handflächen. Man zog nicht weniger als sechzig neue Stacheldrahtreihen um das Lager. Man errichtete eilends sechs weitere Wachttürme und installierte starke Lichter mit blendenden Reflektoren, um die Nacht zum Tag zu machen.

An dem Morgen, an dem die Rebellen eintreffen sollten, wurde jede Arbeit ausgesetzt. Die Behörden sperrten uns in die Baracken, damit niemand einen Blick auf das Geschehen werfen könne. Ich stand mich gut mit dem Brigadeführer der Schuhmacherei. Zusammen mit ihm versteckte ich mich im Dachboden seiner Werkstatt, von wo aus man einen guten Blick auf den Hof und den großen Platz hatte, in dessen Hintergrund die Verwaltungsgebäude standen. Der Platz sah aus wie der Aufmarschraum vor einer Schlacht. Überall standen ranghohe Offiziere und Panzerfahrzeuge, Offiziere und Soldaten trugen Stahlhelme und volle Kampfausrüstung. Wie stark mußte der »Feind« angesichts einer solchen Demonstration der Kräfte sein! Niemand durfte sich dem Platz auf mehr als einen Kilometer nähern; man hatte ihn so abgeriegelt, daß nichts von der bevorstehenden dramatischen Operation nach außen dringen würde.

Der Frachter, der die Rebellen aus Norilsk gebracht hatte, lag bereits im Hafen, aber keiner der Meuterer ging an Land, bevor nicht der Generalstaatsanwalt aus Chabarowsk eingetroffen war und ihnen eine faire Behandlung zugesichert hatte. Endlich kamen sie in Sicht. Vier schwer bewachte Lastwagen voll bewaffneter Offiziere und Soldaten, die ihre Pistolen und Gewehre nach unten richteten, rollten in den verlassenen Innenhof, dann wurden die Häftlinge ausgeladen. Einen nach dem anderen hoben schwerbewaffnete MWD-Soldaten von den Lastern. Die mit langen dunklen Mänteln und Kapuzen bekleideten Männer wurden von Offizieren links und rechts am Arm gefaßt, während Soldaten auf ihre Köpfe zielten. Man führte sie ab in Einzelhaft. Sie waren die Rädelsführer. Ihre Helfershelfer sperrte man in unserem Lager in eine mit Stacheldraht eingezäunte Sonderbaracke, um die zahlreiche Wachen postiert waren. Die übrigen, etwa tausend, kamen ins Frauenlager, das man für ihre Aufnahme sorgfältig hergerichtet hatte.

Nach einem Monat Haft in Magadan verlud man die Rebellen wieder auf Laster und schickte sie an ihren Bestimmungsort: die Bergwerke von Cholodnaja. Stolz schritten sie zu den Lastern, sangen ihre nationalistischen ukrainischen »Banderas«* und

* Stephan Bandera war im zweiten Weltkrieg einer der berühmtesten antisowjetischen Nationalistenführer der Ukraine (Anmerkung des Herausgebers)

rühmten sich ihrer Taten. Sie rümpften die Nase über Duckmäuser, die alle Regeln und Bestimmungen einhielten, während sie eine große Schlacht hinter sich hatten.

Was wirklich in Norilsk geschehen war, erfuhren wir erst später. Leute aus Norilsk, die zu uns ins Lazarett kamen, erzählten uns, es habe mit einem Generalstreik angefangen, dem sich sofort die 55 000 männlichen und weiblichen Häftlinge anschlossen und der schließlich das ganze Industriegebiet von Norilsk erfaßte. Den völlig im Verborgenen arbeitenden Rädelsführern gelang es, alle Lager im ganzen Bereich aufzuwiegeln und einen Generalstreik zu organisieren, den sie erst beenden wollten, wenn man ihre Forderungen erfüllte. Sie verlangten Kontakt mit ihren Familien, das Recht, Briefe und Pakete zu erhalten, die Abschaffung des verhaßten Nummernsystems und ähnliche Privilegien.

Einige Tage nach Ausbruch des Streiks flog General Derewenko hinauf, um sie zur Wiederaufnahme der Arbeit zu bewegen. Er versicherte ihnen, die Behörden würden ihre Forderungen erfüllen, nachdem sie die Arbeit wieder aufgenommen hätten. Doch auf solche Tricks fielen die Unbeugsamen von Norilsk nicht herein. Sie streikten weiter. Jeden Tag öffneten die Lagerinsassen gemäß einem mündlichen Abkommen mit den Behörden die Tore und schoben die leeren Essenswagen hinaus, damit die Verwaltung die ihnen zustehenden Essensrationen aufladen konnte. So ging es fünfundfünfzig Tage.

Immer wieder versuchten die Beamten mit den Rädelsführern zu verhandeln, um zu einer Übereinkunft zu kommen. Jedesmal kündigten Trompeten und Hörner den Lagerinsassen an, daß man ihnen etwas mitzuteilen habe. Eine Minute später appellierte eine mächtige Stimme an ihre »Klugheit« und ihren »Patriotismus«, die ihnen die Wiederaufnahme der Arbeit gebieten müßten. Doch die aufgebrachten Sträflinge ließen sich nicht hinters Licht führen. Sie verlangten eine Regierungskommission aus Moskau, die ihre Forderungen an Ort und Stelle erfüllen sollte. »Keine Gespräche mit der örtlichen Verwaltung mehr«, lautete der Schlachtruf. Man fütterte sie mit Versprechungen. General Derewenko, der sich in einem argen Dilemma befand, bildete ein Scheinkommission aus einigen seiner Untergebenen; er steckte sie in Generalsuniformen und gab sie als Moskauer Beamte aus. Doch die Lagerinsassen kamen schnell dahinter, buhten und zischten, und die »Kommission« mußte die Barrikaden unverrichteter Dinge verlassen.

Der stellvertretende Direktor des riesigen Komplexes Norilsk, der entsetzt war über die 60 Millionen Rubel Verlust, die der Streik täglich verursachte, beantragte schließlich in Moskau die Entsendung der von den Rebellen geforderten Kommission. Eine eindrucksvolle Delegation, angeführt von einem Unterstaatssekretär, traf ein. Der hohe Beamte, der durch Megaphon mit der widerspenstigen Menge sprach, sicherte die Erfüllung unbedeutenderer Forderungen – wie Empfang von Briefen und Paketen – zu, lehnte jedoch eine Überprüfung ihrer Strafen und neue, faire Prozesse kategorisch ab. Die Streikenden wichen nicht.

Am dritten Tag stellte man ihnen ein Ultimatum: Wenn sie nicht am nächsten Morgen um fünf Uhr zur Arbeit gingen, würde man drastische Maßnahmen ergreifen.

Am folgenden Morgen, nach einem letzten Aufruf mittels Trompeten und Hörnern, stürmten MWD-Soldaten mit aufgepflanzten Bajonetten das Lager. Viele der Sträflinge schaufelten sich ihre Gräber selbst und erwarteten davor mit bloßer Brust stolz und ohne zu wanken die scharfen Bajonette der vorrückenden Soldaten. Andere faßten sich unter und verhöhnten die Soldaten, die sie rücksichtslos niedermetzelten. Wieder andere zogen sich in die Baracken zurück, um einen letzten Widerstand zu organisieren. Mit den Händen versuchten sie die scharfen, kalten Klingen von ihren Brüsten und Bäuchen abzuhalten. Bald erklangen Schüsse, und noch mehr Blut floß. Die Soldaten stachen zu und schossen, bis der Aufstand niedergeschlagen war. Niemand wußte, wie viele an dem Morgen umkamen, doch es mußten mehr als tausend gewesen sein.

Zwei Stunden später wurden die Überlebenden und jene, die sich ergeben hatten, zusammengetrieben; die Hände auf den Scheiteln gefaltet, mußten sie ins Freie treten. Zwischen zwei Reihen bewaffneter Soldaten brachte man sie aus dem Lager, die Offiziere und hohen Beamten sahen aus sicherer Entfernung zu. Neben einem der hohen Tiere stand ein Häftling, in welchem die Lagerinsassen einen früheren Oberst der sowjetischen Armee und ehemaligen Kriegsgefangenen erkannten. Während die Häftlinge vorbeizogen, flüsterte er einem Verwaltungsbeamten ihre Namen zu und enthüllte ihre Rollen in dem Aufstand. Hauptsächlich anhand seiner Informationen unterteilte man die Sträflinge in Gruppen: eine wurde ins Lager zurückgeschickt, die andere sofort abgesondert für die lange Reise nach Kolyma per Zug, Pinasse oder Schiff.

Dieser Verräter seiner Leidensbrüder und -schwestern wußte genau, daß ihm der Tod bevorstand und ihn irgendwann ereilen würde. Er wollte so lange wie möglich unter dem Schutz der Behörden leben, und die Beamten taten, was sie konnten. Man brachte ihn nach Magadan in unser Lager und gab ihm ein eigenes Zimmer im Lazarett. Ein bewaffneter Posten stand Tag und Nacht vor seiner Tür. Doch einen Monat später verlegte man ihn in eine größere Station zu anderen Patienten. Der Denunziant hatte einen sechsten Sinn, er witterte den Tod. Eines Abends tauschte er das Bett mit seinem Nachbarn, einem an fortgeschrittener Dystrophie und einer Herzkrankheit leidenden älteren Mann.

Gegen vier Uhr morgens betrat ein maskierter Häftling das Lazarett, öffnete die Tür zur Station und ging geradewegs auf das Bett des Verräters zu. Vor den Augen von zweiundzwanzig entsetzten Patienten erdolchte er den unschuldigen Alten. Der einstige Oberst im Bett daneben hatte sich die Decke über den Kopf gezogen, um von dem Mörder nicht erkannt zu werden.

Als der Mörder weg war, schlugen die Patienten Alarm. Innerhalb von fünf Minuten hatten bewaffnete Soldaten das ganze Lager umstellt; wenig später trafen der öffentliche Ankläger und eine besondere Untersuchungskommission ein. Einige unter uns merkten nichts von den Vorgängen, bis um fünf Uhr die Baracken geöffnet wurden und wir aufstehen mußten. Ich erwachte aus dem tiefen Schlaf, in den man kurz vor Tagesanbruch sinkt, weil mir etwas Rauhes, Feuchtes übers Gesicht fuhr. Ich öffnete die Augen und sah zu meinem Entsetzen einen riesigen sibirischen Hund vor mir, der mit den Vorderpfoten auf den Rand meiner Koje gesprungen war.

Man befahl uns, in der Mitte der Schlafbaracke in Zweierreihen anzutreten, und ließ den Hund an etwas riechen – ich glaube, es war ein blutbeflecktes Kissen. Der Hund nahm Witterung auf, lief durch die Baracke, vermochte aber den Schuldigen nicht aufzuspüren. Genauso verfuhr man in den anderen Baracken. Doch obwohl alle Häftlinge hinter Schloß und Riegel gehalten wurden, bis die Beamten das Lager gründlich durchsucht hatten, entdeckte man den Schuldigen nicht. Man verhaftete zwei Verdächtige, zwei Tischler, weil sie leichte rote Verfärbungen unter den Fingernägeln hatten. Man mußte sie jedoch wieder freilassen, als sich herausstellte, daß sie in ihrer Werkstatt mit roter Farbe arbeiteten und mit dem Mord nichts zu tun hatten.

Den Mörder fand man nie. Seit jenem Tage habe ich nicht mehr viel Vertrauen zu Polizeihunden und ihren Herren. Die Lagerbehörden erkannten, daß auf den Kopf des Verräters eine Prämie ausgesetzt war, und verlegten ihn in eine Einzelzelle des Frauenlagers. Dort blieb er, und das Essen wurde ihm unter Aufsicht eines Postens gereicht.

Doch es gab kein Entrinnen für ihn. Eines Tages, als er auf dem Weg zur Röntgenstation war, sprang eine Frau auf ihn zu und erdolchte ihn. Der Hinrichtungsbefehl war durch geheimnisvolle Kanäle ins Frauenlager gelangt, und nichts unter Gottes Sonne hätte die Vollstreckung der Todesstrafe verhindern können, nachdem das Urteil einmal von der eigenen Mafia der Sträflinge gefällt worden war.

Dies war das grausame, unnachsichtige Gesetz des Lagers; doch es gab keine andere Möglichkeit, mit Verrätern, Speichelleckern und Denunzianten fertigzuwerden, die das Leben ihrer Kameraden für ein Linsengericht verschacherten. Nach diesem wilden Gesetz hatte die Lagermafia den Verräter Nummer eins von Norilsk verurteilt und hingerichtet.

Es wurde bekannt, daß die Zahl der Toten von Norilsk sich auf mehr als tausend belief, nicht eingerechnet die Verletzten und die Rädelsführer, die man hängte. Ihre Hinrichtung wurde übrigens in allen Lagern Sowjetrußlands »urbi et orbi« verkündet.

Die Tragödie von Norilsk fand ihren wirklichen Epilog, als man General Derewenko, den Zaren Nordsibiriens, endlich der Unfähigkeit beschuldigte. Während seines Prozesses richtete er sich mit eigener Hand. Mit Derewenkos Tod ging eine Epoche der Rücksichtslosigkeit und Tyrannei zu Ende. Nur in unseren Alpträumen sahen wir ihn noch, wie er majestätisch auf seinem prächtigen Schimmel saß und mit arroganter, mächtiger Stimme brüllte: »Dies ist Kolyma! Das Gesetz ist jenes der Taiga, und der öffentliche Ankläger ist der Bär«.

17. KAPITEL

DUNKLE WOLKEN UND NEUE HOFFNUNG AUF REPATRIIERUNG

Und ob ich schon wanderte im finstern Tal, fürchte ich kein Unglück . . .

Psalm 23, 4

Mit dem Beginn des Jahres 1954 begann eine sanfte Brise der Hoffnung über die Lager zu wehen und gegen die kalten Böen des nördlichen Winterhimmels anzukämpfen. Angeblich war die Regierung wirklich beunruhigt wegen ihrer politischen Häftlinge, und man führte bestimmte Maßnahmen ein, um einige harte Bedingungen des Lagerlebens zu mildern. Vereinzelte Briefe trafen ein, und man erlaubte den Ausländern, unter der Ägide des Internationalen Roten Kreuzes Postkarten nach Hause zu schreiben, wobei allerdings die Rückantwortadresse immer in der Nummer eines Moskauer Postschließfachs bestand, damit der Aufenthaltsort des Häftlings nicht bekannt wurde. Ich schickte drei solche Postkarten an meine Familie in Rumänien, aber nur eine erreichte sie. Und nur eine ihrer Antworten gelangte in meine Hände. Das war mein einziger Kontakt nach draußen in sechs Jahren Haft.

Im Sommer 1954 löschte ich zusammen mit anderen Männern und Frauen fieberhaft Lebensmittel und andere wichtige Güter, die mit Pinassen nach Magadan geschickt worden waren, nachdem man eine Fahrrinne ins Eis gesprengt hatte. Später wurde ich wegen eines kleinen Verstoßes versetzt und wieder zur Schwerarbeit eingeteilt. Nicht lange, und ich war von neuem sehr schwach. Da man mir trotz heftiger rektaler Blutungen keine ärztliche Hilfe zugestand, legte ich mich hin und verweigerte die Arbeit, obwohl ich aus Erfahrung wußte, daß dies schmerzliche Folgen haben konnte.

Diesmal steckten sie mich für sechzig Tage in die Zelle, und tagsüber mußte ich Zwangsarbeit leisten. Mit mir in der Zelle war ein rothaariger, sommersprossiger Ingenieur halb russischer, halb schottischer Abstammung. Eines Morgens vor dem Wecken, als der Himmel noch dunkel war, mußten wir uns anziehen und wurden zum Haupttor hinausgeführt. Keine Menschenseele war unterwegs. Ein Offizier und mehrere bewaffnete Soldaten übernahmen uns. Man schloß uns die Hände mit Handschellen hinter dem Rücken zusammen und befahl uns, auf den Boden zu schauen und weder miteinander noch mit den Posten zu sprechen. Es regnete. Kalter Wind wehte, als wir mit gesenkten Köpfen zwischen zwei Reihen Soldaten und Hunden dahintrotteten. Unsere vielfach geflickten Filzstiefel patschten im Schmutz.

Nach etwa einer halben Stunde hatten wir uns völlig von der Stadt entfernt und offenes Land erreicht. Eine Stunde lang marschierten wir weiter über ebenes Gelände, bis wir an eine Art Graben gelangten, der sich in der Ferne verlor. Ich vermutete, er sollte zur zusätzlichen Wasserversorgung Magadans ausgebaut werden. Vor dem Graben, der etwa zwei Meter tief und eineinhalb Meter breit war, hieß man uns stehenbleiben. Ich hörte Flüstern hinter uns und das Geräusch von Gewehren, die abgenommen wurden. Fast körperlich spürte ich das Umlegen der Sicherheitsflügel. Ich schaute zu dem bleiernen Morgenhimmel hinauf und versuchte, ein letztes Gebet zu sprechen. Sie wollten mich also wie einen Hund töten und in einen Graben werfen, Tausende Kilometer von meinen Lieben entfernt, die nie erfahren würden, was aus mir geworden war.

Ich weiß nicht, wie lange es dauerte, aber es kam mir ewig vor. Plötzlich befahlen sie uns, kehrtzumachen. Unter dem Vorwand, es seien keine Werkzeuge da, brachten sie uns ins Lager und dort in die Zellen zurück. Es war nicht das erstemal, daß sie gedroht hatten, mich zu erschießen, aber noch nie hatten sie es mit so raffinierter Grausamkeit getan. Derartige Taktiken wandte man oft als Terrorwaffe an, um uns moralisch zu zerbrechen und vor Angst kriechen zu machen.

Als in diesem Jahr die kühlen Herbstwinde einsetzten, steckte man mich ohne Vorankündigung oder Erklärung in eine grüne Minna, die mit unbekanntem Ziel losfuhr. Außer mir saßen drei Mädchen und ein junger Bursche mit Tb in dem Fahrzeug. Am folgenden Tag trafen wir im Hauptlager von Butugytschag ein, dem Sammellager für die Katorschniki. Ich befand mich nicht zum erstenmal hier, wo man die Häftlinge in Ketten hielt.

Neben Verbrechern übelster Sorte waren hier Männer und Frauen inhaftiert, die während der deutschen Besetzung angeblich mit den Deutschen kollaboriert hatten. Die Haftbestimmungen waren sehr streng. Männer und Frauen trugen gestreifte Uniformen und durften einander nicht beim Namen nennen – nur bei den Nummern*. Da ich eine normale Uniform und keine Nummer trug, nahm ich mich unter ihnen wie ein weißer Rabe aus. Sie arbeiteten unglaublich hart und bekamen von allem sehr wenig. Die meisten waren seit mehr als zehn Jahren hier. Ich erfuhr, daß das ursprüngliche Kontingent auf die Hälfte zusammengeschmolzen war.

Hinter dem Lager ragten kahle Berge auf, riesige Kohlenhalden aus dem Bergwerk türmten sich. Die männlichen Sträflinge mußten zu ihren Arbeitsplätzen mehr als sechs Kilometer hinaufsteigen. Das Frauenlager befand sich auf der anderen Bergseite. Jeden Tag kletterten Sondertrupps aus ihrem Lager den Berg hinauf und auf unserer Seite wieder herunter, um die kalten Essensrationen zu holen und in Proviantsäcken hinüberzutragen – 25 Kilometer hin und zurück. Es schien unmöglich, daß dieser anstrengende Transport auch im Winter aufrechterhalten würde, der schnell näherkam. Und doch geschah es, ungeachtet der Kälte, Schneestürme und Gefahren.

Einmal, als ich voll stummen Staunens diese menschlichen

* Die Abschaffung der Nummern im Jahr 1953 betraf die Katorschniki nicht.

Ameisen betrachtete, die ihre schweren Lasten den zerklüfteten Berg emporschleppten, mußte ich daran denken, was für ein außergewöhnliches Bild vom menschlichen Leben ein intelligenter Filmproduzent hier hätte einfangen können. Unter den Essensträgerinnen erkannte ich eine berühmte junge Schauspielerin, die ich sehr bewundert hatte, als sie vor einigen Monaten in unserem Lager in Magadan aufgetreten war. Ich sprach am nächsten Tag mit ihr. Sie hieß Nadja Miljonuschkina und war 1948 Siegerin im gesamtsowjetischen dramatischen Wettbewerb gewesen. Die große, schlanke Frau mit den schönen grünen Augen, dem milchigen Teint und dem dichten kastanienbraunen Haar, das ihr bis auf die Schulter reichte, sah sogar in der schäbigen Lageruniform wie eine Königin aus. Man hatte sie 1949 verhaftet, weil sie angeblich die Geliebte des deutschen Generals gewesen war, der während der Besetzung das Gebiet Minsk befehligt hatte. Ihre Strafe: 25 Jahre Zwangsarbeit.

In ihrem letzten Lager war Nadja durch ihre gepflegten Manieren, ihr großes Talent und ihr Aussehen so aufgefallen, daß nicht nur die Sek-Häftlinge sich in sie verliebten, sondern auch Lagerbeamte und mehrere Politruks. Sie tat, als nehme sie die Werbung der Politruks an, bis die nichtsahnenden Männer sie in ihr Büro einluden. Wollten die Herren dann zärtlich werden, fing sie an zu schreien, schlug Fenster ein, hämmerte an Türen und verursachte derart skandalösen Lärm, daß von allen Seiten Neugierige herbeiliefen. Vor diesen beschuldigte Nadja den Politruk, sie angegriffen zu haben. Als Folge davon mußten die Politruks versetzt werden, denn sie hatten vor den Häftlingen das Gesicht verloren.

Ich fragte die Miljonuschkina, was sie zu einem so gefährlichen Spiel bewogen habe. Sie antwortete, damit habe sie erreichen wollen, daß die Männer in Ungnade fielen oder, besser noch, wegen schlechten Betragens erschossen wurden.

Nachdem Nadja das mehrmals getan hatte, rächten sie sich an ihr, indem sie ihr den Künstlerinnenstatus entzogen und sie an diesen tristen Ort hier schickten, wo sie die täglichen Essensrationen auf ihrem zarten Rücken über den Berg tragen mußte. Doch sie verlor weder ihr gutes Aussehen noch ihre gute Laune und ihr Temperament. Während sie sich den schweren Proviantsack auf die Schultern lud, lächelte sie mich zum Abschied an und sagte: »Glauben Sie mir, es gibt nichts Angenehmeres, als zu sehen, daß Tschekisten vor Verlangen nach einem schier sterben und dann als Verräter am Vaterland erschossen werden.«

*

Während meiner Zeit in den Lagern Sibiriens begegnete ich einem guten Teil der russischen Intelligenz, darunter Universitätsprofessoren, Komponisten, Künstlern, Schriftstellern und Journalisten. Zu meiner größten Verblüffung lernte ich einen Häftling kennen, der Redakteur der »Prawda« gewesen war und jetzt eine Strafe wegen konterrevolutionärer Untergrundaktivitäten verbüßte. Dieselbe Beschuldigung hatte andere politische Häftlinge hierher gebracht, einstige Lehrer des Marxismus-Leninismus, die als fanatische Anhänger des Kommunismus bekannt gewesen waren.

Mich erfaßte das Mitleid beim Anblick des Elends dieser vielen Intellektuellen, meist alten Menschen, die unter unerträglichen Bedingungen leben mußten. Da die Lagerbaracken gewöhnlich überfüllt waren, sahen sich so hochgebildete Menschen gezwungen, unter den überfüllten Kojen auf dem blanken Boden zu schlafen, den Gestank der Fußlappen und Filzstiefel zu ertragen und ständig die Ratten abzuwehren.

Einmal besuchte eine Delegation aus Moskau unser Lager und entdeckte zwei ehemalige Mitglieder der Russischen Akademie, beide über fünfundsechzig, die unter den Kojen schliefen. Der Delegationsleiter, ein Oberst, erkannte in einem davon seinen ehemaligen Dekan vom Leningrader Polytechnischen Institut. Es war ein erschütterndes Wiedersehen; dank dieses Zufalls teilte man den beiden Akademikern einen kleinen Raum am Ende der Baracke ab. Nicht lange jedoch, und die zwei waren trotz ihrer wissenschaftlichen und philosophischen Schulung keine Freunde mehr. Es kam zwischen ihnen fast zu einer Schlägerei wegen eines kleinen Päckchens Butter, das aus ihrem Spind verschwunden war. Der Selbsterhaltungstrieb hatte die Oberhand über Selbstachtung und Scham erlangt.

*

In den Lagern gab es auch eine Reihe junger Spanier und Spanierinnen. Sie waren während des Spanischen Bürgerkriegs in die Sowjetunion gebracht worden und dort aufgewachsen. In jenen gewalterfüllten Tagen, als Francos Truppen die Republikaner in den Hafen von Bilbao drängten, übergaben viele Frauen ihre Kinder der Besatzung sowjetischer Frachter und baten, die Kleinen in Sicherheit zu bringen. Man ermittelte, daß auf diese Weise fünftausend Kinder nach Rußland kamen.

Als ich den Spaniern begegnete, waren sie junge Leute von etwa zwanzig Jahren und wegen Diebstahls und Prostitution verurteilt. Sie hatten keine andere Schulbildung als jene in den Waisenhäusern erhalten, und die wenigsten besaßen irgendeine politische Meinung. Fast alle sahen aus wie Russen, mit denen sie herangewachsen waren. Ihrem Schicksal standen sie voll Gleichgültigkeit gegenüber. Aus den Waisenhäusern traten sie unmittelbar ins Arbeitsleben ein, niemand kümmerte sich um ihre Erziehung, und die wenigsten hatten je ein Familienleben kennengelernt. Natürlich waren sie versucht, sich das Leben so bequem wie möglich zu machen. Wenn das Geld, das sie verdienten, fürs Spielen und Trinken nicht reichte, verfielen sie auf Diebstahl und Räuberei.

Die unweigerliche Folge war ihre Verhaftung und Verschikkung ins Straflager. Ich kannte einen klugen jungen Spanier, noch keine zwanzig, den man bereits zum zweitenmal verurteilt hatte. Er war ein gutmütiger Kerl, typisch spanisch, doch völlig in dem einzigen Leben verfangen, das er kannte. Ich versuchte, mit ihm spanisch zu sprechen. Zu meiner Überraschung mußte er nach Wörtern suchen, er hatte seine Muttersprache fast völlig vergessen. Einmal forderte ich ihn auf, mir die Wochentage zu nennen. Er kannte alle außer Freitag. »Wie steht's mit dem Freitag?« fragte ich ihn auf russisch. »Freitag?« erwiderte er, »einen solchen Tag gibt es auf spanisch nicht.« Als ich ihm erklärte, die Woche habe in jeder Sprache sieben Tage, lief er einen alten Spanier fragen. Nach einer Weile kam er wieder und gab zu, daß es in der spanischen Woche tatsächlich auch einen Freitag gebe, gebe, aber er habe vergessen, wie dieser heiße.

Die jungen Russen waren manchmal nicht viel anders. Ich erinnere mich an einen Morgen im Hochsommer. Damals arbeitete ich in der Sanitätsstation des Lagers und wurde gerufen, um erste Hilfe zu leisten. Ein junger russischer Häftling rang mit dem Tod, seine Hand war in einer regelrechten Falle gefangen worden, als er versucht hatte, durch die Stäbe eines Fensters in der Lagerkantine zu greifen. Der unglückliche Bursche hatte Zigaretten, Zucker und Butter oder sogar Geld stehlen wollen, aber nicht gewußt, daß der »freie« Kantinenchef einen alten Invaliden in der Kantine schlafen ließ, um sie vor Dieben zu schützen. Der alte Mann war davon aufgewacht, als jemand die Eisenstäbe des Fensters durchsägte. Still hatte er auf seinen Moment gewartet. Als der Eindringling die Hand hereinschob, packte er sie, band sie mit einer Schnur an den Türknauf und schnitt seinem Gefangenen voll kalter Wut die Pulsadern auf. Das Opfer schrie verzweifelt um Hilfe, doch die Aufseher hörten den Jungen erst, als es fast zu spät war. Bei unserem Eintreffen war er praktisch verblutet. Wir schafften ihn sofort ins Lazarett, aber er starb, bevor man ihm eine Transfusion geben konnte.

Der Wächter wurde wegen seiner Tat nicht verfolgt oder bestraft. Wie ich erfuhr, hätte das Opfer einen Monat später seine Strafe verbüßt gehabt und wäre entlassen worden.

*

Am Heiligen Abend 1954 befahl man den Ausländern zu meiner Überraschung, sich zur Abfahrt nach Magadan fertigzumachen – allen, außer mir. Ich rannte zum Lagerkommandanten und sagte, ich sei Ausländer, aber er zuckte nur die Schultern. »Sie stehen nicht auf der Liste«, erklärte er.

Ich war überzeugt, würde ich nicht mit den anderen Ausländern nach Magadan abfahren, geriet ich in Vergessenheit und mußte vermutlich in sowjetischen Lagern vermodern. Also nahm ich meinen ganzen Mut zusammen und sagte: »Genosse Kommandant, ich bitte Sie, sich meine Akte anzusehen. Sie werden feststellen, daß ich im Ausland geboren bin, im Ausland verurteilt und in dieses Land gebracht wurde, um meine Strafe abzuleisten. Geben Sie mir die Chance, meine Familie nach Jahren schmerzlicher Trennung wiederzusehen.«

Er hörte mich schweigend an und ging wortlos weg.

Um 15 Uhr, als alle Ausländer schon mit ihren Bündeln reisefertig am Tor standen und ich vor Angst, zurückgelassen zu werden, schier wahnsinnig wurde, rief man auch mich zur Abfahrt auf. In genau fünf Minuten mußte ich alle dem Lager gehörenden Sachen zurückgeben und die Formalitäten erledigen, für welche die anderen den ganzen Tag Zeit gehabt hatten. Irgendwie schaffte ich es, obwohl ich vor Aufregung beinahe Herzkrämpfe bekam. Ich kletterte in die grüne Minna, als der Fahrer bereits den Gang einlegte.

Aus Freude darüber, daß sie nach Hause kämen, begannen die Leute in dem Wagen zu rauchen, warfen sorglos ihre Kippen weg. Ich weiß nicht, wie es passierte, aber eine Laune des Schicksals schien uns innerhalb von Sekunden dem Tod in den Rachen werfen zu wollen, dem wir in den Gruben und Zellen alle diese Jahre entgangen waren. Ein Feuer brach aus, und die Flammen leckten wütend an den dünnen Holzwänden und dem trockenen Stroh, auf dem wir saßen. Wir schlugen Alarm, aber bis der Wagen hielt und die Türen aufgerissen wurden, waren wir fast erstickt. Einige trugen schwere Verbrennungen davon.

In Magadan trafen wir alle die Ausländer wieder, die 1953 nicht auf der Repatriierungsliste gestanden hatten und daraufhin über ganz Kolyma verteilt worden waren. Vielleicht kam jetzt die Reihe an uns. Vielleicht.

Das Jahr 1955 begrüßten wir mit einer pompösen Feier – und voll Hoffnung. Wir hatten ein Gesellschaftskomitee ernannt, in dem fünfundfünfzig Nationalitäten aus drei Kontinenten vertreten waren, und ihm den Auftrag erteilt, ein Abschiedsessen zu arrangieren. Das Bankett war großartig, das köstliche Menü hatten ein russischer und ein chinesischer Koch zubereitet, dazu gab es Alkohol, der in Glühbirnen ins Lager geschmuggelt worden war. Die Lagerbehörden behandelten uns Ausländer jetzt mit ziemlicher Nachsicht; ich vermute, sie hatten entsprechende Anweisungen.

Wir bildeten bei dieser Gelegenheit ein Symposium der Vereinten Nationen aus Strafgefangenen aller Rassen, Überzeugungen und Konfessionen, die in Wort und Verhalten ihrer Bereitwilligkeit zu friedlicher Kooperation und Weltfraternität Ausdruck verliehen. Wir versprachen einander, in Verbindung zu bleiben und unser möglichstes zu tun, um zu einem besseren Verständnis zwischen allen Menschen guten Willens betragen. (Ich kann allerdings nicht sagen, daß ich sehr stolz auf die Koreaner war, denn ich sah, wie sie den Hund des Lagerkommandanten, einen prächtigen Bernhardiner, erschlugen und den Kopf sowie den Rumpf des Tieres in einem Waschzuber sotten. Außerdem waren sie unter den Ausländern im Lager immer die ersten, die zum Messer griffen, wenn einer beim Kartenspiel verlor und nicht zahlen wollte.)

Der Neujahrstag verstrich, und die Tage schleppten sich hin. Man schickte uns zu Bauarbeiten in die Stadt, aber wir hegten unvermindert große Hoffnungen; bald würde der Frühling kommen, mit ihm der Juni, wo die ersten Pinassen hinter den Eisbrechern eintreffen würden und die Schiffahrt wieder einsetzte. Das erste große Schiff, das mit Häftlingen eintraf, würde uns mitnehmen, wir würden ins Landesinnere und von dort in unsere Heimatländer fahren. Mit einem Lächeln taten wir das schlechte Essen und die harten Existenzbedingungen ab. »Es dauert nicht mehr lange«, sagten wir uns.

Doch der Frühling kam, der Juli folgte auf den Juni, und noch deutete nichts auf unsere Verschickung hin. Wir beschlossen, die Arbeit niederzulegen und verlangten, daß ein Zuständiger uns erklärte, warum wir nicht abtransportiert wurden. Wir wollten wenigstens herausfinden, ob man wieder mit uns zu spielen gedachte wie 1953. Am 30. Juli 1955 traten wir in Streik. Das war ein überaus gefährlicher Schritt, denn nach dem sowjetischen Gesetz galt jeder Streik in den Lagern als Meuterei und konnte mit lebenslänglicher Haft bestraft werden.

Zwei Tage nach dem Beginn unseres Streiks rief man uns im Klub zusammen, wo uns normalerweise sowjetische und andere Filme vorgeführt wurden. Man verschloß die Türen hinter uns. Wir sahen uns den höchsten Herren aus dem Lagerhauptquartier Magadans gegenüber. Außer dem Lagerkommandanten und seinen Politruks wurde niemand zu der Versammlung zugelassen. Auf einer Plattform, die sonst als Bühne diente, stand der große, dicke, bullige Oberst Worobej, Vorsitzender der Untersuchungskommission, neben sich zwei Oberstleutnante und zwei Majore.

Oberst Worobej eröffnete die Versammlung mit dem Hinweis, vom rechtlichen Standpunkt sei unsere Aktion ein Verbrechen und könne schwerwiegende Konsequenzen nach sich ziehen. Er wies jedoch jeden Gedanken an eine gerichtliche Verfolgung von sich und drängte uns, die Arbeit wieder aufzunehmen. Die zwei Streiktage wollte er als »Extrafeiertage« gelten lassen.

Über unsere Repatriierung wußte Oberst Worobej angeblich nicht viel, aber er versprach, sobald Moskau die entsprechenden Befehle erteile, für unseren raschestmöglichen Abtransport zu sorgen.

»Ihr müßt weiterarbeiten genau wie zuvor«, schloß er, »sonst werden wir euch der Sabotage beschuldigen, und keiner von euch sieht sein Land je wieder.«

Er gab uns Gelegenheit, unsere Beschwerden vorzutragen, und hielt uns danach eine kleine Rede:

»Ich sehe, daß einige von euch aus westlichen Ländern und von anderen Kontinenten stammen. Diesen habe ich nichts zu sagen; sie können gegen uns sein, und es wird uns völlig gleichgültig lassen, was sie nach der Rückkehr in ihre Länder denken oder tun. Aber ich sehe auch, daß die meisten hier Anwesenden aus Ländern der Volksdemokratien kommen. Diesen kann ich nur das eine sagen: Sowjetrußland hat einen langen Arm, und wenn ihr heimkommt, werdet ihr euch für eure Gefühle und euer Verhalten im Lager verantworten müssen. Es kann für euch zu Hause härter sein als hier!«

Einige Jugoslawen antworteten auf die Frage, ob sie ihr Land als Volksdemokratie ansähen oder nicht, einstimmig mit nein. Ihre Antwort veranlaßte den Oberst zu der gereizten Feststellung:

»Wie ich mir immer dachte. Ihr stellt euch auf die Seite des westlichen Kapitalismus!«

Damals kam ich gar nicht auf den Gedanken, man könnte mich in meinem Heimatland für das bestrafen, was ich in der Sowjetunion getan beziehungsweise nicht getan hatte. Aber zu meiner großen Verzweiflung sollten mich die neun folgenden Jahre eines besseren belehren. Unaufhörlich grübelte ich in dieser Zeit darüber nach, wie es kam, daß ich, obwohl kein rumänisches Gericht je eine Strafe über mich verhängt hatte, neun Jahre unaussprechlichen Leidens ertragen mußte, in denen ich hungerte, geschlagen und in Ketten gelegt wurde, nur weil der sowjetische Ankläger es den Rumänen auf einem Blatt Papier befohlen hatte.

Zum Abschluß der sogenannten Versammlung erklärte Oberst Worobej uns geradeheraus, wir hätten sofort die Arbeit wieder aufzunehmen und uns die Heimfahrt aus dem Kopf zu schlagen, bis man uns aufriefe. »Wenn nicht«, rief er und drohte uns mit der Faust, »werden wir euch zeigen, wie der russische Iwan sein kann . . .«

Eingeschüchtert durch die Drohungen gingen die meisten Männer wieder an die Arbeit. Sie hofften, daß eines Tages Befehl zu unserer Repatriierung ergehen werde. Ein kleiner Kern Hartnäckiger aber lehnte die Wiederaufnahme der Arbeit ab; diese

Gruppe führte ein gebildeter, in Florenz geborener Ukrainer an, der im Krieg politischer Berater des deutschen Feldmarschalls Kleist gewesen war. Er hieß Michail Dimitrowitsch Antonowitsch, sprach mehrere Fremdsprachen fließend und genoß unter seinen Landsleuten hohes Ansehen. Trotz seiner umfassenden Bildung ging ihm jedes Gefühl fürs Praktische ab. Er trat nicht nur für die Fortsetzung des Streiks ein, sondern verfaßte auch ein Memorandum an die Vereinten Nationen, worin er unser Schicksal in allen Einzelheiten schilderte und eine Intervention dieser internationalen Organisation mit dem Ziel unserer raschen Repatriierung forderte. Eine Abschrift des Memorandums wurde an die sowjetische Regierung geschickt, das an die Vereinten Nationen gerichtete Original in der Lagerpost aufgegeben.

Von den 600 nichtrussischen Strafgefangenen setzten nur 160 ihre Unterschrift unter das lächerliche »Dokument«, größtenteils Ukrainer und Bjelorussen. Die sofortigen Folgen waren Antonowitschs Verhaftung wegen Anstiftung zur Meuterei und schwere Vergeltungsmaßnahmen gegen uns alle, ob wir das Memorandum unterzeichnet hatten oder nicht. Jede mögliche Abreise verzögerte sich durch die zahllosen Zeugenvernehmungen im Fall Antonowitsch. Viele von uns wurden aufgefordert, vor dem Militärgericht zu erscheinen, das anschließend stattfand.

Antonowitsch erhielt weitere zehn Jahre Zwangsarbeit. In Anbetracht seines schlechten Gesundheitszustandes glaube ich kaum, daß er sie überlebte. Als wir Kolyma verließen, war er noch im Gefängnis, obwohl er Berufung gegen das Urteil eingelegt hatte.

Wir mußten also wieder arbeiten, und zwar in beschleunigtem Tempo. Die Quote beim Verladen der schweren russischen Ziegel auf ein Förderband war auf 15000 in einer Achtstundenschicht heraufgesetzt worden, was bedeutete, daß wir in eineinhalb Sekunden zwei Ziegel auflegen mußten, und das acht Stunden lang ohne die geringste Unterbrechung.

Ende Juli hofften wir immer noch auf eine baldige Repatriierung. Ende August, als die Einstellung der Schiffahrt näherrückte, beschlossen wir, etwas zu unternehmen. »Handeln oder sterben«, das wurde unsere Parole. Wenn wir die erste Septemberhälfte verstreichen ließen, würde das Meer wieder zu sein, und wir mußten bis nächsten Sommer warten.Keiner von uns konnte den Gedanken an einen weiteren Winter ertragen, also traten wir wieder in Streik.

Diesmal schlugen die Behörden sofort zurück. Man lud uns mitten in der Nacht auf Lastwagen und fuhr uns in ein weit von der Stadt entferntes, verlassenes Lager mit moderigen, feuchten Baracken, in denen es vor Ratten wimmelte. So schlecht waren die Häftlinge nirgends in Kolyma untergebracht. Unsere kalten Rationen bestanden aus schimmligem Brot und Getreide, das wir selbst kochen mußten. Es gab keine medizinischen Fürsorgen, nichts zu lesen, keine Freizeiteinrichtungen. Zu sehen bekamen wir lediglich die Untersuchungsbeamten der Sicherheitsabteilung, die nach den Urhebern dieser ganzen Scherereien suchten.

Mich holte man eines Tages mit dem Wagen ins Zentralgefängnis von Magadan, wo ich drei Tage und drei Nächte verhört wurde. Da ich mit dem Fall Antonowitsch nichts zu tun gehabt hatte, stritt ich jede antisowjetische Aktivität ab und konnte schließlich wieder gehen.

Das Gebäude der Staatssicherheit in Magadan machte einen luxuriösen Eindruck. Mit seinen Marmorbögen und Marmortreppen sah es eher wie eine Universität als wie ein Gefängnis aus. Doch hinter der kunstvollen Fassade befanden sich die modernsten Zellenblöcke, die ich je gesehen hatte. Alle Einrichtungen des modernen Strafvollzugs waren vorhanden: schalldichte Wände, Klappbetten, fließendes warmes und kaltes Wasser. Alles war so angelegt, daß die Inhaftierten ihre Nachbarn nicht sehen und mit der Außenwelt nicht in Verbindung treten konnten. Man hatte keine Chance, sich zu erhängen oder den Schädel an der Wand einzurennen – sie war gepolstert.

18. KAPITEL

DER WEG IN DIE »FREIHEIT«

Aus russischen Lagern in rumänische Gefängnisse . . .

Unsere zahllosen Enttäuschungen schienen ein Ende zu nehmen und unsere Träume der Verwirklichung näher zu sein, als man am Nachmittag des 7. September 1955 vierzehn Männer und eine Frau, lauter rumänische Staatsbürger, auf einen Lastwagen setzte und zum Flugplatz von Magadan fuhr. Dieser Flugplatz mußte einer der kleinsten der Erde sein, obwohl dort ziemlicher Verkehr abgewickelt wurde. Passagier- und Frachtmaschinen landeten jede Stunde und starteten nach Tschuktschen und Chabarowsk. Die Landebahn, die nicht mehr als 70 auf 200 Meter maß, lag mitten zwischen steilen Bergen und war eigentlich viel zu klein für die Maschinen vom Typ DC-3, die das kostbare Uran und andere Metalle transportierten. Bei schlechtem Wetter, das hier ja die meiste Zeit des Jahres herrschte, zerschellte immer wieder eine Maschine an den Bergen, und oft gingen dabei viele Menschenleben verloren. Doch der Transport des Metalls mußte ungeachtet solcher Unfälle aufrechterhalten werden.

Unsere von einem einzigen Soldaten bewachte rumänische Gruppe bestieg eine Transportmaschine des Typs, den man als »Dreitonner« bezeichnete. Starterlaubnis sollten wir erst erhalten, wenn alle Passagiermaschinen vom Platz waren. In dem Flugzeug gab es keine Sitze, aber in unserer Aufregung störte uns das nicht, wir hockten uns fröhlich auf Kisten und Kasten, die man im Laderaum vertäut hatte. Der Soldat, der unsere Dokumente in einer großen Aktentasche bei sich trug, eröffnete uns, daß sieben von uns völlig frei und auf sich selbst gestellt wären, sobald wir in Chabarowsk landeten; wir übrigen, darunter das Mädchen, sollten in staatlichem Gewahrsam bleiben, bis wir das sowjetische Territorium verlassen würden.

Um 18 Uhr an jenem Abend ging es endgültig von Magadan fort. In 5000 Meter Höhe flogen wir über das Ochotskische Meer, nach drei Stunden machten wir die erste Zwischenlandung auf einer fast völlig verlassenen Landebahn. Wie wir herausfanden, war es Ochotsk. Man erlaubte uns, über die improvisierte Landebahn zu gehen und unsere Notdurft zu verrichten. Eine halbe Stunde später starteten wir erneut, diesmal mit Ziel Nikolajewsk.

Wir landeten gegen elf Uhr in dieser großen, am Ufer des Amur gelegenen Stadt. Obwohl der Flugplatz ziemlich weit außerhalb lag, sahen wir die Lichter blinken; es mußte sich um ein bedeutendes Zentrum mit vielen Einwohnern handeln. Als wir wieder in die Maschine stiegen, brach ein gewaltiges Gewitter los, das eine Weile unseren Weiterflug unmöglich zu machen schien. Doch schließlich starteten wir nach Chabarowsk, dem Endziel des Flugs.

Gegen zwei Uhr morgens erreichten wir dieses sibirische Hauptzentrum, und wir mußten mehr als eine Stunde über dem Flugplatz kreisen, bevor wir Landeerlaubnis erhielten. Kaum war die Maschine vor dem riesigen Flughafengebäude ausgerollt, als auch schon eine Frau in langem weißem Mantel herankam und die übliche Frage stellte: »Irgendwelche Kranken an Bord?« Beim Anblick des Soldaten mit dem Gewehr begriff sie jedoch, daß wir Sträflinge waren. Ohne ein weiteres Wort ging sie diskret davon.

Nach Jahren des Frostes und der Schneestürme im arktischen Norden rochen wir zum erstenmal wieder Blumen. Allein schon der Duft der warmen, milden Nachtbrise war himmlisch. Das Leben erschien wieder lebenswert; wir fühlten uns wie Menschen, die von einer Fahrt zum Mond zurückkamen. Hier wuchs Gras, es gab Gemüse in seiner natürlichen Form, nicht getrocknet. Wirkliches Leben umgab uns. Chabarowsk hat zwar einen kurzen Sommer, aber für uns, die wir uns an die extremen klimatischen Bedingungen des Nordens hatten gewöhnen müssen, glich hier alles einem Südseeparadies.

Wir verabschiedeten uns von unseren Freunden, die entlassen worden waren und ihre Reise allein fortsetzen konnten. Zusammen mit dem Mädchen warteten wir auf den Soldaten, der irgendeine Transportgelegenheit ins Gefängnis der Stadt aufzutreiben versuchte. Wir hätten leicht fliehen können, denn niemand achtete auf uns. Aber wohin sollten wir ohne Geld und ohne Papiere? Wir ergaben uns also in unser Schicksal und warteten. Eine Stunde später erschien der Soldat mit einem alten, klapprigen Gefängniswagen. Schweigend stiegen wir mit unseren Sachen ein und wurden über das flache Land ins nächste Gefängnis gefahren. Wir brauchten fast zwei Stunden, bis wir den düsteren Komplex schmutziger Gebäude am Stadtrand erreichten. Man warf uns in eine verdreckte, stinkende Zelle, in der es keinerlei Einrichtungsgegenstände gab und Ratten über den gestampften Lehmboden huschten.

Wir protestierten und quengelten so lange, bis der Offizier vom Dienst kam und sich unsere Beschwerden anhörte. Daraufhin brachte man uns in den unglaublich verwahrlosten Hof und sperrte uns in eine Baracke mit Eisenstäben statt Glas in den Fenstern. Doch von dort sahen wir wenigstens den Himmel. Achtundvierzig Stunden später brachte man uns unter schwerer Bewachung zum Bahnhof und schloß uns in einen der zum Gefangenentransport umgestalteten Stolypin-Wagen ein. Dieser wurde an einen normalen Personenzug gekoppelt, der nach Irkutsk fuhr. In den fünf Tagen bis dorthin lebten wir von unseren mageren kalten Rationen und dem wenigen Wasser, das man uns einmal täglich gab. Man erlaubte uns nicht, auf einem der Bahnhöfe, an denen wir hielten, Zigaretten oder heiße Getränke zu kaufen.

Das Mädchen, das mit uns aus Magadan gekommen war, hatte man in Chabarowsk von uns getrennt. Wir sahen sie am Morgen, wenn sie durch den Gang zur Toilette ging. Die zarte, blasse Blondine hatte ebenfalls ein tragisches Schicksal hinter sich. Beim Einmarsch der sowjetischen Befreiungstruppen in Rumänien war sie von einem Unteroffizier entführt und nach Bessarabien mitgenommen worden, wo ihr russischer Liebhaber sie sich selbst überließ, da er das Interesse an ihr verloren hatte. Da sie damals erst sechzehn war, versuchte sie, zu ihren Eltern zurückzukommen. Ihre Bemühungen, dorthin zu gelangen, woher sie kam, brachten ihr eine Anklage wegen Spionage ein, und in einem summarischen Verfahren wurde sie zu fünfundzwanzig Jahren Zwangsarbeit verurteilt. Davon hatte sie neun im hohen Norden abgeleistet. Im Repatriierungslager von Kljutschi im Ural-Gebirge, wohin wir später kamen, war sie die einzige Frau unter 1300 Männern und mußte zu ihrer eigenen Sicherheit in einer Zelle eingesperrt werden.

In Irkutsk herrschte wegen der zahlreichen eintreffenden Transporte von Häftlingen aus dem hohen Norden starker Andrang zu den Zügen ins Landesinnere. Statt der üblichen drei oder vier Tage mußten wir achtundzwanzig Tage warten, bis die Reihe an uns kam. Wegen erneuter Schwäche und Erschöpfung kam ich ins Lagerlazarett. Die Stationen hatten Eisengitter statt Türen und erinnerten mich an Käfige im Zoo. Die Gitter wurden nur geöffnet, wenn Beamte eintreten wollten. Nicht einmal die Medizin konnte ohne Anwesenheit eines Postens ausgegeben werden.

Das eigentliche Gefängnis war so überfüllt, daß ein Teil der Häftlinge im Keller einquartiert werden mußte, wo normalerweise Sauerkraut für den Winter eingelagert wurde. Eine große Erleichterung war, daß die »entlassenen« Häftlinge etwas Geld besaßen und jeden Morgen bei einer plumpen Frau einkaufen konnten, die über einem eng anliegenden Fellgewand einen weißen Mantel trug. Sie verkaufte alles, angefangen von Gemüse und Obst bis zu Kleidern und Uhren. Niemand beklagte sich über ihre Preise, sie war ehrlich und redlich.

Aufgebracht über die lange Unterbrechung unserer Reise, reichte ich Beschwerde beim Lagerkommandanten ein, der sich bereit erklärte, mich in seinem Büro zu empfangen. Es glich all den anderen Büros, die ich gesehen hatte. Derselbe schäbige Tisch, bedeckt mit alten Exemplaren der »Prawda«, derselbe schäbige, improvisierte Safe aus alten Konservendosen. Mißmutig hörte er sich an, was ich vorzubringen hatte, dann fauchte er: »Ob hier oder woanders, es bleibt doch das gleiche: Gefängnis. Sie bleiben, wo Sie sind, und geben Ruhe, solange Sie Häftling sind.«

Als man uns endlich zur Fahrt von Irkutsk nach Nowosibirsk in Stolypin-Wagen verlud, genossen wir nicht einmal die beschränkten Annehmlichkeiten, derer wir uns von Chabarowsk bis Irkutsk erfreut hatten. Statt sechs Häftlingen kamen nun fünfzehn in ein Abteil.

Während der dreitägigen Fahrt nach Nowosibirsk hielt unser Zug auf einer kleinen Station einmal neben einem Personenzug, aus dem mehrere junge Burschen und Mädchen ausstiegen, die deutsch sprachen. Sie waren während der Unruhen von 1953 in Ostberlin verhaftet, von den Russen in Gewahrsam genommen und nach Sibirien gebracht worden. Jetzt zählten sie zu den ersten, die repatriiert wurden. Sie durften als »freie« Menschen in einem normalen Zug reisen, während wir weiterhin die Demütigung erfahren mußten, hinter Schloß und Riegel gehalten zu werden.

Nowosibirsk ist die größte Stadt Sibiriens, sie hat ein riesiges, vierzehnstöckiges Bahnhofsgebäude und eine Oper, die nach dem Bolschoi-Theater in Moskau als zweitschönstes Theater Rußlands gilt. Trotzdem wirkten die Straßen schäbig. Wie üblich, brachte man uns zum Transitgefängnis, und wir sahen nicht viel von der Stadt. Der Anblick des fünfstöckigen Gebäudes, in dem wir einquartiert werden sollten, versetzte uns einen regelrechten Schock: es war schief wie der Turm von Pisa. Ich konnte durch Gespräche mit einigen Insassen die Geschichte dieses seltsamen Gebäudes zusammenstückeln. Das Betonungeheuer war erst vor kurzem errichtet worden, und zwar als Landwirtschaftliches Institut. Durch die schlecht gebauten Fundamente war Wasser eingesickert, und als Folge davon hatte das

Gebäude sein komisches, aber gefährliches Aussehen erhalten. Man hatte es kurzerhand zum Transitgefängnis erklärt. Offenbar legten die Sowjetbehörden je nach dem Verwendungszweck unterschiedliche Sicherheitsmaßstäbe an.

Auch hier unterzog man uns der üblichen Suche. Scharfe Gegenstände und alles, was man zum Schreiben benutzen konnte, wurde uns weggenommen. Dann brachte man uns in eine große Zelle, wo wir Schicksalsgefährten aus allen Teilen der Sowjetunion vorfanden. Die einzige Ausnahme bildete ein gut gekleideter junger Mann mit buschigem Haar, der ein ständiger Insasse des Gefängnisses zu sein schien. Dieser Verbrecher mit dem Aussehen eines vornehmen Herrn erpreßte Geschenke von den Durchreisenden und forderte Geld von ihnen. Ich sah, wie er vom Posten verlangte, zum Fotografen gebracht zu werden. Es muß im Gefängnis einen gegeben haben, denn eine Stunde später kam er zurück, eine Zigarette im Mund und zwölf Aufnahmen von sich in der Hand. Er verkaufte sie als »Souvenirs« an arme Teufel wie uns, und zwar zu fünf Rubel das Stück! Ich kam mit drei Rubel davon, denn nachdem er meine sämtlichen Taschen umgedreht hatte, glaubte er mir, daß ich nicht mehr hatte. Warum die Behörden diesem miesen Typen in jenem Gefängnis solche Gunst gewährten, bleibt für mich eines der kleineren Geheimnisse des kommunistischen Geistes. Vielleicht wollte man einfach Ruhe haben und gab seinen Forderungen träge nach, um Tumulte zu vermeiden. Die Macht des Banditen, dem ich hier begegnete, ging über unsere Zelle hinaus. Ich sah ihn mit einem Stock an die Decke klopfen und kurz darauf durchs Fenster weitere Gaben von oben vereinnahmen.

Das alte Verlangen der Männer in Lagern nach Frauen und umgekehrt trieb während meines Aufenthalts in Nowosibirsk seltsame Blüten. Die Häftlinge erfanden ein geniales System: mittels Spiegeln, die sie über den Gitterstäben anbrachten, verschafften sie sich den ersehnten Anblick des anderen Geschlechts. Eines Nachmittags zog an unserem Fenster ein Trupp Schwerverbrecherinnen vorbei, die ein eigenartiges Bild boten.

Weil sie keine besondere Uniform tragen mußten wie wir »Politischen«, hatten sie sich in die unglaublichsten Fetzen gehüllt und zum Teil aus deutschem Tarnmaterial unförmige Kleider zusammengeschneidert. Sie sahen wirklich aus wie Schlangen und Frösche.

*

Von Nowosibirsk brachen wir zum letzten Teil unserer langen Zugreise auf, die uns nach Swerdlowsk führte. Nach drei Tagen im dortigen Gefängnis führte man uns ins Erdgeschoß, dann durch einen langen Gang zu einem Postenhäuschen mit einem kleinen Fenster. Ein Offizier verglich uns mit den Fotos auf den Umschlägen, die unsere umfangreichen Personalakten enthielten, und ließ uns in den Hof passieren.

Statt der vertrauten grünen Minna wartete diesmal ein offener Lastwagen auf uns. Ein Offizier trat vor, salutierte, reichte jedem feierlich die Hand und teilte uns mit, da wir nun frei seien, gäbe es keine Bewachung mehr für uns. Er sagte, er sei hier, um unsere Wünsche zu erfüllen und uns ins Repatriierungslager zu begleiten. Außerdem erklärte er, es stünde uns frei, die Stadt zu besuchen und unterwegs alles zu kaufen, was wir wollten, vorausgesetzt, wir verstießen nicht gegen die allgemeinen Restriktionen, die Ausländern auferlegt waren.

Die ersten Minuten der »Freiheit« stiegen uns zu Kopf wie Sekt. Wir trauten unseren Augen nicht: keine geladenen Gewehre und aufgepflanzten Bajonette, keine bellenden Hunde um uns! Es schien unmöglich, aber es war tatsächlich so!

Wir hielten hier und dort, kauften die verschiedensten Dinge, nicht weil wir sie brauchten, sondern aus reiner Freude daran, uns in einem großen Geschäft frei unter normalen Kunden zu bewegen.

Drei Stunden später langten wir in dem kleinen Dorf Kljutschi an, wo ehemalige rumänische und ungarische Kriegsgefangene zusammen in einer Chromfabrik gearbeitet hatten und jetzt auf ihre Repatriierung warteten. Ein Rumäne, Hauptmann Apostu, der als Lagerverwalter eingesetzt war, begrüßte uns bei der Ankunft und wünschte uns viel Glück während unseres Aufenthaltes.

Wir trafen auch die sieben Rumänen wieder, von denen wir uns in Chabarowsk verabschiedet hatten. Sie waren seit einem Monat hier. Alle sahen glücklich aus und vertrauten darauf, daß unsere Wartezeit sich dem Ende nähere. Wir sehnten uns nach der Freiheit und dem Frieden, die uns an der rumänischen Grenze sicher erwarteten.

Unterdessen erhielt das Lager täglich Hunderte Pakete zugestellt, darunter Rotkreuzpakete aus Ostdeutschland. Ihr Inhalt wurde an die Russen im Dorf verschachert und gegen Bargeld verkauft. Abend für Abend stiegen fröhliche Feste mit gutem Essen, feinen Getränken und Musik, gespielt von eilends zusammengestellten Orchestern. Die Disziplin war völlig gelockert; der Morgen- und Abendappell wurde aufgegeben, die Leute befanden sich überall, nur nicht dort, wo sie sein sollten. Ein paar Männer, denen die Verteilung der Pakete unterstand, lebten auf großem Fuß, gaben viel Geld aus und gerieten deshalb in Verdacht, sich am Inhalt der Pakete zu bereichern. Eines Tages kam es zu einer großen Prügelei, wobei einige der Schieber fast umgekommen wären.

In dieser wilden, überschäumenden Atmosphäre saß ich auf meiner Koje, eine kleine Kiste als Schreibpult auf den Knien, und begann zu schreiben, ohne auf den Lärm zu achten, den die Trunkenbolde rundum veranstalteten. Ich arbeitete an einem Roman, obwohl ich wußte, auch wenn man mich wirklich freiließ, würden Jahre vergehen, bis ich wieder die Möglichkeit bekam, meinen Lebensunterhalt als Schriftsteller zu verdienen.

Der Oktober verging, und wir warteten weiter auf die Abfahrt. Es wurde kälter, der Himmel war oft bedeckt, und der erste Schnee fiel auf den gefrorenen Boden. Die Ungarn hatten uns bereits verlassen. Gegen Mitte November erhielt jeder einen kleinen Zettel mit einer Mitteilung in Druckschrift, deren Inhalt wir durch Unterschrift anerkennen mußten.

Auf meinem Zettel stand:

Gemäß Artikel . . . vom 12. September 1955, Ukas des Präsidiums der Sowjetunion, wird der genannte Mihail Solomon der rumänischen Regierung wegen schwerer Verbrechen ausgeliefert, die er gegen die Union der Sozialistischen Sowjetrepubliken begangen hat.

Ich rang nach Luft, das Schicksal schien noch nicht geneigt, mich in die Freiheit zu entlassen.

Die Glücklichen unter uns hatten Zettel bekommen, auf denen es hieß, die Sowjetunion habe ihnen den Rest ihrer Strafe erlassen.

Später an der rumänischen Grenze wurde uns klar, warum die sowjetische Regierung in uns das falsche Gefühl der Sicherheit und Freiheit erzeugt hatte. Andernfalls wären vermutlich viele von uns geflohen oder hätten Selbstmord begangen. Ihr Trick wirkte wunderbar und zeigte einmal mehr, wie teuflisch sie vertrauensvolle Menschen täuschen konnten, die bereit waren, alles zu glauben, wenn es um ihre persönliche Freiheit ging.

Weil sich vor uns einige Ausländer schlecht aufgeführt hatten, änderte man unsere Route, die über Moskau hätte gehen sollen, und führte sie vom Ural pfeilgerade zur rumänischen Grenze. In den zwei Wochen, die zwischen der Abfahrt der Ungarn und unserer eigenen verstrichen, war die Lage ziemlich gespannt, denn es hieß, die Sowjets weigerten sich, die in Bessarabien und der nördlichen Bukowina geborenen Rumänen zu repatriieren, da beide Gebiete von der Sowjetunion annektiert worden waren. Es spielte keine Rolle, wie lange man im alten Königreich Rumänien gelebt hatte oder wie viele Menschen einen in Rumänien erwarteten. Sogar Rumänen, die nicht aus diesen Provinzen stammten, begannen zu fürchten, man könnte sie durch irgendeinen schäbigen Trick zu Sowjetbürgern machen.

Einen Tag vor der geplanten Abfahrt schlug man an der Wand des Speiseraums die Namen derjenigen an, die nach Hause kommen sollten. Ich betrachtete die Liste mit ähnlichen Gefühlen wie seinerzeit als Student die Examenslisten. Gehörte ich zu den Glücklichen, die »bestanden« hatten? Oder würde man mich hierlassen?

Natürlich stand mein Name dort. Man hatte mich dem Wagen Nr. 8 zugeteilt. Ich ertrug es nicht, meinen Mithäftlingen, deren Namen nicht angeführt waren, in die Augen zu schauen. Ich wußte so genau, welch abgrundtiefe Verzweiflung sie erfüllte, ich kannte diese Hoffnungslosigkeit, die so bitter war, daß man nicht einmal weinen konnte.

In jener Nacht wurde das Lager zu einem Tollhaus. Um uns möglichst viel Geld aus den Taschen zu ziehen – uns waren in bar die Beträge vergütet worden, die wir gezwungenermaßen als Staatsanleihen für Wiederaufrüstung gezeichnet hatten –, taten die Behörden etwas, das mir in einem sowjetischen Lager undenkbar schien. Sie öffneten die Tore, und herein fuhren mehrere Bauernkarren, von Ochsen gezogen und beladen mit großen Flaschen billigen Rotweins, der Flecken auf den Lippen hinterließ und heftige Kopfschmerzen verursachte. Dieses gepanschte Zeug brachten sie an, um uns die paar jämmerlichen Kopeken wieder zu entlocken.

Wie ich schon sagte, waren viele von uns ehemalige Kriegsgefangene. Man kann sich vorstellen, was geschah, als die Soldaten und Unteroffiziere, von denen einige fast zwanzig Jahre aus der Zivilisation verbannt gewesen waren, diesen Rachenputzer in die Finger bekamen. Sie wurden sinnlos betrunken und begannen alte Rechnungen zu begleichen. In dem wüsten Durcheinander und Geprügel gab es viele gebrochene Nasen und angeschlagene Schädel. Später in der Nacht erblickte ich wieder die deprimierten Gesichter jener, die nicht auf der Liste standen, und das Herz zog sich mir zusammen. Wie ich in der Folgezeit erfuhr, begingen einige in ihrer Verzweiflung Selbstmord.

Um fünf Uhr, als es noch dunkel war und die Sterne am kalten Himmel blinkten, verließen wir das Lager in Gruppen – ohne Bewachung. Es war aufregend, obwohl ich nun wußte, daß mir in meinem Heimatland weitere Prüfungen bevorstanden. Zum erstenmal seit Jahren ging ich mit Freunden eine Straße entlang, ohne daß Soldaten oder bellende Hunde mich umringten. Der Schnee knirschte unter unseren Füßen. Ich war mit allem versöhnt, und die Welt gehörte mir.

Als wir am Bahnhof eintrafen, kündete blasse Morgenröte den neuen Tag an. Unser »Gepäck« lag aufgestapelt vor den Wagen. Für die Achttagefahrt gab es weder Stroh noch Decken, nichts als rohe, moderige Planken.

Der letzte Waggon nahm fünf Mädchen auf, dazu die Invaliden und Alten. Was sich dort abspielte, war eine wahre Schande. Die nach Sex hungernden Männer versuchten die Gunst der fünf Davongekommenen zu gewinnen, von denen mehrere keine Zähne mehr hatten und eine an Krücken ging. Ein wilder Kampf um die Frauen entbrannte. Es bedurfte der ganzen Autorität der rumänischen Offiziere in dem Transport, damit sie einander nicht die Hälse durchschnitten. Ein Mädchen wurde während der Fahrt von einem eifersüchtigen Romeo nackt ausgezogen, weil er fand, sie habe einen seiner Kameraden zu lieb angeschaut. Eine andere gab sich einfach allen jungen Männern in ihrem Wagen hin, und die gequälten Alten mußten zusehen.

Da wir in einem Güterzug fuhren, der oft stundenlang an einer Station hielt, konnten wir die Restaurants oder kleinen Gaststätten in den Bahnhöfen aufsuchen oder sogar den Bahnhof verlassen, mit den Einheimischen reden und ihre Waren kaufen. Die Bevölkerung war im großen und ganzen sehr freundlich. Ich sah einfache Bäuerinnen, die den MWD-Offizieren mit den Fäusten drohten, als sie die Krüppel unter uns erblickten. Wütend schimpften sie: »Ihr habt sie gefoltert und ausgebeutet, und jetzt schickt ihr sie als Krüppel heim, ihr Hunde ihr!«

Die Offiziere gingen lächelnd ihres Wegs. Es war eine Zeit, in der man den Menschen gestattete, ein wenig Dampf abzulassen. Niemand scheute sich, die Staatspolizei zu verwünschen – sogar Chruschtschow tat es. Doch ein Jahr später mußten die meisten dafür bezahlen.

Im Bahnhofsrestaurant von Poltawa war ich zutiefst ergriffen über die Haltung einer hübsch gekleideten jungen Kellnerin. Sie weigerte sich, Geld für die Essen anzunehmen, die sie einer ganzen Gruppe von uns serviert hatte. »Ich habe einen Bruder irgendwo in einem Lager«, sagte sie. »Mein Vater ist dort draußen im hohen Norden gestorben. Nehmt es zu seinem Gedenken!« Sie war nicht die einzige. Auf der ganzen Fahrt hörte ich kein unfreundliches Wort. Alle sympathisierten mit uns, betrachteten uns als Opfer von Stalins Grausamkeit.

Das Betragen der rumänischen Kriegsgefangenen dagegen war alles andere als beispielhaft. Einige versuchten, Frauen aus dem Bahnhof zu schleppen, und einer besaß sogar die Kühnheit, eine Frau in eine Telefonzelle zu drängen, um sie zu vergewaltigen. Die plötzliche Freiheit verdrehte ihnen die Köpfe. Manche verkauften Staatseigentum, Decken und Kissen, die man unterwegs an uns ausgegeben hatte, an die Bauern und erstanden dafür an den Bahnhöfen billigen Alkohol.

Am 1. Dezember 1955 endete unsere Achttagefahrt von Kljutschi, wir trafen in der kleinen Grenzstadt Ungeny ein. Es war ein milder, sonniger Tag. Ungeny ist ein Nest ohne Handel oder Industrie. Offenbar als Kontrast zu der schäbigen Stadt hatten die Sowjets ein modernes zweistöckiges Bahnhofsgebäude mit teurem Restaurant, luxuriös eingerichteten Lesesälen, Warteräumen für Mutter und Kind und ähnlichem gebaut.

Unter den warmen Strahlen der freundlichen Sonne schlenderten wir durch die Straßen des Städtchens und sprachen rumänisch mit den Bewohnern. Die Rumänen bezeichnen ihre Brüder jenseits des Flusses Prut als »Bessarabier«, die Russen dagegen nennen sie »Moldauer«. Alle brachten uns brüderliche Gefühle entgegen und taten ihr bestes, uns zu erfreuen.

Unter sowjetischem Gesetz ist die Ausfuhr der Landeswährung streng verboten. Also gingen alle ehemaligen Häftlinge, die russisches Geld besaßen, in die Geschäfte und kauften, was ihnen gefiel: alte Hüte, Regenschirme, Koffer und so fort, um die restlichen sowjetischen Kopeken loszuwerden.

Mitten auf dem Marktplatz brieten die Einheimischen zwei

Ochsen am Spieß und brachten Wein aus den Häusern, um unser Überleben zu feiern. Mehrere unter uns nahmen am Nachmittag an einer Hochzeit teil und wurden zu Ehrengästen ernannt. Alles schien wunderbar. Selbst die Pessimistischsten unter uns konnten nicht ahnen, welch düsteres Schicksal mehr als der Hälfte unserer Gruppe bevorstand. Als die Zollbeamten zur Kontrolle in unsere Waggons kamen, erwartete ich, sie würden jedes Stückchen Papier aus unserem Besitz beschlagnahmen. Doch sie fragten uns nur, ob wir Drogen oder Feuerwaffen hätten. Alles andere interessierte sie nicht. Sie schenkten unseren Worten Glauben und kontrollierten nur ein einziges Bündel oberflächlich. Das war die gefürchtete sowjetische Grenzkontrolle.

Ich hatte wenig Nachsicht erwartet, aber vermutlich waren die Zollbeamten angewiesen worden, möglichst nett zu uns zu sein, damit unser letzter Eindruck von Rußland einige unserer bitteren Erinnerungen auslösche.

Während ich auf dem Bahnsteig umherschlenderte, las ich alle Parolen, die man an die Wände geklebt hatte, und betrachtete einige der über die Grenze fahrenden Züge. Dabei konnte ich beobachten, mit welcher Liebenswürdigkeit man die Ausländer auf sowjetischem Boden behandelte. Alle waren nett und freundlich, jedermann lächelte.

Unter den farbigen Plakaten, die in sämtlichen europäischen Sprachen abgefaßt waren, fiel mir eines auf, das in großen roten Buchstaben folgenden Aufruf an die Reisenden richtete: *Schreiben Sie nur die Wahrheit über die Sowjetunion*. Ich war so erschüttert, daß mir Tränen in die Augen stiegen. Ein sowjetischer Offizier trat lächelnd zu mir, schüttelte mir die Hand und sagte: »Sie kehren in Ihr Heimatland zurück. Bitte sprechen und schreiben Sie nur die Wahrheit über die Sowjetunion.«

Ich sah ihm gerade in die Augen und antwortete: »Ich verspreche Ihnen aus tiefstem Herzen, ohne jeden Vorbehalt zu tun, worum Sie mich bitten, und die Wahrheit zu schreiben, die ganze Wahrheit und nichts als die Wahrheit über das, was meine

Augen gesehen haben, was meine Ohren gehört haben und was mein Herz gefühlt hat während der langen Jahre meiner Haft in der Sowjetunion.«

Er wirkte leicht verlegen und ging ohne ein Wort davon.

Der Tag neigte sich dem Ende zu, und wir wurden allmählich ungeduldig. Wo blieben die rumänischen Beamten, die uns abholen und über die Grenze bringen sollten, nach Hause, wie wir hofften, zu unseren Familien? Wie hatten keine Ahnung, was sie planten und warum sie bis nach Einbruch der Dunkelheit warten wollten. Als sie um 18 Uhr die Grenze überschritten, erlitten wir einen regelrechten Schock.

Ihre Uniformen waren genaue Kopien der russischen. Nur ihr akzentfreies, perfektes Rumänisch überzeugte uns, daß sie wirklich rumänische Offiziere waren. Die heimkehrenden Gefangenen umringten sie und begrüßten sie mit offenen Armen. Doch statt unsere Grüße zu erwidern, behandelten sie uns wie Feinde. Sie sprachen kaum, erteilten kurze, knappe Befehle und hielten uns auf Armeslänge von sich. Sie wiesen uns an, in unsere Waggons zu steigen und weitere Befehle abzuwarten. Der Empfang wirkte wie eine kalte Dusche auf uns, aber er sollte nur die erste zahlloser bitterer Enttäuschungen sein.

Eine solche Abfuhr von unseren eigenen Landsleuten, von denen man doch hätte etwas Wärme und Verständnis erwarten müssen, war uns völlig unbegreiflich. Wir waren zutiefst verletzt, jeder einzelne von uns. Als wir wieder in die Waggons gestiegen waren, dieselben Waggons, die uns acht Tage lang als freie Menschen über Land gefahren hatten, schlossen sie uns ein! Sie stellten Posten auf die Trittbretter und patrouillierten am ganzen Zug entlang!

Ursprünglich hatten die rumänischen Beamten die Absicht gehabt, eigene Eisenbahnwagen auf russisches Territorium zu bringen, aber das war von den Russen kategorisch abgelehnt worden. Sie mußten uns deshalb in den russischen Waggons bis Jassy bringen. Um 20 Uhr begannen sie den Zug zu rangieren, endlos hin und her, zuerst auf russischem, dann auf rumänischem Boden. Wir waren müde, wir waren nervös, wir hatten Durst.

Im schwachen Licht der Sturmlaternen versuchten wir, mit den dunklen Gestalten der rumänischen Beamten zu reden, wann immer wir einen zu Gesicht bekamen. Sie antworteten nicht. Es war unglaublich. Sogar unsere Bitten um Trinkwasser stießen auf taube Ohren. Wir begriffen nichts mehr. Hatten sie die Absicht, uns zu unseren Familien zurückkehren zu lassen, oder gedachten sie uns wie Verbrecher zu behandeln? Die Menschen in den Waggons rasten vor Wut, besonders die Mädchen. Sie riefen ihnen Verwünschungen zu, schrien, bis sie nicht mehr konnten vor Heiserkeit und Hysterie.

Um 2 Uhr morgens rollte der Zug in den Bahnhof von Jassy. Der Hauptbahnsteig war um diese frühe Stunde verlassen, aber taghell beleuchtet. Hinter dem Bahnhof ragten die dunklen Gebäude dieser zweiten Hauptstadt Rumäniens auf. Die Stadt lag in tiefem Schlaf. Unsere Herzen schlugen schneller.

Ich hörte, wie der erste Waggon aufgeschlossen wurde. Es dauerte eine Weile, bis sie den zweiten öffneten. Ich konnte nur vermuten, was sich draußen abspielte.

Die Pessimisten unter uns sagten sofort, man unterteile die Zuginsassen in zwei Gruppen: eine, die ins Gefängnis komme, und eine, die man in die Freiheit entlasse. Obwohl gewarnt durch den Zettel, den mir die Russen gegeben hatten, war ich der letzte, der so etwas wie weitere Haft für möglich hielt. Eine Stunde später, als der Mann mit der Sturmlaterne die Türen unseres Wagens öffnete, erfaßte ich die Lage sofort. Ihre entsetzliche Wirklichkeit machte mich schwach in den Knien. »Oh, Gott im Himmel«, betete ich, »hilf mir. Verlasse mich jetzt nicht.«

Namen wurden aufgerufen. Die Aufgerufenen gingen über ein rohes Brett hinunter und kletterten auf wartende Lastwagen. Es waren jene, die freigelassen wurden. Dann kam die Reihe an uns – jene, die verurteilt waren zu leiden, bis sie, SIE, die Allmächtigen, bereit waren, uns sterben zu lassen!

Bleich, mit unrasierten Gesichtern, hungrig und durstig stiegen wir aus. Man befahl uns, in Fünferreihen anzutreten – Gott, nicht wieder! Nicht hier! Nein.

Es gab keine Wahl. Wir ordneten uns zu den schrecklichen Fünferreihen. Und warteten.

Als auch der letzte der Häftlinge, die monatelang von diesem Augenblick geträumt hatten, in Reih und Glied stand, erschienen weitere Soldaten. Wir sahen Hunde – Hunde, die wir geglaubt hatten, nie mehr sehen zu müssen, Hunde, die uns daran erinnerten, wie wir in den Schmutz gefallen waren, Hunde, die uns aus dem Schnee angesprungen hatten, zum Amüsement ihrer gefühllosen Herren, Hunde, die nur bedeuten konnten, daß wir die Hunde und sie die Herren waren.

Bewacht von den Hunden und den Männern, zu denen wir vor wenigen Stunden aufgeblickt hatten wie zu guten Hirten, die uns auf unsere grünen Weiden zurückführen würden, mußten wir zu einem anderen Zug marschieren. Bedrohlich standen die Wagen jenseits mehrerer Geleise in der schweigenden Finsternis. Mir liefen die Tränen übers Gesicht. Gott, warum? Warum mußte ich leiden und weiter leiden? Ich war nie von einem rumänischen Gericht verurteilt worden! Was hatte ich meinem Land getan, daß meine Landsleute mich so behandelten? Würde es je enden? Wo blieb die Freiheit, die mir von den Russen versprochen worden war, diese Bestien, deren Grausamkeiten im gottverlassenen Sibirien ich überlebt hatte? Solch bitteres Leid schüttelte mich, daß ich den Tränen nicht Einhalt zu gebieten vermochte; ich fühlte mich elender als die Mütter im Lager sich gefühlt haben mußten, wenn man ihnen die Kinder entriß.

Mit übermenschlicher Anstrengung nahm ich mich zusammen. Ich war in Jassy. Die Stadt Roman, wo meine Eltern lebten, lag nur 125 Kilometer entfernt. Sollte man mich, nachdem ich Tausende Kilometer zurückgelegt hatte, daran hindern, sie zu sehen, ein einzigesmal, wo nur eine so geringe Entfernung uns trennte? »Oh, Gott«, betete ich erneut, »hilf mir! Oh, Herr.« Fühlte man sich so vor der Schlinge des Henkers? Schlimmer bestimmt nicht.

Ein paar Sekunden, bevor die Türen unseres Gefängniswagens geöffnet worden waren, hatte ich aus einer plötzlichen Eingebung heraus ein paar Zeilen auf ein Blatt gekritzelt und es einem rumänischen Offizier gegeben, der noch bei uns weilte, aber bestimmt bald entlassen wurde, da bei ihm irgendeine Verwechslung vorlag. Ob diese paar Worte der Ermutigung je die Meinen erreichten? Und sollte das Wunder geschehen, was würden sie empfinden, wenn ihnen langsam zu Bewußtsein kam, daß man mich »bis auf weiteren Befehl« in Haft halten würde?

Dies war meine Heimkehr. Ich fand keine Antwort auf alle die Fragen, die mir durch den Kopf schossen. Ich hatte nur Tränen.

Mir blieben wenige Minuten, aber sie genügten, damit ich mich in die Zeit neuen Leidens schickte, vielleicht Jahre . . . Vielleicht hatte Gott in seiner göttlichen Weisheit das alles für mich und meine Lieben bestimmt. Ich war bereit. Ich war bereit, weil ich nach all den Jahren in Sibirien nun sicher wußte, daß ich an die höchste Gerechtigkeit glaubte.

*

Neun Jahre Haft sollten auf die Nacht folgen, in der ich »heim« kam. Neun Jahre unglaublicher Leiden, Erniedrigungen und Entwürdigung. Viele Male mußte ich feststellen, daß rumänische Gefängnisse und rumänische Aufseher das noch übertrafen, was ich in Sibirien unter ausländischen Barbaren erduldet hatte. Irgendwie überlebte ich den Alptraum dieser neun Jahre, der am zwanzigsten Jahrestag der »Befreiung« Rumäniens durch die Rote Armee endete, am 23. August 1964. Ich blieb am Leben, um diese Geschichte zu erzählen, die unwahrscheinlich klingen mag für alle jene, denen es schwerfällt zu glauben, daß solche Dinge noch geschehen.

Die »Unmenschlichkeit des Menschen gegenüber dem Menschen« gibt es seit Jahrhunderten. Vielleicht sind der Tag und die Zeit nahe, da man endlich begreifen wird, daß eines der großen wichtigen Dinge in unserer Zivilisation die menschliche Würde ist – nicht der animalische Überlebensdrang.

Das war meine Hoffnung, als man mich schließlich aus den schweren Prüfungen der rumänischen Haft entließ, zurück unter freie Menschen, Menschen, welche die Freiheit hatten, sich der Sonne zu freuen, ihrer Heime und ihrer Familien, ihrer Arbeit und ihrer Freiheit. Fast siebzehn Jahre meines Lebens hatte man mir genommen. Ich war noch ein junger Mann gewesen, als ich »hinein« kam. Ich war ein Mann in mittleren Jahren, als ich endlich »heraus« kam. Aber ich vermochte dennoch vertrauensvoll in die Zukunft zu blicken. Und ich konnte und kann ohne Haß zurückschauen. Immer wenn ich auf die Jahre der Qual und des Schreckens in Kolyma zurückschaue, frage ich mich: »Gibt es auf der Welt etwas Herrlicheres, Kostbareres, Unersetzlicheres als die Freiheit?

19. KAPITEL

DAS JÜDISCHE DRAMA – EINE WELTANGELEGENHEIT

Bej schidow spasti Rossiju!
(Schlagt die Jidden und rettet Rußland!)

Antisemitische Parole

Wenn man den Hintergrund der jahrhundertealten russischen Feindschaften zu begreifen versucht, hat man in den Straflagern Sibiriens viel Gelegenheit zu beobachten und zu studieren. Es gibt dort Büchereien, die erstaunliche Dinge offenbaren. Noch wichtiger ist jedoch die Tatsache, daß man in einem einzigen Lager alle Schichten der sowjetischen Gesellschaft aus allen Regionen beisammen hat.

In der Sowjetunion finden die »wirklichen« Ereignisse oft zuerst in den Lagern statt, vor allem wegen der vielen tausend dort internierten Intellektuellen. Die Lager sind die größten Horchposten für das Augenblicksgeschehen. In Leningrad beispielsweise wird eine Verhaftung vorgenommen, und niemand weiß, warum. Aber in den Lagern erfährt man schnell die jüngsten Ängste, Verdächtigungen oder sonstigen Motive der Führung. Dort erspürt und begreift man Dinge, die von den in ihrer täglichen Arbeitsroutine gefangenen Moskowitern nicht wahrgenommen oder nur andeutungsweise erraten werden. So war es mit dem Aufkommen des Antisemitismus in der Sowjetunion. Eine offene Unterdrückung der Juden durch die Sowjets wurde zuerst in den Lagern spürbar. Sie galt vor allem Dichtern, Schriftstellern, Filmproduzenten, Menschen, die dachten und handelten, die Veränderungen herbeiführen konnten. Einige darunter waren Juden, andere »Kosmopoliten« (die angeblich unter dem Einfluß der Juden standen).

Es mag manche westliche Leser überraschen, daß die Kommunisten als solche fähig sind, die Juden zu hassen. Jedermann weiß, daß 1917 Juden in den vordersten Reihen der bolschewistischen Revolution gestanden hatten. In den zwanziger Jahren sahen rechte Extremisten im Westen hinter der Revolution eine »internationale jüdische Verschwörung«. Die Juden lieferten viele der neuen Staatsführer und kämpften während des zweiten Weltkrieges mit größter Energie gegen den Faschismus.

Trotzdem ist die Sowjetunion nicht annähernd so frei von antijüdischen Gefühlen wie andere Länder. Besonders abscheulich wirkten die antijüdischen Vorurteile in den Straflagern, denn dort hatte man ja alle Menschen zu einer hoffnungslosen, degradierenden Gleichheit gebracht, und sei es nur durch die Leiden, die sie alle ertragen mußten.

In den Lagern herrscht, wie bereits erwähnt, bei den nationalen Minderheiten starker Antisemitismus; bei vielen ist er sogar eine Art Nationalkrankheit. In der Geschichte Großrußlands gehörte es zur Politik der Staatsführungen, den Antisemitismus in den Volksgruppen zu schüren, um den nationalen Haß beispielsweise der Ukrainer auf die Russen in einen Haß der Ukrainer auf die Juden umzuwandeln. Man braucht nur die Geschichte der Pogrome in Odessa und Kiew zu lesen, um die russische Politik des »teile-und-herrsche« zu verstehen.

Der Antisemitismus ist also tief verwurzelt in Großrußland und wird, wenn es nötig ist, von jeder dort an der Macht befindlichen Regierung als dramatisches, höchst attraktives Ablenkungsmittel genutzt werden. Sowohl für die Zaren als auch für die kommunistischen Herrscher war und ist der Jude eine bequeme Zielscheibe und ein praktischer Sündenbock. Es besteht lediglich ein Unterschied zwischen damals und heute: Während der Jude den Zaren nur insofern von direktem Nutzen war, als er die großen nationalen Minderheiten ihrer Reiche in Schach hielt, nutzt ihn der Kreml daneben noch in einer anderen, viel heimtückischeren Weise: Die Welt hat immer wieder erlebt, daß gewaltige Wellen des Antisemitismus die Sowjetunion erfaßten, wenn man einfach den Juden die Schuld am wirtschaftlichen

Versagen des Regimes und an den »Übeln« ausländischen Einflusses gab.

Der Antisemitismus hat sich zu einer gesamtsowjetischen Krankheit ausgewachsen, die weder Massenerziehung noch jahrzehntelange marxistisch-leninistische Indoktrination auszumerzen vermochten. Vor einem halben Jahrhundert erklärte Lenin emphatisch, durch den Abbruch der Gettos und die Gewährung gleicher Rechte an die Juden würden diese assimiliert. Doch Jahr für Jahr, besonders nach Lenins Tod, verringerte sich die sogenannte rechtliche Gleichstellung, kulturelle Rechte wurden den Juden entzogen, und wer sie weiterhin nachdrücklich forderte, den erklärte man zum »Feind des Vaterlandes«, verurteilte ihn zu strengen Strafen und schickte ihn nach Sibirien, wo er völlig vergessen starb.

Es gibt in der Geschichte Sowjetrußlands nichts Verwirrenderes als den hartnäckigen Widerstand der Juden gegen die von den Russen erzwungene Assimilation. Je gewaltsamer die Behörden gegen die jüdische Erziehung und Achtung vor der Tradition vorgingen, desto zäher hielten die Juden daran fest. Jüdische Jungen und Mädchen der dritten Generation nach der Oktoberrevolution, die nie im Leben ein Wort Jiddisch hörten, deren Eltern ergebene Kommunisten waren und die man im Komsomol mit den Grundsätzen totaler, blinder Hingabe an die Sowjetmacht fütterte, machten in jüngsten Jahren Front gegen die Assimilation und forderten lautstark das Recht auf nationale Selbstbestimmung und Emigration nach Israel.

Die zunehmende Unzufriedenheit der Juden mit der sowjetischen Assimilations-Maschinerie ist zu einem Problem geworden, das die ganze Welt angeht. Junge Studenten versuchen, Rußland mit offizieller Erlaubnis und oft auch ohne sie zu verlassen. Die Auswanderung durch den Untergrund ist jedoch in der Sowjetunion nicht einfach. 1970 mußte die sowjetische Regierung gegen eine Gruppe Leningrader Juden eine Anklage wegen angeblicher Verschwörung erfinden und sie des Versuchs beschuldigen, ein sowjetisches Flugzeug zu entführen, um die

Zehntausenden Jugendlicher abzuschrecken, die ihr Geburtsland verlassen wollten. Als Nachspiel zu diesem Zwischenfall mußte die Regierung ihre »treuen« Juden öffentlich auftreten lassen und ihnen eine Pressekonferenz gewähren, wo sie ihrer Loyalität gegenüber dem Staat Ausdruck verliehen. Danach wurden zwei der angeklagten Juden zum Tod verurteilt, doch unter dem Druck der Weltöffentlichkeit verwandelte man ihre Strafe in fünfzehn Jahre, die gegenwärtige Höchststrafe. Die Lage ist derzeit so kritisch, daß eine Erklärung des Ursprungs dieses Konflikts zwischen den Juden und der Regierung angebracht scheint.

*

Während und nach der russischen Revolution verbreiteten Antisemiten auf der ganzen Welt, darunter viele Rechtsextremisten, die Lüge, daß die Juden in ihrer Gesamtheit den Kommunismus unterstützten, und zwar mit dem langfristigen Ziel, die christliche Zivilisation und christliche ethische Werte zu vernichten; dabei konnten sie natürlich leicht auf Lew Trotzki verweisen. In den Vereinigten Staaten und in Westeuropa griffen konservative Gruppen den Schlachtruf auf. In Deutschland führte Goebbels die bolschewistische Revolution und Trotzki als Beispiel an, um den Haß gegen die Juden zu schüren.

Tatsache ist, daß von den 6 Millionen Juden im zaristischen Rußland nur eine kleine Minderheit sozialistisch war. Und jene Juden, die Sozialisten waren, glaubten an eine neue Gesellschaft, in welcher die Fesseln des Chauvinismus und des religiösen Aberglaubens abgestreift würden, in welcher man die Freiheit, derer sich die Brüder im Westen bereits erfreuten, genießen könnte. Sie hofften, daß mit dem Fall des Zarenreichs die Gettos und jüdischen Reservationen verschwinden würden, ebenso die antijüdischen zaristischen Gesetze. Die jüdischen Sozialisten – größtenteils Verzweifelte, Junge, Sensible, Arme, Intelligente und Ungeduldige – kämpften darum, Rußland den demokratischen Sozialismus des Westens zu bringen und in dem Land, wo sie und ihre Väter nur Armut und Diskriminierung erlebt hatten, ein besseres Leben für sich und ihre Kinder zu schaffen.

Zur Zeit ihrer Väter waren die Juden die einzige Minderheit, die in den Gesetzen unmittelbar unterdrückt wurde. Juden konnten kein Land pachten, in gewissen Gebieten Rußlands nicht leben, keine Offiziere in der Armee und keine Beamten in Unterabteilungen der Regierungsdienststellen wie der Eisenbahn werden. Jüdische Studentinnen mußten oft zum sogenannten »gelben Paß« Zuflucht nehmen, dem Ausweis der Prostituierten, um in den Universitäten wohnen zu können. Manchmal konnte man, indem man sich christlich taufen ließ, durch eine Lücke im Gesetz schlüpfen; auf diese Weise wurden Juden Ärzte, Rechtsanwälte, Bankiers und Fabrikbesitzer. »Liberale« Zaren machten das Leben erträglicher, aber Zaren wie Alexander II. und Nikolaus II. verschärften die alten, überholten Restriktionen wieder. Einer der russischen Führer, Pobedonoszew, Ende des 19. Jahrhunderts Prokurator der Heiligen Synode, schlug folgende Lösung vor: »Bekehrt ein Drittel der Juden zum Christentum, vernichtet ein weiteres Drittel durch Aushungerung und treibt das letzte Drittel in die Emigration.« Die fortdauernde Existenz der Juden widersprach zweifellos dem russischen Schlagwort: »Ein Zar, eine Religion, eine Sprache!«

Einfach ausgedrückt, wandten die Zaren die Politik an, eine Gruppe gegen eine andere und alle zusammen gegen die Juden aufzuhetzen. Diese Politik funktionierte glänzend. Die Volksgruppen bekriegten sich untereinander, und solange sie gegen die Juden zu Felde zogen, konnten sie ihre Kräfte nicht gegen den Zaren konzentrieren. Man bezichtigte die Juden des Ritualmords und behauptete, beim Backen der Matze zum Passahfest werde Christenblut verwendet. Das war eine schwere Belastung, aber außerdem machte man bei Hungersnot, Pest oder Kriegsniederlagen die Juden noch zu Sündenböcken.

Angesichts dieser Umstände waren die jüdischen Intellektuellen ausgezeichnete Kandidaten für das Programm der Sozialdemokratischen Partei und in einigen Fällen das radikale revolutionäre Programm der Bolschewisten. Es ist kein Wunder, daß Lew Trotzki (der ursprünglich Bronstein hieß), Grigorij Sinowjew (Apfelbaum), Lew Kamenew (Rosenfeld) und Jacob Swerdlow dem ersten Politbüro Lenins angehörten. Das Judentum war im ersten Sowjetstaat so stark vertreten, daß die Behauptung aufkam, Lenin selbst habe jüdisches Blut von seiner Mutter, Marie Alexandrowna Blank. Sie wurde in der deutschen Kulturtradition erzogen, vermutlich als Protestantin. Es ist heute noch fraglich, ob Lenin selbst jüdisches Blut hatte oder nicht.* Für diese jüdischen Intellektuellen und Politiker war die Lösung einfach: eine neue Gesellschaft in Rußland schaffen. Doch für die überwältigende Mehrheit der Juden, die größtenteils in den Siedlungen Rußlands, Polens und der Ukraine lebten, sah die Lösung anders aus. Sie waren Handwerker, kleine Kaufleute und Lehrer. Sie waren religiös, sprachen Jiddisch und fürchteten Gott. Sie sahen die einzige Lösung für ihre Misere in der Schaffung eines jüdischen Staates.

Lange vor der Revolution, beginnend mit dem Russisch-Türkischen Krieg von 1877–1878, entstanden in der damaligen palästinensischen Provinz des Osmanischen Reiches die ersten jüdischen Kolonien und erregten die Aufmerksamkeit der Welt. Noch vor Herzl und dem Beginn des Zionismus als politischer Bewegung hatte der Idealismus und Pioniergeist der russischen Juden den Grundstein der jüdischen Gemeinde in Palästina gelegt.

Nach der Revolution von 1917 kam es zu einer dramatischen Spaltung der russischen Judenschaft. Viele gingen aus Rußland

* Die Verschwiegenheit der sowjetischen Quellen in diesem Punkt deutet auf eine absichtliche Verheimlichung hin, denn in Rußland mußten alle Bürger ihre Nationalität bei der Polizei registrieren lassen. Es ist nicht unmöglich, daß Alexander Blank, Lenins Großvater mütterlicherseits, ein als Deutscher geltender assimilierter Jude war. Lenin selbst schwieg sich über die Abkunft seiner Mutter aus (Anmerkung des Herausgebers).

weg in den Westen und gelangten größtenteils irgendwann nach Palästina. Andere integrierten sich ganz ins Leben der Revolution und besonders in jenes der Kommunistischen Partei. Die große Mehrheit der Zurückbleibenden jedoch hielt am Status quo fest und kämpfte um die Aufrechterhaltung eines jüdischen Lebens in der Sowjetunion, bis dieses unter Stalin und seinem Handlanger Lawrentij Pawlowitsch Berija durch Inhaftierung und Ermordung der führenden Persönlichkeiten stark zurückgedrängt und die jüdischen Schulen sowie Theater verboten wurden.

Unmittelbar nach der Revolution hatten viele Juden wichtige Positionen in Verwaltung und Diplomatie, im Schulwesen, in der Kunst und im Journalismus inne. In Moskau spielte damals die vom Staat unterstützte, hebräisch sprechende Theatergruppe Habima vor großem Publikum. Jiddisch war als Staatssprache anerkannt und wurde in den von Hunderttausenden jüdischer Kinder besuchten Schulen unterrichtet. Die Sowjets gewährten den Juden freien Zugang zum Staatsdienst, schafften die zaristischen Beschränkungen der Freizügigkeit ab und eröffneten ihren Söhnen und Töchtern alle Bildungsmöglichkeiten.

Vom kulturellen und rassischen Standpunkt aus genossen die Juden in Lenins Rußland Freiheit. Wirtschaftlich gesehen litten sie mit Hunderttausenden anderer Ladenbesitzer, Kaufleute und Handwerker. Die sowjetische Regierung zerschlug jeden privaten Handel völlig. Sie betrachtete Geschäftsleute als politisch und gesellschaftlich Ausgestoßene. Dies betraf die jüdische Bevölkerung schwer, denn vor der Revolution hatten sich einer Schätzung zufolge 42 Prozent dem Handel gewidmet. Wer von den handeltreibenden Juden weggehen konnte, ging. Zurück blieben jene, die auf den Status quo vertrauten oder die Revolution begrüßten.

Doch auch für sie war die gute Zeit nicht von Dauer, denn bald kam Stalin. Er war ein völlig anderer Kommunist als die meisten von Lenins engen Verbündeten, die aus Intellektuellenkreisen stammten oder sich im Ausland, wohin sie vor der zaristischen

Politik geflohen waren, einige Finesse angeeignet hatten. Stalin und seine transkaukasischen Gefolgsmänner, denen es an jedem Intellektualismus gebrach, ersetzten den Glanz und die Dynamik der Revolution durch die schwerfällige, lastende Maschinerie einer überzentralisierten Bürokratie. Sie zerschlug jeden Versuch, in Rußland eine jüdische nationale Minderheit am Leben zu halten.

Als Lenin tot war – mit ihm verschwand viel seines Idealismus, so fehlgeleitet dieser gewesen sein mag – und Stalin fest im Sattel saß, richteten sich Millionen Sowjetbürger, die von ihren alten antijüdischen Vorurteilen nicht abgegangen waren, nach dem Regime aus. 1930 war die populäre russische Rassenfolklore voll in den Kommunismus integriert, und keines der ursprünglichen jüdischen Mitglieder blieb im sowjetischen Präsidium. Sogar ein damaliger amerikanischer Verteidiger des Kommunismus, William Henry Chamberlain, registrierte das Anwachsen des Antisemitismus im Kommunistischen Jugendverband.

Jüdische Schriftsteller und Dichter klagten vergebens darüber, daß »die Revolution ihre Seele verloren« habe. Pasternak, Radek und Lasar Schatzkij prangerten »den Verrat der Revolution« an, aber ihre Ausbrüche erregten in Stalins Umgebung nur Ärger und Mißtrauen, und viele jener, die sich laut äußerten, verloren das Leben. Einige, die es nicht verloren, verloren dafür ihre Seelen. Zu diesen zählte Ilja Ehrenburg, ein bekannter Journalist und Schriftsteller der Stalinzeit. Er soll ein »agent provocateur« des Innenministeriums gewesen sein. Wie es hieß, händigte er Briefe von Freunden und Fremden, die bei ihm Verständnis zu finden meinten und die Regierung kritisierten, dem MGB aus. Als ihn der sowjetische Schriftstellerverband einmal als »Verleumder der sowjetischen Wirklichkeit und verhüllten bourgeoisen Agenten« anklagte, legte er den bestürzten Schriftstellern, die an der Verbandssitzung teilnahmen, einen persönlichen Brief Stalins vor, worin dieser ihm für seine eben erschienenen Bücher »Der Fall von Paris« und »Der Sturm« dankte und den Wunsch zum Ausdruck brachte, Ehrenburg möge weitere Bücher solchen Inhalts und solcher Qualität schreiben. Überflüssig zu sagen, daß die geplante öffentliche »Beerdigung« Ehrenburgs still und leise fallengelassen wurde.

Die stalinistische Säuberung begann offiziell mit der Hinrichtung von fünfundzwanzig führenden jüdischen Bundisten (der Bund war die nationale Organisation sozialistischer Juden), die man des Nationalismus beschuldigt hatte. Sie löste eine Reihe von Verhaftungswellen aus, die mit der Zeit immer mehr der rastlosen, desillusionierten jüdischen Revolutionäre erfaßte. Die besten jüdischen Männer und Frauen, die »in Schmutz und Schlamm für die Rote Flagge kämpften«, wie es in ihrem jiddischen Lied hieß, gerieten in das von Stalins Geheimpolizei ausgelegte Fangnetz und wurden in die Bergwerke von Petschora, Workuta, Kolyma und Karaganda geschickt, wo sie verschmachteten und starben. Eins ums andere erloschen die Lichter in der seelenlosen Gesellschaft, und der Terror trat in dem riesigen Land die Herrschaft an. In einem langen, brutalen Prozeß wurden die jüdischen Wissenschaftler und Künstler physisch ausgelöscht, um die jüdischen Massen zu schockieren und jeden Gedanken an Widerstand aus ihren Herzen zu scheuchen.

Juden, die man tags zuvor noch als »Helden des Volkes« gefeiert hatte, wurden verhaftet und als Verräter erschossen oder irgendwie anders ermordet. Dieses Schicksal ereilte Marcel Rosenberg, den klugen Botschafter im republikanischen Spanien während des Spanischen Bürgerkriegs, den marxistisch-leninistischen Doktrinär Lasar Schatzkij und Solomon Michoels, den »Künstler des Volkes« und Begründer des Moskauer Jiddischen Theaters. Doch das waren nur einige wenige unter Tausenden. In einem der primitiven Lagerlazarette – diesen »Wartezimmern des Todes« – traf ich mit dem ersten sowjetischen Botschafter in Rumänien nach Wiederaufnahme der diplomatischen Beziehungen im Jahr 1936 zusammen. Michail Ostrowskij, ein sterbender Mann, erzählte mir mit tränenüberströmtem Gesicht, man habe ihn zu zehn Jahren Zwangsarbeit verurteilt, weil er die Flucht eines seiner Untergebenen in den Westen nicht gemeldet hatte. »Ich glaube«, sagte er, »sie wollten mich wegen meiner jüdischen Herkunft loswerden. Sie glaubten, meine Herkunft mache mich zu vertraut mit der Welt draußen.« Er starb bald danach und wurde in der Nähe des Lagers begraben; auf seinem Grab hing statt eines Namenschilds die übliche Nummernplakette an einem Stab.

Während des zweiten Weltkriegs, als die Sowjets alle Freunde brauchten, die sie bekommen konnten, beauftragte Stalin russische Juden, ein antifaschistisches Komitee zu bilden. Die prominentesten Mitglieder schickte er in die Vereinigten Staaten und nach Kanada, wo sie ihren Brüdern durch Druck auf die Tränendrüsen ein paar Dollar zum Kauf der dringend benötigten Rüstungsgegenstände entlocken sollten. Nach Kriegsende wurden sämtliche ehemalige Mitglieder des jüdischen antifaschistischen Komitees, ausgenommen einzig Ilja Ehrenburg, verhaftet und der Spionage für die Vereinigten Staaten angeklagt. 1952 erschoß man sie alle.

In der schrecklichen Verwirrung, die durch diese Massenverhaftungen und -hinrichtungen entstand, kehrten mehr und mehr Angehörige der jüdischen Intelligenz dem Beamtentum den Rücken und beantragte Ausreisevisa nach Israel. Zu den hochgestellten Juden, die man während der Berija-Zeit verhaftete, zählten so weltbekannte Persönlichkeiten wie die zweiundsiebzigjährige Lena Stern, Vorsitzende des Leningrader Physiologischen Instituts; Jossif Abramowitsch Lifschitz, Aufsichtsratsmitglied der sowjetischen Staatsbank; Oberstleutnant Rafajlowitsch Duhownoj, ein Kriegsheld; Schriftsteller wie Nathan Lurie, Chaim Jakir, Nathan Sabara und Ilja Chajmowitsch Drukker. Die Liste ist endlos. Was in der Sowjetunion schiefging, schob man auf die zionistisch-imperialistische Verschwörung mit ihren antisowjetischen Elementen. Chruschtschow folgte auf Stalin, Kossygin folgte auf Chruschtschow, aber am Antisemitismus änderte sich nichts.

Chruschtschow war es, der das letzte jüdische Mitglied des sowjetischen Präsidiums, Lasar Kaganowitsch, eliminierte. Ironischerweise galt Kaganowitsch als alter reaktionärer Stalinist. Er war eine Zeitlang erster stellvertretender Ministerpräsident und für vierundzwanzig Industrieministerien, einschließlich einiger Arbeitslager, zuständig; 1957 wurde er abgesetzt.

Chruschtschow hatte, obwohl sein eigener Sohn mit einer Jüdin verheiratet war, eine starke antisemitische Ader. Das spürten auch die Russen. Der in der Ukraine aufgewachsene Staatslenker, ursprünglich ein Antistalinist, grub das alte Argument aus, da die jüdische Gemeinde »international« sei, könne sie im Fall eines Krieges nicht als vertrauenswürdig angesehen werden. Wenn man Sowjetführer des Antisemitismus beschuldigt, wenden sie mit Vorliebe die Taktik an, um sich zu blicken, wie beispielsweise Kossygin vor den Vereinten Nationen, und auf einen oder zwei sowjetische Juden in ihrem Stab zu deuten. Das ist meist eine eindrucksvolle, dramatische Antwort, aber die Ausgewählten sind immer assimilierte Juden vom Typ Ilja Ehrenburgs, die methodisch jedes jüdische Gefühl in sich und ihren Familien getötet haben.

Der artverwurzelte russische und sowjetische Antisemitismus ebnete den Weg für die »schlimmste jüdische Krise« in der Sowjetgeschichte seit der Revolution. Der Sechstagekrieg von 1967 im Nahen Osten und sein katastrophales Nachspiel für die Araberstaaten, diese Kunden der Sowjetunion, löste eine antijüdische (offiziell als antizionistisch bezeichnete) Psychose aus. Eine Zeitlang trat sie mit Geobbels' gekonnter Propaganda und mit den gemeinen Karrikaturen im »Stürmer« in Wettstreit. Bis heute zieht die sowjetische Presse über das Weltjudentum und ihre eigene jüdische Minderheit her. Jede Gelegenheit wird genutzt, um den jüdischen Geist, der sich in der UdSSR nicht hat auslöschen lassen, zu denunzieren, verächtlich zu machen und zu verdammen. All dies, weil die russischen Juden dieselben Rechte forderten, die sämtliche anderen sowjetischen Minderheiten besitzen. Der Kampf wird um so hartnäckiger, als sich immer mehr Juden weigern, die Gesetze zu befolgen, und offen die von ihnen verlangte Assimilation zurückweisen.

Der Unterschied zwischen dem deutschen und dem russischen Genozid an den Juden besteht darin, daß der erstere physischer Natur war und der letztere kultureller Natur ist. Viele sehen dies als keinen wesentlichen Unterschied an. Es gibt Juden, die »gute Sowjetbürger« geworden sind, ihr jüdisches Erbe von sich weisen und genauso bösartig antizionistisch auftreten wie die besten Sowjetrussen.

Trotzdem besteht heute das Phänomen, daß immer mehr Juden, so geringfügig ihr jüdisches Erbe auch sein mag, hartnäckig darauf bestehen, in der Sowjetunion Juden zu sein. Sie tun sich mit den Zehntausenden sowjetischer Christen zum stummen Protest gegen die monolithische, absolutistische Assimilationspolitik des Staates zusammen. Einmal im Jahr, am Tag der Simchat Thora, beten, tanzen und singen die »sich wiederentdeckt habenden« Juden um die noch existierenden, verfallenden Synagogen in den größten Städten. Sie summen die israelischen Melodien und tanzen die Tänze Israels. Auf allen Lippen liegt das einfache, aber schlagende Bekenntnis: *Am Jisrael Chai!* (Das Volk Israel lebe!)

*

Weil die Sowjetunion eine relativ indirekte Kontrolle über die Massen, aber eine direkte, unmittelbare Kontrolle über die Lagerhäftlinge ausübt, spürten wir in den Lagern die Spannung der sich verändernden Atmosphäre lange vor den Massen als Ganzes. Das Gefühl äußersten Unbehagens erfaßte sogar die jüdischen Beamten, die künftig nicht mehr wußten, ob sie ihren Vorgesetzten, ihren Untergebenen oder auch sich selbst trauen konnten. Jude zu sein, bedeutete, in Angst zu leben, ob man Lagerbeamter oder Lagerhäftling war.

Das Ende des Jahres 1952 und der Anfang des Jahres 1953 sind in meinem Gedächtnis noch schmerzlich lebendig. Der beste sowjetische Witz über die Juden, den ich damals im Lager hörte, ging so:

Ein alter Jude aus der Ukraine besucht Moskau nach vierzig

Jahren wieder. Er steigt in eine Straßenbahn, um alle Sehenswürdigkeiten zu besichtigen und mit seinen Erinnerungen zu vergleichen. Bei jeder Haltestelle gibt er einen Kommentar. Als der Schaffner ausruft: »Station Kirow«, posaunt er hinaus: »Ehemals Puschkin.« Und so geht es weiter. Der Jude erinnert sich bei jeder umbenannten Haltestelle an den alten Namen. »Roter Platz«, ruft der Schaffner, »ehemals Kaiserlicher Platz«, verkündet der hartnäckige Jude. Schließlich geht der aufgebrachte Schaffner zu dem alten Mann und fragt ihn in höchst formellem Ton: »Wann werden Sie mit Ihren Kommentaren aufhören, Towarischtsch Jude, ehemals dreckiger Jidd?«

Ich erwähnte meine Begegnung mit sowjetischen und ausländischen Juden 1949 in meinem ersten Straflager Potma. Seinerzeit begriff ich die tragische Spaltung zwischen den kommunistischen und ganzen Ausmaß. Grischa Schrager, ehemaliger Präsident der linksgerichteten zionistischen Bewegung im demokratischen Polen, erzählte mir, eine Troika jüdischer Offiziere habe ihn wegen seiner zionistischen Aktivitäten in Lwow, vor dem Einmarsch der sowjetischen Armeen in diese polnische Stadt, Mitte September 1939 zum Tode verurteilt. Der jüdische Staatsanwalt hatte zu ihm gesagt: »Sie sind eine bezahlter Agent des Weltimperialismus.«

Seit einem Jahrhundert hatte die in den russischen Gettos zusammengepferchte jüdische Bevölkerung eine Lösung für ihre Misere zu finden versucht. Die Mehrheit hatte dazu geneigt, auf die messianistische Rückkehr ins alte Land zu warten, aber eine ungestüme, fanatische Minderheit war der Meinung gewesen, die Lösung liege in einer alles heilenden Revolution und in der Diktatur des Proletariats. Der Traum von gleichen Rechten und gleichen Möglichkeiten für Juden in einem revolutionär geführten Staat war jedoch bald verflogen, und die Massenerschießung der jüdischen Bund-Führer schon im Jahr 1926 hatte gezeigt, wie unsicher die Position der Juden in der neuen Gesellschaft war.

Für die kommunistischen Juden bedeutete der brutale Ausbruch staatlichen Antisemitismus in Sowjetrußland eine persönliche Tragödie. Sie konnten ihn einfach nicht begreifen. Sie vermochten die schreckliche Wirklichkeit nicht zu akzeptieren und glaubten felsenfest, diese werde nicht von Dauer sein.

Als im Herbst 1952 Presse, Rundfunk und andere Massenmedien eine organisierte antisemitische Kampagne starteten, die ihren Höhepunkt in dem kalten Kommuniqué Nikolaj Rjumins vom Januar 1953 fand – worin neun namhafte Ärzte und Universitätsprofessoren für Medizin, darunter mindestens sechs Juden, des Hochverrats beschuldigt wurden –, wußte jeder Jude, ob im Lager oder in Freiheit, daß sein Leben in Gefahr war. Rjumin, Stalins Vollstreckungsbeamter, unterzeichnete das Kommuniqué mit dem längsten Titel, den ich – außer bei Menschen königlichen Geblüts – je im Leben gelesen habe. Er nannte sich: »Oberster politischer Untersuchender in Fragen betreffs der höchsten Sicherheit des Staates«. Dieser Mann, später selbst als Verräter erschossen, folterte und mordete zahllose der in jener schrecklichen Zeit verhafteten Opfer.

In seinem mittlerweile berühmt gewordenen ersten Kommuniqué informierte Rjumin die sowjetische Öffentlichkeit, daß die neun verhafteten führenden Intellektuellen unumschränkt »gestanden« hätten, Andrej Schdanow, den ersten Partei-Ideologen, vergiftet und die Ermordung von Marschall Konjew, dem mongolischen Marschall Cei-Bal-San sowie anderen ranghohen Staats- und Parteibeamten geplant zu haben. In ihrem »Geständnis« gaben die berühmten Mediziner zu, daß im zweiten Weltkrieg Agenten des amerikanischen Counterintelligence Corps und des britischen Intelligence Service sie zur Spionage angeworben hätten. Die Verbindung, so behauptete das Kommuniqué, sei durch das Jewish Joint Distribution Committee in Amerika und die World Zionist Organisation aufrechterhalten worden.

Jeder vernünftige Mensch mußte gewußt haben, daß die ganze Anklage ein einziges Lügengebräu war, dazu bestimmt, die russische Bevölkerung gegen die fünfte Kolonne aufzubringen. Um diese Zeit (Januar 1953) meinte man mit der fünften Kolonne nicht mehr die Deutschen, sondern die Juden. Stunde um Stunde spuckten die Lagerlautsprecher Haßworte gegen die Juden aus, und man bediente sich eines generell antisemitischen Tons, um jede Form jüdischer Aktivität zu beschreiben. Es war, als höre man Rundfunksendungen der Nazis unter dem Einfluß von Julius Streicher!

Neu verhaftete Juden beiderlei Geschlechts, die Ende 1952 zu Tausenden in die Lager gekommen waren, versuchten den Beginn dieses zügellosen Antisemitismus festzulegen. Sie vertraten einhellig die Meinung, er falle mit dem Eintreffen Golda Meirs als erster Botschafterin Israels in Sowjetrußland zusammen. Sie erinnerten sich, daß berittene Polizei die große Moskauer Synagoge umstellt und mühsam versucht hatte, Ordnung unter den Tausenden zu halten, die dort zusammengeströmt waren, um die Wiedergeburt Israels in der Person Frau Meirs zu feiern. Noch immer sahen sie vor sich, wie alte und junge Menschen sie grüßten, den Saum ihres Kleides mit zwei Fingern faßten und voll Ehrfurcht küßten – als küßten sie eine Thora.

Noch verblüffender war, daß dies in der Hauptstadt Sowjetrußlands an einem gewöhnlichen Arbeitstag geschah, daß zahllose Menschen ihre Arbeitsplätze ohne Genehmigung verlassen hatten und Strafen für unentschuldigtes Fehlen sowie für ihre gefährlichen politischen Sympathien erwarten mußten. Der einmalige Empfang der ersten Botschafterin Israels war ein persönlicher Schlag für Stalin, der bei dieser Gelegenheit gesagt haben soll: »Ich habe gar nicht gewußt, daß es in unserer Hauptstadt so viele Ausländer gibt.«

Als Molotow, der schon zum Minister für Leichtindustrie degradiert worden war, in Ungnade fiel und 1957 aus dem Politbüro entfernt wurde, gaben gutinformierte, neu im Lager eingetroffene Juden als Grund dafür an, daß seine Frau Schemschuschina, eine Jüdin, mit Golda Meir befreundet sei. Opfer in den Lagern berichteten auch, Stalin habe Frau Meir auf einem Staatsbankett aufgefordert, ihm die Namen jener zu nennen, die nach Israel ausreisen wollten. Eine Liste mit vierhundert Namen prominenter Juden wurde ihm angeblich ausgehändigt – und noch in derselben Nacht verhaftete man alle.

Es war nicht leicht, Wahrheit und Phantasie in den Geschichten zu trennen, die diese angespannten, aufgewühlten, noch unter dem Schock ihrer Verhaftung stehenden Menschen erzählten. Manche jedoch behielten einen kühlen Kopf und sammelten wertvolle Informationen. Ich erinnere mich an einen der neun verhafteten Mediziner, einen berühmten Universitätsprofessor mit eindrucksvollem weißem Bart und unschuldigen blauen Augen, die durch die goldgefaßte Brille blickten; er sagte mir, man habe ihn wütend geschlagen, weil die MWD-Agenten in seinem Schlafzimmer einen Perserteppich gefunden hätten, auf dem die Mauern Jerusalems dargestellt waren und darunter auf hebräisch die prophetischen Worte standen: »Vergesse ich dein, Jerusalem, so werde ich meiner Rechten vergessen. Meine Zunge soll an meinem Gaumen kleben, wo ich dein nicht gedenke. Wo ich nicht lasse Jerusalem meine höchste Freude sein.« (Psalm 137,5–6)

Nach Golda Meirs Ausweisung als Persona non grata startete der Kreml eine rücksichtslose, weitreichende antisemitische Kampagne. Das Ziel war, diese leidige Frage in der Sowjetunion ein für allemal zu erledigen. Stalin soll damals gesagt haben: »Vier Fünftel der Post aus Amerika stammt von Tanten und Onkeln der in Rußland lebenden Juden. Alle diese Juden werden im Fall eines Krieges nolens volens zu amerikanischen Spionen.«

Ein bekannter jüdischer Schriftsteller, Mitglied des sowjetischen Schriftstellerverbandes, erzählte mir im Lager, bei einem bestimmten Kongreß jüdischer Schriftsteller habe Ilja Ehrenburg den Anwesenden rundheraus erklärt, eine noch schlimmere Lage, als die Wolgadeutschen sie während des letzten Krieges ertragen mußten, drohe den Juden im Falle eines neuen Ausbruchs von Feindseligkeiten. Sie würden dann aus Zentralrußland zwangsweise in die sibirische Taiga umgesiedelt und dort ihrem Schicksal überlassen.

Rjumins Kommuniqués stellten den »Antikosmopolitismus«

in den Vordergrund und waren nur die ersten gezielten Schüsse in einer Reihe geplanter Provokationen der jüdischen Bevölkerung. In den Lagern hatte die Flut antisemitischer Propaganda eine verheerende Wirkung. Wie erwähnt, waren viele der Lagerinsassen Ukrainer, Russen oder Angehörige anderer nationaler Minderheiten, die während des Krieges in deutschen Uniformen gekämpft oder den Nazis bei der Vernichtung der Juden im nazibesetzten Rußland geholfen hatten. Sie hielten die Juden für schuldig an ihrer Verhaftung und Verurteilung und lauerten nur auf einen Wink von den Lagerbehörden, daß sie mit den jüdischen Insassen »abrechnen« könnten. Zusätzlich zu der vom Rundfunk gesendeten vergiftenden Propaganda erhoben die Zeitungen Pauschalanklage gegen die Juden wegen Mangels an Patriotismus und sogar wegen Verrats.

Man stelle sich die Wirkung flammender Artikel vor, die der im ganzen Land berühmte Dichter Konstantin Simonow in seiner dreiwöchentlich erscheinenden »Literaturnaja Gazetta« unter Überschriften wie »Judas am Werk« oder »Die Mörder in den weißen Handschuhen« veröffentlichte. Sie dienten einwandfrei dem Zweck, die antijüdischen Gefühle zum Siedepunkt zu bringen. Es war klar, daß die Regierung dahintersteckte, und niemand hatte die geringsten Zweifel über ihre finsteren Absichten. Wie in einer Sinfonie war der kommende Sturm gut orchestriert, und zu erwarten stand entfesselte Wut: Hier und da hörten wir im Radio, was sich in Betrieben, Fabriken, Werkstätten, Kolchosen, Schulen und Krankenhäusern ganz Sowjetrußlands bei dieser offiziellen Haßkampagne ohnegleichen abspielte. In jeder Ecke des Vaterlandes, angefangen von der Moskauer Lomonossow- Universität bis zum kleinsten Fischerdorf in Kamtschatka, forderten »die beleidigten russischen Patrioten« für die jüdischen Verräter den Tod durch Erhängen.

Es grenzte ans Lächerliche, die alten Bäuerinnen, deren Aufgabe es war, Böden zu fegen, bei dem Versuch zu beobachten, den »Protest« der Arbeiterklasse gegen die jüdische Mafia zu lesen. Sie stolperten gewöhnlich über Wendungen wie »die Haie der Wall-Street und ihre mit dem vereinten amerikanischen Tito-zionistischen Diversionismus verbündeten städtischen Partner«, die vom Partorg* auf Befehl von oben für sie geschrieben wurden.

Bald herrschte in unserem Lager eine so angespannte Atmosphäre, daß niemand sagen konnte, was in der nächsten halben Stunde passieren würde. Jüdische MWD-Offiziere wie der Ingenieur Major Rewitsch zitterten um ihr Leben und rechneten jede Minute damit, von ihren Untergebenen abgeschlachtet zu werden. Das Lager platzte aus den Nähten vor neu verhafteten Juden, Männern und Frauen, alt und jung. Ich sehe noch heute das bleiche Gesicht eines damals kaum fünfzehnjährigen Jungen vor mir; er hatte sich gegen die Anschuldigung verteidigt, ein »Vergifter« zu sein, die seine Klassenkameraden gegen ihn erhoben, über die Maßen erregt durch das, was sie zu Hause lasen oder hörten. Nach mehreren Tagen solcher Seelenquälerei hatte er es nicht mehr ausgehalten und zurückgeschrien: »Ihr seid schlimmer als die Nazis! Eine Horde Mörder!« Man hatte ihn verhaftet und wegen seines Alters in das berühmte Gefängnis Taganka für Jugendliche gesteckt, wo Milch und Weißbrot ausgegeben wurden und Kinderärzte zum Personal gehörten wie in einer Kinderklinik. Das hinderte jedoch das MWD-Tribunal nicht, den Schuljungen zu fünfundzwanzig Jahren Zwangsarbeit in den sibirischen Bergwerken zu verurteilen.

Unter den neu Verhafteten befanden sich viele jüdische Offiziere. Eine interessante Gestalt war Oberstleutnant Leonid Rafajlowitsch Duhownoj, ein sechsunddreißigjähriger ehemaliger Direktor der Artillerieschule von Chabarowsk, der mir ein Foto von sich mit vier Reihen Auszeichnungen zeigte, die er auf dem Schlachtfeld errungen hatte. Er war verhaftet worden, weil er selbstsicher gesagt hatte, »ein Krieg gegen die Vereinigten Staaten wäre mehr als ein Verbrechen, er wäre ein grober Fehler«,

* Partorg ist ein Akronym aus *partinij organisatror,* Parteiorganisator.

womit er lediglich Worte Talleyrands wiederholte. Man erzählte uns, daß Juden aus Omnibussen, Straßenbahnen und sogar Zügen geworfen wurden. Von zuverlässigen Personen hörten wir, daß infolge dieser wilden Kampagne an einem einzigen Tag in Moskau einundachtzig verletzten Juden erste Hilfe geleistet werden mußte. Es sah aus wie ein Wiederaufleben der Pogrome des zaristischen Rußlands.

Eine Gruppe neuer Häftlinge setzte sich ausschließlich aus Universitätsstudenten und -studentinnen zusammen. Agenten der Geheimpolizei hatten sie tückischerweise überredet, ihre Namen unter ein Kollektivgesuch an die Regierung zu setzen, mit dem die Erlaubnis eingeholt werden sollte, im Arabisch-Israelischen Krieg gegen die Araber kämpfen zu dürfen. Natürlich hatten sie damit ihre eigenen Urteile unterschrieben. Jetzt saßen sie für fünfzehn bis fünfundzwanzig Jahre in Sibirien, aber ihre Sympathie für den jüdischen Staat erlitt durch ihr persönliches Pech keine Einbuße.

Einige dieser Studenten hatten in ihrer Naivität Briefe an Ilja Ehrenburg geschrieben und ihn um Unterstützung der israelischen Sache gebeten. Ehrenburgs »Antwort« bestand nach ihren Aussagen darin, daß er die Briefe dem MWD-Offizier aushändigte, der sie in den Prozessen wahllos als Beweismaterial gegen sie verwendete. Dies war, wie schon gesagt, Ehrenburgs übliches Vorgehen. Ich lernte im Lager den namhaften Gelehrten Jossif Abramowitsch Lifschitz kennen, ehemals Professor am Frunze-Institut und Aufsichtsratsmitglied der Staatsbank. Er war über sechzig, als wir einander begegneten. Man hatte ihn der härtesten nur denkbaren Behandlung unterzogen. Er erzählte mir, er habe zehn Jahre bekommen, weil er »zu meinem Nachbarn Ilja Grigorjewitsch Ehrenburg, selbst einem Juden, sagte, meiner Meinung nach sei die Welle des Antisemitismus von der Regierung beabsichtigt«. Sein »Nachbar« meldete das dem MWD.

Die angespannte »antikosmopolitische« Situation währte mehr als drei Monate und besserte sich erst, als Stalin plötzlich erkrankte. Wenn im Lager ein Blutvergießen verhindert wurde, dann war dies einzig dem guten Einfluß einiger älterer, angesehener russischer Häftlinge zu verdanken, die Respekt einflößten. Kurz nach Stalins Tod verkündete ein neues, unter Chruschtschow herausgegebenes Kommuniqué, der »Verräter« Nikolaj Rjumin sei erschossen und die sechs überlebenden Mediziner (drei waren während der gerichtlichen Untersuchung gestorben) seien befreit und rehabilitiert worden.

Doch das Ganze hatte gezeigt, daß in den kommunistischen Werkstätten Pogrome mit einer Leichtigkeit fabriziert werden konnten, die nur von Hitler und den Zaren erreicht worden war, und daß man sie nach Belieben abzubrechen vermochte, wenn man sie nicht mehr brauchte. Wer wagt in einer Diktatur, Fragen zu stellen und wem? Chruschtschow, in Sachen Public Relations geschickter als Stalin, führte dessen langfristige antisemitische Politik weiter, indem er Juden aus Schlüsselpositionen entfernte, ohne es an die große Glocke zu hängen.

Ein jüdischer Strafgefangener, ehemals Universitätsprofessor, zeigte mir einen Brief, den er von seiner Tochter aus Leningrad erhalten hatte. Sie schrieb: »Man ließ mich nicht zur medizinischen Fakultät zu, weil ich die Tochter eines Zionisten bin.« Auf Russisch las sich »Tochter eines Zionisten« als »Doch Ziona«, was der ungebildete Zensor für einen Personennamen hielt und durchgehen ließ.

Die neue Regierung »rehabilitierte« das Andenken des großen jüdischen Schauspielers Michoels und enthüllte Einzelheiten über seine kaltblütige Ermordung durch Agenten des MWD, sagte jedoch nie, ob die Mörder eine Strafe erhielten und wenn ja, welche. Solomon Michoels, einer der größten russischen Schauspieler und Direktor des jüdischen Staatstheaters (nach seinem Tod geschlossen), war in Minsk mit einem Lastwagen ermordet worden, der ihn auf einem Fußweg absichtlich überfuhr. Man brachte seine Leiche nach Moskau, bahrte sie in der Rotunde des Doms Sojousa auf, wo Partei und Regierung an den Trauerfeierlichkeiten teilnahmen. Drei Tage und Nächte erwies man dem aufgebahrten Toten höchste Ehren. Der gesamte Opernchor mit den Solisten Lemischew und Koslowskij sang Trauerchoräle, Tausende und Abertausende defilierten an der Bahre vorbei. Doch ein paar Tage später beschuldigte man ihn posthum, ein Agent der amerikanischen Heeresabwehr und des Jewish Joint Distribution Committee in Amerika zu sein.

Sein Name wurde im Rahmen der Rehabilitierung der sechs Mediziner wieder reingewaschen. Seinen derzeitigen Status kenne ich nicht, aber es steht keineswegs fest, daß sein Fall in der unvorhersehbaren Zukunft nicht noch einmal »aufgerollt« wird und man ihn erneut als »Verräter« denunziert.

Die aus sibirischer Gefangenschaft entlassenen Juden müssen bis zum heutigen Tag sehr vorsichtig sein. Sie sind gezeichnet und stehen auf den Listen des MWD. Deshalb müssen sie »niedriger als das Gras und stiller als das Wasser« sein. Wie mir ein berühmter jüdischer Ingenieur sagte: »Als man mich zusammen mit vielen prominenten Ingenieuren verhaftete, eröffnete mir der Staatsanwalt: ›Nachdem wir die Vergifter (er meinte die Ärzte) gehängt haben, werden wir euch hängen, die Saboteure. Wenn wir mit euch Ingenieuren fertig sind, werden wir mit den Chemikern, Lehrern, Musikern, Künstlern und so fort weitermachen, bis wir euch ganzen Abschaum für immer los sind.‹«

Natürlich setzte das Zentralkomitee, alarmiert von der Möglichkeit eines uneingeschränkten jüdischen Pogroms, dem ein Ende. (Es fängt immer mit den Juden an, aber wer weiß, wie es enden würde!)

Mein Ingenieurfreund, Sohn eines Arbeiters und ein standhafter Marxist, vertraute mir einmal unter dem Siegel der Verschwiegenheit an: »Was ich dir sage, Michael, würde ich nicht einmal meiner Frau nach dreißig Ehejahren sagen. Noch meinem Sohn, der studiert. Wir sind alle Opfer der Angst. Zu dir jedoch kann ich es sagen: Berichte ihnen, daß wir alle, ich wiederhole, wir alle, ob Kommunisten oder nicht, des Ganzen überdrüssig sind und dieses Land verlassen wollen. Aber sie werden uns nicht mehr hereinlegen und uns dazu bringen, Erklärungen zu unterschreiben, die unser Grab bedeuten. Nein! Wir müssen nicht nur die offizielle Unterstützung der Vereinten Nationen haben, sondern es müssen auch eigene Auswanderungslager geschaffen werden, durch Stacheldraht vor russischem Eingriff geschützt und ausschließlich von UNO-Beamten geleitet, bevor wir unseren Wunsch, wegzugehen, offen bekennen.«

*

Meine Leser, ob Juden oder Nichtjuden, werden die Frage stellen: »Wie schlimm ist der Antisemitismus in der Sowjetunion heute, da Stalin und Chruschtschow der Vergangenheit angehören? Und hat die gegenwärtige antisemitische Haltung den offiziellen Segen?«

In einem Interview mit Mihail Feodorowitsch Kundikow, Chef des Ministeriums für religiöse Angelegenheiten und dem Ministerrat der UdSSR verantwortlich, forderte ein bekannter kanadischer Rabbi namens Isaac Hechtman diesen für Religionsfragen zuständigen Herrn 1969 auf, beim Ministerrat zugunsten der Wiedereinführung des alten jüdischen Brauchs zu intervenieren, die Juden, wenn schon nicht auf einem eigenen jüdischen Friedhof, wenigstens in getrennten Friedhofssektionen zu beerdigen. (Bis 1967 war die getrennte Beisetzung der Juden noch üblich gewesen, doch seit dieser Zeit bestattet man Juden und Nichtjuden unterschiedslos in allen russischen Friedhöfen.)

Mit einem verächtlichen Blick auf den Rabbi wandte sich der russische Minister an den Marionettenpräsidenten der Moskauer Kehillah (hebräisch für Gemeinde) und sagte: »Sehen Sie ihn an! Wir machen uns Sorgen um Weltprobleme wie den Frieden in Vietnam und den Kampf gegen die imperialistischen Kräfte, und ›sie‹ kümmern sich um Belanglosigkeiten wie eigene Friedhofsecken zur Beisetzung von Glaubensgenossen . . .«

Tatsache ist natürlich, daß alle Religionen in der UdSSR, diesem atheistischen Land, nur eben noch existieren. Dazu hatten die Juden die schreckliche Jewsekzija zu erdulden, die den russischen Judaismus an den Wurzeln seiner Existenz traf und beinahe auslöschte. Dennoch, mehr als ein halbes Jahrhundert des Kommunismus und der antijüdischen Diskriminierung vermochten den Judaismus im Lande der Sowjets nicht »auszurotten«.

Rabbi Hechtman beispielsweise berichtet, daß er einen berühmten Ingenieur kennenlernte, der solche Bedeutung besaß, daß er zu Hause arbeitete, daß die Beamten sogar zu ihm kamen und seine Arbeiten abholten, während er in stummer Anbetung vor dem Aron Ha-Kodesh stand oder seine Gebete sprach. In Riga nahm der Rabbi an einer jüdischen Hochzeit teil, wo der Bräutigam das Glas wie einen Fußball kickte, statt es zu zerschlagen, sowenig wußte er über die jüdischen Bräuche; trotzdem wollte er eine richtige jüdische Hochzeit haben. Einmal segnete der Rabbi ein Glas Karmel-Wein, das ein alter Jude für ein simcha ein Vierteljahrhundert lang aufgehoben hatte. Er machte die Bekanntschaft eines achtundzwanzigjährigen konvertierten Juden, der zur Verblüffung des mohel (Ritualbeschneiders) die Beschneidung ohne Anästhesie ertrug. An einem Dienstagabend beobachtete der Rabbi zahllose alte und junge Menschen, Gläubige und Ungläubige, die in der Moskauer Archipowa-Straße Stunden vor der Zentralsynagoge verbrachten und der Verlesung des Megillah (des biblischen Buches Esther, gelesen am Purimfest) lauschten, die über Lautsprecher nach draußen übertragen wurde, während Moskauer berittene Polizei in der Gegend patrouillierte. Und er tauschte Grüße mit einer endlosen Reihe Menschen aus, die Freudentränen in den Augen hatten, wenn sie über Eretz (Israel) sprachen.

20. KAPITEL

KANN RUSSLAND SICH ÄNDERN?

Rußland ist so groß, daß man nicht zu Fuß darübergehen kann; man kann es nicht mit einem Meterstab messen. In Rußland kann man nur Glauben haben.
Nekrassow

Fast zwei Jahrzehnte sind vergangen, seit ich die rumänische Grenze überquerte und für mich eine neunjährige Haft in meinem Heimatland begann. Insgesamt verbrachte ich fast siebzehn Jahre in kommunistischen Gefängnissen, wobei freilich gesagt werden muß, daß ein rumänisches Gefängnis nicht Magadan ist.

In Rumänien war ich der Überzeugung, nicht die Hölle Magadans zu erleben und Nachricht von meiner Familie zu erhalten. Dies sollte nicht sein, obwohl während meiner gesamten Haftzeit mein jüngerer Bruder, ein Rechtsanwalt, nichts unversucht ließ, um herauszufinden, ob ich noch lebte. Er beschritt jeden möglichen Weg, erbat und erhielt schließlich eine Audienz beim rumänischen Generalstaatsanwalt – nur um zu erfahren, daß offiziell niemand eine Ahnung von meiner Existenz hatte! Mein Bruder wandte die List an, bei der Registratur in Gherla (da er annahm, ich sei dort während meiner Haft gestorben) um Ausstellung eines Dokuments nachzusuchen, das meinen Tod bestätigte. Die Registratur behauptete, ich sei nicht unter den Toten im örtlichen Friedhof; bewaffnet mit dieser offiziellen Antwort, richtete mein Bruder eine Anfrage an den Generaldirektor der rumänischen Gefängnisse.

Monate später erhielt er folgende Auskunft: »Michael Solomon lebt, befindet sich wohl und sitzt in einem Gefängnis der Rumänischen Volksrepublik ein.« Bis 1964 war dies die einzige Nachricht, die meine Familie, außer einer Karte im Jahre 1954, über mich erhielt.

Meine rumänische Haftzeit gehört nicht zu diesem Bericht, obwohl ich in der Periode zwischen 1956 und 1964 mehrere Menschen traf, die später aus sowjetischen Lagern gekommen waren als ich. Aus den Geschichten, die mir diese ehemaligen Lagerhäftlinge erzählten, ist zu ersehen, daß sich die Lage im Strafvollzug der Sowjetunion gebessert hat. Die Menschen werden auch nicht mehr zu Tausenden verhaftet, nur weil sie sich über die Qualität des Brotes beklagen oder eine beiläufige Bemerkung über die amerikanische Herkunft des Merck-Penicillins machen. Mehr als das, die Zustände in den Lagern werden zunehmend erträglich. In einem Brief an seine Eltern schrieb der junge amerikanische Handelsvertreter Newcomb Mott, der vor einiger Zeit während des Transports in ein Straflager Nordrußlands starb – angeblich schnitt er sich im Waschraum des Zuges die Kehle mit einer Rasierklinge durch –, daß alten Lagerinsassen zufolge »die Lager jetzt wie Kurorte aussehen im Vergleich zu dem, was sie zu Stalins Zeit waren«.

Niemand kann glücklicher über eine solche Wandlung sein als diejenigen unter uns, welche die sibirischen Lager zu Stalins Zeit überlebten, aber dennoch sehnen wir uns nach dem Tag, an welchem die Arbeitslager ganz aus dem sowjetischen System verschwinden.

Häftlingskollegen in Kolyma erzählten mir, während des zweiten Weltkriegs, als Präsident Roosevelt seinen Vizepräsidenten Henry Wallace nach Rußland schickte, um die amerikanische Hilfe für den damaligen Verbündeten zu organisieren, hätten die Sowjets sämtliche Wachttürme abmontiert, den Stacheldraht zusammengerollt, die Lagerinsassen wie Arbeiter gekleidet und so vor dem amerikanischen Vizepräsidenten die schreckliche Wirklichkeit der Lagerexistenz vertuscht. Doch nach der Abfahrt des Vizepräsidenten erschienen die Wachttürme, der Stacheldraht, die Nummern auf Mützen, Brust und Rücken sofort wieder, und die rücksichtslose Unterdrückung und Ausbeutung der Arbeitssklaven ging von neuem ihren gnadenlosen Gang.

Nikita Chruschtschow, der große Herold der »Freilassung«, leerte 1955 die Lager, entließ Millionen – und begann sie Ende 1957 wieder zu füllen, größtenteils mit Studenten. Wie Stalin, so schien auch ihm die Angst vor politischer Opposition dies notwendig zu machen. Chruschtschows erbittertste Gegner waren die Studenten von Leningrad, Moskau, Charkow und Odessa. Sie buhten und zischten ihn aus, als er im Herbst 1956 die rücksichtslose Unterdrückung des ungarischen Aufstands zu erklären versuchte.

Inzwischen lernten es die Studenten, ihrer Opposition klüger Stimme zu verleihen; das Buhen und Zischen hatte sie nur zu Kandidaten für die Konzentrationslager gemacht. Jetzt applaudieren und pfeifen sie ununterbrochen begeistert, bis der Redner begreift und geht. Direkter Protest wirkt selten, und die Reaktion des durchschnittlichen Moskowiters bei einem direkten Protest kann sehr seltsam sein. Als die sowjetischen Studenten gegen die Invasion der Tschechoslowakei protestierten und unweit des Leninmausoleums Handzettel verteilten, verhaftete man sie laut »Prawda«, nachdem empörte Passanten sie angegriffen hatten. Dies erscheint plausibel, denn ähnliche Dinge ereigneten sich gelegentlich in den Lagern.

Auf dem Roten Platz würden sowjetische Bürger solche Handzettel kaum zu lesen wagen,aber wenn sie es täten, hätten sie kaum eine andere Wahl, als »empört« zu sein, vor allem wenn sich ein Polizist in der Nähe befindet. Im Falle des Tschechoslowakai-Protests wurden die »Empörten«, meist Frauen, von Polizisten beim Lesen der Handzettel erwischt; sie begannen sofort, zu schreien und in Richtung der Studenten zu spukken, um ihren Patriotismus und ihre völlige Verdammung der Verräter zu demonstrieren. Jede andere Haltung wäre als Sympathie ausgelegt worden. In den Straflagern herrschte eine ähnliche Logik; gute Häftlinge (sie konnten die ärgsten Diebe oder Mörder gewesen sein) waren jene, die am begeistertsten jedes Anzeichen von Rebellion – wie die Verteilung von Handzetteln – seitens der politischen Häftlinge unterbanden. Diese »guten«

Häftlinge erhielten, wie gesehen, dann ihren Lohn.

In den letzten Jahren nahm die Zahl der Protestierer in Moskau und den größeren sowjetischen Städten bemerkenswert zu. Von Natur aus ist der Sowjetstaat konservativ. Junge Idealisten aber wollen Antwort auf Fragen wie: »Warum Ungarn? Warum Tschechoslowakei? Warum die Inhaftierung Daniels? Warum der Abfall Anatole Kusnezows?« Durch ihre eigenen Untergrundquellen, durch Sendungen der BBC und der Stimme Amerikas sind die sowjetischen jungen Leute bemerkenswert gut informiert – und sie stellen Fragen. Einstweilen jedoch, bis es zu Ereignissen kommen wird, die als solche den sowjetischen Staat erschüttern, garantiert die wachsende Zahl der Protestierer nur eine wachsende Zahl Gefängnisinsassen.

Die Bedeutung der Straflager als eine der Säulen des bolschewistischen Regimes wird weithin bestätigt. Man erzählt sich die Geschichte von einem Straflager, wo Inventur der Häftlinge sowie anderer »Werte« gemacht wurde. Auf die Frage des diensttuenden Offiziers nach dem Ende ihrer Strafzeit antworteten die meisten Häftlinge: »Ende der Sowjetmacht.« Der Offizier grinste zustimmend.

Politisch gesehen wirkt die Aussicht, fünfundzwanzig oder auch nur fünf Jahre im gnadenlosen Klima des hohen Nordens verbringen zu müssen, abschreckend auf jene, die gern an die Öffentlichkeit treten und gegen die sowjetische Despotie opponieren würden. Die letzten Beispiele in dieser Richtung lieferten die dramatischen Prozesse gegen die beiden sowjetischen Schriftsteller Jurij Daniel* und Andrej Sinjawskij, die zu fünf bzw. sieben Jahren in isprawitelnije trudowje lageria (Besserungsarbeitslagern) verurteilt wurden. Sie hatten das Verbrechen begangen, ihre Kritik an den Zuständen in der Sowjet-

* Nach Ableistung seiner fünf Jahre Zwangsarbeit in den Lagern von Potma wurde Daniel entlassen und trat einen Zwangsaufenthalt in Westsibirien an.

union ins Ausland zu schicken. Der Lektor Gerald Brooke aus Cambridge bekam fünf Jahre wegen Verbreitung »illegaler Literatur« und mußte in die Taiga des hohen Nordens. Die britische Regierung wurde mehrmals in Moskau vorstellig und brachte ihre Befürchtung zum Ausdruck, der junge Lektor könnte die harten Bedingungen des Lagers nicht überleben. Schließlich tauschte man ihn gegen zwei polnische Agenten aus, die in Großbritannien wegen Spionage für die Sowjetunion verurteilt worden waren.

Als ich Notizen für meine sibirischen Erinnerungen zu machen begann, verblüffte mich immer wieder die scheinbar permanente, absolutistische Natur des Sowjetsystems. Es gibt kaum Veränderungen von Jahr zu Jahr, von Jahrzehnt zu Jahrzehnt. Anton Tschechow, Rußlands großer Humanist, schrieb Ende des 19. Jahrhunderts über die Lager auf der Insel Sachalin. Er hätte über die Lager von Magadan schreiben können. Ich war 1950 in Potma, und Larissa Daniel besuchte ihren Mann, den Schriftsteller Jurij Daniel 1968 dort. Eine Veränderung in den Bestimmungen war erfolgt (vor allem erlaubte man Daniels Frau den Besuch), doch was einen als ehemaligen Häftling beeindruckt, ist die Beständigkeit der Atmosphäre, die Unveränderlichkeit der Grausamkeit. Der kommunistische Koloß wendet weiterhin dieselben rücksichtslosen Methoden an, um jeden Versuch der Menschen in der Sowjetunion zu unterbinden, wenigstens einen Anschein von Freiheit zu erringen. Die furchtbare Macht des MWD und des KGB* zerstört weiterhin den Geist von Männern und Frauen, macht sie innerhalb weniger Jahre zu menschlichen Wracks.

In Briefen, worin sie ihren Besuch in Potma schildert, schreibt Frau Daniel:

»Nach drei Tagen Fahrt wird mir nur erlaubt, mit meinem

* »Komitee« für Staatssicherheit«, 1954 aus dem ehemaligen MGB entstanden (Anmerkung des Herausgebers).

Mann eine Stunde durch das Gitter des parloir zu sprechen. Ich frage Jurij, wie es seiner Hand und seinem Ohr geht, die ihm in letzter Zeit Schwierigkeiten gemacht haben.

Er antwortet: ›Eiter fließt ständig aus meinem Ohr und bereitet mir schreckliche Kopfschmerzen. In der Werkstatt sind der Lärm und die Vibrationen so stark, daß man alle fünfzehn Minuten hinausgehen muß, um frische Luft zu schnappen. Seit mehr als einem Jahr beschwere ich mich wegen meines Ohrenleidens und schreibe jeden zweiten Tag Gesuche, aber ohne Erfolg.‹

›Wie ist das Essen?‹

Nach sekundenlangem Schweigen antwortet Jurij: ›Ich verdiene kein Geld, so daß ich mir keine der Konserven kaufen kann, die sie in der Kantine anbieten. Du verstehst also . . . ‹

›Die Zeit ist um!‹ ruft der Posten.

Ich habe eine Packung Belomor-Zigaretten mitgebracht und bitte den Aufseher um Erlaubnis, sie meinem Mann hierlassen zu dürfen.

›Nein‹, lautet die Antwort.

›Ein paar Orangen vielleicht?‹

›Nein!‹

›Aber, bitte . . .‹

Jurij schaltet sich mit einem traurigen Lächeln auf seinem runzeligen Gesicht ein: ›Laß nur. Sie erlauben es dir nicht.‹

Damit endete unsere einstündige Begegnung. Wir fassen noch gar nicht, was es heißt, vier Monate zu warten, bevor ich erneut eine Besuchserlaubnis beantragen kann.«

In einem Brief, der Monate später aus dem Lager geschmuggelt wurde, schrieb Jurij Daniel seiner Frau, die Salbe, die sie ihm gebracht hatte und die seine einzige Verteidigung gegen die Schnaken gewesen war, sei ihm gewaltsam abgenommen worden. Weil er sich gewehrt hatte, war er von seinen Peinigern geprügelt und vierzehn Tage bei Brot und Wasser in Einzelhaft gesteckt worden.

Abgesehen von einigen wenigen Änderungen, ist das Ziel des russischen Repressionsapparates genau das gleiche wie vor zwanzig Jahren: physische Vernichtung der Gegner. Je höher der Status und das Ansehen des Häftlings, desto wilder die Methoden, ihn zu beseitigen.

Daß Larissa eine bemerkenswert mutige Frau sein muß, beweist das Memorandum über die beklagenswerten Zustände in den russischen Gefängnissen, das sie direkt an Mihail Iwanowitsch Bardin, Oberst der Sicherheitskräfte, schickte. Als es ihr 1968 endlich gelang, vom stellvertretenden Generalstaatsanwalt empfangen zu werden, und als sie ihm die Schrecken und Ungerechtigkeiten schilderte, die sie in Potma gesehen hatte, erhielt sie zur Antwort: »Es hängt alles von Ihrem Mann ab. Wenn er bessere Behandlung wünscht, sollte er erst lernen, sich zu benehmen. Was Sie anbelangt, so gebe ich Ihnen den aufrichtigen Rat, den Mund zu halten. Sollte im Ausland etwas über Ihren Besuch im Lager gedruckt werden, so werden Sie die Konsequenzen nur sich selbst zuzuschreiben haben.«

Das war keine leere Drohung. 1969 verhaftete man Larissa Daniel zusammen mit Pawel Litwinow, einem mutigen jungen Wissenschaftler und Neffen des ehemaligen sowjetischen Außenministers Maxim Litwinow. Beider Urteil hieß Verbannung in abgelegene Teile Sibiriens. Der ziemlich starke Litwinow fand einen Posten als Elektriker in einem Bergwerk. Larissa, eine qualifizierte Übersetzerin fremdsprachlicher Werke, bekam in dem Dorf, in welches man sie geschickt hatte, keine entsprechende Arbeit und mußte als Balkenträgerin in einer Holzfabrik arbeiten. Obwohl ihre Gesundheit unter dieser schweren Arbeit litt, weigerte sie sich stolz, Hilfe von Moskauer Freunden anzunehmen.

*

Die Menschen im Westen erhalten oft einen falschen Eindruck von den heutigen sowjetischen Gefängnissen, und zwar durch Landsleute, die in Rußland inhaftiert und nach ihrer Rückkehr voll des Lobes über die humane Behandlung waren. Der U-2-Pilot Gary Powers behauptet, die Russen hätten ihn fair behandelt, als er ihr Gefangener war. Viele wissen jedoch nicht, daß die Sowjetunion, wo immer sich Gelegenheit für Propaganda bietet, nur allzu gern von ihrer üblichen Strenge abgeht.

Die Erlebnisse des amerikanischen Dramatikers Arthur Miller während seines Rußlandbesuchs im Jahre 1967 zeigen, wie weit die sowjetische Regierung geht, um gute Propagandamöglichkeiten zu nutzen. Miller und seine Frau, Inge Morath, ließ man Dinge besichtigen und fotografieren, von denen gewöhnliche Besucher – und vor allem Russen – nicht einmal träumen dürfen. Miller selbst erzählte eine Geschichte, die sein Ansehen in Rußland aufzeigt:

Nach seiner Beschwerde bei Frau Jekaterina Furzewa, der Kulturministerin , daß sein Stück »A View from the Bridge« durch die schlechte Übersetzung ins Russische umgebracht worden sei, sicherte man ihm eine Untersuchung zu. In der Zwischenzeit schickte ihm die Ministerin einen dicken Umschlag mit längst vergessenen Lizenzgebühren. Hätte er mehr verlangt, er würde es zweifellos bekommen haben, nicht weil in Rußland der Rubel auf den Bäumen wächst, sondern weil es in kommunistischen Ländern üblich ist, die Befürchtungen ausländischer Künstler und Schriftsteller durch Bezahlung ihrer Lizenzgebühren zu zerstreuen, während sie in Rußland sind. Sie müssen lediglich kleine Quittungen für die Archive des sowjetischen Fiskus unterschreiben.

Jene unter uns, die das Glück haben, in der freien Welt zu leben, lassen sich auch leicht durch das Erscheinen von Büchern wie Solschenizyns Klassiker über die sibirischen Lager, »Ein Tag im Leben des Iwan Denissowitsch«, in die Irre führen. Es muß sich etwas geändert haben in Moskaus Haltung, sagen wir uns, wenn ein solches Buch herauskommen darf. Was man uns nicht sagt, ist: Chruschtschow genehmigte zwar die Veröffentlichung dieses sachlichen Berichts über die Lager, aber er erschien lediglich in Fortsetzungen im »Nowy Mir« (einer literarischen Monatsschrift) und kam bis heute in Rußland nicht als Buch heraus. Der Gedanke, die Wahrheit könnte sich wie ein neues Evangelium verbreiten, machte den Politikern solche Angst, daß sie den Plan der Buchveröffentlichung fallen ließen.

Und fürchten sie sich nicht zu Recht? Sie müßten sich nicht nur für fünfzig Jahre Despotie und rücksichtslose Repression verantworten, sondern sie haben auch die Massen so lange gegängelt, daß eine plötzliche Liberalisierung wie eine Bombe von vielen Megatonnen Sprengkraft wirken würde.

Einer meiner besten Freunde in Kolyma, Universitätsprofessor und mit der namhafteste Luftfahrtingenieur Rußlands, erzählte mir folgende Geschichte:

»Eines Tages im Jahr 1952 saßen meine Frau und ich am Strand in Jalta und warteten auf den Mittagszug, der Zeitungen aus der Hauptstadt bringen sollte. Gewöhnlich standen um diese Stunde nicht mehr als zwei oder drei Leute am Zeitungsstand. Doch an dem Nachmittag schwärmten innerhalb weniger Minuten buchstäblich Dutzende herzu, und die Glücklichen, denen es gelang, dem Zeitungsmann ein Exemplar aus den Händen zu reißen, rannten wie der Teufel in alle Richtungen und weigerten sich, ein Wort zu sagen. Zuerst dachten meine Frau und ich, in der Dritten Welt sei der Krieg ausgebrochen. Doch eine Stunde später, als sich der Sturm gelegt hatte und wir ein Exemplar bekamen, begriffen wir, was den Tumult ausgelöst hatte. Die zweite Seite der »Prawda« nahm die »vollständige« Rede ein, die einige Tage zuvor der inzwischen verstorbene Herbert Morrison gehalten hatte, damals britischer Außenminister. Der Text enthielt, und das war sensationell für die Russen, einige Ansichten des Ministers über die in Großbritannien bestehenden Grundfreiheiten, darunter den berühmten Satz: ›In den frühen Morgenstunden darf niemand anderer an die Tür klopfen als der Milchmann.‹ «

Es ging die Rede, Morrison, der vor der ausländischen Presse gesprochen hatte, habe die sowjetischen Korrespondenten aufgefordert, seine Botschaft dem russischen Volk zu vermitteln. Sie hätten unter der Bedingung eingewilligt, daß die Zeitung der Labour Party, »The Daily Herald«, auf derselben Seite und in derselben Länge eine russische Erwiderung drucken würde.

Dieses Experiment fand nie eine Wiederholung, und man darf bezweifeln, daß es je eine finden wird. Um die ungeheure Wirkung von Morrisons Worten auf die sowjetischen Leser abzuschwächen, veröffentlichte die satirische Wochenschrift der Kommunistischen Partei, »Krokodil«, ein paar Tage später eine Karrikatur, die einen Polizisten zeigte, wie er an die Tür eines englischen Arbeiters trommelte und dem verängstigten Paar drinnen zurief: »Keine Angst, es ist nur der Milchmann!«

*

Es gibt Liberale im Westen, die sich angestrengt bemühen zu erklären, warum es für Schriftsteller schwer ist, die Vorläufer einer Veränderung hinter dem Eisernen Vorhang zu sein. Sie erwähnen das Offensichtliche: daß die sowjetischen Führer voll Angst regieren und fürchten, etwas zu Neues und zu Plötzliches könnte die gesamte Struktur gefährden. Es wird sogar zugegeben, daß zahlreiche junge Schriftsteller diesen erzwungenen Konservatismus zutiefst verabscheuen. Aber was sollen jene, die den Status quo verteidigen, schon sagen, wenn so mild kritische Schriftsteller wie Jurij Daniel, Andrej Sinjawskij, Alexander Ginsburg und Galanskij prompt nach Sibirien verfrachtet werden? Und wenn jener sowjetische Schriftsteller, der die staatliche Einstellung nachbetet, für seine patriotische Haltung zum Nationaldenkmal und zum Millionär gemacht wird?

Ein solcher Schriftsteller ist Konstantin Simonow. Er war bereits vor dem zweiten Weltkrieg als Dichter und Dramatiker bekannt und wurde mit seinem Gedicht »Warte auf mich« (»Schdi menta«) populär, mit dem er die Herzen der russischen Soldaten gewann. Unmittelbar nach dem Krieg verwandelte er sich in einen superpatriotischen, stalintreuen Publizisten, wofür ihn Stalin zum Direktor der »Literaturnaja Gazetta« machte, die zweieinhalb Millionen Leser hat. In ihren Spalten griff er die »Kosmopoliten« und besonders die Juden an. 1953, nach Stalins Tod, ritt er eine heftige Attacke gegen Ehrenburg, weil dieser in seinem Kurzroman »Tauwetter« die Stalinzeit lächerlich gemacht hatte. Ehrenburg unternahm einen Gegenangriff, indem er Simonow »einen provinziellen Troubadour mit bourgeoisen Reminiszenzen« nannte und aus Simonows Vorkriegsgedichten zitierte. Einige Zeit danach gab Simonow seinen Direktorposten auf, er lebt jetzt mit seiner Frau bei Moskau und geriet bei seinen Zeitgenossen fast in Vergessenheit. Das beste Beispiel für Simonows Loyalität gegenüber der Partei war seine eifernde Denunziation der neun Mediziner, die wegen angeblicher, in Wirklichkeit vom MWD inszenierter Verschwörung gegen Stalin verhaftet wurden. Voll zügelloser Wut schrieb Simonow flammende Artikel gegen die Mediziner.

Wenn dagegen ein Künstler bewußt oder unbewußt die Mächtigen in der Sowjetunion ärgert, wird er rücksichtslos vernichtet. Die Verachtung gegenüber allem und die Angst vor allem, was ausländisch ist – d.h. nicht russisch oder kommunistisch –, züchtet unglaubliche Verfolgungen, Folterungen, Deportationen und Tod.

Von den Erlebnissen, die mir Künstler in den sibirischen Straflagern erzählten, lassen sich vor allem zwei als treffende Beispiele anführen. Der erste Künstler war ein ruhiger Mann, der den Schock über die Tragödie, die ihm zugestoßen war, nie überwand. Man hatte ihn beauftragt, ein Gemälde von irgendeiner abgelegenen Kolchose am Erntetag zu malen. Getreu dem sozialistischen Realismus pinselte er alles auf seine Leinwand, was er an Ort und Stelle gesehen hatte: die braven Männer und Frauen, wie sie arbeiteten und sangen, die Dreschmaschine, die goldenen Weizenhalme und die Rote Flagge. Alles war da, einschließlich des Parteiagitators und des ruhmreichen Traktors. Das Gemälde meines Freundes gewann einen Preis, und man wies ihn an, hunderte Kopien davon zu machen. Eines Tages dann holte man ihn ins örtliche Sicherheitsbüro, zog ihn aus, verprügelte ihn und ließ ihn ein Geständnis unterschreiben, daß er ein »kosmopolitisches Schwein« sei. Der arme Kerl hatte einen Ford-Traktor des Baujahrs 1929 gemalt, eben das Modell, das dort herumgefahren war. Da man mittlerweile jedoch das Jahr 1949 schrieb, wurde er der Verleumdung der »sowjetischen Wirklichkeit« bezichtigt! Jetzt mußte man Traktoren sowjetischen Fabrikats malen!

Der zweite Künstler stellte ein Gemälde aus, auf dem dunkle Wolken eines nahenden Gewitters eine Herde Fohlen scheu gemacht hatte, so daß sie losrasten, um Schutz zu suchen, und über einen Zaun sprangen. Der Staatsanwalt in dem Prozeß sagte, das Gemälde stelle die Konterrevolution dar, bedrohe die jüngere Generation von Kommunisten und lasse sie in Deckung laufen. Voll bitterer Ironie bekannte der Maler, er habe Angst gehabt, Stilleben mit »Ananas und Orangen« zu malen, da man ihm dies hätte als servile Verherrlichung kapitalistischer Früchte anlasten können.

*

Von noch größerer Ironie ist jedoch in der heutigen Sowjetunion etwas anderes, und das ist vielleicht das Beängstigendste in diesem Land offizieller Gleichheit aller. Was bedeutet Freiheit in Rußland für die Armen, was für die Reichen? Seit der Oktoberrevolution besteht in der UdSSR die »klassenlose Gesellschaft«, in der jedermann vor dem Sekretär des OBKOM (russische Abkürzung für Bezirkszentrale der Kommunistischen Partei) und vor bestimmten Sicherheitsbeamten zittert. Genauso zitterten die Russen vor den Provinzgouverneuren zaristischer Zeiten. Es gibt noch andere Parallelen. Je weiter sich die Sowjetunion vom Krieg entfernt, desto neidischer werden ihre Autokraten auf den Reichtum anderer Länder; sie tendieren dazu, genauso zu leben wie die Provinzgouverneure und Höflinge, die von ihren Vätern vertrieben worden waren.

Tatsächlich leben diese neuen Autokraten in Saus und Braus. Die Geschenke, die sie jedes Jahr erhalten, stehen jenen nicht nach, mit denen man die orientalischen Satrapen der Geschichte bedachte. Ihre Kinder fahren in schönen Limousinen und bekommen Wünsche gemäß der väterlichen Position erfüllt.

Ein sowjetischer Minister, der in Staatsangelegenheiten unterwegs war, beklagte sich in einem Brief an die »Prawda«, daß sein Zug an einem Wintertag auf irgendeiner vergessenen Station der Transsibirischen Eisenbahn stundenlang aufgehalten wurde, damit die Strecke frei blieb für einen Sonderhochzeitszug mit Gästen, die zur Hochzeit der Tochter eines russischen Eisenbahn-Direktors eingeladen waren. Wie in Gogols »Revisor« tranken und sangen die Gäste und warfen die leeren Flaschen auf die sprachlosen Passagiere, die in ungeheizten Waggons saßen, während die fröhliche Gesellschaft glücklich nirgendwohin fuhr, vor und zurück, so daß normale Personenzüge auf Abstellgleise rangiert und Güterzüge ganz aufgehalten werden mußten.

Die Töchter des Zaren hätten den Aufwand des Generaldirektors voll Neid beobachtet. Während der sowjetische Minister einen Protestbrief schrieb, entwickelte die umfangreiche Beamten- und Mittelklasse ihre eigene Autokratie. Bald wird nicht einmal mehr ein Protest in der »Prawda« genügen, um die Welle der Unzufriedenheit einzudämmen. Die Söhne der Ingenieure auf den Güterzügen wissen ebenso Bescheid über das, was geschieht, wie die jungen Schriftsteller. Um sie in Schach zu halten, bleiben die Tore der sowjetischen Straflager nach wie vor weit offen. Die Lager tragen ihres dazu bei, die Partei zusammen und an der Macht zu halten.

Wenn sich der absolutistische, repressive Charakter der Sowjets auch ab und zu mildern mag, so werden doch die Lager bestehen bleiben, solange es eine Sowjetunion gibt. Man braucht sie nicht nur als wirksames Abschreckungsmittel gegen jede mögliche Opposition, sondern mehr noch wegen ihres ungeheuren wirtschaftlichen Wertes.

Die Straflager spielen in der sowjetischen Wirtschaft eine lebenswichtige Rolle. Da sie sich wie eine Kette vom äußersten Norden des europäischen Rußlands und Nordsibiriens zu den verlassensten Orten der zentralen und südlichen Teile des asiatischen Rußlands erstrecken, stellen sie für die Sowjets ein ungeheures Reservoir an Rohmaterial dar. Wie sollte die Wirtschaft des Landes ohne die Kohlengruben an den Flüssen Petschora und Workuta existieren und sich weiterentwickeln? Ohne das Eisenerz aus Norilsk oder das Uran, Gold und Zinn aus Kolyma? Diese gewaltigen Reichtümer müssen gewonnen werden, und die Menschen, die danach graben, sind immer noch die Millionen Strafgefangener. Sie geben die billigsten Arbeitskräfte der Welt ab – einen Sträfling kann man mit weniger als der halben Ration eines sibirischen Hundes ernähren.

Von Zeit zu Zeit ändert sich die Lagerbevölkerung natürlich. Der berühmte russische Schriftsteller Wladimir Korolenko schrieb, obwohl ukrainischer Herkunft, in seinen Memoiren, er sei durch diktatura serdza (Diktat des Herzens), wie er es nannte, zweimal aus sibirischer Haft entlassen und zweimal wieder dorthin zurückgeschickt worden, als in Moskau eine Änderung der Politik erfolgte.

Seit Wladimir Korolenko dies schrieb, ist ein Jahrhundert verstrichen. Aber was ihm widerfuhr, könnte noch heute genauso jemand anderem zustoßen.

Wenn die Lager in der Sowjetunion verschwinden sollten, müßten vorher die Grundursachen verschwinden, aus denen kommunistische Repression erwächst – »sublata causa tollitur effectus«. Doch ist das möglich? Ist es für ein totalitäres Regime möglich, Opposition zu akzeptieren, und sei es nur auf akademischer Ebene? Kann die neue Generation sowjetischer Staatsmänner dem Volk das Recht auf eine eigene Meinung gewähren? Können die »liberalsten« Sowjetherrscher Kritik an ihrer Innen- und Außenpolitik dulden?

Es ist unmöglich, eine Prophezeiung für die Zukunft zu machen. Diese läßt sich im Augenblick nicht vorhersehen. Doch ein sichtbares, helles Licht ist die zunehmende Kritik am Kreml durch die sowjetische Jugend. Überraschenderweise, vielleicht, vermag der gegenwärtige Terror, die zunehmende Abweichung der nach Stalins Tod geborenen Jugend von der offiziellen Meinung nicht einzudämmen. Die Flammen des Protests gegen Unterdrückung und Zensur greifen um sich, sie werden ein riesiges Feuer entfachen, das eines Tages von seinem Untergrundherd aus die gesamte Sowjetunion erfassen wird. Das Brennmaterial liefern die Untergrundpresse, Demonstrationen in Höfen, Briefe und geschmuggelte Manuskripte sowie schlecht getippte, vervielfältigte Berichte über die neuesten Ereignisse. Alles in allem jedoch kann man nur der Worte Nekrassows eingedenk sein, eines der größten russischen Dichter des 19. Jahrhunderts: »Rußland ist so groß, daß man nicht zu Fuß darübergehen kann; man kann es nicht mit einem Meterstab messen . . . In Rußland kann man nur Glauben haben.«

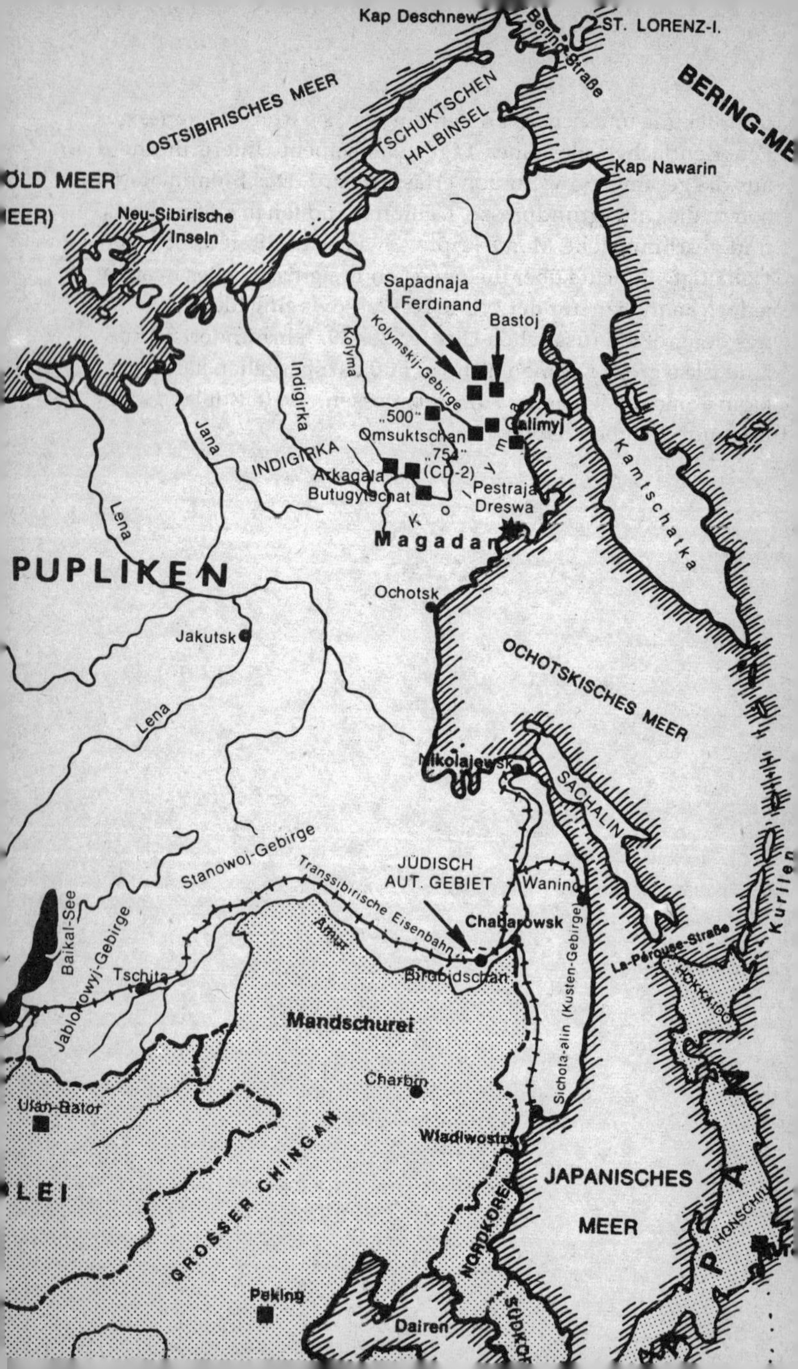
Kap Deschnew
Bering-Straße
ST. LORENZ-I.
BERING-ME
OSTSIBIRISCHES MEER
TSCHUKTSCHEN HALBINSEL
ÖLD MEER
EER)
Kap Nawarin
Neu-Sibirische Inseln
Sapadnaja
Ferdinand
Bastoj
Kolyma
Kolymskij-Gebirge
Indigirka
„500"
Omsuktschan
Galimyj
„754" (CD-2)
INDIGIRKA
Arkagala
Butugytschat
Pestraja Dreswa
Jana
Lena
Kamtschatka
Magadan
PUPLIKEN
Ochotsk
Jakutsk
OCHOTSKISCHES MEER
Lena
Nikolajewsk
SACHALIN
Stanowoj-Gebirge
JÜDISCH AUT. GEBIET
Transsibirische Eisenbahn
Waning
Baikal-See
Jablonowyj-Gebirge
Amur
Chabarowsk
Sichota-alin (Kusten-Gebirge)
La-Pérouse-Straße
Kurilen
Tschita
Birobidschan
HOKKAIDO
Mandschurei
Charbin
Ulan-Bator
Wladiwostok
GROSSER CHINGAN
LEI
JAPANISCHES MEER
NORDKOREA
HONSCHU
Peking
Dairen
SÜDKO

GESCHICHTE

In dieser Taschenbuchreihe erschien als Band mit der Bestellnummer 64020:

C. V. Wedgwood

Der 30jährige Krieg

»Seit Schiller ist eine dramatischere, schönere, knappere, klügere Geschichte dieser Epoche nicht geschrieben worden. Und bei allem Respekt für den Dichter-Historiker ist die Geschichtswissenschaft in 150 Jahren doch bedeutend weiter gekommen. Die Verbindung von strenger Wissenschaftlichkeit mit hoher literarischer Kunst, das feine Verständnis für die barocken Verästelungen der deutschen Politik, die Fülle lebenswahrer Porträts – dies alles ist in dem Werk von Mrs. Wedgwood wahrhaft bewundernswert.« *Golo Mann*

»Ich habe gerade C. V. Wedgwoods ›Thirty Years War‹ zum zweitenmal gelesen: ein klassisches Meisterwerk. Es ist immer noch die beste Monographie über den Dreißigjährigen Krieg, die es gibt, und sie ist heute aktueller als je.«

Sebastian Haffner

C. V. Wedgwood studierte in Frankreich und Deutschland und hat sich als Historikerin auf das 17. Jahrhundert spezialisiert. Sie las neuere Geschichte in Oxford, besitzt mehrere Ehrengrade von verschiedenen englischen Universitäten und war für einige Jahre Präsidentin des englischen PEN-Clubs.